KB232977

언론의 자유의
보호와 제한

언론의 자유의 보호와 제한

조 재 현 著

한국학술정보(주)

책 머리에

언론의 자유는 현대 자유민주주의에 있어서 중추신경에 해당하는 기본권이다. 여론형성을 통하여 국가의 정책결정과정에 영향을 미치는 수단으로, 다른 자유와 권리를 보장하는 전제로서의 역할뿐만 아니라 언론의 자유는 우리의 정신생활영역에서 없어서는 안 될 핵심적인 권리이다. 그 때문에 언론의 자유를 보호한다는 것은 중요한 의미를 갖는다. 각국의 헌법은 의사표현·언론·출판·방송·통신 등 다양한 형태로 언론의 자유를 보장한다. 그러나 헌법에서 보장하는 언론의 자유라고 하여도 무제한적인 권리일 수는 없다. 언론의 자유도 다른 헌법적 가치에 의하여 제한이 불가피한 경우도 있다.

이 책에서는 언론의 자유의 보호와 제한을 각국의 헌법 특히 미국과 독일의 헌법규범을 중심으로 다룬다. 미국과 독일의 헌법규범에 충실한 해석으로부터 출발하여 세부적인 보호영역과 헌법학자들의 이론적인 접근 등을 상세히 분석한다. 그것을 토대로 우리 헌법상 언론의 자유를 평가한다.

오늘날 언론은 하루가 다르게 변하고 있다. 새로운 미디어기술의 발전으로 언론매체는 다양화되고 질적으로 급격한 변화를 겪고 있다. 인터넷이나 새로운 언론매체 등에 많은 부분을 할애하지 못한 것은 못내 아쉬움이 남는다. 어쩌면 그것은 나에게 남겨진 평생의 학문적 과제일지도 모른다. 앞으로의 연구활동으로 지금의 미진한 부분은 보완할 것을 약속하면서 졸저를 독자 여러분께 선뜻 내놓는다.

　이 책이 나오기까지는 많은 분들의 도움이 있었다. 못난 아들을
뒷바라지 하느라 칠순을 훌쩍 넘기신 부모님의 헌신적인 사랑에 머
리 숙여 감사드린다. 헌법학이라는 학문의 길로 이끌어주신 나의 은
사 허영 선생님께도 감사를 드린다. 언제나 나와 항상 같이 해주고
앞으로도 평생 곁에서 나를 지켜봐 줄 천안대학교 교목실의 최보영
선생님께도 사랑의 마음을 전한다. 이 책의 기획에서부터 출판까지
수고해주신 한국학술정보(주)의 채종준 사장님과 강진이 선생님께도
감사드린다. 끝으로 이 모든 상황을 내게 허락하신 하나님께 감사를
드린다.

2005. 3월

조재현

<제목차례>

제1장 언론·출판의 자유의 규정 / 13

제4절 언론·출판의 자유에 관한 기능적 분석 ························42

제2장 언론·출판의 자유의
보호영역에 관한 비교법적 고찰 / 45

제3장 우리 헌법상의 언론·출판의 자유의
보호영역에 관한 이론과 판례 / 273

제4장 결 론 / 315

참고문헌 / 323

제 1 장
언론·출판의 자유의 규정

제1절 서 설

우리 헌법은 제21조에서 언론·출판의 자유를 보장하고 있다. 언론·출판의 자유는 집회·결사의 자유와 함께 정치생활과 사회생활의 방법적 기초를 뜻할 뿐만 아니라 민주시민의 중요한 의사표현의 수단을 뜻하기 때문에 현대의 민주국가에서는 그 정치·사회질서의 중추신경에 해당하는 기본권이라고 할 수 있다[1].

언론의 자유에 관한 헌법규정을 보면 제21조 제1항에서 "언론·출판의 자유를 가진다"고 규정하고 제2항에서는 언론·출판에 대한 허가제나 검열제의 금지를, 제3항에서는 통신·방송의 시설기준과 신문의 기능보장을 위한 법정주의를, 그리고 제4항에서는 언론·출판의 헌법적 한계[2]를 규정하고 있다. 이러한 헌법상의 규정만으로는 "언론"과 "출판"의 개념과 언론·출판의 자유가 보장하고 있는 보호영역을 파악하기란 쉽지 않은 일이다. 종래에 언론이란 구두에 의한 표현을, 출판이란 문자 및 상형에 의한 표현을 말하는 것으로 이해되기도 하였지만, 일반적으로 언론·출판이란 사상·양심 및 지식·경험 등을 표현하는 모든 수단, 즉 담화·연설·토론·연극·방송·음악·영화·가요 등과 문서·도서·사진·조각·서화·소설 기타 형상에 의한 것을 모두 의미한다고 한다[3]. 언론과 출판의 개념은 헌법

---

1) 허영, 「한국헌법론」 신판(서울: 박영사, 2005), 540면.
2) 제4항이 헌법적 한계를 규정하고 있다는 데 대하여 내재적 한계라는 개념을 사용하는 견해가 있다. 권영성, 「헌법학원론」 개정판(서울: 법문사, 2005), 500면.
3) 김철수, 「헌법학개론」 제16전정신판(서울: 박영사, 2004), 690면 이하; 권영성(주 2), 490면 ; 계희열, 「헌법학(중)」(서울: 박영사, 2000), 378면 ; 김계환, 「헌법학정해」(서울: 박영사, 1998), 577면 ; 그러나 김철수 교수

현실에서 어느 정도까지 언론과 출판의 자유를 보장하고 있는지에 관한 기본권의 보호영역의 문제, 즉 언론·출판의 자유의 내용이 무엇인지를 밝히기 위한 전제로서 그 중요성이 인정된다. 언론·출판의 자유의 보호영역은 어느 정도까지는 일반화하는 것이 가능할 수는 있으나 구체적인 모든 내용을 일반화 내지는 추상화하여 확정한다거나 규범화한다는 것은 거의 불가능하기 때문에 헌법이 규정하고 있는 개념을 기초로 해서 학설이나 판례에 의하여 그 범위를 개별적인 사례에 있어서 구체적으로 확정하는 방법에 의존하게 되는 경우가 많을 것이다. 그러므로 언론·출판의 자유의 보호영역은 헌법에서 규정하고 있는 개념과 언론·출판의 자유가 가지는 기능의 상호관계뿐만 아니라 개인적·사회적인 제가치적 요소도 함께 고려하여야 한다.

는 언론·출판의 자유는 표현의 자유에 포함된다는 전제하에 표현의 자유를 상위개념으로 하고, 표현의 자유에는 고전적 형태인 "언론·출판의 자유"와 "집회·결사의 자유", 그 외에도 현대적인 "라디오·TV·영화 등에 의한 표현의 자유"와 "정보 수집의 자유와 권리"를 포함하며 그 중에서도 가장 중요한 것이 언론·출판의 자유라고 하고 있다. 이렇게 표현의 자유와 언론·출판의 자유의 개념을 구별하면서 표현의 자유의 요소 중의 하나인 현대적인 표현의 자유의 형태(라디오·TV·영화)도 헌법상의 "언론·출판의 자유"에 해당한다는 주장을 하고 있다. 생각건대 언론·출판의 자유와 표현의 자유를 구별한다면, 표현의 자유는 집단적 의사표현인 집회·결사의 자유와 미국의 경우처럼 종교의 자유 등을 포괄하는 개념으로 이해하는 것이 타당하다고 본다(Bryan A. Garner, Black' Law Dictionary, 7th ed(West Publishing Co., 1999), pp.674-675 ; 사전적 의미로 언론(speech)의 자유를 사상과 의견을 표현할 수 있는 권리, 출판(press)의 자유를 인쇄나 출판을 할 권리, 표현의 자유를 언론, 출판 이외에 집회, 종교의 자유를 그 요소로 정의하고 있다). 표현의 자유를 광의의 개념으로 이해하는 입장에서 보면 언론·출판의 자유와 표현의 자유의 개념이 구별된다고 할 수 있지만 이하에서는 표현의 자유, 언론·출판의 자유, 언론의 자유 등의 개념을 혼용해서 쓰기로 한다.

제2절 언론·출판의 자유의 보호영역과 제한의 관계

Ⅰ. 언론·출판의 자유의 보호영역확정의 필요성

기본권은 국가권력에 대하여 개인의 생활영역을 보호하려는 방어권적인 측면에서 출발하였으나 오늘날에는 국가가 기본권 침해자로서의 지위보다는 기본권 보장자로서의 지위가 더욱 중요하게 대두되었다. 하지만 개인의 자유와 권리를 침해하는 거대한 실체는 여전히 국가권력이라는 것을 간과할 수는 없다. 국가의 기본권 침해로부터 기본권을 보장하기 위해서는 이를 위한 이론구성이 필요한데, 그것이 이른바 기본권의 보호영역의 문제이고 기본권의 제한문제를 다루기 위해서는 논리적으로 기본권의 제한 이전에 무엇이 기본권 규정에 의하여 보호되는지가 규명되어야 한다.4)

개별기본권들은 각각 특별한 생활현실을 보호대상으로 하고 있는데, 기본권 규정에서 보호되는 일정한 생활영역을 기본권의 보호영역(Schutzbereich)이라 한다.5) 기본권의 보호영역에 속하는 내용은

---

4) 강태수, "기본권의 보호영역, 제한 및 제한의 한계" 『한국에서의 기본권이론의 형성과 발전(정천 허영박사화갑기념논문집)』(서울: 박영사, 1997), 103면.

5) 독일 연방헌법재판소는 영향영역(Wirkungsbereich)이란 개념도 사용한다. 학자들도 개념의 사용에 있어서 차이를 보이고 있는데, 헤세(Hesse)는 규범영역(Normbereich)이라 하고(K. Hesse, Grundzüge des Verfassungsrechts der Bundesrepublik Deutschland, C. F. Müller, Aufl. 16, 1988, RN 310), 슈테른(K. Stern)은 기본권의 구성요건(Tatbestand)이란 개념을

잠재적인 보호대상이고 보호영역의 범위 내에서 행하는 행위를 기본권의 행사라고 한다.

기본권의 보호영역은 개별기본권 조항에 따라 다양하기 때문에 일률적으로 파악하기는 어렵고 일차적으로 개별기본권의 해석에 의해 정해진다. 기본권의 일반이론에서 보호영역의 문제를 다루는 것은 현실적으로 나타나는 기본권에 관한 문제에 궁극적인 해결책을 제공하기 위해서가 아니라 단지 사전에 개별기본권 규정을 올바르게 해석하는 틀을 제공해 주는데 있다. 기본권심사의 첫 단계로서 기본권과 연관된 경우와 그렇지 않은 경우를 가능한 한 초기에 구별하기 위한 것이다. 일반적으로 보호영역의 확정은 개별기본권의 해석, 다른 기본권 및 그 외의 헌법규정과의 체계적인 연관성에 의해서 그 윤곽이 분명해지는 헌법적 차원의 문제라고 일반적으로 이해되기도 하지만,6) 다른 헌법규정에서 인정하고 있는 헌법적 가치는 오히려 보호영역의 제한이나 그 제한의 정당성에서 검토되는 경우가 많을 것이므로 여기서는 개별기본권의 해석에 있어서 개념적 요소와 기능적 요소를 중심으로 보호영역의 확정이 이루어진다는 전제에서 논의를 전개한다.

언론·출판의 자유의 보호영역을 확정한다는 것은 국가나 사회 또는 다른 기본권 주체의 기본권침해로부터 언론·출판의 자유를 보호하는 문제와 밀접한 관련이 있다. 국가권력이나 다른 제 세력으

사용하여, 자유권에서의 기본권의 구성요건을 보호영역 또는 보호대상이라고 하고 있다(K. Stern, Das Staatsrecht der Bundesrepublik Deutschland, Bd. Ⅲ/2, S. 33. 강태수(주 4), 103면에서 재인용). 이러한 슈테른의 견해에 대하여 야라스(Jarass)는 구성요건이라는 개념은 오히려 보호영역과 제한의 개념의 두 가지 모두를 포함하는 개념으로 사용하여야 한다고 한다. Jarass/Pieroth, Grundgesetz für die Bundesrepublik Deutschland, Aufl. 5, 2000, S. 25.

6) 강태수(주 4), 105-111면. 강태수 교수는 이러한 시각에서 보호영역을 이해하고 있으며, 기본권의 보호영역을 인적인 보호영역과 내용적 보호영역으로 나누고, 인적인 보호영역은 기본권의 주체의 문제라고 하고 있다.

로부터 언론·출판의 자유를 보장하기 위해서는 그러한 외부적인 세력들이 침범할 수 없는 일정한 테두리를 설정해 두는 것이 필요한데, 여기서 보호영역의 확정은 특별한 의미를 갖는다. 물론 언론·출판의 자유가 다른 기본권이나 국가적·사회적 보호법익을 침해하는 경우에 있어서도 보호영역의 문제가 발생하지 않는 것은 아니지만 이 경우에는 보호영역에 속하는 기본권의 행사에 대한 제한의 문제가 더 중요하게 부각된다. 이러한 점에 비추어 볼 때 언론·출판의 자유의 보호영역의 확정의 문제와 언론·출판의 자유의 제한의 문제를 구별하는 것은 분명히 실익이 있고 또 구별되는 개념으로 보아야 할 것이다. 보호영역과 제한의 문제를 분리해서 고찰하는 사고에 입각하면 분명히 언론·출판의 제한의 문제는 일정한 보호영역을 전제로 할 때 비로소 논의될 수 있는 개념이다. 따라서 보호영역에 속하지 않는 일정한 영역은 언론·출판의 자유의 한계7)를 넘는 것으로서 이는 언론·출판의 자유가 보장하고 있는 영역이 아니므로 기본권 제한의 문제를 논할 필요성이 생기지 않는 것이다.

---

7) 여기서의 한계는 언론·출판의 개념 및 의의나 기능에 비추어 보호영역에 속하는 내용과 보호영역으로 인정될 수 없는 영역으로 나눌 때 그 기준이 되는 것으로, 보호영역의 범위를 넘는 부분은 그 한계를 넘게 되어 언론·출판의 자유에 관한 문제가 발생하지 않는다. 예를 들어 국가전복을 목적으로 하는 단체설립을 주장하는 표현은 언론·출판의 한계를 넘는 것으로 보호영역에 속하지 않는다. 따라서 이러한 표현은 언론·출판의 자유의 제한의 문제를 가져오지 않는다. 이러한 점에서 위의 한계라는 개념은 우리 헌법상의 헌법적 한계와 구별하여야 한다. 기본권의 헌법적 한계란 헌법제정권자에 의한 명시적인 기본권의 제한이라고 할 수 있으며, 헌법 제21조 제4항에서 "타인의 명예나 권리 또는 공중도덕이나 사회윤리"를 헌법적 한계를 따로 명시하고 있는데, 이러한 헌법적 한계를 특별히 두고 있는 이유는 언론·출판의 자유가 중요한 기본권적 가치를 보호하면서도 자칫 동화적 통합의 분위기를 해치는 방향으로 행사되는 일이 없게 하기 위하여 헌법제정권자는 언론·출판의 자유가 넘어설 수 없는 헌법적 한계를 명시하는 헌법정책적 결단을 내린 것으로 평가하고 있다. 허영(주 1), 한국헌법론, 554면.

II. 언론·출판의 자유의 제한의 문제

언론·출판의 자유의 보호영역의 범위 내에서의 기본권의 행사는 제한될 수 있다. 기본권의 보호영역의 문제와는 달리 기본권의 제한의 문제8)는 일정한 제한사유를 전제로 하는 개념이다. 보호영역이라는 개념이 언론·출판·표현 등으로 인한 표현적 효과를 중심으로 논의되는 개념인 반면에 기본권의 제한이라는 개념은 표현적 효과와 다른 일정한 사유와의 관계에서 논의된다는 점에서 구별된다. 우리 헌법 제37조 제2항과 같이 일반적 법률유보규정을 두고 있는 경우에는 국가안전보장, 질서유지, 공공복리 등이 그 제한사유가 될 것이고, 독일기본법과 같이 개별적인 법률유보 규정을 두고 있는 경우에는 기본법 제5조 제2항의 일반 법률, 청소년보호규정, 개인의 권리 등이 그 제한사유이다. 미국의 경우에는 표현의 자유는 수정헌법 제1조에서 절대적인 기본권의 형식을 취하고 있기 때문에 명문에 의한 제한사유를 찾기는 어렵고 판례에서 정부의 이익이 주요한 제한사유로서 언급되었다.

언론·출판의 자유의 보호영역과 제한의 문제에 관하여 독일과 미국 그리고 우리나라의 접근방법이 조금씩 다르고 특히 미국의 수정헌법 제1조에 관하여는 다양한 이론이 나타나고 있는 것도 결국은 각국의 헌법에서 규정하고 있는 내용으로부터 결정적인 영향을 받은 것으로 보인다.

---

8) 기본권의 제한과 기본권의 침해의 개념은 구별하여야 한다. 기본권은 무제한적인 절대적인 기본권이 아니기 때문에 제한이 가능하고, 그 제한이 정당성을 인정받지 못하는 경우에는 기본권을 침해하게 된다.

Ⅲ. 언론·출판의 보호영역의 확정의 요소
-개념적 요소와 기능적 요소

위에서 살펴본 바와 같이 기본권의 일반적인 구조는 보호영역을 확정하고 그 확정된 보호영역의 범위 내에서 기본권의 제한의 문제가 발생한다. 보호영역의 확정에는 개념적인 요소가 그 출발점이고 기능적인 요소가 고려되어야 한다. 미국에서의 언론·출판의 개념적 요소는 언론의 자유에 있어서 "언론"이다. 독일의 경우에는 개념적 요소에 관한 규정은 상세하게 규정되어 있는데 그러한 개념적 요소로는 의사표현의 자유와 의사유포의 자유에 있어서 "의사", 방해받지 않고 정보를 얻을 자유에 있어서 "정보원", "신문", "방송", "영화" 등의 개념과 의사표현의 수단으로 "말(Wort)", "글(Schrift)", "그림(Bild)" 등이다. 그리고 아울러 언론·출판이 현대 민주주의 사회에서 사회의 동화와 통합 및 여론형성이라는 그 기능적인 분석이 보호영역의 확정에서 함께 작용한다. 다른 개인의 이익이나 헌법적인 제 가치들은 보호영역의 확정의 단계에서 논의되는 것이 아니고 기본권의 제한의 단계에서 고려되는 개념으로 보아야 한다.

제3절 언론·출판의 자유에 관한 개념적 분석

Ⅰ. 미국 수정헌법 제1조의 표현

1. 서 설

미국 헌법은 수정 제1조에서 "……언론 또는 출판의 자유를 제한하는 법률을 제정할 수 없다……"라고 규정하여 "Freedom of Speech, Freedom of Press"라는 개념만을 언급하면서 표현의 자유에 관하여 매우 간단하게 규정하고 있기 때문에 첫째, Speech와 Press의 개념이 어느 범위까지 인정되는지가 문제되고, 둘째 언론과 출판을 제한 (abridge)하는 법률을 제정할 수 없다고 함으로써 언론·출판의 자유를 절대적 보호규정으로 하려고 한 것인지, 즉 수정헌법 제1조의 입법의도가 무엇인지에 관하여 견해가 대립되기도 한다.

2. 언론과 출판의 개념

언론의 자유는 자유롭게 의견이나 사상을 표현할 권리, 출판의 자유는 정부의 간섭 없이 인쇄물을 출판하거나 인쇄할 수 있는 권리9)

---

9) Bryan A. Garner, Black' Law Dictionary, 7th ed(West Publishing Co., 1999), pp.674-675.

로 설명하고 있지만, 영화·사진·확성기·라디오·텔레비전·녹음기·피케팅 표지 그리고 언어를 사용하지 않는 의사표지(예컨대 반전의 상징으로서 검은 완장을 착용하는 행위) 등은 이러한 언론과 출판의 이원적 구별을 어렵게 했고 최근에는 언론·출판의 자유라는 개념 이외에 집회·결사의 자유까지 포함하여 표현의 자유라는 말이 널리 쓰인다.[10] 하지만 광의의 "표현"이라는 개념은 에머슨의 이론인 표현 – 행위 이분론에서의 "expression"과 오해의 소지가 있으므로, 에머슨의 이론에서의 expression과 action을, 또는 상징적 언론에서처럼 speech나 conduct를 구별하여야 할 필요성이 있는 경우 외에는 일반적으로 Freedom of Speech를 언론의 자유나 표현의 자유의 개념으로 사용하고자 한다.

Speech라는 것은 사상이나 의견을 전달하기 위한 표현이나 의사전달을 말하는 것으로 pure speech(순수한 언론)[11], speech minus(보호의 가치가 적은 언론), speech plus(상징적 언론 등과 같이 수정헌법 제1조의 완전한 보호[12]를 향유하지 못하는 언론), 상징적 언론, 상업적 언론, 선동적 표현 등의 세부적인 개념을 포함하는 포괄적인 개념이다. 그러므로 여기서 언론이라 함은 언어적인 것에 한정

---

10) T. I. Emerson, The system of Freedom of Expression(New York: Random House, 1970), p.3.
11) Tinker v. Des Moines Independent School District, 393 U. S. 503, 506-507.
12) 미국 수정헌법 제1조의 규정형식으로 인하여 독일과 같이 "보호영역에 포함된다", "보호영역에 포함되는 기본권이 제한된다"는 논리 구조가 보이지 않고, 연방대법원의 판례나 문헌에서는 "수정헌법 제1조에 의하여 보호되는 표현"과 "수정헌법 제1조에 의하여 보호되지 않는 표현"이라는 형식으로 나타난다. 따라서 이하에서는 연방대법원이나 미국의 문헌의 표현을 그대로 사용하여, "수정헌법 제1조에 의하여 보호되는 표현"은 보호영역에 포함되는 표현으로, "수정헌법 제1조의 완전한 보호를 향유하지 못하는 표현"이란 보호영역에는 포함되지만 제한이 가능한 표현으로, 그리고 "수정헌법 제1조에 의하여 보호되지 않는 표현"은 그것이 이미 제한되고 있는 표현이거나 보호영역에 포함되지 않는 표현을 뜻하는 것으로 사용하고자 한다.

24

되지 않는다. 언어적이냐 비언어적이냐에 따라서 언론이냐 비언론이
냐를 구별할 수는 없고 그것이 사상을 전달하기 위한 것인지 아니
면 단순한 행위에 그치는 것인지가 언론이라는 개념을 파악하는데
있어서 중요한 요소가 될 것이다. 따라서 말이 아닌 행위라고 하여
도 그것이 사상이나 의견을 전달하기 위한 것일 경우에는 언론이라
고 보아야 한다.13)

pure speech란 사상을 전달하기 위한 제한된 목적으로만 사용되
는 말이나 행동을 말하는 것으로 이러한 형태의 표현은 수정헌법
제1조의 최대한의 보장을 향유한다. 상징적 언론은 speech plus라고
도 불리고, 검은 완장의 착용이나 단식투쟁 등과 같은 것을 통하여
사상이나 의견을 표현하는 행동을 말하는 것으로서, speech minus
와 함께 순수한 언론과 같은 정도의 수정헌법상의 보호를 받지는
못한다. 상업적인 이익을 목적으로 하는 상업적 언론도 정치적인 표
현이나 종교적인 표현과 같은 정도의 수정헌법상의 보호를 받기는
어렵고, 선동적인 표현은 정부전복을 위한 폭력을 옹호하는 언론 등
으로 개념정의를 할 수 있다.14)

3. 방송과 통신의 개념

현재 미국 연방대법원은 표현의 자유의 개념에 방송과 영화15)의
자유도 사상의 전달에 있어서 중요한 수단이므로 수정헌법 제1조에

---

13) 가장 쉬운 예로 수화의 경우에 그것은 언어적인 것은 아니지만 사상이
　　나 의견의 전달수단이므로 언론으로 보아야 할 것이다.
14) Bryan A. Garner, Black' Law Dictionary, 7th ed(West Publishing Co.,
　　1999), pp.1407-1408.
15) Burstyn v. Wilson, 343 U. S. 495, 501(1952). ; 이동훈, "미국의 언론·
　　출판의 자유에 관한 판례가 우리 헌법에 미친 영향", 「수선논집」 제9집,
　　272면.

의하여 보호된다는 것은 의심의 여지가 없다고 하고 있고 나아가 통신의 영역에 있어서도 수정헌법상의 표현의 자유를 적용하고 있다.

방송과 통신에 관한 법률의 규정도 단일의 법과 단일의 규제기구[16]를 통하여 규율하는 연방통신법(Federal Communication Act)[17]을 두고 있고 이 법에서 방송과 통신의 개념에 관하여 규정하고 있다. 방송이란 "공중에 의해 직접 또는 중계무선국이라는 매개자에 의하여 수신되게 할 의도로 무선통신을 전파하는 것을 의미한다"[18]고 하면서 이러한 방송을 위한 시설을 갖춘 무선국을 방송국이라고 규정[19]하고 있다. 통신은 무선통신과 유선통신으로 구별하여 무선통

---

[16] 독일의 경우에는 방송과 통신을 별도의 법과 규제기구로 규율하되 새로운 중간영역의 서비스가 등장하는 경우에는 제3의 법률을 입법화하여 규율하는 방식을 취하고 있다. 우리나라의 경우에노 별노의 볍과 규제기구를 두고 있다.

[17] 이 법은 1927년의 라디오법(Radio Act)이 그 기초를 제공하였으며 1934년에 방송뿐만 아니라 통신매체에 대한 규율까지도 그 목적으로 하여 입법화되었다. 연방통신법은 연방라디오위원회를 연방통신위원회(Federal Communication Commission, FCC)로 명칭을 바꾸면서부터 방송과 통신에 대한 감독과 규제는 연방통신위원회라고 하는 단일의 기관에 의해 수행되게 되었다. 전화, 라디오, 텔레비전을 규제하기 위해 제정되었던 연방통신법은 기술 환경에 따른 매체환경의 변화와 1980년대부터 지속적으로 전개되어 온 방송에 대한 규제완화정책과 경쟁 확대 정책의 반영의 필요성으로 1996년 전기통신법으로 전면개정 되었다. 황성기, "언론매체 규제에 관한 헌법학적 연구" 박사학위논문, 서울대학교 대학원, 1999. 8, 121면. 이 법은 47 U. S. C 151에서 FCC를 창설하는 목적을 규정하고 있는데, 유무선의 주간·국제통상에서의 통신을 규제하기 위하여 가능한 한 미국의 모든 사람들에게 인종·피부색·종교·출신국가·성별에 기한 차별 없이 신속하고 효율적인 전국 및 세계적인 유무선 통신서비스를 적절한 시설과 합리적인 요금으로 이용을 가능하게 하기 위한 목적, 국방의 목적, 유무선 통신의 사용을 통한 생명과 재산의 안전증진목적, 지금까지 법에 의해 여러 기관들에게 부여되어왔던 권한을 일원화하고 또한 주간 및 국제통상의 유무선 통신에 관하여 추가적인 권한을 부여함으로써 위와 같은 정책목적의 보다 효과적인 집행을 확보하기 위한 목적을 들고 있다.

[18] 47 U. S. C 153(6).

[19] 47 U. S. C 153(5).

신이란 "무선에 의한 모든 종류의 기록·사인·신호·화상·소리의 전송 및 그에 수반하는 모든 수단·시설·장비 및 통신의 수신·송신·전달을 포함한 서비스를 의미한다"20)고 정의하고, 유선통신이란 "유선이나 케이블 또는 전송을 시작하고 종료하는 지점 간의 유사한 연결의 도움에 의하여 모든 종류의 기록·사인·신호·화상·소리의 전송 및 그에 수반하는 모든 수단·시설·장치 및 통신의 수신·발신·전송을 포함하는 서비스를 의미한다"21)고 규정하고 있다.22) 미국의 경우에는 연방통신법 47 U. S. C 153에서 방송과 통신 이외에도 케이블서비스23)나 이동통신서비스24) 등 비교적 상세한 규정을 마련하고 있어 방송과 통신의 개념에 큰 어려움이 없이 대응하고 있다.

4. 미국수정헌법 제1조의 입법의도에 관한 견해대립25)

수정헌법 제1조는 명백히 생략적이고 부정확하게 규정되어 있어 법문상의 의미가 확실하지 않기 때문에 이 법문의 제정의도에 관하여 다양한 해석이 끊이지 않고 있다. 수정헌법 제1조의 의미를 언론·출판에 관한 절대적 보호규정으로 보는 견해도 없었던 것은 아니지만 가장 격렬한 논쟁은 채피(Chafee)와 레비(Levy) 사이에 있었다. 수정헌법 제1조는 자유주의자들이 보통법상의 선동적인 비방으

---

20) 47 U. S. C 153(33).
21) 47 U. S. C 153(51).
22) 방송과 통신의 개념에 관한 미국과 독일 이외의 다른 국가의 개념에 관하여는 다음 논문을 참조. 황성기(주17), 55면.
23) 47 U. S. C 153(7), (8).
24) 47 U. S. C 153(27), (28).
25) 김한성, "언론·출판의 자유의 현대적 기능과 법적 통제에 관한 연구" 박사학위논문, 연세대학교 대학원, 1987. 2, 4-5면에서 재인용.

로 정부를 비판했다는 이유로 소추되는 일이 영원히 없게 하여 무
제한의 토론을 보장함으로써 언론통제법을 바꾸기 위해 제정한 것
이라는 채피의 주장에 대하여 수정헌법 제1조는 언론통제법의 폐지
에 목적이 있었던 것이 아니라 정치적 편법의 우연한 산물일 뿐이
라는 레비의 논쟁이 그것이다. 그 외에도 수정헌법 제1조가 모호하
게 규정되어 있는 것은 그 해석을 후세에 맡기려고 한 조치라는 해
석도 있다.

　이러한 해석상의 논쟁을 가져오게 된 이유는 수정헌법 제1조에
규정되어 있는 제한(abridge)이라는 개념이다. 만약 제한이란 개념을
박탈이라는 의미로 이해했다면 언론의 자유를 박탈할 수 없다고 규
정하는 것은 당연한 것이고 논쟁을 불러일으킬 여지는 없었을 것이
다. 문제는 "abridge"라는 개념을 제한의 의미[26]로 이해했던 것에
기인한 것으로 보인다. 언론을 제한하는 법률을 제정할 수 없다고
규정함으로써 언론의 자유를 절대적인 권리로 인정하여 제한의 여
지를 남기지 않았기 때문이다. 생각건대 언론의 자유라는 기본권도
제한은 가능하고 다만 그 제한이 정당성이 인정되지 않는 경우에는
기본권의 침해가 되며 그러한 기본권의 침해는 허용되지 않는다는
"기본권의 제한－제한의 정당성"의 단계적인 심사구조를 고려할 필
요가 있다. "abridge"라는 개념이 일반적으로 제한이라는 의미가 강
하지만 박탈의 의미를 배제하는 것은 아니기 때문에 기본권의 제한
의 단계적 심사에 관한 이론적 구성이 발달하지 않은 미국에서는
"abridge"를 박탈의 의미로 이해하는 접근도 생각해 볼 수 있겠다.
수정헌법 제1조는 입법 후에도 계속해서 표현의 자유를 제한하려는
이론이 발달되어온 점에 비추어 볼 때 수정헌법상의 표현의 자유는
박탈될 수 없는 권리이지만 제한이 가능한 것으로 파악해야 한다.
따라서 연방대법원이나 판례에서 취하고 있는 것처럼 수정헌법 제1

---

26) Bryan A. Garner, Black' Law Dictionary, 7th ed(West Publishing Co.,
　　1999), p.6.

조의 해석에 있어서 표현의 자유는 제한이 불가능한 것으로 보아서 "어떤 특정한 표현이 수정헌법 제1조에 의하여 보호되는가 아니면 보호되지 않는가"라는 양면적인 태도보다는 보호영역에 속하는지의 여부와 보호영역에 속하는 표현에 대한 제한의 문제는 분리해서 검토해야 한다.

II. 독일 기본법 제5조의 언론·출판

1. 서 설

　독일 기본법은 언론·출판의 자유에 관하여 비교적 상세한 규정을 두고 있다. 독일 기본법 제5조 제1항에서는 "누구든지 말, 글, 그리고 그림으로써 의사를 자유롭게 표현하고 전파하며 일반적으로 접근할 수 있는 정보원으로부터 방해를 받지 않고 정보를 얻을 권리를 가진다. 신문의 자유와 방송 및 영화를 통한 보도의 자유는 보장된다. 검열은 허용되지 않는다"[27]고 하여 언론·출판의 보장에 관한 규정을 두고 있고, 제2항에서는 "이 권리들은 일반 법률의 조항과 청소년보호를 위한 법률규정에 의하여 그리고 개인적 명예권에 의하여 제한된다"[28]는 언론·출판의 자유의 제한을 규정하고 있다.

---

27) Jeder hat das Recht, seine Meinung in Wort, Schrift und Bild frei zu äußern und zu verbreiten und sich aus allgemein zugänglichen Quellen ungehindert zu unterrichten. Die Pressefreiheit und die Freiheit der Berichterstattung durch Rundfunk und Film werden gewährleistet. Eine Zensur findet nicht statt.
28) Diese Rechte finden ihre Schranken in den Vorschriften der allgemeinen Gesetze, den gesetzlichen Bestimmungen zum Schutze der

독일기본법상의 언론·출판의 자유의 내용에 나타난 개념을 보면 의사표현의 자유와 의사유포의 자유, 일반적으로 접근 가능한 정보원으로부터 방해받지 않고 정보를 얻을 자유, 신문의 자유, 방송과 영화의 자유 등의 개별적인 권리와 의사표현의 수단으로 말, 글, 그림 등이다.

2. 언론·출판의 개념

1) 의 사

의사의 자유는 의사표현의 자유와 의사유포의 자유의 양자를 포함하고 있으며, 의사표현의 자유와 의사유포의 자유의 보호영역을 판단함에 있어서 중요한 헌법상의 개념은 "의사"이다[29]. 독일에서의 통설적인 입장[30]은 의사의 개념과 보도의 개념(Nachricht, Bericht)을 구별하여 의사표현 내지는 의사유포의 자유에서의 의사는 평가적인 의사만으로 한정하려고 하는 반면 단순한 사실의 전달까지도 의사의 개념에 포함시키려고 하는 입장[31]으로 그 견해가 대립된다. 헤어쵸크(Herzog)는 통설에서 주장하는 의사와 보도의 구별은 개별적인 영역에서는 아주 구별하기 힘들뿐만 아니라 객관적으로 불가능하며, 가치판단이나 사실인식 상호 간에 있어서 중요한 사실의 인식에 대한 순수한 가치판단이라고 하는 것은 거의 존재하지 않는다고 한다. 또한 그는 순수한 사실의 보도라고 하더라도 가치판단과는

Jugend und in dem Recht der persönlichen Ehre.
29) R. Herzog, in: Maunz/Dürig/Herzog/Scholz, GG-Kommentar(Loseblatt, 1958-2000), Art 5, RN 49.
30) H. Ridder, Meinungsfreiheit, in: Neumann/Nipperdey/Scheuner(Hrsg.), Die Grundrechte, Bd. Ⅱ, 1954, S. 264. 계희열(주 3), 380면에서 재인용.
31) R. Herzog(FN 29), RN 51.

아주 분리되는 것이 아니고 가치판단을 포함하게 되는데, 예컨대 보도가 이루어지는 유형과 방식, 보도에서의 배치의 유형, 헤드라인의 작성, 아나운서의 말하는 어조, 심지어는 신문상의 편집 또는 라디오방송과 텔레비전방송으로 보도하는 것이 의미가 있다고 고려되어지는 사실 등을 그러한 가치판단으로 열거하고 있다.

사실의 전달도 의사에 포함시키려고 하는 견해가 주장하듯이 비록 단순한 사실의 전달이라도 그것이 사람의 입이나 글을 통해서 전달되는 경우에는 사람의 주관적인 색채가 개입할 소지가 많고, 전달할 사실을 선정하는 그 자체가 일종의 평가적인 의사표시라고 볼 수도 있다.[32] 하지만 단순한 통계숫자의 전달처럼 전달하는 사람의 주관이 개입할 여지가 전혀 없는 경우도 있을 수 있으므로 엄격한 의미에서의 단순한 사실의 전달은 의사의 개념에 포함되지 아니한다[33]고 보는 것이 타당하고, 사실의 전달이라도 일정한 사고과정을 거친 평가적인 의사표시로서의 성격이 강하게 나타나는 경우에는 사실의 전달이 아닌 의사표현의 자유에 있어서의 '의사'로 보아야 할 것이다.[34]

연방헌법재판소는 의사와 사실의 보도가 서로 얽혀 있다는 것을 지적하였고[35] 사실의 주장이나 전달이 의사와 결합되어 있거나 혼합되어 있는 경우에는 그것은 의사의 표현이라고 보았다.[36] 또한 연방헌법재판소는 사실의 주장 내지는 전달이라고 하더라도 그것이 의사형성의 전제가 되는 경우에는 의사의 개념에 포함된다[37]는 주장을 받아들였다.[38] 이처럼 의사와 상관없이 의사형성을 가능하게

---

32) BVerfGE 12, 205, 260; 31, 314, 326.
33) BVerfGE 65, 1, 41.
34) 허영(주 1), 544면.
35) BVerfGE 12, 205, 260.
36) BVerfGE 61, 1, 9.
37) Jarass/Pieroth(FN 5), S. 173.
38) BVerfGE 54, 208, 219; 61, 1, 8f. ; 65, 1, 41.

하고 영향을 주는 사실은 의사의 개념에 속하지만 고의적이고 명백히 허위인 사실의 주장은 비록 그것이 의사형성을 위한 것이라고 하더라도 의사표현의 자유에 의하여 보호를 받지 못한다.[39]

2) 의사표현의 수단으로서의 말, 글, 그림

바이마르 헌법 제118조에서 의사전달의 수단으로 말, 글, 인쇄, 그림으로 규정하였던 것을 기본법 제5조 제1항 1문에서는 인쇄(Druck)의 경우는 신문의 자유로 특별히 보호하고 있기 때문에, 인쇄를 제외하고 세 가지 종류만 규정하고 있다. 그리고 이러한 말, 글, 그림과 같은 전달수단은 포괄적이고 넓은 의미로 해석되어야 한다.[40]

"말"이라고 하는 개념은 의사의 음성적인 전달, 즉 다시 말하면 음파에 의한 전달이라고 이해될 수 있다. 여기에는 노래에 의한 것도 마찬가지이며 음반, 테이프 나아가 전자적인 음파, 전화 등에 의한 전달까지도 포함한다.

"글"이란 표현이 서류와 관련된 모든 것을 말하는 것으로 개인적인 의사전달에 있어서 손으로 쓰거나 또는 기계에 의해 쓰인 것, 속기, 점자, 암호문서, 인쇄물 등의 모든 형태를 말하며 방송의 자유의 영역에 속하는 것이 아닌 전자문서 예를 들면 비디오자막, 인터넷 등이 포함된다.[41]

"그림"이란 회화적으로 묘사된 모든 것을 포함하는 것으로 글로써 표시되지 않은 모든 표시를 포함한다.

---

39) K. Hesse(FN 5), RN 391.
40) C. Starck, in: Mangoldt/Klein, Das Bonner Grundgesetz: Kommentar. Bd. 1, C. H. BECK, 1999, Art 5, RN 28ff. : R. Herzog(FN 29), RN 70ff.
41) C. Starck(FN 40), RN 29.

32

3) 정　보

기본법 제5조 제1항 제1문 후단에서는 모든 사람에게 일반적으로
접근 가능한 정보원으로부터 방해받지 않고 정보를 받을 권리, 즉
정보의 자유를 보장하고 있다. 정보의 자유라 함은 다른 사람에게
정보를 제공하는 것을 내용으로 하는 권리가 아니라 일반적으로 접
근 가능한 정보원으로부터 의사형성에 필요한 정보를 수집하고, 수
집된 정보를 취사·선택할 수 있는 자유를 말한다. 의사표현의 자유
는 정보의 자유 내지는 알권리를 통해서 의사형성에 필요한 정보를
얻을 수 있을 때 그 실효성을 기대할 수 있다. 따라서 정보의 자유
는 의사표현의 자유 좀 더 정확하게 말하면 의사의 자유의 전제조
건인 것이다.[42]

4) 출　판

독일 기본법은 출판[43]의 자유를 기본법 제5조 제1항 2문에서 방
송, 영화의 자유와 함께 특별히 보장하고 있다. 기본법 제정자는 출
판 내지는 신문의 개념에 관하여 기본법에서 규정하지 않고 역사적
발전과정에 그 해석을 위임하고 있으므로[44] 결국 출판의 자유에서
출판이라는 개념은 학설에 의하여 해결될 수밖에 없다. 학설상으로
는 출판의 개념을 기술적인 제작이나 복사방법에 의해서 이해하려

---

42) BVerfGE 27, 71, 81.
43) 독일기본법에서 Pressefreiheit라는 개념은 정확하게 신문의 자유만을
　　그 보호대상으로 하는 것이 아니므로 이를 정확하게 신문의 자유라고
　　번역할 수는 없고 "출판"이라고 하여야 할 것이다. 하지만 출판의 자유
　　의 영역에 있어서 가장 중요하게 다루어지는 것이 신문인만큼 그 개념
　　과 보호영역을 연구하는데 있어서 Pressefreiheit는 "신문의 자유"와 "출
　　판의 자유"라는 용어를 함께 사용하기로 한다.
44) Martin Löffler/Reinhart Ricker, Handbuch des Presserechts, C. H.
　　BECK, 1994, S. 37.

는 입장과 출판의 내용을 기준으로 해서 이해하는 입장으로 나뉜다.

(1) 제작방법에 대한 보호로 이해하는 견해[45]

출판이라는 어원은 "인쇄하다"는 용어에서 파생된 것으로 내용이 아니라 제작방법 내지는 복사방법에 의해서 출판의 개념을 이해하는 입장에서는 방송과 영화의 개념에 해당하지 않는 인쇄물이나 정보전달에 적합한 것은 모두 출판의 개념에 해당하게 된다. 즉 인쇄기나 복사방법에 의하여 제작된 인쇄물이라면, 그것이 글, 그림, 악보 등으로 이루어진 것이라도 모두 출판의 개념에 해당한다. 이러한 견해에 의하면 정기적으로 발행되는 신문이나 잡지 같은 인쇄물뿐만이 아니라 부정기적으로 인쇄되는 책, 플래카드, 부착물, 포스드 등을 포함하고 방송이나 영화의 자유의 영역에 속하지 않는 말이나 음악이 실린 음반, 비디오테이프, CD-ROM 등 이러한 것들도 출판의 개념에 해당하게 된다.

(2) 내용형성에 대한 보호로 이해하는 견해[46]

출판의 개념에 관한 해석을 하는데 있어서 그 개념을 제한적으로 이해하여 출판의 정의를 내용적인 것과 관련시켜 이해하는 입장이다. 이러한 제한적인 해석에 따르면, 출판이란 인쇄기에 의한 제작

---

45) R. Herzog(FN 29), RN 125f.
46) R. Herzog(FN 29), RN 127. 헤어쵸크는 쉬타르크(Starck)의 주석서 (Mangoldt/Klein, GG Kommetar)에서 이러한 입장에 서 있다고 하면서 출판의 개념을 내용적으로 보는 것에 관해서 비판을 가하고 있다. 그러나 새로 나온 그의 주석서 제2판(주 41)에서 쉬타르크는 출판의 개념을 신문이나 잡지의 객관적인 보도처럼 정치적·문화적·세계관적 보도 내지는 입장표명으로 보는 내용적인 기준으로 출판의 개념을 이해하려고 하는 것은 부적절하다고 밝히고 있는데, 그 자신도 이제는 출판의 개념을 제한적으로 보고 있지는 않다. C. Starck(FN 40), RN 59.

물이 아니라 일반적인 관심과 공적인 기능을 가진 인쇄물의 공표라고 한다. 즉 독자들의 단순한 개인적인 관심이나 오락적·상업적인 것에 관한 공표물이 아니라 신문이나 잡지에 있어서 객관적인 보도와 같이 일정한 정치적·문화적·세계관적인 시각을 가진 보도 내지는 입장을 내용으로 하고 있는 것을 출판으로 보고 있다. 이러한 시각에서 바라보는 것은 출판을 이미 내용에 있어서 제한하는 것으로 결과적으로 내용에 관한 검열의 결과를 가져오게 된다는 비판을 받고 있다.

(3) 검 토

출판의 개념을 일반적인 관심사나 공적인 기능을 가진 인쇄물만을 포함하는 것으로 보아 일정한 정치적·문화적·세계관적 보도 내지는 입장표명의 내용적인 기준으로 출판의 개념을 이해하는 입장에서는 단순한 개인적·오락적·상업적인 관심사 예를 들면 구인광고나 상품에 관한 자세한 정보 등을 제공하는 것을 목적으로 하는 인쇄물은 출판의 개념에서 제외된다. 이러한 견해는 아울러 내용에 있어서 검열의 결과를 가져오게 된다. 따라서 출판의 개념을 제작방법에 대한 보호로 보아 그 범위를 넓게 파악하는 것이 타당하다.

5) 방송과 영화

(1) 방 송

독일은 미국과는 달리 방송과 통신을 구별하여 규율하고 있다. 기본법 제5조 제1항 제1문에서 방송을 통한 보도의 자유를 보장하고 있고 제10조에서 편지, 우편, 전신·전화의 비밀의 자유를 보장하고 있다.

기본법 제10조의 전신·전화의 자유(Fernmeldegeheimnis)는 전신·
전화의 비밀뿐만 아니라 컴퓨터나 이와 유사한 텔레팩스, 영상정보체
계(Bildschirmtext) 등을 통한 통신을 보호하고 있다.47) 방송과 통신
에 대한 이러한 차이점은 관할권에도 차이를 가져와 방송의 경우에는
16개 주가 개별적으로 제정하는 주 방송법이나 미디어법을 통하여 그
리고 주들 사이의 주간조약48)에 따라서 규율되고, 통신의 경우49)에는

---

47) Jarass/Pieroth(FN 5), S. 259-260.
48) 주간방송조약은 지상파·케이블·위성을 통해 전달하는 내용을 규제하는
　　매체단일법으로 독립적인 주권을 행사하는 주들 간에 맺어진 조약이기
　　때문에 방송법이라 하지 않고 방송국가조약이라 부른다. 방송에 관한 주
　　간조약(Rundfunkstaatsvertrag, RdfStV) 제2조 제1항에 의하여 방송의
　　영역에 있어서 입법의 관할권은 주에 속한다. 주간방송조약은 1991년 8월
　　31일 제2자 개성의 통일독일에 있어서의 방송에 관한 주간조약이 새로운
　　미디어의 등장으로 인하여 개정의 필요성이 대두되었고, 정보 및 통신서
　　비스법(Das Informations-und Kommunikationsdienste-Gesetz), 미디어
　　서비스에 관한 주간조약의 제정과 발맞추어 1996년 8월 26일부터 9월 11
　　일에 개정되어(제3차 주간방송조약) 1997년 1월1일자로 효력을 발하게 되
　　었다. 방송의 개념과 유사하지만 구별해야 하는 것이 "미디어서비스"이
　　다. 미디어서비스에 관한 주간조약은 제2조 제1항에서 "중계선 없이 또는
　　전도체를 매개로 전자적 진동을 이용하여 일반대중에게 배포되는 텍스
　　트·음성 또는 영상의 형태로 된 정보 및 통신서비스를 제공하거나 이용
　　하는 것"으로 미디어서비스의 개념을 정의하고 있다. 미디어서비스의 개
　　념은 방송과 통신환경의 급격한 변화로 인하여 새로운 매체와 방송과의
　　구별의 필요성에서 대두하였다. 그래서 방송위원회의 명령으로 "방송"개
　　념에 관한 연구위원회는 헌법적 의미에서 방송에 해당되지 않거나 혹은
　　협의의 방송법 규정에 해당되지 않는 서비스목록을 작성하였고 이러한
　　부정적 목록이 미디어서비스에 관한 주간 조약이 성립하는 계기를 제공
　　했다. 1994년 6월 29일 내각과 상원수반회의에 제출된 방송개념에 관한
　　연구위원회의 중간 보고서를 보면 주문형 비디오, 홈쇼핑, 텔레오락 등은
　　이용자의 주문에 응할 수 있다는 기술적인 면과 여론형성에 미치는 영향
　　이 미미하다는 점에서 본질적으로 고전적인 방송과 구별되고 특별한 규
　　정의 마련필요성을 확인하였다. 그 해 11월 회의에서 하나의 제안안이 마
　　련되었다. 결코 방송으로 이해될 수 없는 서비스(전자우편 등 정보와 데
　　이터교환, 원격조정서비스, 개인적인 역커뮤니케이션이 인정되는 상품 및
　　서비스를 제공하는 전자판매로 판매자체가 방송이 행하는 제공이 아닌
　　전자은행, 전자판매 카달로그, 전자오락, 예약서비스 등)와 이미 존재하는

연방에 의하여 규율된다. 따라서 독일에서는 "방송"이라는 개념을 어떻게 정의하느냐는 매우 중요한 문제라고 할 수 있다.

방송의 개념에 관하여 독일기본법에서는 별도의 정의를 내리지 않고 있다. 그렇다고 하여 이것이 헌법상의 방송의 개념을 단순히 입법자로 하여금 임의적 결정을 내리도록 위임된 것을 의미하는 것이라고 볼 수도 없고50) 관련규정을 통한 해석에 의한 구체화작업에 의존할 수밖에 없을 것이다.

방송이란 사상의 전달을 위한 모든 수단, 그 중에서도 특히 전파에 의한 수단을 말하는 것으로 사실의 전달이거나 의사의 표현이거

주간방송조약의 법 조항이 적용되는 서비스(텔레비전 텍스트, 라디오 텍스트, Pay TV, Pay-per-channel, Pay-per-view, Near-video-on-demand)로 위 두 영역에 사이에 놓인 영역의 합의점을 찾는데 어려움이 있었고, 그 후 방송에 해당하는 것과 해당하지 않는 서비스에 관한 목록을 작성하게 되었다(소위 부정적 목록). 개인적 정보를 제공하고 일반성이 인정되지 않아 방송으로 간주될 수 없는 영역으로 전자우편·원격조정서비스·전자판매 카달로그·전자은행·전자예약서비스·비디오회의·개인적 상호적 텔레과정·텔레수업·전자복권 등이 있고, 공적의 의견형성에 대한 영향력이 방송에 비하여 미미하여 방송에 관한 규정이 적용되지 않는 서비스로는 오디오·비디오에서의 주문서비스·주문이 가능한 텔레쇼핑·텔레게임 등이다(이우승, 「독일의 멀티미디어법」, 방송연구자료집 97-2, 한국방송개발원, 20-21면). 미디어서비스에 관한 주간조약의 체결로 1991년 8월 31일에 효력이 발생한 빌트쉬름텍스트에 관한 주간조약(Staatsvertrag über Bildschirmtext)은 제3차 주간방송조약에서 폐지되었다(미디어서비스에 관한 조약 제23조 제3항).

49) 독일기본법 제73조 제7호에서 우편과 전기통신에 관하여 연방이 배타적 입법권을 가진다고 규정하고 있다. 통신에 관한 주요 법률로는 전기통신법(Telekommunikationsgesetz, TKG), 정보 및 통신서비스법 등이 있고, 전기통신법은 기존의 전기통신시설법(Fernmeldeanlagengesetz)을 개정하여 EU통신시장의 개방화에 대비하여 새로이 제정된 것으로 1996년 7월 25일 시행하게 되었고 정보 및 통신서비스법은 새로운 기술발전으로 방송과 통신환경이 급격하게 변함에 따라 새로운 법적 장치의 필요성으로 입법화 된 것이다.

50) BVerfGE 74, 297, 351 ; 전정환, "헌법상 방송의 개념－독일기본법 제5조 제1항 2문의 내용을 중심으로", 「공법연구」 제25집 제4호, 1997. 6, 537면.

나 그것을 묻지 아니한다. 또한 방송에 있어서 전달수단은 그것이 고전적인 전화식 유선방송이건 케이블방송 내지는 케이블 TV같은 유선방송이건 그 전달방식에 상관없이 모든 형태를 포함하고 또한 무선방송 등도 방송의 개념에 해당한다.[51] 그리고 전달이 시각적인 방식에 의하여 전달되건 청각적인 방식에 의하여 전달되건 그러한 것은 방송의 개념에 있어서 중요하지 않다. 따라서 방송의 개념에는 텔레비전방송을 포함한다는 것은 당연하다.[52]

방송의 개념에 관하여 루돌프(Walter Rudolf)는 독일의 경우 방송이 주의 관할 사항에 속하므로 주가 방송의 개념을 법적으로 구체화하여야 하며 이러한 구체화작업은 16개 주에 의하여 체결된 방송에 관한 주간조약 제2조 제1항 1문에 의하여 형성된다고 한다. 그리고 방송법 최우선 과제는 방송의 개념을 정의하는 것이고 다른 매체와의 경계를 명확히 설정하는 것이라고 하면서 방송이 갖추어야 할 몇 가지 요소를 제시하고 있다.[53]

쉬타르크는 출판물의 내용에 의하여 출판의 개념이 정의되지 않는 것과 마찬가지로 방송의 개념도 방송의 내용과 관련하여서 정의될 수 없고 오히려 제작방법이나 전달방법에 의하여 결정되어야 한다고 설명하고 있다.[54] 그 이유로 기본법에서 방송을 통한 보도라고 규정하고 있는 것을 보더라도 제작방법이나 전달방법이 개념을 정의하는

---

51) C. Starck(FN 40), RN 95f. ; Jarass/Pieroth(FN 5), S. 36. ; 야라스 (Jarass)는 E-mail이나 Online-Banking은 방송의 보호영역에 속하지 않는다고 한다.
52) R. Herzog(FN 29), RN 197 ; BVerfGE 12, 205, 259ff. 이후로 이론 없이 인정되고 있다.
53) Walter Rudolf, "Öffentlich-rechtliche Aufgaben eines Rundfunkgesetzes im demokratischen Verfassungsstaat", Public Law vol. 28-4-1, 2000. 6, S. 212-213. 방송이 갖추어야 할 요소는 방송의 보호영역과 관계되므로 제3장에서 보호영역의 확정의 문제와 함께 다루는 것이 타당하다고 생각된다.
54) C. Starck(FN 40), RN 92.

38

데 있어서 중요하다는 것을 의미한다고 한다. 1991년 8월 31일의 주
간방송조약(RdfStV) 제2조 제1항에서는 방송의 개념과 관련하여 어
느 정도 시청료에 관한 국가협약(Rundfunkgebührenstaatsvertrag)에
있어서의 방송의 개념과 일치시키고 있는데, 동 규정에 의하면 제2조
제1항에서는 "방송은 중계선 없이 전자진동을 이용하여 또는 도선에
의하거나 도선을 매개로 하여 말, 음향, 및 영상을 통한 일체의 제공
에 의해 이루어지는 것으로 일반대중을 위하여 기획되고 전달되는
것을 말한다. 방송의 개념에는 텔레비전텍스트와 같이 특별한 유상
수신자를 그 대상으로 하거나 암호체계에 의하여 제공되는 것을 포
함한다"[55]고 규정하고 있다. 동 규정의 두 번째 문장에서 방송의 개
념에 특별한 유상 수신자를 대상으로 하는 텔레비전텍스트 등에 의
하여 제공되는 것 등을 포함시키고 있는데, 이러한 내용은 시청료에
관한 국가협약[56]에서는 보이지 않고 있다. 그 이유는 주간방송조약의
제2차 개정 당시에 새로운 매체의 발전으로 인하여 방송의 개념정의
의 확장의 필요성에 기인한 것으로 볼 수 있다. 쉬타르크는 위에서
언급한 주간방송조약의 정의는 헌법적인 방송의 개념의 본질적인 요
소로서 전달수단이 필수적이라는 것을 잘 표현하고 있다고 한다.[57]
따라서 그는 시청료에 관한 국가협약의 규정과 같이 방송이 일반대
중을 위해서 기획되고 전달되는 제한적인 개념으로 이해되어서는 안

55) Rundfunk ist die für die Allgemeinheit bestimmte Veranstaltung und
   Verbreitung von Darbietungen aller Art in Wort, in Ton und Bild unter
   Benutzung elektrischer Schwingungen ohne Verbindungsleistung oder
   längs oder mittels eines LeiterS. Der Begriff schließt Darbietungen ein,
   die verschlüsselt werden oder gegen besonderes Entgelt Empfangbar
   sind, sowie Fernsehtext.
56) 시청료에 관한 국가협약 제1조에서는 주간방송조약의 제2조 제1항 1문
   과 동일한 내용을 규정하고 있다(방송은 중계선 없이 전자진동을 이용
   하여 또는 도선에 의하거나 도선을 매개로 하여 말, 음향, 및 영상을 통
   한 일체의 제공에 의해 이루어지는 것으로 일반대중을 위한 기획 및 전
   달을 의미한다).
57) C. Starck(FN 40), RN 93.

된다고 한다.58) 그렇지만 과연 방송의 개념을 전달방법이나 제작방법에 의하여서만 인정할 수 있을지는 의문이다. 방송의 요소는 어느 정도 수신자범위의 일반성59)을 전제로 하는 개념이기 때문에 기술적인 제작방법이나 전달방법적인 측면에서만 방송을 이해하려는 시도는 방송의 개념을 지나치게 넓게 파악하게 되어 통신과의 구별에 있어 혼란을 가져올 수도 있다. 이러한 문제와 관련하여서 전형적인 방송의 개념에 포함되는지의 여부에 관하여 논란이 되고 있는 것으로 주문서비스(Abrufsdienst)와 접근서비스(Zugriffdienst)를 들 수 있다.

전통적 방송의 경우에는 프로그램을 시작하거나 종료함으로써 방송선정결정을 내리는 것이 제한된 반면에 문자, 음향 및 동화상 서비스에 의한 주문서비스60)와 접근서비스61)의 경우에는 방송참가자가 프로그램의 선택의 자유기 결정적으로 확대되어 전송물을 개인적으로 수신할 수 있게 되었다. 이러한 주문서비스나 접근서비스의 경우에는 방송개념상의 요소인 대중커뮤니케이션적인 요소가 결여되어 기본법상의 방송의 개념에 속하는 것으로 볼 수 있는지에 관하여 견해가 대립되고 있다.

데겐하르트(Degenhart)에 따르면 주문서비스나 접근서비스 모두 방송개념상의 특징인 대중의사소통이라는 요소가 결여되어 있어서

---

58) C. Starck(FN 40), RN 94.
59) 수신자범위의 일반성은 방송의 개념적 요소로서 논의되는 문제이지만 방송의 보호영역을 확정하는데 있어서 고려되어야 하는 하나의 요소이므로 자세한 내용은 방송의 보호영역의 문제에서 다루기로 한다.
60) 주문서비스는 "문자, 정지화상, 동화상, 음악 및 이야기 프로그램을 전달이 즉시에 이루어지든 또는 차후에 적합한 시점에 이루어지든 상관없이 보도기술적 수단으로 연락을 취하는 모든 불특정인에게 전자기억 장치에 의해 자동으로 전달되는 것"이라고 규정하고 있다(바덴뷔르템베르크주매체법 제1조 제3항).
61) 접근서비스는 "누구든지 일정한 시간적 범위 내에서 언제든지 또는 원하는 시간에 모든 개별정보를 선택할 수 있고 즉시 또는 일정한 시간을 기다려서 보거나 들을 수 있도록 신속히 전파되는 서비스"라고 규정하고 있다(바덴뷔르템베르크주매체법 제1조 제3항).

기본법상의 방송의 개념에 속하지 않는다고 한다. 방송과 그 밖의 뉴미디어의 경계설정을 위하여 수신자범위의 일반성이라는 방송의 자유의 기준은 방송물들이 일반에 의한 동시적 수신을 목적으로 해야 하며 개별적 참가자에 의한 임의적 주문 또는 접근가능성 그리고 개별적 수신시간대에 개인적이고 자유로운 결정은 기본법 제5조 제1항 제2문의 방송에서 배제하는 것으로 구체화 될 수 있다는 것이다. 따라서 데겐하르트에 의하면 개별참가자들 간에 정보교환을 위한 뉴미디어의 사용은 방송이 아니라 개인적 의사소통이라고 하면서 다음과 같이 설명한다. : 주문서비스로서의 화상문자서비스(btx)가 개별적인 전달을 위해 사용되는 경우나 기타 btx도 방송이 아니고 개인커뮤니케이션과 매스커뮤니케이션 간의 경계영역 안에 놓여 있는 통신수단이라고 볼 수 있다. 그러나 참가자가 정보전달의 시점을 자유롭게 결정할 수 있는 접근서비스로서의 비디오텍스트는 부분적으로는 방송에 귀속될 수 있으나 정보전달의 동시성이 결여되어 있어 방송의 성격이 부정되어야 한다. 일반적인 전자적 문자서비스의 경우도 마찬가지다.[62]

헤어쵸크[63]에 의하면 주문서비스에 의한 전파는 통신기술적으로 동시적 전파라고 하는 방송의 본질적 요소를 가지고 있지 않고, 수신자가 주문하면 정보가 전파나 혹은 유선으로 제공되므로 엄격한 의미에서 방송은 아니라 방송과 유사한 통신에 속한다고 한다. 그러나 접근서비스의 경우에는 방송으로 볼 수 있다고 한다. 왜냐하면 접근서비스는 통신기술적인 전파가 불특정인에게 동시적으로 이루어지는데 다시 말하면 그것은 전파의 상태에 있고 모든 사람에게 제공되며 그것을 수신하기 위해서는 수신자 측에게 일정한 설비(Schlüssel)만을 필요로 하기 때문에 방송이라고 볼 수 있다고 한다.

쉬타르크는 접근서비스는 물론이고 음향이나 화상에 의한 주문서

---

62) Degenhart, BK, Art 5. RN 520f.
63) R. Herzog(FN 29), RN 196.

비스의 경우에도 방송의 개념에 해당한다고 한다.64) 이미 앞에서 살펴본 바와 같이 그에 의하면 방송은 일반대중들이 동시에 수신할 수 있어야 한다는 것은 방송의 본질적인 요소가 아니며, 방송의 개념은 일반대중을 위해서만 기획되고 전달되는 제한적인 개념으로 이해되어서는 안 된다고 한다. 그렇기 때문에 개인 간의 의사소통이 아닌 한 통제가능성이 개인에게 있다고 하여 방송이 아니라고 할 수 없다는 것이다.65)

주문서비스나 접근서비스에 관하여 연방헌법재판소는 방송의 개념은 확정적으로 정의될 수 있는 것이 아니고 사회영역의 변화가 있으면 기본법이 보장하는 방송의 내용도 변할 수 있는 것이라고 하면서66), 음향이나 영상서비스를 주문서비스나 접근서비스에 의하여 송출하는 것이 헌법상의 방송의 자유에 속하지 않는다는 결론을 도출할 수는 없다67)고 판시함으로써 확고한 입장은 유보하고 있다.68)

(2) 영　화

기본법 제5조 제1항 제2문에서는 또 하나의 대중매체수단으로 영화를 규정하고 있는데, 영화란 원칙적으로 사실이나 의사의 전달이 특정한 회화적인 방식에 의하여 제작된다는 것이 그 본질적인 특징이다. 방송의 개념이 시각적인 부분이 청각적인 부분에 의해 보충되는 것과 마찬가지로 영화도 기술적인 의미에서 영화필름 그 자체뿐만 아니라 청각적인 음향테이프에 의해서 보충된다.

---

64) C. Starck(FN 40), RN 96.
65) C. Starck(FN 40), RN 96f. 그는 또 인터넷을 통한 정보도 그것이 일반인에게 유포되는 것이면 방송의 개념에 해당한다고 한다.
66) BVerfGE 83, 238, 302 ; BVerfGE 73, 118, 154 ; 이들 판결에서는 기본법상의 방송의 개념과 규정의 내용은 그 규범영역(Normbereich)에 달려있고 규범영역이 변할 경우에는 변할 수 있다고 한다.
67) BVerfGE 74, 297, 350ff.
68) 전정환(주 50), 551면.

42

제4절 언론·출판의 자유에 관한 기능적 분석

언론·출판의 자유는 인간의 존엄성·동화적 통합·민주적 통치 질서의 관점에서 매우 중요한 의의와 기능[69]을 가지고 있으며 이 책의 주 연구대상인 언론의 자유의 보호영역을 확정하는데 있어서도 언론이 수행하고 있는 기능을 고려하여야 한다. 따라서 언론·출판이 자유민주주의 사회에서 가지고 있는 기능은 언론의 보호영역을 확정하기 위한 기초로 작용할 수 있으므로 상호 밀접한 관련이 있다.

첫째, 언론출판의 자유는 우리 헌법이 전제로 하는 자주적 인간의 정치적·사회적·문화적·지적인 개성신장의 수단으로서의 의미와 기능을 가지고 있다.[70]

둘째, 언론·출판의 자유는 사회구성원 상호 간에 의사접촉을 가능하게 하고 여론형성을 촉진시킴으로써 사회공동체를 동화시키고 통합시키는 수단으로서의 기능을 가진다.[71]

셋째, 언론·출판의 자유는 민주주의통치 질서가 성립하기 위한 필수적인 전제조건으로서의 의의와 기능을 가지고 있다. 국가권력의 창설과 국가 내에서 행사되는 모든 권력의 최후적 정당성이 국민의 가치적 공감대에 귀착될 수 있는 통치형태가 바로 민주주의이기 때문에 언론·출판의 자유를 보장함으로써 여론에 의한 참여(input)의

---

69) 허영, 「헌법이론과 헌법」 신정6판(서울: 박영사, 2001), 654면.
70) 허영(주 1), 540면. 우리 헌법재판소도 언론의 자유는 개인이 언론활동을 통하여 자기의 인격을 형성하는 개인적 가치인 자기실현의 수단인 동시에 정치적 의사결정에 참여하는 사회적 가치인 자기통치를 실현하는 수단이라는 점을 강조한다(헌재결 1999. 6. 24. 97 헌마 265).
71) 허영(주 1), 541면.

통로를 열어놓고, 매일매일 되풀이되는 국민투표를 제도화하고, 의사표현과 정보의 전파를 통한 정치적 공감대(Konsens) 형성을 가능하게 하는 것이야말로 민주주의의 실현을 위해서 필수불가결한 전제조건이 아닐 수 없다. 따라서 언론·출판의 자유는 민주주의 헌법질서의 초석인 동시에 그 기준이다.72)

넷째, 정치적 의지와 정치적 의견의 형성을 촉진하여 선거와 투표의 본래의 목적을 발휘하게 할 언론·출판의 자유는 민주정치의 생명선이며 인간의 내심의 작용인 양심과 사상을 자유로이 외부로 표현하여 공동체사회에서 서로 영향을 미칠 수 있는 기능을 가진다.73)

언론의 자유의 기능을 전통적 기능과 현대적 기능으로 나누어 설명하기도 한다.74) 이러한 입장에 의하면 고전적인 사상가인 밀턴(Milton)과 밀(Mill)의 사상의 시장이론에서 발전된 전통적 기능과 현대적 사상가들인 채피(Z. Chafee), 마이클존, 에머슨의 이론에서 주장된 현대적 기능으로 구분하고 있다.

언론의 자유의 전통적 기능은 밀턴과 밀의 사상의 자유시장이론으로 집약될 수 있다. 즉 언론·출판의 자유란 전통적으로 사상과 의견을 자유롭게 표명하고 전달하는 자유를 의미하며 사상의 공개시장에서 자유로운 언론을 통하여 개인의 발언욕망의 달성과 진리의 발견이 이루어진다는 것이다.

언론의 자유의 현대적 기능을 설명하고 있는 대표적인 사람이 에머슨이다. 그는 자신이 발표한 논문75)과 일련의 저서에서 언론의 자유의 기능으로 개인적 자아실현·진리발견·의사결정에의 참여·안

---

72) 허영(주 1), 541면.
73) 김계환(주 3), 578면.
74) 김한성(주 25), 9-30면.
75) T. I. Emerson, "Toward a General Theory of The First Amendment", 72 Yale Law Journal 877(1963) ; 언론·출판의 자유의 기능은 개인의 사상과 의견의 자유로운 발표라는 고전적 의미에서 자유로운 정보의 유통이라는 현대적 의미를 갖는다고 설명하기도 한다. 표성수, 「언론과 명예훼손」(서울: 육법사, 1997), 50면.

정과 변화 간의 균형 등의 네 가지 기능76)을 설명하고 있고, 국내 대부분의 문헌77)에서는 에머슨의 주장을 언론의 사회적 기능으로 소개하고 있다.

언론·출판의 자유의 기능은 개념적 요소와 함께 보호영역을 확정하는 또 다른 하나의 요소라고 볼 수 있다. 가령 어떤 특정한 표현이 "의사"라는 개념에 속하는 것이라고 할지라도 그러한 의사가 모두 언론·출판의 자유의 보호영역에 포함되는 것이 아니라 그것이 개인의 개성신장의 수단이나 여론형성의 촉진이라는 기능을 수행하는 것으로 인정될 때 비로소 언론·출판의 자유의 보호영역에 해당한다고 보아야 할 것이다. 이처럼 언론·출판의 자유의 보호영역은 그 개념과 기능의 상호 유기적인 관계 속에서 파악하려는 시각이 필요하다.

---

76) T. I. Emerson(FN 10), pp.6-7.
77) 김철수(주 3), 691면 ; 계희열(주 3), 376면 ; 김계환(주 3), 578면 ; 유일상, 『언론법제론』(서울: 박영사, 2000), 60면.

제 2 장

언론·출판의 자유의
보호영역에 관한 비교법적 고찰

제1절 서 설

　언론·출판의 자유를 연구하는데 있어서 헌법상 보호 내지는 보장받는 영역을 확정하는 것은 가장 어렵고 중요한 문제라고 할 수 있다. 언론의 자유에 의해서 보장받는 영역을 확정하는 연구의 출발점은 물론 헌법상의 개념에 두어야 한다. 그렇다고 하여 언론과 출판 또는 방송이라는 개념의 정의에 의하여 그 보호영역이 확정되는 것이 아니라는 점에 그 문제의 어려움이 있다. 우리나라와 미국의 경우보다는 비교적 자세한 규정을 두고 있는 독일의 경우도 의사표현·정보의 자유·출판·방송·영화 등 그 개념을 세분화하고 있다고 하여도 그 구체적인 보호의 범위를 확정하는 것은 결국 이론과 판례에 의존할 수밖에 없다.

　헌법상의 보호영역의 확정문제는 기본권심사의 첫 단계로서 기본권과 연관된 경우와 그렇지 않은 경우를 가능한 초기에 구별하여 개별 기본권 규정을 올바르게 해석하는 틀을 제공하기 위한 것이지만, 궁극적으로는 헌법에서 보장하고 있는 기본권을 최대한으로 보장하려는 것을 그 목적으로 하고 있다. 미국과 독일 그리고 우리의 경우도 언론·출판의 자유라는 기본권을 최대한 보장하려고 하는 점에서는 차이가 없다. 다만 그 이론구성에 있어서 차이가 있을 뿐이다. 가령 예를 들면 미국의 경우에는 수정헌법 제1조에서 "언론을 제한하는 법률을 제정할 수 없다"고 규정함으로써 언론을 절대적 기본권으로 보장하고 있었기 때문에 어떠한 표현이 수정헌법에서 보장하는 표현인가 아니면 수정헌법이 보장하지 않는 표현인가의 여부가 중요한 쟁점이었고, 이러한 절대적 기본권으로 보호되는 표현으로부터 보호를 받지 못하는 표현을 구별하기 위하여 언론·출판의 자유라는 절대적 기본권을 제한하는 제한이론이 중심이었다. 기본권에 관하여 헌법이론적으로 볼 때 절대적 기본권은 제한이 불가능한 기본권이다. 그렇지만 절대적 기본권이 제한이 불가능하다는 의미는 법률유보에 의한 제한이 금지된다는 의미로 이해되어야 하고 내재적 한계나 다른 헌법적 가치에 의한 제한은 가능하다고 보아야 한다. 미국의 경우 절대적 기본권의 형식을 취하고 있기 때문에 수정헌법 제1조에 의하여 보호되는지 아니면 보호되지 않는지의 여부가 논의의 중심이 되어야 할 것이지만, 다음의 점에서 미국의 논의를 제한이론으로 파악하고자 한다. 첫째 우선 수정헌법 제1조의 규정형식에 있어서 "표현의 자유를 제한할 수 없다"고 이해할 것이 아니라 "표현의 자유는 박탈할 수는 없지만 제한이 가능하다"는 것으로 이론 구성하는 시각이 필요하다. 둘째 수정헌법 제1조의 표현의 자유를 절대적 기본권으로 이해할 경우 이는 법률유보에 의한 기본권의 제한을 금지하는 것을 의미하는데, 미국수정헌법상의 표현의 자유에 있어서는 표현을 제한하는 것이 아니라 다른 정부이익을 추구하게 되는 결과 표현과 정부의 이익이라는 다른 헌법적 가치와의 상충관계가 성립하게 되고 이러한 상충관계를 해결하기 위한 방법으로 이익형량의 방법에 의하여 표현의 자유를 제한하는 것으로 볼 수 있다. 다시 말하면 특정한 표현행위 하나만을 놓고 그것이 수정헌법 제1조에 의하여 보호되는지의 여부가 문제되는 경우에는 그것은 보호영역의 문제라고 볼 수 있지만, 표현과 정부이익이나 다른 헌법적 가치와 비교에 의하여 수정헌법 제1조에 의한 보호여부가 문제되는 경우에는 그것은 표현의 자유에 대한 제한의 문제인 것이다. 이것을 표현의 자유에 대한 제한이라고 이해할 수 있을 것이다. 따라서 미국연방대법원의 언론·출판의 자유에 관한 판결은 언론의 자유의 제한의 역사라고 할 수 있고, 판례에 대한 학자들의 이론적인 분석도 제한이론중심으로 연구되었다.

이와는 달리 개별적 법률유보 규정체계의 기본법을 두고 있는 독일의 경우에는 언론·출판의 자유에 관하여 헌법적 한계를 두고 있다. 헌법적 한계 내지는 제한사유를 넘지 않는 언론의 자유의 보호영역을 최대한으로 보장하기 위해 그 범위를 확정하는 것이 중요한 쟁점이었고, 그렇게 확정된 보호영역은 헌법에서 정한 제한사유에 의하여 제한은 가능하지만 그 정당성을 인정받아야 한다. 제한의 정당성을 인정받을 수 있는지의 여부는 보호영역의 관점에서 다시 한번 심사를 받게 된다. 결국 독일에서의 언론·출판의 자유는 보호영역의 연구중심으로 발달되어왔고 보호영역의 제한과 제한의 정당성이라는 단계적인 심사를 통하여 보호영역을 최대한으로 보장하려는 이론구성을 취하고 있다고 볼 수 있다.

우리나라의 경우에는 일반적 법률유보 규정을 두고 있다는 점에서는 독일과 구별되기는 하지만 언론·출판의 자유에 관하여 헌법적 한계를 두고 있고 일반적 법률유보와 헌법적 한계에 의한 제한심사의 단계 이전에 언론의 자유의 보호를 위하여 그 보호영역을 확정하려고 하는 이론구성을 취한다는 점에서 그 접근방법은 독일과 비슷하다고 볼 수 있다.

이하에서는 미국의 언론·출판에 관하여는 연방대법원에서 발전된 제한이론과 마이클존(A. Meiklejohn), 에머슨(T. I. Emerson), 엘리(J. H. Ely), 트라이브(L. H. Tribe), 님머(M. B. Nimmer) 등의 판례에 관한 분석이론을 중심으로, 독일의 경우에는 언론·출판의 보호영역과 헌법적 한계인 일반 법률, 청소년 보호규정, 개인의 권리 등을 중심으로, 그리고 우리의 언론·출판의 자유에 관한 내용을 검토한다.

아울러 언론·출판의 자유의 보호영역에 일반적으로 포함시키기에는 다소 의문이 제기될 수 있는 것으로 반론권, 취재원보호권, 기술발전으로 인한 새로운 언론매체나 인터넷 등에서의 표현에 관하여도 고찰한다.

제2절 미국수정헌법 제1조의 보호영역과 판례

Ⅰ. 미국에 있어서의 논의의 특수성;
제한이론중심의 발전

미국에서 표현의 자유가 어느 정도 보장되는가의 문제는 주로 판례를 중심으로 발달되어 왔다. 수정헌법 제1조의 분석은 표현행위자가 어느 정도의 권리를 가졌는가에 초점을 맞추는 권리의 측면에서의 연구가 이루어졌다고 하기보다는 정부가 추구하는 다른 이익의 추구를 위해서 어느 정도까지 표현을 제한할 수 있는가 혹은 다른 이익과 비교형량할 때 표현에 대하여 어느 정도까지 제한이 가능한가의 제한분석이 판례의 중심적인 내용이 되었다고 볼 수 있다.[1] 다시 말하면 표현행위자가 어느 정도의 권리를 보유하고 있는가에 관한 기본권의 보호영역의 분석보다는 표현의 자유를 어떤 사유로 어느 정도까지 제한할 수 있는지에 관한 제한이론이 어떻게 발전되어 왔는가를 살펴보는 것이 미국에서의 수정헌법 제1조의 보호영역의 문제라는 것은 이미 전술한 바와 같다.

이하에서는 수정헌법 제1조의 보호영역을 분석하기 위하여 전제가 되는 표현의 자유에 대한 제한이론의 역사적인 발전과정과 1950년대와 1960년대의 이익형량이론, 표현의 자유의 보호영역에 관하여

---

1) 황도수, "현대미국에 있어서 표현자유 제한이론에 관한 연구" 석사학위
   논문, 서울대학교 대학원, 1985, 49면.

일반이론을 모색하려고 시도하였던 마이클존의 절대주의이론, 에머슨의 표현－행동 이분론, 엘리의 범주화와 이익형량의 접근방법, 트라이브의 Two-Track이론, 님머의 유형별 이익형량론(Definitional Balancing Test) 등을 차례로 검토하고자 한다.

Ⅱ. 표현의 자유의 보호영역 및 제한에 관한 이론의 변천과정

1. 서 설

1787년 연방주의자들의 강력한 주장에 따라 헌법제정회의를 개최하여 새로운 헌법을 제정하였으나 그 당시에는 인권조항을 포함하고 있지 않았다. 그러나 연방헌법에 권리장전이 들어가지 않으면 연방헌법의 비준을 거절하겠다는 노스캐롤라이나와 로드아일랜드 주 등[2]의 강력한 주장에 의해 1791년에 비로소 인권조항 10개조가 추가되었고, 그 중 수정헌법 제1조에서 언론·출판의 자유에 관한 규정을 두게 되었다. 수정헌법 제1조는 그 문언상 표현이 절대적인 자유권의 형식으로 규정되어 있었기 때문에 미국헌법의 해석에 있어

---

2) 연방헌법의 비준에 있어서 연방제도에 관하여 격렬한 논쟁이 있었다. 뉴욕, 버지니아, 노스캐롤라이나, 로드아일랜드 주 등은 연방헌법의 비준에 강력하게 반대하였으나 뉴욕과 버지니아 주는 간신히 비준하였고, 노스캐롤라이나와 로드아일랜드 주는 권리장전을 포함시키는 조건으로 연방헌법에 비준하였다. 서정갑, 「부조화의 정치: 미국의 경험」(서울: 법문사, 1989), 50-51면 ; 앙드레모로아/신용석 역, 「미국사」(서울: 기린원, 1991), 211-212면.

서 가장 많은 논란의 대상이 되었고 그러한 논쟁은 주로 수정헌법 제1조에서 규정하고 있는 표현의 자유를 어떻게 제한하는가의 문제로 귀착되었다는 것은 이미 전술한 바와 같다.

표현의 자유에 대한 제한은 수정헌법 제1조의 문언에서도 알 수 있는 바와 같이 국가가 언론과 출판을 제한하는 것을 금지한다는 의미에 비추어 볼 때 표현의 제한과 관련된 이론은 일반적으로 국가의 제한적 행위3)와 관련하여서 발달하였다. 즉 자유로운 표현을 제한하려는 국가의 법률제정과 같은 행위로부터 헌법상 보장된 표현의 자유를 어느 정도 보호할 것인가의 문제가 표현의 자유에 대한 제한이론의 핵심적인 사항이었다.4) 수정헌법 제1조가 채택된 후

---

3) 일찍이 수정헌법 제1조의 표현의 자유에 대한 제한이론은 대 국가적인 관계에 있어서 논의되어 왔었다. 국가가 사인에 대하여 표현을 제한하는 경우에 수정헌법상 표현의 자유의 보호문제로 발달되어온 반면에, 사인상호 간에 있어서 표현으로 인한 민사상의 손해배상책임이 수정헌법상 보장된 표현의 자유에 의하여 제한된다는 원칙은 New York Times Co. v. Sullivan, 376 U. S. 254(1964) 사건에 와서야 비로소 확립되었다. 종래 명예훼손과 같은 사적인 법률관계에 있어서는 정부가 언론을 제한하는 행위가 없고 또 시민의 평판은 보호되어야 하며, 피해에 대하여 손해배상을 요구하는 것을 허용하여도 잃을 것이 없다는 인식이 지배적이었기 때문에 이러한 사인상호 간에 있어서 표현은 보통법에 의하여 규율되었고 헌법상 표현의 자유에 의한 보호의 문제로 보고 있지 않았다. 1964년의 New York Times 사건에 와서야 비로소 민사적인 명예훼손에 수정헌법 제1조를 통한 헌법상의 보호가 이루어지게 되었던 것이다.
4) 미국에서는 언론·출판의 자유의 법적 보호를 위하여 연방대법원은 여러 가지 법리를 발전시켜오고 있으며 그러한 방법으로 다음의 세 가지 유형이 소개되고 있다. 세 가지 유형을 보면 첫째 언론과 비언론을 구별하는 방법, 둘째 언론·출판의 자유를 제한하기 위해 정부가 사용한 법적 수단의 절차적 정당성을 심판하는 절차적 기술, 셋째 언론·출판의 자유의 실질적 내용을 심사하는 실질적 권리판단의 기준이 그것이며 이러한 분류는 물론 정확한 것도 아니고 어느 이론이든 시대에 따라 부침하고 있다. 그리고 첫째 언론과 비언론을 구별하는 방법에서는 언론의 정의를 통하여 언론에 포함시킬 수 없는 것은 당연히 국가의 규제를 받아야 한다고 하면서 언론인가 아닌가의 논쟁이 되는 것으로 폭언, 상업광고, 상징적 언론 등을 들고 있다. 둘째 언론의 자유를 제한하기 위한

1798년의 선동방지법(Sedition Act)을 통해 연방의회가 최초로 표현의 자유에 대한 제한을 가하기 시작하였고, 연방대법원에 상고된 최초의 언론 관련 사건은 1907년의 Patterson v. Colorado 사건5)이다. 그 후 1919년 Schenck v. United States 사건6)의 명백하고 현존하는 위험의 원칙이 나오기까지 하급심법원에서는 사전억제의 원칙과 위험경향의 이론이 적용되었고, Schenck v. United States 사건에 와서야 비로소 연방대법원에서 표현의 자유에 대한 제한이론이 처

　　법적 수단의 절차적 정당성을 심판하는 기술의 문제에서는 일정한 행위가 수정헌법 제1조에 의해 헌법적으로 보호되는지의 여부보다는 통제의 수단이 절차적으로 용납되는지의 여부를 따지면 된다고 한다. 즉 표현의 자유의 범위 내에 드는지를 심판하는 것이 아니라 그것을 다룬 행정부의 방법 자체가 정당한가를 판단하여 방법이 부당한 경우에는 내용을 심사할 필요도 없이 무효가 되게 하는 기술을 밀하는 것으로 사전세한금지의 원리, 막연하기 때문에 무효의 원리, 광범하기 때문에 무효의 원리, 덜 제한적 수단의 원리, 평등한 액세스의 원리, 수정헌법 제1조의 적법절차의 원리 등을 들고 있다. 셋째 실질적 판단기준으로 어떠한 언론이 비언론 원리나 절차적 심사를 통과함으로써 대법원이 판단을 회피할 수 없게 되면 실질적인 수정헌법 1조의 문제에 관한 판단을 해야 하는데 이 때 적용되는 기준으로 명백하고 현존하는 위험의 원리, 위험경향의 원리, 이익형량의 원칙, 우월적 지위이론, 절대적 기준이론 등을 들고 있다. 김한성, "언론·출판의 자유의 현대적 기능과 법적통제에 관한 연구"박사학위논문, 연세대학교 대학원, 1987. 2, 90면, 102면, 123면 ; 이동훈 박사는 미국연방대법원의 언론·출판의 자유에 관한 제약이론인 판례이론을 3단계로 구분하여 설명하고 있다. 첫째 수정헌법 제1조가 보장하는 표현의 자유에 배제되는 영역이 있는지를 검토하고, 둘째 정부의 언론규제방법이 절차상의 엄격한 기준에 합치되는가에 대한 것을 검토하여 셋째 이 두 가지의 요건에 해당될 때에만 연방대법원은 언론·출판의 자유에 대한 침해 사건을 심리한다는 것이다. 그리고 배제원칙의 단계에서는 규정방법의 절차에 관한 것이나 실질적 내용의 심사는 고려하지 않는다고 하고 있다. 판례상 배제원칙에 의하여 확립된 수정헌법 제1조의 보호대상에서 제외되는 표현으로 투쟁적 언사와 공격적 언사, 명예훼손적인 발언, 순수한 상업광고, 음란물, 기타 상징적 표현 등으로 보고 있다. 이동훈, "언론자유의 현대적 기능에 관한 연구"박사학위논문, 성균관대학교 대학원, 1990. 9, 17면-18면.
 5) Patterson v. Colorado, 205 U. S. 454(1907).
 6) Schenck v. United States, 249 U. S. 47(1919).

음으로 이론적으로 성립되기 시작하였다.

2. 명백하고 현존하는 위험의 원칙의 등장 이전 상황

식민지시대에는 영국의 허가제와 검열제가 도입되어 사전 허가 없이는 출판이 금지되었으나, 1719년에 출판에 대한 허가제가 금지됨으로써 사전억제로부터 자유로울 수 있었다. 그러나 이러한 사전억제의 금지라는 것은 “사전통제로부터의 자유” 이상의 의미를 갖지 않는 것으로 실제에 있어서는 언론을 자유롭게 한 것은 아니었다. 이러한 사실은 대법원에 상고된 1907년의 최초의 언론 관련 사건인 Patterson v. Colorado판결에 잘 나타나 있다. 이 사건에서 홈즈(Holmes) 판사는 “수정헌법 제1조의 주목적은 정부가 가하는 출판에 대한 사전의 모든 제한을 방지하는 데 있는 것이지 공공복리에 어긋난다고 생각되는 것과 같은 것을 사후에 처벌하는 것을 막는 것은 아니다”7)라고 판시하고 있다. 사전 억제 금지의 원칙은 사후제한에 대한 대책이 없다는 이유로 1910년대부터는 사실적 지배력을 잃고 있었다.8) 이와 같은 상황 속에서 등장한 것이 언론의 정당한 행사였는가를 구별하는 기준으로 악의의 경향(bad tendency) 내지는 위험한 경향(dangerous tendency)의 이론이었다. 1917년에 제정된 방첩법(Espionage Act)위반으로 첫 번째 기소된 Masses Publishing Co v. Pattern 사건9)에서 제1심 법원에서는 직접 또는 간접적인 선

---

7) Patterson v. Colorado, 205 U. S. 454, 462. In the first place, the main purpose of such constitutional provisions is 'to prevent all such previous restraints upon publications as had been practised by other governments', and they do not prevent the subsequent punishment of such as may be deemed contrary to the public welfare.
8) 박용상, 「언론의 자유와 공적과업」(서울: 교보문고, 1982), 89면.
9) Masses Publishing Co v. Pattern, 244 F. 535(1917).

동의 한계로서 직접적인 선동은 여론의 일부가 될 수 없다는 입장에서 판결하였고, 항소심은 "표현된 내용이 법에 대하여 저항을 기초로 하고 있거나 저항을 설득시키려는 의도에서 행하여진 것이라면 저항의 의무가 언급되었는가의 여부나 저항의 대상자로서 언급된 사람들의 이익이 시사되었는가의 여부는 중요치 않다"고 하면서 처음으로 악의의 경향의 원칙을 도입하였다.10) 물론 이 사건은 대법원에까지 이르지 않았다. 방첩법 위반 사건으로 대법원에서 최초로 문제가 된 사건은 Schenck v. U. S. 사건11)으로 언론의 자유의 보장을 한층 진전시킨 명백하고 현존하는 위험의 원칙을 태동시킨 판결이다. 그러나 명백하고 현존하는 위험의 원칙의 개척자로 알려진 홈즈 판사도 그 해 두 사건에서 위험한 경향의 이론에 관하여 다시 피력하고 있다. Frohwerk판결12)과 Debs판결13)이 그것이다.

3. 명백하고 현존하는 위험의 원칙

1919년의 Schenck v. United States 사건14)은 언론의 자유의 보장

---

10) 박용상(주 8), 90면에서 재인용.
11) Schenck v. United States, 249 U. S. 47(1919).
12) Frohwerk v. United States, 249 U. S. 204(1919). 이 사건에서는 참전의 부당성을 주장하여 징병반대의 폭동에 관한 논평을 실은 독일어신문이 문제로 되었는데 연방대법원은 유죄판결을 확인함에 있어서 "목적을 달성하려는 의도는 당사자들이 그 목적을 달성하기 위해 공모했다고 진술한 것 이상으로 더 명백히 논증될 수는 없을 것이다"라고 하여 악의의 의도를 인정하였다.
13) Debs v. Unites States, 249 U. S. 211(1919). Eugene Debs는 사회주의의 성장과 궁극적인 성공을 주제로 한 집회에서 전쟁은 자본주의를 뒷받침하기 위한 수단이며 미국의 선전포고는 미국과 세계 각국에 대한 범죄행위라고 비난하였다는 이유로 기소되었는데, 이 사건에서 홈즈 판사는 유죄판결을 확인하였다.
14) Schenck v. United States, 249 U. S. 47(1919).

에 획기적인 전환점을 가져오게 된 "명백하고 현존하는 위험의 원칙"을 최초로 대법원에서 언급하였다는 점에서 그 의의가 있다. 사건의 개요를 보면 다음과 같다.

사회주의당의 간부였던 Charles T. Schenck는 제1차세계대전과 그로 인한 징병은 부자의 이익을 위해 노동계급의 생명을 희생하게 하는 것이라고 생각하였으며, 또한 징병제라는 것은 최악의 형식의 전제주의의 제도일 뿐만 아니라 인도주의적인 입장에서 보더라도 전쟁수행이라는 것 자체가 월가의 몇몇 소수부자들의 부의 증진을 도모하는 것일 뿐 인류에 대한 무서운 해악임이 분명하다고 보았기에 징병대상자들은 그런 말도 안 되는 전쟁을 위한 징병이라는 제도에 반대할 수 있는 권리가 있다고 생각하였다. 그래서 그는 징병대상자들에게 징병제도는 판결에 의하지 않은 강제노역을 금하는 수정헌법 제13조를 위반하는 것이므로 징병에 응하지 말 것을 역설하는 전단지를 우송하였다, 이에 대해 정부는 Schenck가 집총을 해야 하는 군대에 복무하는 것에 대한 저항감을 불러일으킴으로써 군대 내에서의 불복종을 야기할 뿐만 아니라 징병을 고의로 방해할 목적으로 전단을 발행하고 배포하였으므로, 이는 징병의 방해 등을 금지하는 방첩법규정에 위배된다는 이유로 그를 기소하였다.[15]

이 사건에서는 연방대법원 판사전원의 견해가 일치하였고 홈즈 판사가 대표해서 법정의견을 다음과 같이 밝히고 있다. : 이 문서에 쓰인 모든 것을 피고인이 평상시에 언급했다면 그것은 그들의 헌법상의 권리라는 점을 인정한다. 그러나 모든 행위는 그것이 어떤 상황에서 행하여졌는가에 따라서 그 성격이 결정되는 것이다. 극장에서 거짓으로 "불이야" 하고 고함을 쳐서 소동을 일으키는 사람이 표현의 자유에 의하여 보호되지는 않을 것이다. 모든 경우에 있어서 문제는 여기서 사용된 언어가 연방의회가 방지할 권한을 가지는 실

---

15) 249 U. S. 47, 48-51.

질적인 해악을 초래하는 명백하고 현존하는 위험(clear and present danger)을 발생하게 하는 상황 하에서 사용되었는지 또한 그러한 위험을 발생하게 하는 성질을 가지느냐 아니냐에 달려있다. 그리고 그러한 상황의 인정여부는 근접성과 정도(Proximity and Degree)의 문제이다. 평상시에는 가능한 많은 표현들이 국가가 전쟁을 수행하는데 방해가 된다면 그 전쟁이 계속되는 한 그러한 표현들은 허용되지 않는 것이며, 법원도 그러한 표현들이 헌법상 권리에 의하여 보호되는 것이라고 판단할 수는 없는 것이다.16)

위 판결에서 명백하고 현존하는 위험의 원칙은 법정의견으로 채택되었으나, 그 후 판결에서는 줄곧 다수파의 지지를 얻지 못하고 홈즈 판사와 브랜다이즈(Brandies) 판사의 반대의견과 동의의견의 형식으로만 유지되었다.17) 명백하고 현존하는 위험의 원칙이 동의의견의 형식으로 나타난 판례는 1927년의 Whitney v. California 사건18)이고, 반대의견의 형식으로 기술된 판례로는 1919년의 Abrams v. United States 사건19), 1925년의 Gitlow v. New York 사건20) 등을 들 수 있다.

---

16) 249 U. S. 47, 52.
17) 미연방대법원은 대법원의 판사 중 과반수의 찬성을 얻은 견해가 다수의견으로서 법정의견으로 기술되고, 그 외에 동의의견이나 반대의견이 제시될 수 있다. 동의의견이란 다수 의견과 동일한 결론을 가지나 그 이유에서 찬성하지 않는 경우를 말하고, 반대의견이란 결론뿐만 아니라 이유에 있어서도 모두 반대할 경우에 제시되는 의견이다.
18) Whitney v. California, 274 U. S. 357(1927).
19) Abrams v. United States, 250 U. S. 616(1919). 이 사건은 폭력혁명주의자이며 무정부주의자인 Abrams외에 4명이 러시아 혁명을 타도하기 위한 목적으로 미국군대를 시베리아로 파병하는 것을 반대하면서 유인물을 배포한 행위에 대하여 유죄판결을 내린 사건이다. 이 판결에서 홈즈 판사는 반대의견에서 "실질적인 해악을 초래하는 명백하고 절박한 위험이 있는 경우가 아닌 한 정부는 표현행위를 처벌할 수 없다"라고 밝히고 있다. 이 판결에서는 "현존"을 "절박"이라는 용어로 대치하고 있다. 250 U. S. 616, 627.
20) Gitlow v. New York, 268 U. S. 652(1925).

1920년대와 30년대에 명백하고 현존하는 위험의 원칙은 제자리를 찾지 못하였고 1940년대에 표현의 자유를 전체헌법질서에 있어서 다른 자유권보다 우월한 지위를 인정하는 우월적 지위이론이 등장하면서부터 다수견해의 지위를 되찾게 된다.

4. 위험경향의 이론

1919년 이전에는 표현의 자유에 관하여 하급법원에서 악의의 경향의 원칙에 입각하고 있었기 때문에 표현의 자유의 보장이 제대로 이루어지지 않았고 1919년에 홈즈 판사의 '명백하고 현존하는 위험의 원칙'으로 표현의 자유의 보호에 획기적인 전환점을 마련하였으나 그 해에 계속된 연방대법원의 판례에서는 이 원칙은 후퇴하였다. Frohwerk v. United States 사건[21]과 Debs v. Unites States 사건[22]에서는 이 원칙의 개척자인 홈즈 판사 자신도 "명백하고 현존하는 위험의 원칙"을 유지하지 않았으며, Abrams v. United States 사건[23]에서는 반대의견의 형식으로 그 원칙이 유지되고 있었다. 그러다가 1925년의 Gitlow v. New York 사건에서는 종래 하급법원에서 악의의 경향만으로 표현의 자유를 제한하던 것을 대법원에서 수용하여 위험한 경향에 의해서 표현의 자유를 제한할 수 있는 위험경향의 이론이 등장하게 되었다. Gitlow 사건[24]의 개요를 보면 다음과 같다.

미국공산당원인 Benjamin Gitlow는 미국에서의 공산당 창당을 준비하면서 혁명적인 신디칼리즘에 의한 공산주의 혁명을 주창하는

---

21) Frohwerk v. United States, 249 U. S. 204(1919).
22) Debs v. Unites States, 249 U. S. 211(1919).
23) Abrams v. United States, 250 U. S. 616(1919).
24) Gitlow v. New York, 268 U. S. 652(1925).

문서(The Revolutionary Age)를 발행하고 소위 좌익선언서(Left Wing Manifesto)를 작성하여 배포한 사실이 이유가 되어, 정부에 대한 폭력적 전복을 주장하는 것을 금지하고 있는 뉴욕 주의 무정부주의자 처벌법(New York Criminal Anarchy Statute)의 규정25)을 위반하였다는 이유로 뉴욕 주 대법원에서 유죄판결을 받았고 항소심에서도 그 입장이 유지되었다. Gitlow가 작성한 그 선언서에는 사회당의 평화적 사회주의 혁명노선을 비판하고 자본주의를 정복하고 파괴해야 한다는 공산당의 급진 과격노선을 주장하고 있었다.26)

이 판결에서 다수 의견을 대표하여 샌포드(Sanford) 판사는 다음과 같이 밝히고 있다. : 조직화된 정부에 불법적인 수단이나 현존하는 실질적인 해악을 가져오는 표현을 입법자의 판단의 범위 내에서 처벌하는 것은 당연하다. 왜냐하면 그러한 표현은 본질적으로 공공의 안정을 해하고 궁극적으로는 정부를 전복하는 혁명적인 요소를 포함하고 있기 때문이다. 그리고 표현의 효과는 정확하게 예측할 할 수가 없기 때문에 위험은 결코 현존하거나 실질적이지 않다. 그 선동적 언사가 공공의 안정에 대하여 현존하거나 절박한 위험으로 이를 때까지 국가로 하여금 그 자체의 평화와 안전을 위한 조치를 취하는 것을 기다리도록 하는 것은 불합리하고 국가는 현존하고 절박한 위험으로 이를 때까지 기다릴 필요 없이 위험한 경향이 있을 경우에 그것을 제거할 수 있는 것이다.27)

---

25) New York Penal Law, 160, 161.1.

26) 268 U. S. 652, 653-655.

27) 268 U. S. 652, 669-670. "……That utterances inciting to the overthrow of organized government by unlawful means, present a sufficient danger of substantive evil to bring their punishment within the range of legislative discretion, is clear. Such utterances, by their very nature, involve danger to the public peace and to the security of the State. They threaten breaches of the peace and ultimate revolution. And the immediate danger is none the less real and substantial, because the effect of a given utterance cannot be accurately foreseen. The State

이 사건에서는 명백하고 현존하는 위험의 원칙의 적용을 배제하고 위험한 경향의 이론을 적용하여 표현의 자유를 남용하는 자를 처벌할 수 있다고 보았고, 표현행위자에 대한 경찰권의 행사에 의해 규제할 수 있는 법률의 제정은 일차적으로 주 입법부의 권한으로서 법원도 주 입법자의 결정을 원칙적으로 존중하여야 하므로 제정 법률의 합헌성은 추정된다는 점이 강조되었다.28) 홈즈 판사는 반대의견으로 이 판결에서 명백하고 현존하는 위험의 원칙을 밝히고 있다는 것은 이미 언급한 바와 같다.29)

그 후 1927년의 Whitney v. California 사건30)에서 위험한 경향의 이론은 다시 확인되고 있다. Gitlow 사건에서 위험한 경향의 이론을 법정의견으로 작성한 샌포드 판사가 이 사건에서도 법정의견을 작성하였으며 "수정헌법이 보장하는 표현의 자유는 절대적인 권리를 보장하는 것은 아니고, 주 정부는 범죄의 선동·공공질서의 방해·불법적인 수단에 의한 정부조직의 기초를 위태롭게 하는 경향이나 공공복리에 유해한 언사로서 표현의 자유를 남용하는 경우에는 경찰권을 행사하여 처벌할 수 있다"고 밝히고 있다.31)

5. 사전 억제 금지의 원칙

---

cannot reasonably be required to measure the danger from every such utterance in the nice balance of a jeweler's scale. ……Manifestly, the legislature has authority to forbid the advocacy of a doctrine designed and intended to overthrow the government without waiting until there is a present and imminent danger of the success of the plan advocated. ……"

28) 268 U. S. 652, 670.
29) 268 U. S. 652, 672-673.
30) Whitney v. California, 274 U. S. 357(1927).
31) 274 U. S. 357, 371.

사전억제금지의 이론은 식민지 시대를 배경으로 하여 사전 허가제도의 폐지를 가져오는 큰 성과를 이루었으나, 사후적인 검열을 통한 통제에 대해서는 자유롭지 못하다는 한계[32]로 인하여 그 영향력을 상실하다가 1930년의 휴즈(Hughes) 대법원시절의 Near v. Minnesota 사건[33]을 계기로 표현의 자유를 제한하는 하나의 기준으로서 사용되기 시작하였다. Near 사건은 Minnesota주법에서 악의적, 비방적, 명예훼손적인 신문·잡지·정기간행물의 내용이 공공에 대하여 불법적인 생활방해가 인정될 경우에는 출판을 계속해서 금지할 수 있는 금지유지명령(injunction)을 내릴 수 있는 규정을 두고 있었던 것이 문제가 되었다.[34] "The Saturday Press"라는 출판물의 소유자이자 발행자인 Minneapolis시의 Near는 자신이 발행한 출판물이 공무원(public officers)에 대하여 비판적인 내용을 포함하고 있었는데 이것이 불법생활방해가 인정되어 출판금지명령을 받게 되었고 여기에 대하여 소송을 제기하였다.[35]

다수 의견을 대표한 휴즈 대법원장의 판결요지를 보면 "지역사회를 위법행위로부터 보호하기 위하여 출판물에 대하여 사전적인 제한(previous restraint)을 부과할 수 있다는 인식은 헌법상 금지되어 있는 검열의 권한을 부여하는 결과를 가져올 수 있다.[36] 결국 출판물에 대하여 출판금지명령과 같은 조치를 취할 수 있도록 인정하는 것은 수정헌법 제14조에서 보장하고 있는 출판의 자유를 침해하는 것이므로 출판물에 대하여 당해 법률은 위헌적인 제한을 가할 수 없다."[37]고 판시하고 있다.

이 판결에서는 수정헌법 제1조를 언급[38]하고 있지만, 법률의 위헌

---

32) Patterson v. Colorado, 205 U. S. 454(1907).
33) Near v. Minnesota, 283 U. S. 697(1931).
34) 283 U. S. 697, 701.
35) 283 U. S. 697, 702-705.
36) 283 U. S. 697, 721.
37) 283 U. S. 697, 723.

성을 인정하는 데 있어서는 출판의 자유를 수정헌법 제14조의 적법
절차조항에 근거하여 결론을 내리고 있다. 이러한 다수 의견에 대하
여 버틀러(Butler) 판사는 반대의견에서 출판의 자유는 수정헌법 제
14조에 근거하여 보장된다고 할 수 없고 수정헌법 제1조의 의하여
보호되는 권리이며 문제된 미네소타 주 법률의 규정은 출판의 자유
에 대하여 사전적인 제한으로 작용하지 않는다고 하고 있다.[39]

　그러나 이 이론은 사전검열로부터 표현을 자유롭게 한다는 역사
적인 의미를 갖는다는 점에서는 그 의의가 있을지 모르지만, 표현의
자유의 한계설정을 위한 일반적인 이론으로 보기에는 그 한계가 있
다고 할 수도 있다.[40] 이러한 한계에도 불구하고 그 후의 판례에서
사전 억제 금지의 이론을 찾아 볼 수 있는데 그 이유는 다른 이론
에 의해서는 표현의 자유에 대한 제한의 문제를 해결할 수 없는 경
우에 유용하게 적용될 수 있기 때문이었다. Joseph Burstyn Inc. v.
Wilson 사건[41]에서 영화가 이윤을 추구하는 것은 신문·서적·잡지
에서도 마찬가지로 존재하므로 그러한 이유로 영화와 신문 등을 구
별할 수는 없으며 사상을 표현하는 수단인 점에서 영화도 표현의
자유의 범주에 속하고[42], 영화에 대한 제한이 필요하고 타당하다고
하더라도 사전억제에 해당하는 사전 허가를 요구할 수는 없으며 가
능하다면 위법한 표현이나 저술을 처벌하는 것과 같은 사후 처벌에
의한 제한일 것을 요구한다고 밝힘으로써 영화에 대한 사전적인 제

---

38) 다수 의견은 이 판결에서 수정헌법 제1조를 단 한 차례만 언급하고 있다.
39) 283 U. S. 697, 725, 734-735. 반 디반터(Van Devanter) 판사, 맥레이놀
　　즈(McReynolds) 판사 그리고 서들랜드(Sutherland) 판사는 반대의견에
　　동의하고 있다.
40) 박용상(주 8), 86면.
41) Joseph Burstyn Inc. v. Wilson 343 U. S. 495, 501-503(1952).
42) 1915년의 Mutual Film Co. v. Ohio, 236 U. S. 230, 244(1915)판결에서
　　영화는 이윤추구를 목적으로 한다는 점에 있어서 수정헌법 제1조가 보
　　장하는 표현의 자유에 해당하지 않고 따라서 사전검열이 허용된다고 판
　　결하였던 반면에 위 판결에서는 영화가 수정헌법 제1조가 보호하는 표
　　현에 포함된다고 판단하였다는데 그 의의가 있다.

한을 가할 수 없다는 사전 억제 금지의 이론을 적용하고 있다.[43]

6. 우월적 지위이론
("명백하고 현존하는 위험의 원칙" 의 복귀)

1920년대와 30년대에 표현의 자유의 보장이 다소 후퇴하는 경향이 없지 않았으나 1940년대에는 명백하고 현존하는 위험의 원칙이 다시 적용되기 시작하였고, 나아가 표현의 자유에 대하여 헌법적 질서 내에서 우월한 지위를 부여함으로써 표현의 자유는 다시 확장되었다.

우월적 지위(preferred position)이론의 기원에 관하여는 견해가 대립[44]하고 있지만, 이것이 독자적인 이론으로 논의되기 시작한 것은 1940년을 전후하여 여호와의 증인교의 활동이나 피케팅 행위 등을 억제하기 시작하면서부터라고 볼 수 있다.[45] 언론의 자유에 대하여 우월적인 지위를 부여하려는 헌법적인 요청은 많은 주의와 원칙을 그 부수적인 원칙으로 발전시켰고, 그러한 부수적인 원칙들로는 합헌성추정의 배제원칙, 당사자적격의 완화원칙, 거증책임의 전환원칙, 언론관계법에 대한 엄격해석원칙, 막연하기 때문에 무효의 원칙 등의 소송절차상의 원칙 등이 그것이고 명백하고 현존하는 위험의 원칙이나 사전 억제 금지의 이론 등도 우월적 지위이론에 포섭되는 기준으로 볼 수 있다.[46] 이러한 점에 비추어 볼 때 우월적 지위이론

---

43) 1961년의 Times Film Co. v. Chicago 사건에서는 영화에 대한 사전제한이 가능하다고 판결하였다.
44) 우월적 지위이론의 기원에 관한 논쟁에 대하여는 다음 문헌을 참조. 박용상(주 8), 107면.
45) 김한성(주 4), 154면 ; 박용상(주 8), 108면.
46) 박용상(주 8), 110-117면 ; 김철수, 「헌법학개론」 제16전정신판(서울: 박영사, 2004), 693면.

이라는 것은 1940년대의 언론의 자유에 대한 우월성이나 중요성을
강조하고자하는 판례의 경향을 반영하는 것이지 하나의 독자적인
이론의 성립으로는 보기가 어렵다고 할 수 있다.47)

7. 명백하고 현존하는 위험의 원칙의 후퇴

1940년대의 표현의 자유의 위치는 우월적 지위의 인정과 명백하고
현존하는 위험의 원칙의 수용으로 헌법적인 보호가 두터웠으나, 1950
년대를 들어서면서 Warren 대법원시대에는 표현의 자유에 새로운
경향이 나타나기 시작했다. 1951년의 Dennis v. United States 사
건48)에서는 명백하고 현존하는 위험의 원칙이 수정을 받게 되었다.

제2차 세계대전 이후 냉전의 도래와 함께 정부를 비판하거나 국
가안전을 위협하는 표현행위는 엄격히 제한되고 있었다. 이러한 시
대적 분위기에 Dennis판결이 나오게 되었다. Dennis v. United
States 사건은 피고인들이 미국 내에서 공산당을 조직할 목적으로
현존하는 정부를 무력과 폭력으로 전복하려고 했다고 하여 Smith
법49) 위반으로 기소를 당한 사건이었다. 법정의견을 대표해서 빈슨
(Vinson) 대법원장은 다음과 같이 밝히고 있다.50): 명백하고 현존하

---

47) 김한성(주 4), 151면. 김한성 교수는 우월적 지위이론은 자연스럽게 받
  아들여지고는 있지만 원칙은 되지 못한다고 한다. 그리고 이 이론이 언
  론·출판에 특별한 면책을 준 것도 아니었으며 단지 자유와 제한 간의
  형량은 자유의 방향으로 기울었다고 한다.
48) Dennis v. United States, 341 U. S. 494(1951).
49) Smith법은 일명 외국인등록법(Alien Registration Act)이라고도 하는데,
  이 법의 제2조를 보면 공무원들을 방조하거나, 강제력 또는 폭력으로서
  미국 내의 정부기관의 전복이나 파괴의 의무, 필요성, 기도 등을 옹호하
  거나 선동하는 자와 이들의 집회나 조직을 구성, 방조, 참여한 자를 불
  법행위자로 보고 있다. 제3조에서는 금지된 행위를 하거나 이를 위한 음
  모를 하거나 시도하는 자들도 불법행위자로 보고 있다(2(a)(1), 2(a)(3)
  and 3 of the Smith Act, 54 Stat. 671).

는 위험이란 폭동의 계획이 거의 실행될 상태에 있거나, 계획이 완료되어 실행을 위한 신호만 기다리고 있는 상태까지 정부는 기다려야 한다는 것을 의미하지 않는다는 것은 명백하다. 정부를 전복하려고 하는 집단의 리더가 정하는 시기에 그들이 폭동을 일으킬 수 있도록 집단의 구성원들에게 사상을 주입하거나 강요하는 것을 시도하는데 그 목적을 두고 있다면 정부가 이에 개입하는 것은 필요하다. 폭력에 의하여 정부를 전복하려는 것이 확실하다면 비록 그것이 폭동을 하려는 자들의 힘이 미약하여 사라질 것이었다고 할지라도 그러한 정부를 전복하려는 계획은 의회가 막아야 할 해악임에는 틀림없다.51)

이 판결에서 빈슨 대법원장은 하급심에서 다수 의견을 작성한 핸드(Learned Hand) 판사의 원칙을 수용하고 있다. 핸드 판사에 의하면 "법원은 해악의 발생가능성이 없다고 하더라도 해악의 중대성을 고려한다면 그러한 해악을 방지하기 위하여 언론의 자유를 침해하는 것은 정당화 된다"고 하면서52) 관련된 요소의 중대성을 고려하여야 한다고 강조하였다.

빈슨 대법원장이 핸드 판사의 이론을 받아들임으로써 1919년의 명백하고 현존하는 위험의 원칙을 포기하는 결과를 가져왔고, 정부를 전복하려는 시도가 명백하기만 하면 비록 그것이 현존하는 것이 아니라 발생할 가능성만이라도 존재한다면 이러한 시도, 즉 해악을

---

50) 빈슨(Vinson)대법원장을 비롯하여 리드(Reed) 판사, 버튼(Burton) 판사, 민튼(Minton) 판사 등은 이 판결에서 표현의 자유의 제한 기준에 관한 다수 의견을 제시하였고, 잭슨(Jackson) 판사와 프랑크퍼트(Frankfurter) 판사는 다수 의견에 동의의견을, 블랙 판사와 더글라스 판사는 다수 의견에 반대의견을 냈었다. 프랑크퍼터 판사는 이 판결에서 이익형량의 원칙에 관하여 언급하였다.
51) Dennis v. United States, 341 U. S. 494, 509-510.
52) 341 U. S. 494, 510. In each case courts must ask whether the gravity of the 'evil,' discounted by its improbability, justifies such invasion of free speech as is necessary to avoid the danger.

가져오게 되는 표현이나 폭동은 정부에 의해 규제될 수 있다고 함
으로써 이 판결에서의 원칙은 "명백하고 있을 수 있는 위험의 원칙
(clear and probable doctrine)"이라고 불리게 되었다.53)

그 후 1957년 Yates v. Unites States 사건54)에서도 Dennis 사건
의 "명백하고 있을 수 있는 위험의 원칙"에 기초하고 있다.55) 이 사
건은 California의 공산당지도자 14명이 스미스법과 연방 법률 위반
혐의로 기소되어 지방법원과 항소법원에서 유죄판결을 받은 사건이
었다. 법정의견을 기술한 할란(Harlan) 판사는 "Dennis 사건의 의미
는 폭력에 의하여 정부를 전복하려는 행동을 지시하고 그러한 사상
을 주입하는 집단이 충분히 그러한 행동을 지향하고 있고 그 행동
이 발생할 가능성이 있는 경우에 헌법상의 보장을 받을 수 없다는
것이다. 그러므로 이러한 폭력적인 행동을 현재에 주창하는 것과는
관련이 없는 미래의 어느 시간에 선동을 위하여 추상적으로 정부의
전복을 지지하고 옹호하는 것을 가르치는 것이 금지되는 것은 아니
다"라고 하면서 피고인에 대한 유죄판결을 파기하였다.56)

---

53) 1950년의 American Communications Ass'n v. Douds, 339 U. S. 397
   사건에서 "명백하고 있을 수 있는 위험의 원칙"의 기초를 제공하고 있
   다고 한다. 박용상(주 8), 120면 ; 이 판결에서는 표현의 자유에 대하여
   우월한 지위를 인정하지 않는 전제에서, 표현의 자유를 제한하는 기준
   으로 명백하고 현존하는 위험의 원칙은 적용하지 않고 표현의 자유의
   제한이 제한하려는 목적과 합리적인 관계만 있으면 제한이 가능하다고
   하고 있다.
54) Yates v. Unites States, 354 U. S. 298(1957).
55) 이 사건이 Dennis 사건에 기초하고 있다는 것은 판결문에서 나타난다.
   할란(Harlan) 판사 판결문에서 "유죄판결을 내린 연방지방법원과 항소
   법원이 Dennis 사건을 잘못 이해하고 있다고 생각한다"라고 밝히고 있
   다. 354 U. S. 298, 324.
56) 354 U. S. 298, 324-325. 이 판결에서는 행위를 선동하는 것과 추상적인
   이론을 선동하는 것을 구별하고 있다.

8. 최근의 경향

1) 이익형량이론

명백하고 현존하는 위험의 원칙과 우월적 지위이론에 의하여 강하게 보장을 받고 있던 표현의 자유가 1950년대를 거치면서 1960년대에는 표현의 자유의 보호를 위한 원칙들이 후퇴하면서 특별한 기준에 의한 보호보다는 개개의 사건에 있어서 구체적 상황을 고려하여 개개인의 표현의 자유와 다른 이해관계를 비교 형량하는 이익형량이론이 주류를 이루었다.57) 이익형량이론이 다수 의견을 이루었을 때 블랙판사와 더글라스 판사는 표현의 자유는 개별적인 형량에 의해 비교될 수가 없다고 하면서 표현의 자유를 절대적으로 보장할 것과 그에 대한 규제를 반대하였는데 이러한 절대적 보장이론은 결코 한번도 다수 의견으로 되지 못하였다.58)

이익형량의 원칙은 American Communications Association v. Douds 사건59)에서 빈슨 대법원장이 "……관련된 국가이익과 개인이익 사이의 충돌에 있어서 비교 형량의 문제……"60)라고 하면서 이익형량이라는 말을 사용하고 있고 서로 대립하는 이익 중 구체적 상황 하에서 어느 하나를 더 많이 보호하는 것이 법원의 임무61)라고 밝히고 있어 이 사건을 일반적으로 최초의 이익형량 사건으로 보고 있

---

57) 개개의 구체적인 사건에서의 형량이므로 보통 이 이론은 case-by-case balancing, ad hoc balancing test라고 불린다.
58) Ronald D. Rotunda/John E. Nowak, Treatise on Constitutional law (WEST PUBLISHING CO.), 5th ed., 1992. p.21.
59) American Communications Association v. Douds, 339 U. S. 382(1950).
60) 339 U. S. 382, 411. "……In short, the problem of balancing the conflicting individual and national interests involved is no different from the problem presented by proscriptions based upon political affilia- tion S."
61) 339 U. S. 382, 394.

다.[62] Dennis v. United States 사건[63]에서도 이익형량의 원칙이 적용되고 있다. 프랑크퍼터 판사는 동의의견에서 "절대적인 원칙은 반드시 절대적인 예외를 가질 수 있다. 그러한 예외는 궁극적으로 원칙을 파괴한다. 국가의 안전뿐만 아니라 자유민주주의 사회에 있어서 자유로운 언론의 요청은 사법심사과정에서 충돌하는 이익들을 공정하고 투명하게 저울질할 때 보다 더 잘 충족될 수 있다"[64]고 하면서 "weighing"이라는 용어를 사용하고 있고, 계속해서 "우리는 입법자가 아니며 정책결정은 우리의 영역이 아니라는 원칙은 수정헌법상의 표현의 자유라고 해서 예외는 아니다. 충돌하는 이익을 얼마나 잘 조화시키느냐의 문제는 입법자가 해야 할 일이고, 그들이 행한 비교 형량은 정당한 결정의 범위를 벗어나지 않는 한 우리가 존중해야 할 것이다"[65]라고 하면서 비교 형량이라는 말을 사용하고 있다.

이익형량이론은 프랑크퍼트 판사의 이론적 기초에 힘입어 1950년대 후반부터 1960년대에 이르러 일련의 판결에서 다수 의견을 이루었다. 1957년의 Watkins v. United States 사건[66], 1959년의 Uphaus v. Wyman 사건[67]과 Barenblatt v. United States 사건[68]에서 비록

---

62) 김한성(주 4), 145면. 김한성 교수는 Kovacs v. Cooper, 336 U. S. 77(1949) 사건도 실질적으로 사건별 형량을 하고 있으나 형량이라는 용어를 쓰고 있지 않다고 한다. 조소영 박사는 이익형량판결에 관하여 물론 처음이라는 의미를 중시한다면 개별적 이익형량의 서두는 광고지의 배포를 금지한 시 조례를 심사했던 Schneider v. New Jersey, 308 U. S. 147(1939) 사건이었다고 할 것이지만 이 방법론이 제대로 확립되어 적용되기 시작하였다는 측면에서는 Douds 사건을 처음이라고 하여도 무리가 없을 것으로 보인다고 설명한다. 조소영, "표현의 자유의 제한방법론에 관한 연구" 박사학위논문, 연세대학교 대학원, 2000. 12,, 34면 ; 황도수(주 1), 26면. Schneider v. New Jersey 사건에서도 마찬가지로 "balancing"이라는 용어는 사용되고 있지 않다.
63) Dennis v. United States, 341 U. S. 494(1951).
64) 341 U. S. 494, 524-525.
65) 341 U. S. 494, 539-540.
66) Watkins v. United States, 354 U. S. 178(1957).
67) Uphaus v. Wyman, 360 U. S. 72(1959).

5:4의 근소한 차이이기는 하지만 이익형량의 이론이 과반수로서 다수 의견의 위치를 차지하였다.

현재에도 미국의 대법원에서는 이익형량이론이 보편적으로 받아들여지지 않지만 이 기준을 가장 애호하고 있다고 한다.[69]

2) 절대주의이론

표현의 자유가 구체적인 개별 사건 중심으로 이익형량의 이론 등에 의해 제한을 받게 되자 표현의 자유 그 자체를 위협할 수 있다는 것이 분명하게 되었고, 이에 대한 반론으로서 개별 사건에서의 제한이론이 아닌 일반이론의 정립의 필요성에 의하여 등장한 이론이 워렌(Warren) 대법원시대의 블랙 판사와 디글라스 판사의 절대주의이론이다. 워렌 대법원시대에 다루어진 표현의 자유에 관한 판결은 다수의 위치를 차지하였던 이익형량이론과 블랙 판사와 더글라스 판사의 절대주의이론의 대립이 그 주를 이루었다고 할 수 있다.

절대주의 이론이라는 용어는 항상 동일한 개념으로 사용되어 오고 있지는 않고 일반적으로 어떤 표현은 그 내용에 관계없이 절대적으로 보호된다는 의미로 또는 표현의 자유가 다른 이익들과 충돌할 때 이익형량을 할 수 없다는 의미로 사용되기도 한다.[70] 이 이론에 가장 큰 영향을 미친 대표적 인물로는 블랙 판사와 더글라스 판사를 들 수 있고, 이들은 이익형량의 이론이 법원의 다수의 견해를 이루고 있을 때 반대의견의 형식으로 다수의 입장에 반대하면서 표현의 자유에 최고의 가치를 부여하고자 하였다.

블랙 판사는 "헌법상의 자유를 지켜야할 이 법원의 의무는 개인적 자유와 정부권한 사이의 상대적 중요성에 따라 대법원의 판단에 기

---

68) Barenblatt v. United States, 360 U. S. 109(1959).
69) 김한성(주 4), 142면.
70) 김한성(주 4), 155-156면.

초하여 사건별로 정해질 수 있는 것이 아니고, 헌법이 정하고 있는 그러한 자유들을 지키는 것이다. ……수정헌법 제1조는 무엇보다도 입법부이건 사법부이건 행정부이건 어떠한 연방정부기관도 그들의 신념, 법과 공무원에 대한 그들의 언론이나 공적비판을 이유로 인민들을 위협하거나 처벌해서는 안 된다고 믿는다. 헌법의 아버지들은 수정헌법 제1조의 자유를 의회나 법원이 정의하도록 위임하려고 하지 않았고 나 또한 법원이나 의회에 위임하지 않을 것이다. 그리고 헌법의 아버지들이 옳았다는 것을 역사는 보여주고 있다. 나는 권리장전의 문언으로 돌아갈 것이다. 법원이 따르고 있는 새롭고 다른 과정은 너무 위험하다"71)라고 하면서 이익형량에 의한 방법을 부인하고 언론자유에 대한 절대적·자유주의적 입장에서 언론의 무한한 가치를 부여하는 기능적 분석을 통해 표현을 할 수 있는 자유야말로 국가를 보전하는 최선의 방법임을 역설하였다. 그러나 그도 행동이 수반되는 언론의 시간·장소 그리고 행동에 대한 합리적이고 공평한 제한은 허용된다고 보았다.

더글라스 판사는 1940, 50년대에 블랙 판사에게 동조하였고 가끔 동요를 보인 적도 있으나 1960년대 중반이후에는 블랙 판사와 같은 입장에 서 있었고, 마침내는 블랙 판사를 앞질러 나갔다고 까지 평가되고 있다.72) 더글라스 판사도 특정한 표현이 불가결의 일부로서 불법행위와 긴밀히 얽혀 있을 때는 그 한도 내에서 표현의 자유의 제한이 허용된다고 하고 있다.

---

71) Branden v. United States, 365 U. S. 431, 445-446(1961).
72) 김한성(주 4), 157면.

III. 보호영역과 제한에 관한 판례 및 판례분석

1. 제한이론중심의 발전과 보호영역이론의 도입

지금까지 살펴본 미국의 언론·출판의 역사는 표현에 대한 제한의 역사라고 할 수 있다. 최근에는 제한으로부터 일정한 표현은 절대적인 보호를 하려는 움직임이 보이는 것도 그 동안의 역사가 표현에 대한 제한이론을 계속해서 발전시켜온 것에 기인한 것으로 보인다.

미국연방대법원의 언론에 대한 태도에 관하여 이론적인 분석을 시도하고 있는 학자들의 입장을 보면 우선 표현의 자유라는 권리가 절대적인 권리가 아니라는 것은 절대주의 이론을 취하는 입장에서도 어느 정도 일치를 보이는 것 같다. 그렇다면 표현의 제한이 문제되는데 제한은 두 가지 방향으로 이루어 질 수 있다. 첫째 표현행위를 중심으로 일정한 표현은 보호된다든지 아니면 어떠한 표현행위 내지는 표현적 효과 그 자체를 제한하는 방법이 있을 수 있고, 둘째는 정부이익이나 사회적 이익 및 개인적 이익에 의하여 제한을 가하는 방법으로 일정한 제한요소를 항상 전제로 하거나 비교 형량에 의하여 표현을 제한하는 방법을 생각해 볼 수 있을 것이다. 첫 번째 유형에 속하는 이론으로는 마이클존의 이론을 들 수 있고, 두 가지의 요소를 모두 가지고 있는 이론으로는 에머슨의 표현－행동 이분론, 엘리의 범주화와 이익형량의 접근방법 등이고, 마지막으로 두 번째 유형에 속하는 이론으로는 트라이브의 Two-Track이론, 님머의 유형별 이익형량론 등을 들 수 있다. 이하에서는 용어에 대한 정확한 설명은 아니지만 편의상 첫 번째 유형을 "보호영역이론"이라 하고 두 번째 유형을 "제한이론"이라고 하여 설명하기로 한다.

2. 보호영역이론

마이클존(Alexander Meiklejohn)의 절대적 보호이론

마이클존은 표현의 자유에 있어서 "표현"을 두 가지의 유형으로 설정한다. 하나는 정치적 표현으로서 수정헌법 제1조에 의하여 보장되는 절대적 자유로서 완전히 면책되는 것이다. 따라서 헌법을 공격할 수도 있고, 공산주의·사회주의를 찬양할 수도 있고, 마르크스·레닌·히틀러의 저서를 자유로이 읽고 배포할 수 있다.[73] 다른 하나는 정치적 성격을 갖지 않는 사적 토론으로서 수정헌법 제1조에 의하여 보장되는 표현이 아니고, 수정헌법 제5조의 적법절차조항에 의하여 보호받을 뿐이며 제한이 가능하다고 한다.[74] 따라서 그의 견해에 의하면 수정헌법 제1조에 의하여 보호되는 표현은 절대적으로 보호해 주어야 하는데 그 이유를 수정헌법 제1조가 가지고 있는 가치와 기능에서 찾고 있다. 그는 수정헌법 제1조의 가치를 자치(self-government)의 필요성에 그 근거를 두면서 인간사회는 자치공동체이며 자치를 위해서는 정보, 여론에 액세스할 수 있어야 함을 물론 자유롭게 토론할 수 있어야 한다고 생각했다.

"인간들이 스스로를 통치할 때 무지, 불공정 그리고 위험에 대해 판결을 내려야 하는 사람들은 다른 사람이 아니라 바로 그들이다. 그리고 어리석은 생각도 현명한 생각과 마찬가지로, 또 불공정한 생각도 공정한 생각과 마찬가지로, 위험한 생각은 안전한 생각과 마찬가지로 미국적이 아닌 생각은 미국적인 생각과 마찬가지로 청문의 기회를 가져야 하는 것이다. ……수정헌법 제1조가 지향하고 있는

---

73) A. Meiklejohn, Political Freedom(New York: Oxford University Press, 1965), pp.76-77. 김한성(주 4), 19면에서 재인용.
74) 조소영(주 62), 30면 ; 김윤홍, "명백하고 현존하는 위험의 원칙에 관한 헌법적 고찰" 석사학위논문, 서울대학교 대학원, 1988. 2, 96면.

것은 공동체의 사고과정의 극대화이다. 언론자유의 원리는 자치프로그램의 필요성으로부터 나온다. 그것은 추상적인 자연법 혹은 이성법이 아니다. 그것은 공적인 문제는 보통선거에 의해 결정된다는 국민의 기본적 합의로부터 나온다"[75]

따라서 그는 공적 문제에 관련된 발언은 자기표현 이상의 것으로서 자치의 본질이기 때문에 수정헌법 제1조는 절대적인 보호를 받으며, 수정헌법 제1조가 보호하는 것은 오직 정치적 언론뿐이라고 하였다. 그러나 이러한 그의 주장에 대하여 그 범위가 너무 좁다는 비판이 가해지자 나중에는 투표자들이 현명한 판단을 하기 위한 능력과 정보를 얻는 사상과 표현의 형태는 다양하기 때문에 철학·과학 등도 포함된다고 하였다.[76]

미이클존은 수정헌법 제1조에서의 "의회는 표현의 자유를 제한하는 어떠한 법률도 제정할 수 없다"는 문구는 무조건적인 것이어서 어떠한 예외도 허용할 수 없는 절대적인 것으로 보았기 때문에 홈즈 판사의 "명백하고 현존하는 위험의 원칙"도 부당하다고 보았다. 그는 동 원칙이 공공언론을 "근접성과 정도"의 차원으로 감소시킴으로 인해 언론자유의 보장에 불리한 결과를 가져온다고 최초로 비판한 사람 중의 하나이다.[77]

마이클존의 절대적 보호이론은 첫째 실제로 헌법제정자들의 의도가 무엇인지 알 수 없으며, 알 수 있다고 하더라도 수정헌법 제1조의 이론적 범위가 명백하지 않고, 둘째 "정치적 언론"은 불명확하고 수정헌법 제1조가 보호하는 표현이 왜 정치적 표현에만 국한되는지에 관한 설명도 부족하다는 점에서 비판을 받고 있다.[78]

---

75) A. Meiklejohn, Political Freedom(New York: Oxford University Press, 1965), p.27. 김한성(주 4), 19면에서 재인용.
76) A. Meiklejohn, The First Amendment is an Absolute, 1961 Supreme Court Review, pp.245-255. 김한성(주 4), 19-20면에서 재인용.
77) 김윤홍(주 74), 107면.
78) 김한성(주 4), 19-20면 ; 김윤홍(주 74), 97-98면.

3. 보호영역이론·제한이론

1) 에머슨(Emerson)의 표현 - 행동 이분론

(1) 서 설

에머슨은 수정헌법 제1조의 표현의 자유에 관하여 비교적 체계적이고 정치한 일반이론을 정립하기 위해 노력한 대표적 학자로 인정받고 있다.79) 그의 이론은 국내에 표현·행동분류이론 내지는 표현·행동 이분론(expression-action dichotomy)으로 많이 소개되고 있다.80) 에머슨의 이론의 핵심은 수정헌법 제1조의 절대적인 보호의 대상이 되는 표현(expression)과 규제가 가능한 행동(action)의 구분을 공식화하여 그 경계의 확정을 목적으로 하는 일반이론의 정립이라고 할 수 있는데, 이 이론은 상징적 표현 등에서 논의되는 표현(speech)과 행위(conduct)의 구별이론과는 다른 것이다. 즉 에머슨의 수정헌법 제1조의 표현의 자유에 관한 이론은 표현과 행동을 언어적이냐 비언어적이냐에 따라 구별하는 의도가 아니라고 볼 수 있다.
에머슨은 현대 민주주의 사회에서 표현의 자유는 복합적인 메커니즘을 가지고 있으며 이 체계의 핵심에는 표현의 자유의 현대적 개념을 구성하는 일련의 권리들이 존재하는데, 신념과 의견을 보유

---

79) 표현의 자유에 관한 그의 저술은 T. I. Emerson, Toward a General Theory of the First Amendment(New York: Random House, 1966) (Emerson a), T. I. Emerson, The System of Freedom of Expression(New York: Uintage Books, 1970)(Emerson b), T. I. Emerson, First Amendment Doctrine and the Burger Court, 68 California Law Review 422(1980)(Emerson c) 등이 대표적이다.
80) 조소영(주 62), 112-135면 ; 송길웅, "미국헌법상 표현의 자유의 제한기준에 관한 연구" 박사학위논문, 경남대학교 대학원, 1988. 8., 50-78면 ; 한상석, "표현의 자유의 제한기준에 관한 연구" 석사학위논문, 부산대학교 대학원, 1989. 2, 29-45면.

할 권리, 말·글·음악·미술 기타 어떠한 매체를 통해서도 사상·
의견·정보를 전달할 수 있는 권리, 그리고 일정한 범위 내에서는
침묵을 지킬 권리 등이 포함된다고 한다. 또한 다른 사람들의 들을
권리와 사실에 대한 다른 사람들의 의견을 들을 권리도 포함되며
탐구할 권리와 일정한 범위에서의 정보에의 접근권도 마찬가지로
포함된다고 한다. 그리고 필연적인 결과로서 집회·결사의 권리 즉
다른 사람들과 결합하여 공동의 표현을 할 권리도 표현의 자유에
포함되는 권리로 보고 있다.81)

에머슨은 표현의 자유의 내용을 위와 같이 보면서 표현의 자유와
사회가 추구하는 다른 개인적·사회적 이익과 조화를 위한 제한의
역학관계82)와 기존의 제한이론인 위험한 경향의 원칙, 명백하고 현
존하는 위험의 원칙, 사건별 이익형량원칙에 대한 비판83)을 수정헌
법 제1조 표현의 자유에 관한 일반이론의 정립을 위한 출발점으로
삼고 있다. 아래에서는 우선 표현의 자유에 관한 그의 일반이론인
표현·행동이분론을 고찰하고, 이러한 일반이론을 각 영역에 적용한
개별적 영역에서 법리의 공식화를 살펴보고 에머슨의 이론에 대한
평가를 한다.

(2) 표현·행동 이분론 - 수정헌법 제1조 해석의 일반이론

에머슨은 수정헌법 제1조에 의해 제이익 사이의 주요한 형량은
이미 끝났기 때문에 표현은 자유로이 허용되고 동시에 장려되어야
하며,84) 따라서 표현은 그 자체를 통제하기 위한 직접적인 목적을
위해서든 또는 다른 사회적인 목적을 달성하기 위해서든 제한되어

---

81) Emerson b(FN 79), p.3.
82) Emerson a(FN 79), p.16.
83) Emerson a(FN 79), p.48.
84) Emerson a(FN 79), p.59.

서는 안 된다고 한다.85) 그러므로 그의 이론에 의하면 다른 사회적인 목적은 표현에 대한 규제를 통해서가 아니라 행동에 대한 규제를 통해서 성취되어야 한다.86)

그는 표현과 행동을 구별하고 있다. 표현의 자유에 관한 이론과 실제의 전부가 이러한 구분에 의존하고 있는 만큼 법리의 출발점은 표현과 행동의 경계선을 확정하는 것이어야 한다. 많은 경우에 그 경계선은 분명하다. 그러나 많은 점에서 그것은 또 애매하기도 하다. 표현이라는 것은 흔히 행동의 맥락에서 일어나기도 하고 밀접하게 결합되어 있기도 한데, 이렇게 표현과 행동이 혼합된 경우에 특정한 행위가 어느 쪽에 분류되어야 하는가를 결정할 필요가 있다. 이와 같이 표현과 행동이 어느 쪽에 분류되어야 하는가를 결정하기 위해서는 당해 행위의 일정한 특성들을 기초로 하여 행해져야 하는데, 에머슨은 그러한 특성들 가운데는 다음과 같은 요소들이 포함된다고 보고 있다.87)

ⅰ) 그 행위가 정보, 사상 또는 감정 중 어느 것을 전달하기 위한 것인지.

ⅱ) 그 행위가 표현의 자유의 체계에 내재하는 일련의 가치들을 증진시키는지의 여부.

ⅲ) 그 행위가 타인에게 미치는 행동의 성질, 특히 그 행동이 본질적으로 물리적인가 또는 정신적인가, 폭력적인가 또는 비강제적인가, 그리고 질서를 유지하며 변화를 추구하는 민주사회가 감내할 것을 합리적으로 요구할 수 있는 성질의 것인지 여부.

ⅳ) 비록 그 행위가 그 자체로서는 특별한 보호를 받을 가치가 없다고 할지라도, 그 행위에 대한 보호가 다른 가치 있는 행위를 보장하기 위하여 필요한지 여부.

---

85) Emerson b(FN 79), p.18.
86) Emerson a(FN 79), p.59.
87) Emerson c(FN 79), p.478.

ⅴ) 개념의 발전에 따라 발견되거나 명료하게 될 수 있는 다른 요소들.

또한 에머슨은 표현과 행동의 구분은 당해 행위에 귀속시킬 수 있는 해악이 급박하고 즉시적인지 여부, 그리고 그 해악은 당해 행위를 처벌하고 이로써 그 행위를 방지하지 않으면 제거될 수 없는 것인지 여부에 관한 문제와 관련되어 있다고 한다.[88] 또 하나 중요하게 고려되어야 할 요소로서는 행위의 규제가 행정상의 실제문제로서 표현의 자유의 효율적인 체계와 양립할 수 있는 것인가 하는 점이다.[89] 이러한 측면에서는 표현과 행동의 구분을 공식화함에 있어서 표현의 자유를 그 밖의 다른 사회적 제가치 및 제목적과 조화시키는 과정에 탄력성을 남겨둘 수 있는 일정한 여지가 존재한다. 그것과 관련히여 주요한 것은 무엇이 표현이며 따라서 표현으로서 보호되어야 하는가, 그리고 무엇이 행동이며 따라서 행동으로서 규제를 받아야 하는가를 확인하는 방향에서 이루어져야 한다는 것이다.[90]

(3) 개별적 영역에서의 적용

에머슨은 수정헌법 제1조에 관한 일반론으로서 정립된 표현과 행동의 이분법은 표현의 자유에 관한 문제가 발생하는 각각의 영역에 적용되어 그 영역에서 생기는 문제를 해결할 수 있는 법리로 공식화되어야 한다고 주장한다.[91] 그는 여러 개별적 영역에서 공식화를 시도하고 있는데,[92] (ⅰ) 신조의 자유, (ⅱ) 표현의 자유와 개인적인 제이익의 사이에 일어날 수 있는 충돌의 조화, (ⅲ) 표현의 자유와 사회적 제이익의 사이에 일어날 수 있는 충돌의 조화, (ⅳ) 표현의

---

88) Emerson a(FN 79), p.61.
89) Emerson a(FN 79), p.61.
90) Emerson a(FN 79), p.61.
91) Emerson a(FN 79), p.63.
92) 이에 관한 자세한 내용은 Emerson a(FN 79), p.63.

자유의 체계의 운용을 용이하게 하는 것을 목적으로 하는 규제, (ⅴ) 표현의 과정에의 정부의 참여 등이 그것이다. 이 글에서는 그의 설명의 순서에 따라 개괄적으로만 살펴본다.

① 신조의 자유

신조의 자유(Freedom of Belief)는 사상과 의견을 형성하고 유지하는 개인의 권리라 할 수 있다. 신조는 표현이라고 할 수는 없지만 표현과 밀접한 관련이 있으므로 신조를 보유하는 권리는 표현의 자유의 체계를 유지하는데 있어서 필수 불가결하다. 신조를 보유하고 형성하는 권리는 수정헌법 제1조의 보호대상이 되는 표현으로 분류되어야 하며 정부의 규제가 가능한 행동으로 볼 것은 아니다.93) 정부의 규제는 구체적으로 행동에 대해서만 행해져야 하며 일반적으로 표현의 통제를 통해 행동을 통제하는 것이어서는 안 된다는 공식이 이 경우에는 완전하게 적용될 수 있다.

② 표현의 자유와 개인적 제이익과의 조화

에머슨은 표현의 자유와 개인적 이익의 충돌을 조화시키기 위하여 우선 사적 이해관계와 사회적 이해관계의 구분을 강조한다. 물론 이러한 구분은 결정적으로 이루어질 수 없지만 그럼에도 불구하고 영미법계에서 개인에게 해로운 요소와 공동체에 해로운 요소의 차이는 인식되어 왔다고 강조하면서 이러한 차이는 표현의 자유의 체계를 일관하는 원리를 형성하기 위하여 결정적으로 중요하다고 한다.94)
표현의 자유와 사적 이익의 충돌에 관하여는 다음 두 가지 영역이 구분된다고 하면서 그것은 아래 요소 중의 하나이거나 양자를

---

93) Emerson a(FN 79), p.64.
94) Emerson a(FN 79), p.66.

포함한다고 설명한다. 첫째는 개인에 대한 침해가 한 개인에게 직접적이면서 그 자신만의 것이지만, 어떠한 법적 수단에 의하여 사회의 이익을 지키는 부담을 그 개인에게 부과하고 있는 경우이고 둘째는 일정한 이익이 정부도 주위사람도 배제된 프라이버시 영역인 경우이다.[95]

그는 이러한 개인적 제이익과의 조화의 문제는 사회적 제이익의 경우와는 다른 특성을 갖는다고 한다. 개인의 이익에 대한 침해는 그 충격이라는 측면에서 볼 때 직접적이고, 그러한 커뮤니케이션은 표현의 결과로서 이루어지는 명백한 행동을 규제함으로써 보호될 수 있는 사회적 이익에 대한 침해의 경우보다도 한층 더 용이하게 행동으로 분류될 수 있을 것이다. 이 경우 정부는 사회적 이익의 경우보다도 객관적이고 공평한 입장을 취할 수 있을 것이다. 따라서 이 경우에는 제한기준의 막연성, 미묘한 입증문제, 당파성 및 히스테리분위기, 기타 일어날 수 있는 정부과정의 남용에 관하여 그다지 염려할 필요가 없다.[96]

㉠ 명 예

에머슨은 개인의 명예를 손상하는 표현에 대하여 적용해야 할 법리를 명확히 하고자 다음과 같은 세 가지 유형으로 나누어 분석한다.

ⅰ) 순수한 사적인 명예인 경우

커뮤니케이션에 의하여 손상되는 명예의 이익은 상업, 직업상 지위, 또는 다른 재산상의 이익을 포함하지만 그보다는 인격의 전반에 대한 넓은 이익이 있다. 이러한 유형의 커뮤니케이션에 의하여 발생된 해악은 직접적이고 즉각적이어서 해악을 방지하고자 하는 장기적인 계획에 의하여 구제될 수 없다.[97] 그러므로 순수한 사적인 명

---

95) Emerson a(FN 79), p.67.
96) Emerson a(FN 79), p.67.

예훼손은 행동의 범주에 속하게 될 것이고 합리적으로 규제되어야 한다고 한다. 이러한 순수한 사적이익의 명예훼손에 관한 민사소송에 있어서는 표현의 자유에 대한 규제권한의 중대한 남용이 있을 것으로는 생각되지 않으며, 극히 막연한 요건인 진실성과 선량한 동기도 정당한 판단기준으로 인정될 수 있을 것이다.[98]

ii) 공적 인물에 대한 명예훼손

공적 인물에 대한 명예훼손은 다음과 같이 세 가지로 분류한다.

첫째 명예훼손을 야기한 언사가 순수하게 개인적인 문제인 경우, 이 경우는 앞에서 기술한 사적 명예훼손의 통상의 원칙이 적용된다.[99]

둘째 명예훼손을 야기한 언사가 주로 원고의 공적인 업무에 관한 경우, 이 경우는 뒤에 기술하는 형사상의 문서명예훼손 문제와 다르지 않다.[100]

셋째 명예훼손을 야기한 언사가 원고의 공적 지위와 사적 지위의 양쪽에 관련이 있는 경우, 이 경우에는 문제된 언론이 사실에 기초해 있는가, 합리적인 인간이 사실이라고 믿을만한 사정이 있는가 여부가 문제된다고 한다. 즉 당해 언사가 공정하고 악의가 없는 경우는 보호된다. 이러한 공정한 판단에 대한 그의 기준은 표현의 자유에 대한 지나친 제한을 초래할 원인이 되기도 하지만 연방대법원의 판단능력을 신뢰한다면 인정될 수 있는 공식일 것이다.[101]

iii) 형법상 명예훼손

표현의 자유가 형법상의 문서명예훼손(criminal libel)에 의하여 제한되는 경우에 표현에 경합하는 이익은 질서유지라는 공공이익이다.

---

97) Emerson a(FN 79), p.68.
98) Emerson a(FN 79), p.69.
99) Emerson a(FN 79), p.69.
100) Emerson a(FN 79), pp.69-70.
101) Emerson a(FN 79), p.70.

이 경우 명예훼손적 문서의 공표를 소추하지 않으면 명예를 훼손당한 사람 등에 의한 개인적인 복수가 행해질 것이고 이것은 치안의 파괴로 이어질 가능성이 있다고 생각되는 경우에 소추가 되는 것이다. 그에 의하면 여기에서 방지해야 할 해악은 표현에서 생길 우려가 있는 질서파괴의 성질을 갖는 행동이라고 강조한다.102)

ⓒ 공정한 심리

에머슨은 대립이익이 사적인 경우의 한 예로서 형사 사건의 보도에 있어 기소자와 보도매체의 이익의 조화의 문제인 공정한 심리(fair trial)에 관하여 설명을 하고 있다.

첫째 문제의 커뮤니케이션이 배심원·증인·기타 당사자에게 불리히게 영향을 미치는 경우, 문제의 커뮤니케이션의 효과는 사적 명예훼손의 경우와 마찬가지로 행동으로서의 본질적인 특성을 갖는다.103)

둘째 공격적인 표현의 대상이 법원이나 사법행정인 경우, 이 경우에는 정부조직 자체나 직무상 지위를 갖는 공무원에 대한 표현의 영향이 문제가 된다. 이 경우 우려되는 해악은 정부 자체의 후속행위에 있어서 발생하게 될 가능성이다. 따라서 그러한 침해행위는 우려되는 해악을 직접적으로 규제하는 것에 의하여 통제를 받아야 한다.104)

③ 사회적 제이익과의 조화

㉠ 사회적 이익의 본질

에머슨은 국내질서유지, 대외적 안전보장 등 이해관계에 있어서 표현과 대립하는 사회적 이익과의 조화를 공식화하고 있다. 표현을 국내질서와 대외적 안전보장 등의 다른 사회적 제이익과 조화하는 문제는 사적 영역의 경우보다 더욱 곤란하다고 할 수 있다. 그 이유

---

102) Emerson a(FN 79), pp.70-71.
103) Emerson a(FN 79), p.72.
104) Emerson a(FN 79), p.73.

는 첫째 사적 이익에서 정부의 객관적 위치와는 달리 이러한 영역
에서는 정부가 이해 당사자가 되고 있으며 사회적 이익의 촉진에
더 관심을 가지게 될 것이고, 둘째 보호를 필요로 하는 표현은 이단
적인 내용이라 탄압의 대상이 되기 쉽다는 것이 그것이다.105) 이 영
역에 있어서 조화의 문제는 보다 엄밀한 공식이 필요하고 사법기구
는 해결에 보다 역점을 두어 사상의 자유와 같은 포괄적인 인식이
요구된다고 할 것이다.

ⓛ 대립하는 이익이 국내질서유지인 경우

국내질서유지라는 사회적 이익은 표현의 결과로서 생기는 위법행
위와 관련될 수 있다.106) 여기서 위법행위와 분리된 표현은 그 자체
로는 어떤 해악도 없다. 표현의 자유의 이론이 어떠한 의미를 갖는
다고 하는 것은 사회적 통제는 표현의 결과로서 생기는 행동에 대
하여 가해져야 한다는 점이 에머슨의 이론의 기초이다. 이 영역에
적용할 수 있는 법적 원리 또한 표현과 행동의 명확한 구별에서 도
출해야 한다고 그는 설명하고 있다.107) 에머슨에 의하면 국내질서의
유지라는 사회적 이익과 표현의 자유를 조화시키는 경우에도 표현
과 행동에 관한 법리의 공식화가 필요하다. 국내질서의 유지라는 사
회적 이익은 표현의 결과로서 야기되는 위법행위에 대해서만 관련
성을 가지고 위법행위와 단절된 표현은 그 자체만으로는 아무런 사
회적 해악이 되지 못하기 때문에 국가의 통제는 표현의 결과로서
야기되는 행동에 향하여질 것이 요구된다. 결국 이 영역에서도 적용
되어야 할 법리도 표현과 행동을 명확하게 구분하는 것으로부터 도
출되어야 한다고 볼 수 있다.

---

105) Emerson a(FN 79), pp.76-77.
106) Emerson a(FN 79), p.77.
107) Emerson a(FN 79), p.82.

ⅰ) 행동과 불가분한 표현

행동과 불가분하게 결합된 표현은 행동의 일부로서 취급되어야 한다. 폭언(fighting words)이나 극장에서 "불이야!" 하고 외치는 경우와 같이 순식간에 폭발을 일으킬 화약고 내에서의 불꽃과 같은 성질을 가지는 표현은 개인 대 개인의 관계에서 발생하는 즉각적인 위해를 가하는 순수하게 위협적인 언사와 마찬가지로 행동의 범주에 포함된다고 보아야 할 것이다. 그리고 사격명령과 같이 행동의 신호가 되는 표현은 그 성질상 행동을 구성한다고 보아야 한다.108)

ⅱ) 범죄의 교사

커뮤니케이션이 범죄행위의 과정의 불가분한 일부분을 구성하는 경우에는 그것은 행동으로 취급되어야 하며 수정헌법 제1조에 의하여 보호되는 것이 아니라 제한된다. 범죄의 교사도 이것과 마찬가지로 당연히 행동으로 취급되어야 할 것이다.109)

ⅲ) 국내질서를 위협하는 표현

표현의 자유와 국내질서의 조화의 문제는 집회·행진·시위운동과 같은 국지적 상황에서의 질서유지와 예상되는 위험이 조직적인 활동으로부터 발생하는 것으로서 더 넓은 규모로 국가에 영향을 미칠 뿐 아니라 다른 운동을 끌어들일 가능성이 있는 국가안전보장의 문제로 크게 나눌 수 있다.110) 우선 국지적 질서를 위협하는 표현에 대하여 살펴보면 이 경우는 국가안전보장의 경우보다도 더욱 급박하고 표현의 행동에 대한 관련성은 더욱 직접적일 수 있다. 하지만 이러한 위험에 대하여 표현의 자유라는 헌법상의 권리를 박탈함으로써 법질서를 유지하려는 태도는 지양되어야 하고 적절한 경찰상

---

108) Emerson a(FN 79), p.82.
109) Emerson a(FN 79), p.83.
110) Emerson a(FN 79), pp.83-84.

의 보호로서 대응하여야 할 것이다.111) 국가안전보장의 영역은 결사에 의한 표현의 자유와 관련하여 살펴볼 필요가 있다. 결사라는 매체에 의하여 표현의 자유권이 행사되는 것은 조직화되지 않은 개인에 의하여 표현이 행해지는 경우보다 사회내부의 질서에 한층 더 큰 위험을 초래할 것임에도 불구하고 현재 결사의 권리 즉 조직을 만들고, 이에 가입하고, 이러한 단체의 모든 통상적인 활동을 계속하는 권리는 표현의 자유의 개념에 포함되는 것으로 되어 있다. 그러나 태업 및 가두투쟁, 제복의 착용 및 군대와 같은 유사한 훈련 등 위법행위의 예비로서의 성질을 가지는 부류는 표현이라기보다는 오히려 행동의 영역에 포함된다고 보아야 한다.112)

㉢ 대외적 안전보장

대외적 안전보장의 영역에 있어서도 표현은 보호되어야 하고, 행동만 금지되어야 하는 것이 원칙이지만, 군사적 작전행위 등과 같이 민주적 원칙이 적용되지 않는 영역이 존재한다는 것은 부정할 수 없는 사실이다.113) 결국 이러한 경우에서 핵심적인 문제는 표현의 자유의 원칙이 적용될 수 없는 군사적 영역과 민주적 원칙이 적용되어야 하는 영역 사이의 경계선을 정확하게 그어두는 것이다.114)

㉣ 음란한 문서

외설적인 견지에서 가해지는 표현에 대한 일반적인 제한은 수정헌법 제1조와 조화될 수 없다. 다만 광고판에서의 공연한 전시, 가

---

111) Emerson a(FN 79), p.84.
112) Emerson a(FN 79), p.85.
113) Emerson a(FN 79), pp.86-87. 그는 표현의 자유의 체계가 적용되지 않는 영역으로 군사적 작전행위, 상업적 행위, 어린이의 행위, 외국과의 커뮤니케이션 등을 언급하고 있다. 이에 관해 자세한 것은 Emerson b(FN 79), pp.19-20.
114) Emerson a(FN 79), p.87.

정에의 송달과 같이 그 해악이 직접적인 효과를 가지는 표현은 행동의 영역에 속한다고 보아야 한다. 그리고 그러한 표현이 어린이들에게 향하여진 경우에는 일정한 조건하에서 이것을 규제의 대상으로 할 수 있을 것이다.115)

④ 표현의 자유의 체계의 운용을 용이하게 하는 것을 목적으로
   하는 규제

에머슨은 표현의 자유의 이론은 국가가 표현의 권리를 제한하는 권한만을 다룰 것이 아니라 국가가 그것을 보호하고 때로는 조장할 책무까지도 다루어야 한다고 하면서 전통적으로 표현의 자유의 적으로 인식되던 정부를 표현의 자유를 촉진하고 그것이 저절한 기능을 발휘할 수 있도록 장애물을 제거해주는 역할로서 이용하기 위해서는 전례가 없는 상상력과 훈련이 요구된다고 하고 있다.116) 이 문제는 다음과 같은 네 가지 영역에서 제기된다. (i) 교통통제,117) (ii) 민주적 과정의 순화,118) (iii) 개인적(비정부적) 원천으로부터 부당한 간섭에 대항하는 시스템의 자유로운 기능을 보호,119) (iv) 정부의 더욱 많은 사용과 표현의 다양성의 조장에 의해 시스템의 작용을 증진시킬 수 있도록 우호적 대책을 수립120)하는 것 등이 바로 그것이다.

⑤ 표현의 과정에 정부의 참여

정부의 기능을 사적 개인이나 집단의 자유로운 표현을 규제하는

---

115) Emerson a(FN 79), p.91.
116) Emerson a(FN 79), p.101.
117) 이에 관해 자세한 것은, Emerson a(FN 79), pp.102-103.
118) 이에 관해 자세한 것은 Emerson a(FN 79), pp.103-105.
119) 이에 관해 자세한 것은, Emerson a(FN 79), pp.105-110.
120) 이에 관해 자세한 것은, Emerson a(FN 79), pp.110-112.

것으로 한정지을 수는 없고121) 정부 자신도 항상 사상의 시장에 참여한다. 현대 산업 사회의 성장과 더불어 이러한 정부활동은 점점 더 광범위해지고 또 그 중요성을 더해 간다. 표현의 장에서 정부 활동은 다양한 형식을 띤다. 공무원에 의한 의사표시, 모든 종류의 출판물, 여론형성기관의 작용, 초등 교육 시스템 등이 모두 이에 포함된다. 이러한 정부의 표현에는 자제 이외에는 별다른 제한이 없으며, 이러한 행동을 규제할 원칙을 만든다는 생각도 거의 없었다. 그 때문에 넓은 일반론만을 언급할 수밖에 없는 것이다.122)

일단 정부의 표현이 독점적이지 않아 사적 개인이나 집단과 경쟁을 해야만 하는 영역에서는 제한의 필요성이 크게 대두되지 않는다. 그러나 정부의 표현이 독과점 상태인 영역에서는 제한의 원칙이 필요하다. 예컨대 교육과 같은 영역이 그러하다고 볼 수 있다. 여기서는 정부의 영향력을 상쇄할만한 비정부의 커뮤니케이션의 가능성이 없거나 극히 희박하다. 이런 경우에 관하여 원칙을 세우는 것이 쉬운 일은 아니지만, 에머슨은 다음과 같은 가이드라인을 제시할 수 있다고 한다. 첫째는 균형 잡힌 제시의 개념이다. 이것은 균형 잡힌 다양한 관점과 대안을 제시할 의무를 정부에게 부과하는 것이다.123) 둘째는 정부가 싫지만 듣지 않을 수 없는 청중(captive audience)에게 정치적 표현을 하지 않는 것이다. 행정에서 이러한 원칙들과 사법심사를 포함한 제도적 안전망은 완벽하게 되어있어야 한다.124)

(4) 평 가

이상에서 살펴본 바와 같은 에머슨의 이론에 관해 "수정헌법 제1

---

121) Emerson a(FN 79), p.112.
122) Emerson a(FN 79), p.113.
123) Emerson a(FN 79), p.113.
124) Emerson a(FN 79), pp.113-114.

조에 의하여 보호되는 행위가 그것이 언어적 행위이든 비언어적 행위이든 거의 언제나 표현과 행동으로 구성되어 있기 때문에 어떠한 행위가 행동이 아니고 표현이라는 결정은 그 행위가 보호되어야만 한다는 독립적 근거에 의해 도달한 결론이다. 나아가서는 표현과 행동사이의 구분은 있을 수 없고 오로지 표현적 행동이 있을 뿐"[125]이라고 미국 학계에서는 주로 비판하고 있다.[126] 이러한 비판에 대해 그는 "이러한 비판들이 의도하는 바가 비언어적 행위에 대립되는 것으로서 언어적 행위를 엄격하게 문자적 관점에서 정의하기 위한 것이거나 행하는 것이라기보다는 표현하는 것을 정의하기 위한 것이라면 그러한 비판은 정당화 될 수 있을 것이다. 물론 표현·행위 이론은 단순하지는 않지만, 한 행위의 일정한 특성을 기초로 하여 구분한다면 표현의 자유의 보호를 위한 수정헌법 제1조의 해석을 위한 정도의 구분은 가능하다"고 반박하고 있다.[127]

이러한 에머슨의 반론에서 알 수 있는 바와 같이 그의 이론의 핵심은, 표현과 행동을 언어적이냐 비언어적이냐에 따라서 구별하려는 것이 아니고, 언론의 자유를 규정한 수정헌법 제1조의 해석을 위해, 특정한 경우에 문제가 된 당해 행위를 그 특성을 기초로 하여 그것이 표현인지 행동인지 구별하여—그것이 언어적이냐 비언어적이냐는 구별 기준이 아님—그것이 표현에 해당한다면 수정헌법 제1조의

---

125) Baker, "Scope of the First Amendment of Freedom of Speech" 25 U. C. L. A. Rev. 964, pp.1009-1012(1978); Tribe, The Constitutional protect of Individual Rights-Limits on Government Authority(New York, 1978), pp.598-602 ; Scanlon, "A Theory of Freedom of Expression"(PHILOS & PUB. AFF., 1972) p.204.

126) Emerson c(FN 79), p.478.

127) Emerson c(FN 79), pp.478-479. 에머슨의 이론에 대해서는 위의 비판 외에 (i) 표현행위이외의 다른 행위도 표현행위와 같은 가치를 증진시킬 수 있으므로 표현에 대한 정의를 표현의 자유의 체계에 내재하는 가치로부터 도출할 수 없다는 점, (ii) 표현—행동의 접근은 사법심사를 위한 원리를 제공하지 못한다는 점 등이 제기되고 있다. 이에 대한 자세한 것과 에머슨 자신의 반론에 관해서는 Emerson c(FN 79), pp.479-480.

88

보호대상으로서 그것은 완전히 보호되어야 하고 규제란 허용되지 않으며, 그것이 행동에 해당한다면 수정헌법 제1조의 보호대상이 아니고 따라서 그것은 규제가 가능하다는 것이다.

에머슨의 이론에 따라서 "표현"과 "행동"을 실제로 구별하는 것은 곤란한 경우가 많지만, 하나의 일반적인 원칙으로서 방향을 제시할 수는 있다. 사상의 전달이나 여론형성만을 그 목적을 하고 있고 그것이 개인적인 이익이나 사회적 가치에 해악을 가져오지 않는 것은 "표현"으로 볼 수 있을 것이고, 언론의 행사로 인하여 해악이 임박한 것으로서 즉시적인 때 즉 그것을 처벌하지 않으면 그 해악의 발생을 돌이킬 수 없는 것인 때에는 "행동"으로 간주하여 제한할 수 있다.128) 그리고 여기서 정립된 일반원칙을 개별적인 사건에 있어서 문제된 언론에 적용하여 그것이 수정헌법 제1조에 의하여 완전한 보호를 받는 표현인지 아니면 제한이 가능한 행동인지를 판단해야 한다.

2) 엘리(John Hart Ely)의 범주화의 접근방법과 이익형량접근방법

(1) 서 설

엘리는 1975년에 발표한 논문129)에서 자신의 범주화와 이익형량의 접근방법에 관한 이론을 전개하고 있다. 이 논문은 후기 워렌 대법

---

128) 이광범, "국가보안법 제7조 제5항·제1항의 해석기준에 관한 대법원판례의 동향", 「형사재판의 제문제」 2권(서울: 박영사, 1998), 242면.
129) John Hart, Ely, "Flag desecration: A case study in the roles of categorization and balancing in first amendment analysis", 88 HARVARD LAW REVIEW, 1975, pp.1482.

원시대의 수정헌법 제1조의 분석에 관한 이론130)으로 미국헌법의 표현의 자유의 판례에 있어서는 일부분의 분석에 해당하지만 그의 이론이 일반적인 이론으로 평가받을 수 있는 이유는 여기서 나타난 범주화와 이익형량의 접근방법은 표현의 자유에 관한 모든 사례에 그 적용이 가능하다는 이유일 것이다.

우선 그의 이론을 살펴보기 전에 범주화와 이익형량의 접근방법의 특징을 보면 첫째, 트라이브의 Two-Track이론과 이론구성에 있어서 큰 차이점이 없다는 점과 둘째, 그가 사용하고 있는 이익형량이라는 개념이 일반적인 이익형량의 개념과는 다르다는 것이다. 우선 트라이브의 Two-Track이론과 엘리의 범주화와 이익형량이론을 비교해 보면 표현적 효과의 제한을 목적으로 하고 있는 Track one의 분석은 범주화의 접근방법과 이익형량의 접근방법의 결합한 것이고, 그리고 정부의 이익과 표현 간에 형량을 필요로 하게 되는 Track two의 분석이론은 엘리의 이익형량의 접근방법과 유사한 접근방법이라는 점이다. 다만 이익형량의 접근방법에 있어서 엘리는 이익형량의 개념을 명백하고 현존하는 위험의 원칙을 포함하여 의사소통의 효과가 있을 수 있는 모든 접근방법을 포함하는 포괄적인 용어로서 사용하고 있다.131)

(2) 범주화의 접근방법과 이익형량 접근방법의 상호관계

엘리는 기존의 이익형량의 접근방법에 만족하지 않고 범주화의 접근방법을 언급하면서 이 두 가지의 접근방법의 상호관계를 설명하고 있다. 즉 전통적으로 수정헌법 제1조의 표현의 자유에 관한 논

---

130) 엘리의 이론은 수정헌법 제1조의 표현의 자유의 일반이론을 정립하는 이론이라고 볼 수 있지만 그 분석의 대상이 연방대법원이 판례이므로 엄격히 말하면 판례의 태도를 분석한 것으로 보아야 한다.
131) J. H. Ely(FN 129), p.1500.

쟁에 있어서 전통적으로 범주화(Categorization)와 이익형량의 접근방법은 서로 배타적인 접근방법으로 생각되어져 왔지만[132] 이 두 가지의 접근방법은 서로 대립되는 일반이론으로 생각할 필요는 없으며 일직선상에 나란히 존재하는 것이 아니라 각각 그 나름대로의 정당성과 불가결성을 가지면서 표현의 자유를 보호하는데 서로 협조적인 이론이라는 것이다.[133] 그에 의하면 범주화의 접근방법이란 수정헌법 제1조에 의하여 보호되지 않는 표현의 한정된 모든 범주에 관하여 엄격한 정의를 해두는 것을 말하는 것으로 위기시에 특히 표현을 보호할 가능성이 큰 접근방법이라고 할 수 있다고 한다.[134] 또한 범주화의 접근방법을 이익형량에 의한 접근방법과 비교하여 볼 때 다음과 같은 점을 고려한다면 범주화이론이 보다 더 타당한 접근방법론이라고 한다. 그것은 이익형량의 접근방법은 표현하고자 하는 내용이 위험한 요소를 가지고 있어서 금지되는 경우에 형량의 원칙에 의하게 되면 형량을 하는 사람의 사상적인 경향과 필연적으로 결합될 수 있고 만약 사상적인 경향과 연결되어 있지 않다고 하더라도 적어도 그 시대의 상대적인 확신이나 편집광적인 영향이 작용할 수도 있다는 것이다. 그래서 언어가 만들어 낼 수 있는 것으로부터 가장 확실한 방벽을 만들어 두어야 하는데, 그것은 수정헌법 제1조에 의하여 보호되지 않는 표현의 한정된 범주에 관하여 엄격한 정의를 내려두는 것을 의미한다고 한다.[135] 그런데 엘리는 범주화의 접근방법이 위기 시에 적용할 수 있는 접근방법임에는 분명하지만 이러한 접근방법을 적용시킬 수 없는 경우도 있다는 것을 인정하지 않으면 안 된다고 한다. 예를 들어 확성기를 설치한 트럭(sound-truck)의 사용은 일반적으로는 표현의 자유의 행사형태

---

132) J. H. Ely(FN 129), p.1500.
133) J. H. Ely(FN 129), p.1501.
134) J. H. Ely(FN 129), p.1500.
135) J. H. Ely(FN 129), p.1501.

의 하나로서 보호되어야 한다고 할지라도 병원지대에서의 사용이라든가 야간에 사용하는 경우에는 형량이라든가 명백하고 현존하는 위험의 원칙 등의 이익형량의 접근방법이 사용되지 않을 수 없다는 것이다.136)

엘리는 이들 두 가지의 접근방법의 적용에 관하여 직감에 의하여 적용하기보다는 명확한 원리에 의하여야 하며, 범주화의 접근방법을 적용하는 것이 부적합한 것으로 될 수밖에 없는 상황을 처음부터 정해두어야 한다고 한다. 아울러 그는 연방대법원도 분명히 이러한 방향에서 출발하고 있으며, 그것은 훌륭한 출발이었다고 보고 있다.137)

(3) 엘리의 이론의 구체적 적용

엘리가 범주화와 이익형량의 접근방법의 분석에 관한 일반이론을 전개하는데 주요한 사례로 등장하는 사건이 Brandenburg v. Ohio 사건138), United States v. O'Brien 사건139), Tinker v. Des Moines Independent School District 사건140), Cohen v. California 사건141) 등이고, 이들 사례의 분석에서 전개된 그의 이론을 국기모독 사건에 적용하고 있다.

① 범주화의 접근방법

엘리에 의하면 후기 워렌법원은 일정한 범주에 포함되는 표현을 수정헌법 제1조의 보호의 대상에서 제외하고자 하는 판단기준을 확

---

136) J. H. Ely(FN 129), p.1501.
137) J. H. Ely(FN 129), pp.1501-1502.
138) Brandenburg v. Ohio, 395 U. S. 444(1969).
139) United States v. O'Brien, 391 U. S. 367(1968).
140) Tinker v. Des Moines Independent School District, 393 U. S. 503(1969).
141) Cohen v. California, 403 U. S. 15(1971).

립했으며 그러한 범주화의 접근방법이 적용된 대표적인 사례로 Brandenburg v. Ohio 사건을 들고 있다. Brandenburg 사건 이외에도 Tinker 사건과 Cohen 사건의 경우도 범주화의 접근방법이 적용되어야 한다고 보고 있으며 이들 두 사건은 O'Brien 사건과 함께 상징적 언론에 관한 사건으로 일반적으로 함께 다루어지고 있지만 엘리는 Tinker 사건, Cohen 사건과 구별하여 O'Brien 사건의 경우에는 이익형량의 접근방법이 적용되어야 하는 것으로 보고 있다.

㉠ Brandenburg v. Ohio 사건

사건의 개요를 보면 당해 사건의 피고인인 Ku Klux Klan단체의 지도자는 신시내티 TV방송국의 한 Announcer-reporter를 농장에서 개최되는 Ku Klux Klan집회에 초대를 하였고 그 방송국의 보도기자와 촬영기사가 그 행사를 촬영한 뒤에 그 필름의 일부분은 후에 지역방송에 보도되었고 전국적인 방송망에도 방영되었다. 피고인에 대한 기소는 방영된 그 필름과 그 집회에서 연설한 자와 보도기자와 대화를 나눈 자가 동일하다는 증언에 근거하여 이루어졌다. 한 필름에서는 12인의 두건을 쓴 자들이 등장하였고, 그들 중의 일부는 무장한 상태였으며 그 장면에서 주장된 발언들은 주로 흑인과 유태인들에 대한 경멸의 내용이었다. 같은 필름의 다른 장면에서 Klan의 관을 쓴 피고인이 연설을 하였고 그 연설의 내용은 다음과 같았다. "……이것은 조직책들의 모임이다. 오늘 우리의 모임에는 적은 수의 사람들이 모여 있지만 Ohio주 전체를 통해 우리에게는 수백, 수천의 조직원들이 보유되어 있다. 우리는 보복단체가 아니다. 그러나 만약에 우리의 대통령, 의회, 연방대법원이 Caucasian인종, 즉 우리 백인종을 억압하는 것을 계속한다면, 어떤 보복행위가 일어날 가능성은 충분히 있다. 우리는 7월 4일에 대규모로 의회를 향하여 행진을 할 것이다. ……" 두 번째 필름에서는 6명의 두건을 쓴 자들이 보이며, 후에 피고인과 동일인이라고 확인된 그 중의 한 사람이 첫 번째 필름에 기록된 것과 유사한 내용의 발언을 반복하고 있다. 거기에는 복수의 가능성에 대한 언급은 삭제되었지만 한 문구ー나는 개인적으로 흑인은 아프리카로 유태인은 그들의 이스라엘로 돌아갈 것이라고 믿는다ー가 더 첨가되어 있었다. 그리고 이 필름 속의 일부의 사람들은 무장을 하고 있었지만 피고인은 그렇지 않았다.

이 사건에서 연방대법원은 전원일치로 흑인과 유태인을 경멸하고 그들의 추방을 목적으로 하는 Ku Klux Klan단체의 지도자인 피고인이 Ohio주의 형사신디칼리즘법142)을 위반하였다는 이유로 받은 유죄판결을 전원일치의 의견으로 파기하였다.143) 연방대법원의 판시내용을 보면 "언론·출판의 자유의 헌법적 보장은 폭력의 행사 및 법률위반의 주장이 급박한 불법적인 행위를 발생시키거나 자극하는 경우 그러한 불법적인 행동의 발생이나 자극의 가능성과 직접적인 관련이 있는 경우가 아니라면 주로 하여금 그러한 폭력의 행사나 법률위반의 주장을 금지하거나 배척하는 것을 허용하지 아니한다"고 하고 있다.144)

---

142) Ohio형사신디칼리즘법(The Ohio Criminal Syndicalism Statute)은 1919년에 법규로 제정되었으며, 1917년에서 1920년 사이에 이와 동일하거나 유사한 형사신디칼리즘법이 20개의 주와 주로 인정되지 않은 2지역(territories)에서 채택되었다. 이 사건에서 연방대법원에 상고한 상고인은 Ohio형사신디칼리즘법하에서 "산업적 또는 정치적인 개혁을 달성하기 위한 수단으로서 범죄, 폭력, 태업이나 테러리즘의 불법적인 수단의 정당성·필요성 내지 의무감을 주장하는 행위(advocating……the duty, necessity, or propriety of crime, sabotage, violence, or unlawful methods of terrorism as a means of accomplishing industrial or political reform), 그리고 그러한 범죄적인 신디칼리즘의 이론을 가르치거나 주장하는 자들의 모임이나 단체 내지는 그룹에 자발적으로 참여한 행위(voluntarily assembling with any society, group, or assemblage of persons formed to teach or advocate the doctrines of criminal syndicalism, Ohio Rev. Code Ann. 2923. 13)"을 위반했다는 혐의로 벌금 $1,000과 10년의 실형을 선고받았다.

143) J. H. Ely(FN 129), p.1491.

144) Brandenburg v. Ohio, 395 U. S. 444, 447. ; J. H. Ely(FN 129), p.1491.

94

엘리는 Brandenburg 사건을 범주화의 접근방법이 적용된 전형적인 사례로 보고 이 판결을 분석하고 있다. 그는 이 사건의 판결을 평가하는 데 있어서 이익형량에 관한 언급이 없다고 하면서 표현이 주어진 사례에 있어서 일정한 범주에 속하는지 아니면 속하지 않는지 혹은 그것이 보호되는지의 여부에만 관련되어 있다고 하고 있다.145) 즉 엘리는 이 사건에 관한 연방대법원의 판결이 문제된 표현과 정부가 추구하고자 하는 다른 이익과의 비교에 입각한 이익형량의 방법이 적용된 것이 아니라 표현자체의 보호여부에 관하여만 판시하고 있다는 것을 지적하고 있다. 또한 그의 분석에 의하면 Tinker 사건이나 Cohen 사건에서도 범주화의 접근방법이 적용되었다고 보고 있다.

Ⓛ Tinker v. Des Moines Independent School District 사건

Tinker 사건은 공립학교에서 고등학생 2인146)과 중학생 1인147)이 베트남전쟁에 미국이 참전하는 것을 반대하고 휴전협정의 체결을 주장하는 자신들의 의견을 공표하기 위해 검은 완장(black armbands)을 두르고 등교하였던 사건이다.

사건의 개요를 보면 1965년 12월에 몇 명의 학생들과 학부모들이 청구인 중의 하나인 Christopher Eckhardt의 집에 모여서 베트남전쟁에 반대하는 결의를 하고 그러한 협의를 지원하기 위하여 검은 완장을 두르기로 하였다. 이러한 계획을 알게 된 Des Moines학교의 교장은 검은 완장을 하고 학교에 등교하는 학생들에게는 완장을 하지 말 것을 요구하기로 하고 만약 그러한 명령을 거부하는 경우에는 귀가조치와 정학처분을 위한 규칙을 채택하였다. 청구인들은 그

---

145) J. H. Ely(FN 129), p.1491.
146) 청구인으로서 15세의 John F. Tinker와 16세의 Christopher Eckhardt 는 Iowa에 있는 Des Moines고등학교에 다니고 있었다.
147) 또 다른 청구인중의 하나는 John F. Tinker의 동생인 13세의 Mary Beth Tinker로 중학교에 다니고 있었다.

러한 학교의 규정을 미리 알고 있었다. 같은 해 12월 16 Mary Beth Tinker와 Christopher는 검은 완장을 한 채로 등교하였고, John Tinker는 그 다음 날 완장을 하고 등교하였고 그 때문에 청구인들은 귀가조치와 정학처분을 받게 되었다. 이러한 처분에 대하여 청구인들은 그들의 부모를 통하여 연방지방법원에 소송을 제기하였고 연방지방법원은 그러한 청구인들의 주장을 기각하였다. 연방항소법원에서는 가부동수로 나누어져 기각되었고 연방대법원은 하급법원의 판결을 파기하였다.

이 사건에서 법정의견을 기술한 포타스(Abe Fortas) 판사는 다음과 같이 판시하였다.

"수정헌법 제1조는 학교와 같은 특수한 성격을 지니는 상황이라고 할지라도 선생님들이나 학생들에게 모두 보장되는 권리들인 것이며, 헌법상 보장되고 있는 표현의 자유라는 권리는 학교에서 선생님들뿐만 아니라 학생들에게도 인정된다는 점은 의문의 여지가 없다. 이러한 대법원의 입장은 근래 50여 년 동안 변함없이 유지되어 왔다.[148] 지방법원도 특정한 의견을 표현하기 위하여 완장을 착용하는 것은 수정헌법 제1조의 범위 내에 있는 상징적 표현의 유형에 속하는 것으로 인정하고 있고, 이 사건에서 완장의 착용은 실질적으로나 잠재적으로 그러한 행위에 참여하는 사람들의 파괴적·분열적인 행동과는 전혀 무관한 것이고 오히려 수정헌법 제1조의 포괄적인 보호를 필요로 하는 순수한 언론에 가깝다고 보아야 한다.[149] 또한 학생들의 완장의 착용과 같은 행동은 의복이나 두발 등을 규정하고 있는 학교규정과는 관련이 없고, 공격적이거나 분열적인 혹은 집단적인 시위와 같은 행동과도 관련이 없는 순수한 언론이다. 그런데 학교당국은 학생들의 수업이나 기타 권리에 대하여 침해나 혼란, 무

---

148) Tinker v. Des Moines Independent School District, 393 U. S. 503, 507.
149) 393 U. S. 503, 506-507.

96

질서를 동반하지 않는 소극적이고 순수한 의사표현에 대하여 벌칙을 가하고 그러한 행동을 금지하고 있는 것이다.[150] 이러한 상황 하에서 수정헌법은 연방의 공무원에게 표현의 자유의 형태를 부정할 권리를 부여하지 않는다."[151]

ⓒ Cohen v. California 사건[152]

Cohen 사건은 이 사건의 청구인인 Paul Robert Cohen이 1968년 베트남전쟁과 징병에 대한 자신의 의사를 표현하는 수단으로 "Fuck the Draft"란 말이 명확히 보일 수 있도록 새겨진 상의를 입고 법원의 복도를 배회하였던 사건이었다. 당시 법원복도에는 여자들과 어린이들이 있었으며, Cohen은 California형사법령[153]을 위반했다는 혐의로 LA시 법원에 의하여 체포되었고 30일간의 구류처분을 받았다. LA시 법원에서는 Cohen의 행위를 공격적인 행위로 인정하였고 주 항소법원에서도 공격적 행위란 계속적으로 평화를 혼란시키거나 다른 사람들에게는 폭력적인 행동을 유발시킬 경향이 있는 행위를 의미한다고 하면서 그 입장을 유지하였으며 California 주 대법원도 견해가 나누어져서 원심법원의 입장이 유지되었다. 이러한 결정은 연방대법원에서 파기되었다.

다수 의견을 대표하여 할란 판사가 법정의견을 밝히고 있으며[154] 판시내용 중에서 엘리의 범주화이론의 분석을 위한 기초로서 사용될 수 있는 내용을 중심으로 살펴보면 다음과 같다.

---

150) 393 U. S. 503, 507-508.
151) 393 U. S. 503, 514.
152) Cohen v. California, 403 U. S. 15(1971).
153) California형사법령(California Penal Code 415)에 의하면 공격적인 행위에 의하여 이웃이나 개인의 평온과 평화를 악의적으로 혹은 고의적으로 방해하는 것을 금지한다고 규정하고 있다.
154) 더글라스, 브레넌, 스튜어트, 마샬(Marshall)판사 등이 법정의견에 찬성하고 있고, 블랙먼(Blackmun), 버거(Burger), 블랙 판사 등이 반대의견을 제시하고 화이트(White) 판사가 반대의견에 부분적으로 동의하고 있다.

"Cohen에 대한 유죄판결의 선고는 명백하게 그가 일반대중에게 전달하고자 하는 내용을 위하여 사용한 말의 공격성에 기초하고 있고, 주가 처벌하고자 했던 유일한 행위는 의사전달의 요소였다.155) 그러므로 여기서 유죄판결의 선고와 관련하여 함께 다루고자 하는 것은 표현에 국한되는 것이지 Cohen이 다른 사람들에게 특별한 의견을 인식시키려고 하였던 행위는 아니다. 여기서 행위란 반드시 어떤 메시지나 내용을 전달하지는 않는 것이지만 특정한 의견을 다른 사람에게 인식시키려고 하는 의도를 가지는 것이므로 규제될 수 있는 것을 의미한다. 따라서 이러한 행위를 규제하는 것은 Cohen이 표현을 하고자 하는 것을 억압하는 것은 아니라는 점에서 구별되고 여기서 다루어야 하는 것은 규제가 가능한 행위가 아니라 표현인 것이다. 니이기 주는 수정헌법 제1조와 제14조에 비추어 볼 때 Cohen이 전달하고자 하는 함축적인 내용으로 인하여 그를 처벌할 권한이 전혀 없으며 징병제도의 폐지나 불복종을 자극하려고 하는 의도가 보이지 않는 한 징병제의 비효용성이나 비도덕성을 자신의 상의에 표시하여 자신의 명백한 입장을 나타냈다는 이유만으로는 더욱더 처벌할 수는 없는 것이다."156)

블랙먼, 버거, 블랙 판사 등은 Cohen의 우스꽝스럽고 유치한 행위는 행위적인 요소가 주요한 부분을 차지하고 표현적인 요소는 거의 없다고 함으로써 다수 의견에 반대하고 있다.157)

---

155) 403 U. S. 15, 18.
156) 403 U. S. 15, 18.
157) 403 U. S. 15, 27. Cohen의 행위요소의 구성을 "mainly conduct"란 개념과 "little speech"란 개념을 사용하고 있다.

98

② 이익형량의 접근방법

㉠ 범주화와 이익형량의 접근방법의 구별기준

엘리는 Tinker 사건, Cohen 사건 및 O'Brien 사건은 상징적 표현에 관한 판결들이지만 앞의 두 사건과 O'Brien 사건은 연방대법원이 달리 취급하고 있다고 보고 있다. 즉 Tinker 사건과 Cohen 사건의 경우에는 범주화의 접근방법을 사용하고 있지만 O'Brien 사건의 경우에는 이익형량의 접근방법을 적용하고 있다는 것이다. 엘리는 O'Brien 사건을 분석함에 있어서 표현의 자유의 요소를 억압하는 정부의 이익이 관련158)되어 있는지를 중심으로 하여 앞의 두 사건과 비교하여 분석하고 있다. 즉 엘리는 O'Brien 사건에 관한 연방대법원의 결정의 요점을 다음과 같이 보고 있다.

정부의 규제는, 첫째 그것이 중요하고 실질적인 정부의 이익을 증진시키기 위한 것이고, 둘째 그러한 정부의 이익이 표현의 억압과 무관계159)한 것이고, 셋째 수정헌법 제1조상의 권리에 대한 부수적인 제한이 정부의 이익의 증진에 필수불가결한 정도를 넘지 않는다면 그러한 규제는 충분히 정당화 된다는 것이다.160) 엘리는 연방대

---

158) J. H. Ely(FN 129), p.1498.
159) 엘리가 설명하는 "표현과 정부의 이익이 관련성이 있다"는 의미는 정부의 이익이 표현적 효과를 직접 제한하는 것을 말한다. 정부가 표현을 억압하는 경우 문제된 표현이 수정헌법 제1조에 의하여 보호되는지의 여부가 중요한 쟁점이므로 범주화의 접근방법이 적용된다고 보고 있고, "정부의 이익과 표현이 관련성이 인정되지 않는다"는 의미는 정부가 표현을 직접적으로 억압하는 것이 아니고, 정부가 추구하는 이익과 표현이 상충하게 되는 경우 이익형량에 의한 접근방법이 적용되어야 한다는 것이다. 이런 의미에서 보면 범주화의 접근방법은 트라이브의 track-one의 분석이론과, 그리고 이익형량의 접근방법은 track-two의 분석이론과 유사하다.
160) J. H. Ely(FN 129), pp.1483-1484. ; 위에서 언급한 세 가지 요건 외에 법정의견에서는 첫 번째 요건으로 정부의 규제가 헌법상 정부의 권한 내의 것이어야 한다는 것을 추가하여 네 가지의 요건을 들고 있고, 할란 판사도 동의의견에서 동일하게 네 가지 요건을 제시하고 있지만, 엘

법원이 판결한 정부의 규제의 정당화를 위한 요소 중에서 두 번째 요소를 이익형량의 접근방법과 범주화의 접근방법의 구별기준으로 보고 있다. 정부의 이익이 표현의 억압과 관련성이 인정된다면 범주화의 접근방법이 적절하고 정부의 이익이 표현의 억압과 무관계한 경우, 즉 관련성이 인정되지 않으면 세 번째 심사기준에 의하여 정부의 이익과 표현 사이의 이익형량에 의한 접근방법이 적용된다고 보고 있다.

ⓒ O'Brien 사건의 제2기준(표현과 정부이익의 관련성)

엘리에 의하면 정부의 이익과 표현의 억압이 관련성이 인정된다면 범주화 접근방법을 적용하는 것이 적절하다고 설명하는데 그렇다면 피언 엘리의 이론분석에 있어서는 어떤 경우에 정부의 이익이 표현의 억압과 관계가 있다고 설명할 수 있는가가 문제될 수 있다. 엘리는 다음과 같이 설명하고 있다.

O'Brien 사건의 제2기준에 있어서 정부가 강조하고자 하는 이익은 결과적인 이익이 아니고 원인관계에 있어서의 이익이다. 왜냐하면 결과적인 이익은 항상 표현과는 무관할 수 있기 때문이다.161) 예를 들어 폭동을 방지하려고 하는 경우에 있어서 정부가 추구하는 이익이 있다고 주장한다면 법원은 재판에 있어서 이러한 사안(폭동의 경우)의 경우에 정부가 추구하려고 하는 이익이 무엇인지 의문을 제기할 것이고, 그러한 물음에 대한 대답은 다음과 같을 것이다. : 정부가 방지하려고 했던 위험은 피고인이 하였던 말에 의하여 야기된

리는 다수 의견과 동의의견이 들고 있는 이 요건은 불필요하다고 하면서 위의 세 가지 요건만으로 분석하고 있다. J. H. Ely(FN 129), p.1483 FN10. ; United States v. O'Brien, 391 U. S. 367, 377, 388 ; 송길웅(주 80), 81면 ; 조소영(주 62), 158면.

161) The reference of O'Brien's second criterion is therefore not to the ultimate interest to which the state is able to point, for that will always be unrelated to expression, but rather to the causal connection the state assert S.

것이고, 정부의 이익은 O'Brien의 제2기준에 있어서 표현의 억압과 무관계한 것은 아니다. 그러므로 Brandenburg 사건이나 Cohen 사건의 경우와 같은 범주화의 접근방법은 O'Brien의 제3의 기준을 적용하기보다는 순서에 의하여 정부의 규제가 무효로 될 것이다.

이하에서는 엘리의 범주화와 이익형량의 접근방법의 구별기준이 되고 있는 United States v. O'Brien 사건162)을 검토하고자 한다.

ⅰ) 사건의 개요

이 사건은 David Paul O'Brien이 세 명의 친구와 함께 남부 Boston의 법원계단에서 다수의 군중이 모인 가운데 전쟁반대에 대한 자신의 신념을 전달하기 위하여 징병카드를 소각한 사건이다. 사건의 개요를 보면 다음과 같다.

1966년 3월 31일에 O'Brien이 징병카드를 소각할 당시에는 FBI수사관을 포함한 상당한 다수의 군중이 모여서 그 사건을 목격하였다. 징병카드를 소각하자마자 일부 군중이 O'Brien과 그의 친구들에게 달려들었고, FBI수사관들은 O'Brien의 안전을 위해 법원내부로 인도하였다. 그 후 수사관들은 묵비권을 행사할 수 있다는 것과 변호인의 조력을 받을 권리 등을 고지하였으나, O'Brien은 자신이 연방 법률을 위반하는지는 알고 있었지만 자신의 신념 때문에 징병카드를 소각하였다고 진술하였다. 그리고 소각한 징병카드를 증거를 위해 사진촬영을 하는 것에 동의하였다. 이러한 행위로 인하여 그는 지방법원에서 유죄판결의 선고를 받았다.163)

ⅱ) 사건의 경과

O'Brien은 이 사건에서 자신이 징병카드를 소각하였다는 사실에

---

162) United States v. O'Brien, 391 U. S. 367(1968).
163) 391 U. S. 367, 369.

대해서는 이의를 제기하지 않았고, 자신의 행위를 규율하고 있는 연방 법률의 위헌성을 다투고자 하였다. 그를 기소하고 재판을 받도록 하였던 것은 일반 군사훈련 및 복무에 관한 법률 중의 한 부분인 50 U. S. C. App.462(b)항164)이었다. (b)항의(3)은 1965년의 법률의 개정으로 "정부의 모든 증명서를 위조, 변조, 의도적인 파괴 내지는 의도적인 삭제 혹은 기타 어떠한 변형을 가하는 모든 사람"에게 적용하는 내용의 규정이 추가되게 되었다. O'Brien은 징병카드를 소각했다는 점은 인정하면서 배심원들에게 자신의 전쟁반대에 대한 신념을 다른 사람들에게 인식시키기 위해서 한 행위였다고 주장하였고,165) 아울러 징병카드의 고의적인 파괴나 삭제를 금지하고 있는 1965년의 개정 법률은 표현의 자유를 제한하거나 박탈할 뿐만 아니리 비합법적인 입법목적을 가지고 있기 때문에 위헌저이라고 주장하였다. 이러한 O'Brien의 주장에 대하여 지방법원은 1965년의 개정 법률은 수정헌법 제1조의 권리를 침해하지 않으며 그 법률은 군대를 증원하기 위한 입법권의 합리적인 행사이고 법원으로서 입법자의 입법의도를 조사한다는 것은 적절하지 못하다는 이유로 그의 주장을 받아들이지 않았다.166) 항소법원도 이 사건에 적용된 1965년의 개정 법률은 수정헌법 제1조의 표현의 자유를 제한하지 않는 합헌적인 법률이라고 하면서 지방법원의 입장을 유지하고 있다.

iii) 판결요지

다수 의견167)을 대표하여 법정의견을 작성한 워렌 대법원장의 판시내용을 요약하면 다음과 같다.

---

164) 50 U. S. C. 462(Title 50, App., United States Code, Section 462)의(b)항은 1948년의 일반 군사훈련 및 복무에 관한 법(the Universal Military Training and Service Act)으로 6개의 세부항목을 가지고 있다.

165) 391 U. S. 367, 370.

166) 391 U. S. 367, 370-371.

167) 마샬 판사는 이 결정에 참여하지 않았고, 할란 판사는 동의의견을, 더글라스 판사는 반대의견을 제시하였다.

　"O'Brien은 징병카드소각행위가 수정헌법 제1조의 보호범위 내에 있는 상징적 표현에 해당하고 수정헌법 제1조가 보호하는 표현의 자유는 행위에 의한 사상의 전달의 모든 형태를 보장하기 때문에 그것을 규제하는 1965년의 개정 법률을 위헌적이라고 보고 있으나, 우리는 사상의 표현하고자 하는 의도가 행위 속에 들어 있다고 하더라도 그러한 언론으로 분류된 수 있는 행동을 무제한적으로 보장한다는 주장을 받아들일 수 없다. 하나의 동일한 행위에 언론과 비언론의 요소를 둘 다 가지고 있는 경우에 비언론적인 요소를 규제하려고 하는 중요한 정부의 이익은 수정헌법 제1조의 표현의 자유에 대한 부수적인 제한을 정당화시킬 수 있다.168) 또한 정부의 규제는 첫째 그것이 헌법상 정부의 권한의 범위 내에 속하고, 둘째 그것이 중요하고 실질적인 정부의 이익을 증진시키며, 셋째 증진시키고자 하는 정부의 이익이 표현의 자유의 억압과 관계가 없고, 넷째 수정헌법 제1조에 대한 부수적인 제한이 정부의 이익의 증진에 필수불가결한 정도를 넘지 않는다면 그것은 정당화될 수 있다.169) 따라서 O'Brien이 위반한 1965년의 개정 법률은 위의 모든 요건을 충족하므로 그의 주장을 받아들일 수 없다. ……그리고 이 사건에서 문제된 법률은 정부의 실질적인 이익을 보호하는 것이 명백하고170), 징병카드의 고의적인 삭제나 파괴행위를 금지하는 법률보다 징병에

---

168) 391 U. S. 367, 376. ; 정부의 이익의 중요성을 나타내기 위하여 법원이 사용한 용어를 보면 "압도적인(compelling)", "실질적인(substantial)", "우월한 내지는 종속시키는(subordinating)", "주요한(paramount)", "합리적으로 설득력을 가진(cogent)", "강력한(strong)" 등이다. 391 U. S. 367, 376-377.

169) 391 U. S. 367, 377, 388.

170) 징병등록카드에 등록된 개별적인 등록자를 이용하는 것은 군대를 증원하는데 있어서 변화하는 상황에 신속하고 간편하게 대응하는 것을 가능하게 한다는 점에서 국가의 필수적인 이익이라는 것이 명백하고 정부는 징병등록카드의 계속적인 이용이라는 실질적인 이익을 가진다고 한다. 391 U. S. 367, 381.

관한 기록을 계속적으로 이용할 수 있도록 해주는 보다 더 간편하고 쉬운 대안적인 방법을 찾을 수가 없다. 그러므로 문제된 1965년의 개정 법률은 그러한 삭제나 파괴행위를 금지한다는 의미이다. 즉 다시 말하면 개정 법률뿐만 아니라 정부의 이익도 O'Brien의 행위에 있어서 의사전달적인 의미를 가지고 있지 않는 것에 제한을 가한다는 의미를 가지므로 이러한 비표현적인 요소 때문에 그의 행위가 법률위반이 인정되는 것이다."171)

아울러 연방대법원은 O'Brien이 주장한 의회의 법률제정에 있어서의 입법목적의 정당성에 대해 제기한 의문에 대해서도 판단하고 있다. 입법목적이 부적절하다고 주장된 의회의 제정 법률을 법원이 무효로 판단하지 않는 것이 일반적으로 잘 알려진 헌법상의 원리이며, 의회의 입법동기 내지는 목적을 조사한다는 것은 위험한 일이므로 O'Brien이 제기한 입법목적의 정당성에 관하여 법원이 판단을 한다는 것은 옳지 않다고 보고 있다.172)

iv) O'Brien 사건의 평가

엘리는 Brandenburg 사건이 범주화이론이 적용된 전형적인 예라고 보고 있는 반면에 O'Brien 사건은 이익형량의 접근방법이 적용되었다고 한다. 그것은 전술한 바와 같이 표현과 대립관계에 있는 정부이익과의 관련성 인정여부에 따른 결과일 것이다.173) 결론부터 말

---

171) 391 U. S. 367, 381-382.
172) 391 U. S. 367, 383-385.
173) 송길웅 교수는 O'Brien 사건의 제2기준 표현과 정부의 이익의 관련성에 관하여 다음과 같이 설명하고 있다. ; "엘리는 정부규제의 정당화사유의 제2요건에 있어서 결정적으로 중요한 문제는 주가 회피하고자 하는 해악이 피고가 전달하고자 하는 사실로부터 발생하는가 아닌가, 보다 구체적으로 말하면, 사람들이 피고의 메시지에 반응할 것으로 기대되는 태도로부터 해악이 발생하는지, 아니면 피고의 행위가 전혀 사상전달적인 의미를 가지고 있지 않더라도 그러한 해악이 생겨나는가 하는 것이라고 한다. 그리하여 Tinker 사건과 Cohen 사건에서는 주가 회피하고자 하는 위험이 피고의 행위의 전달내용으로부터 야기되는 위험이

하자면 엘리는 해악을 방지하려는 정부이익과 표현의 억압과의 관련성이 없다는 것이다. O'Brien 사건에서 징병카드소각행위라는 해악을 방지하고자 하는 정부의 이익은 주로 징병기록의 보존에 관련되고 의사표현적 의미는 전체적으로 결여되어 있다.174) 1965년의 연방개정 법률은 고의적인 징병카드소각행위를 처벌하고 있는데, 예를 들어 야외파티에서 요리를 위하여 징병카드를 소각한 경우라든지 장난으로 쓰레기소각장에 버리는 경우에는 의사표현 내지는 의사전달적인 의미를 찾아볼 수는 없다.175) 따라서 엘리에 의하면 징병기록의 보존이라는 정부의 이익은 표현의 억압과 관련성은 없는 것이고 O'Brien 사건의 제3의 기준인 표현에 대한 부수적인 제한과 표현과의 형량을 통한 이익형량의 접근방법이 적용되어야 한다는 것이다.

③ 국기훼손 사건에 적용

1969년 이래로 연방대법원은 정치적인 항의의 상징적인 수단으로서 국기를 모독한 사람에 대하여 선고한 유죄판결을 파기한 사건이 세 번 있었다. Street v. New York 사건176), Smith v. Goguen 사

며 따라서 그들의 행위에 사상전달적인 의미가 없었더라면 주는 이를 규제할 필요가 없었을 것이다. 이와 같이 O'Brien 사건의 제2의 요건을 충족시키지 못하는 경우에는 O'Brien 사건의 제3의 판단기준 즉, 수정헌법 제1조상의 제권리에 대한 부수적인 제한이 정부의 이익의 증진에 필수불가결한 정도를 넘어서는지의 여부가 적용되는 것이 아니라 범주화의 방법이 적용되어야 한다. 그런데 O'Brien 사건은 이와는 달리 정부가 추구하는 이익이 주로 징병기록의 보존에 관계되는 이익이며 그것은 설령 O'Brien의 징병카드소각행위가 사상전달적인 의미를 결여하고 있다고 하더라도 그 행위에 의해 정부의 이익은 마찬가지로 위협받게 되는 것이다. 따라서 O'Brien의 행위는 내용과 무관계하게 규제할 필요가 있으며 이러한 경우에는 이익형량의 접근방법을 적용해야 하는 것이다." 송길웅(주 80), 81-82면.
174) J. H. Ely(FN 129), p.1498.
175) J. H. Ely(FN 129), pp.1498-1499.
176) Street v. New York, 394 U. S. 576(1969).

건177), Spence v. Washington 사건178) 등이 그것이고, 엘리는 이들 세 사건에도 자신의 이론을 적용하고 있다. 그러나 엘리는 이들 세 사건에 있어서 연방대법원은 상징적인 목적으로 국기를 모독하는 것이 수정헌법 제1조 하에서 헌법적으로 보호된다는 명백한 주장을 하는 것은 피하고 있다고 설명하고 있다.179) 가장 최근의 사건인 Spence v. Washington에서는 정치적인 이유에 의하여 국기를 파손하거나 변경하는 것에 대한 유죄판결을 선고하는 것의 합헌성여부에 대한 규칙을 세우려고 시도하고 있지만 다른 두 사건에서는 그러한 규칙을 정립하는 것을 회피하고 있다고 하면서, 자세히 살피지 않으면 국기를 모독하는 것을 금지하고 있는 법률이 정치적인 표현을 명백히 금지하고 있는지 또는 특히 위에서 언급한 사건들에서처럼 국기의 소유자가 국기를 훼손하는 경우에는 정부의 이익이 명백하게 드러나지 않는다는 것을 알아내기란 쉬운 일이 아니라고 설명한다. 엘리에 의하면 국기를 모독하는 것을 금지하는 법률이 이와 같이 정치적 표현을 금지하고 있는 것이 명백함에도 불구하고 대법원이 이처럼 명확한 입장을 밝히지 않고 있는 것은 1968년의 O'Brien 사건의 영향을 받은 것으로 보고 있다.180) 왜냐하면 O'Brien 사건에 의해 징병카드의 소각행위를 금지하는 법률이 합헌으로 인정되었기 때문에 이와 유사한 행위인 국기를 훼손하는 행위를 금지하는 법률도 O'Brien 사건과 달리 판결하기가 어려울 수 있을 것이라는 추론이 가능하기 때문이다. 하지만 엘리는 징병카드소각행위와 국기훼손행위의 사이의 유사성은 피상적인 것에 지나지 않는다고 보고 있다.181)

　엘리는 국기모독에 관한 Street 사건, Smith 사건, Spence 사건 등에도 자신의 범주화와 이익형량의 이론을 적용하고 있는데, 여기

---

177) Smith v. Goguen, 415 U. S. 566(1974).
178) Spence v. Washington, 418 U. S. 405(1974).
179) J. H. Ely(FN 129), p.1482.
180) J. H. Ely(FN 129), pp.1482-1483 ; 송길웅(주 80), 83면.
181) J. H. Ely(FN 129), p.1483.

서의 특징은 이들 세 사건 모두 범주화의 접근방법을 적용하는 것
이 적절하다고 하고 있다.182) 그 이유로 국기를 모독하는 행위로부
터의 보호를 규정하고 있는 법률이 O'Brien 사건에서 제2기준의 표
현의 억압과 관련성이 인정되기 때문이라고 한다.

주 법률이 미국국기를 보호하는 방식에는 일반적으로 두 가지의
종류가 있는데, 모독규정과 부적절한 사용규정이 그것이다. 모독규정
이란 "누구도 어떠한 기를 공연히 절단하거나, 외관을 손상하거나,
더럽히거나, 마음대로 다루거나, 짓밟거나 혹은 언어나 행동으로써
모독해서는 안 된다"는 규정이다. "더럽히거나", "마음대로 다루는 행
위"는 명백히 국기에 대하여 적대적인 행위이며, 이데올로기적으로
중립적이라고 생각되는 행위, 예를 들면 "절단하다", "외관을 손상하
다", "짓밟다"는 것 등도 입법자의 입법 의도나 다른 행위들과 관련
지어 볼 때 모두 국기에 대하여 적대적인 행위로 볼 수 있다.183) 따
라서 이러한 모독규정은 이데올로기적인 견해를 띠는 행위들만을 금
지하고 있으며, 그 규정은 일정한 유형의 의견에 대한 위험을 방지하
기 위한 국가의 방어를 의미한다. 이러한 국가의 방어는 필연적으로
O'Brien 사건의 제2심사기준의 표현의 자유의 억압에 관한 것이기
때문에 정부의 이익과 표현은 그 관련성을 인정할 수 있고 이익형량
의 접근방법이 아닌 범주화의 접근방법이 적용된다.184)

부적절한 사용규정은 국기에 "어떠한 종류의 언어·숫자·표시·
그림·광고 등을 첨부하거나 써 붙이는 것, 또는 그와 같이 치장된
국기를 공연하게 전시하는 것을 금지하는 규정"을 의미한다. 이러한
규정은 표면상으로 볼 때 이데올로기적으로 중립적이다. 즉 정부는
기를 변경함으로써 어떠한 메시지를 전달하려고 하는 의도에는 주
의를 기울이지 않는다. 이와 같이 부적절한 사용규정은 어떤 종류의

---

182) J. H. Ely(FN 129), pp.1502-1506.
183) J. H. Ely(FN 129), p.1502.
184) J. H. Ely(FN 129), p.1503.

메시지를 전달하는 것을 금지하기 위한 것은 아니지만, 미국국기에 의하여 전달되고 있는 일정한 메시지를 보호하고 있는 것이다. 일정한 메시지의 전달은 그것이 금지규정이나 보호규정에 있어서 모두 사상의 자유시장에서 하는 역할은 마찬가지이다. 따라서 부적절한 사용규정도 O'Brien 사건의 제2심사기준에 있어서 표현의 억압과 관계된 것으로 볼 수 있고 따라서 범주화의 접근방법이 적용되는 것이다.185)

(4) 엘리의 접근방법의 검토

엘리는 자신의 범주화와 이익형량의 접근방법을 분석하면서 7개의 판례를 분석의 대상으로 하고 있다. Street 사건, Smith 사건, Spence 사건 등의 국기모독 사건에 대하여 자신의 이론을 적용하기 위해 먼저 Brandenburg 사건, Tinker 사건, Cohen 사건, O'Brien 사건을 분석하고 있는데 이 중에서 O'Brien 사건은 이익형량의 접근방법이 적용되었고 나머지 사건들은 범주화의 접근방법이 사용되었다고 한다.

범주화와 이익형량의 접근방법을 구별하는 기준은 표현의 억압과 해악을 방지하기 위하여 추구하는 정부의 이익 사이의 관련성이 존재하느냐의 여부이다. 표현의 억압과 정부의 이익이 관계가 있다면 범주화의 접근방법이 적용될 것이다. Brandenburg 사건의 경우 형사신디칼리즘법이 규정하는 폭력적인 선동의 방지를 정부의 이익으로 볼 수 있고, Tinker 사건·Cohen 사건의 경우에는 군대증원과 그것을 위한 징병제도를 정부이익으로 볼 수 있을 것이다. 이러한 정부이익은 Brandenburg 사건에서는 Ku Klux Klan단체의 지도자의 폭력적이고 선동적인 표현을 억압하고 있고, Tinker 사건·Cohen 사건에서는 검은 완장의 착용을 통하여 징병제를 반대하거나 "Fuck the Draft"라는 구호를 상의에 표시하여 징병제를 반대하는

---

185) J. H. Ely(FN 129), p.1506.

것을 억압하고 있다. 결국 이들 세 사건에서는 정부의 이익을 위하여 그것에 반대하는 표현을 억압하고 있기 때문에 O'Brien 사건의 제2기준을 충족하므로 범주화의 접근방법이 사용되어야 한다고 이해되고 있다. 엘리가 말하는 범주화의 접근방법이란 수정헌법 제1조에 의하여 보호되지 않는 표현의 한정된 모든 범주에 관하여 엄격한 정의를 해두는 것이다. 이러한 의미에서 본다면 결국 정부의 이익이 표현과 관계가 있는 것으로 인정되면 O'Brien 사건 제2기준을 충족하게 되어 범주화의 접근방법이 적용된다는 그 자신의 이론은 서로 일치하지 않는다고 볼 수 있는 여지가 충분히 존재한다. 하지만 표현 그 자체만을 대상으로 하여 수정헌법 제1조에 의하여 보호되는지에 관한 문제를 다루는 것은 범주화의 이론으로 보고 있는 것으로 이해된다. 따라서 엘리의 이론에서 정부의 이익과 표현이 관계가 있다는 O'Brien 사건 제2기준의 의미는 수정헌법 제1조에 의한 보호여부를 결정하는 것은 표현 그 자체라는 의미로 받아들여야 한다.

O'Brien 사건의 경우에는 이미 살펴본 바와 같이 일반 군사훈련 및 복무에 관한 법률이 규정하고 있는 정부의 이익은 주로 징병기록의 보존이라고 볼 수 있다. 징병기록의 보존이라는 정부이익은 징병카드소각행위라는 해악의 방지를 그 목적으로 하고 있지만, 징병카드 내지 기록의 보존이라는 정부의 이익과 원인관계에 있는 것은 표현행위에만 한정된 것은 아니다. 엘리 자신이 예시하는 바와 같이 요리를 위해 소각할 수도 있고, 장난으로 쓰레기 소각장에 버리는 경우도 있을 수 있다.186) 따라서 정부의 이익과 표현의 억압과는 관련성이 없고 O'Brien 사건의 제2기준을 충족하지 못하므로 제3의 기준이 적용되는 것이다. 즉 징병기록의 보존이라는 정부이익을 달성하기 위하여 징병카드소각행위를 처벌하는 부수적인 제한과 표현과 이익형량을 하여야 하는 것이라고 주장하고 있다.

---

186) J. H. Ely(FN 129), pp.1498-1499.

국기모독 사건에 있어서 엘리는 문제된 사건 모두를 범주화의 접근방법이 적용되어야 하는 것으로 보고 있다. 국기를 모독하는 것으로부터 보호하는 두 방식, 모독규정과 부적절한 사용규정 모두 특정한 이데올로기 내지는 메시지를 보호하는 규정이므로 이들 규정에서 추구하고자 하는 정부이익과 표현의 관련성을 인정하지 않을 수 없기 때문에 범주화의 접근방법이 적용되어야 한다는 것이다.

이상의 엘리의 이론을 분석하면 특정한 표현만을 대상으로 하여 수정헌법 제1조의 보호여부를 검토하는 방법을 범주화의 접근방법이라 하고 있고, 특정한 표현과 다른 개인적 내지는 사회적 가치와 비교를 할 경우를 이익형량의 접근방법이라고 하고 있다. 비교를 통하지 않은 경우를 보호영역이론으로 볼 수 있고 비교에 의한 이익형량의 분석이 이루어지는 경우를 제한이론으로 볼 수 있다.

4. 제한이론

1) 트라이브(L. H. Tribe)의 제한이론(Two-Track이론)

(1) Two-Track이론의 의의

Two-Track이론은 연방대법원이 직접 언급한 용어는 아니고 트라이브 자신이 연방대법원의 수정헌법 제1조의 표현의 자유에 관한 판례의 분석도구로 사용한 개념으로, 판례로부터 도출된 개념이라고 한다.[187] Two-Track이론의 본질은 표현의 자유에 대한 제한이론이

---

187) 트라이브와 같이 명시적으로 Two Track이론이라고 소개하고 있지는 않지만 스톤(Stone)은 표현의 내용에 근거한 제한과 내용과 관계없는 제한으로 분류하고, 바렛(Barett)은 표현의 내용에 대한 정부통제와 표현의 시간, 장소, 또는 방법에 대한 통제로 나누어 분류하고, 노악(Nowak)과

110

며, 정부는 두 가지 방법에 의해서 표현의 자유를 제한할 수 있다는 것이 이 이론의 핵심이다.188)

첫째 정부규제나 처벌의 대상이 되는 행위를 추출해내기 위하여 특정한 사상이나 정보내용에 제한을 가하는 경우이다.189) 즉 문제가 되는 표현행위의 특정한 정보나 관점에 대하여190) 또는 어떤 행위가 전달하려는 특정 정보의 내용이 타인에게 전달됨으로써 생기는 효과에 대하여 표현의 자유를 제한하려는 것이다. 둘째 사상이나 정보의 내용과는 관계없이 정부가 다른 목적을 추구하기 위한 과정에서 사상이나 정보의 흐름을 제한하는 경우이다. 첫 번째 유형의 표현의 자유에 대한 제한은 표현적 효과를 그 목적으로 하고 있고, 두 번째 제한은 비표현적 효과를 그 목적으로 한다.191)

표현적 효과를 목적으로 하는 정부의 규제를 허용하는 것은 표현의 자유의 제한을 금지하고 있는 수정헌법 제1조와 조화되기 어려운 문제점을 가지고 있다. 왜냐하면 표현의 자유에 대해서는 헌법적 보장을 하고 있지만 만약 어떤 정보나 이념에 대한 제한을 허용하게 된다면 그 때 초래되는 영향으로 인하여 표현의 자유가 제한을 당할 수 있기 때문이다. 결국 표현의 자유를 억압하는 위험과 표현을 남용함으로써 생길 수 있는 위험의 선택은 수정헌법 제1조에 근거해서 우리에게 남겨진 몫이라고 할 수 있다.192)

로툰다(Rotunda)는 내용에 근거한 제한과 내용에 근거하지 않은 제한 등으로 나누고 있다. 임종훈, "미국헌법에 있어서 언론의 자유에 대한 접근방법", 「미국헌법연구」 제10호(미국헌법학회, 1999), 162면.

188) Laurence H. Tribe, American Constitutional Law, THE FOUNDA-TION PRESS, 2nd ed.,1988, p.789.

189) 따라서 Track one의 분석에서는 선동적 표현, 공격적 언사, 명예훼손적 표현, 상업적 언론, 음란적 표현 등이 주요한 분석대상이 된다.

190) 정부를 전복하려는 목적을 가진 기구에 가입하였다는 사실만으로 교원임용에서 제외시키고 있는 법률을 무효화한 경우를 들 수 있을 것이다. Keyshian v. Board of Regents, 385 U. S. 589(1967).

191) Tribe(FN 188), p.790.

192) Tribe(FN 188), p.790.

두 번째 표현의 자유에 대한 제한이 비표현적 효과를 목적으로 하는 경우에는 정부의 행위와 수정헌법 제1조와의 관계는 첫 번째의 경우와는 다른 의미를 갖는다. 이 경우에는 표현 그 자체의 갈등이라기보다는 표현이 갖는 이익과 정부가 추구하는 다른 이익 간의 균형의 문제라고 볼 수 있다. 이러한 경우에 수정헌법 제1조는 궁극적 해결의 수단이 되지 못하고, 표현과 다른 정부이익 간의 균형점을 찾는데 있어서 단지 수정헌법 제1조가 헌법체계 내에서 차지하는 위치를 반영하도록 하는 대충적인 자료만을 제공하는 정도에 그치게 된다. 즉 특정한 상황에서의 이익형량이 헌법체계 내에서 헌법상 보장된 표현의 자유를 충분히 반영하고 있는가를 심사하는데 있어서 수정헌법 제1조가 그 근거자료가 된다는 의미이다.

이러한 입장에서 트라이브는 정부의 표현의 자유에 대한 두 가지 제한방법에 따라 연방대법원도 수정헌법 제1조의 문제의 해결방법을 달리해 왔다고 하면서, 표현적 효과를 목적으로 표현의 자유를 제한하는 경우를 Track one분석, 비표현적 효과를 목적으로 하는 정부행위가 표현의 자유를 제한하게 되는 경우를 Track two분석 등으로 구별하고 있다[193].

(2) Track one·Track two의 구별[194]

Track one, Track two의 구별은 표현의 자유에 대한 정부의 제한의 형태를 기준으로 하므로 정부의 언론의 자유에 대한 제한의 대상이 구별기준이 된다고 볼 수 있다. 즉 Track one의 분석에 속하느냐 아니면 Track two의 분석에 속하느냐의 여부는 정부행위가 표현적 효과를 대상으로 했느냐 아니면 비표현적 효과를 대상으로 했느냐에 따른 구분이라고 할 수 있다. 그러므로 트라이브의 Track one·

---

193) Tribe(FN 188), p.791.
194) Tribe(FN 188), p.794.

112

Track two의 분석이론에 있어서는 결국 정부행위의 목적이 중요한 요소로 작용한다. 이러한 정부의 목적이 무엇인가를 알 수 있는 방법으로 트라이브는 7가지의 가정적 법문을 제시하여 법문상 알 수 있는 경우와 입법 전체의 맥락에서 본 목적적 해석의 입장에서 본 입법동기에 의한 구별방법을 그의 저서에서 설명하고 있다.195) 그 내용은 아래와 같다.

ⅰ) 전 Georgia주지사에 반대하는 내용의 표현물을 정부건물에 부착하는 경범죄

이 경우의 정부의 행위는 정부를 비판하는 내용의 표현 자체를 제한하는 것이므로 그 밖의 다른 정부목적을 발견할 수도 없는 경우에 해당하여 Track-One의 분석에 해당한다.

ⅱ) 쉽게 제거될 수 없는 물체를 정부건물에 부착하는 경범죄

이 경우는 표현의 내용과는 관계없이 정부의 재산인 공용물을 보호하기 위한 것이므로 Track-Two의 분석이 적용된다.

ⅲ) Francis Scott Key가 미국국가를 작곡할 당시에 McHenry 요새에서 발견한 성조기를 훼손하는 경범죄196)

물론 경범죄를 범하는 사람의 어떤 사상을 표현하는 상징적인 행위로서 이해될 수도 있으나 이 경우는 특정국가 즉 미국의 기념물을 보호하기 위한 것이지 범죄자의 상징적인 표현을 제한하는 것이라든가 어떠한 메시지의 전달과 관련된 것을 제한하는 것은 아니다. 따라서 여기서는 Track-Two의 분석이 적용된다.

ⅳ) 미국을 비판하면서 미국국기를 입거나 쥐고 있는 경범죄197)

---

195) Tribe(FN 188), pp.797-804 ; 황도수(주 1), 54-57면.
196) McHenry 요새의 국기를 훼손하는 것은 정부에 대한 경멸적인 의사표현이므로 어떤 측면에서는 의사전달적인 요소가 존재한다고 인식할 수 있을지 모르지만, 여기서 국기를 훼손하는 것은 메시지의 전달과는 독립한 것으로 트라이브는 보고 있다. 그리고 그는 만약 국가가 요새를 지키려고 하였다면 국기를 보존할 수 있었을 것이라고 하면서 여기서는 국가의 특별한 기념물의 유지와 관련이 있다고 한다. Tribe(FN 188), p.799.
197) 국기모독과 관련한 엘리의 이론과 비교해 보면 엘리도 국기를 보호하

이 경우는 위의 ⅰ)의 경우와 마찬가지로 특정 사상이나 정보를 직접 제한하는 것이므로 Track-One의 분석이 적용되는 경우이다.

ⅴ) 설령 쉽게 제거될 수 있는 물질이라고 하더라도 미국국기에 외부적인 물질을 부착시켜 전시하는 경범죄

쉽게 제거될 수 있음에도 불구하고 처벌의 대상으로 하고 있는 것이나 일반인들이 국기에 부착된 물건은 어떤 상징적인 표현이라고 믿을 수 있다는 점에 비추어 볼 때 Track-One의 분석이 적용되는 경우라고 할 것이다.

ⅵ) 미국국기의 표면에 국기의 양식을 포함하고 있는 부분을 파괴하거나 영구적으로 훼손시키는 경범죄

어떤 사람에 의해서 국기가 파괴되어 질 때 훼손되는 보편적인 상징과 같은 국기의 역할은 어떠한가라는 물음에 답하기 위해서는 어떤 사람이 벽장의 국기를 훼손한다거나 사적인 공간에서 쉽게 인화될 수 있는 섬유로 만들어진 국기에 불을 붙이는 행위를 상정하여 보면 위의 경우에 훼손되는 국가의 상징은 없다는 점을 알 수 있다. 결론적으로 국가의 상징은 일반인들이 어떤 행위 속에서 알 수 있는 정도에 이르렀을 때에만 침해가 가능하다는 점이다. 즉 이와 같은 사례는 표현적 효과를 목적으로 하는 정부행위임을 알 수 있고 Track-One의 분석이 적용된다.

ⅶ) 정부건물에 붙이도록 위임되고 조달기관에 의해 승인된 미국국기를 대표하는 어떤 부분이라도 건물로부터 제거하는 경범죄

정부는 개인의 표현을 억제하지 않는 한도 내에서 정부자신의 의견을 발표할 이익을 가지므로 정부가 싫어하는 개인의 표현에 대한 차별적 억제라고 하기보다는 정부의 이익을 위한 행위에 해당하므

는 규정은 특정한 이데올로기나 메시지의 보호를 목적으로 하고 있으므로 특정한 표현 그 자체를 대상으로 하여 보호여부를 결정하는 범주화의 접근방법이 적용되어야 한다고 주장하는데 이러한 관점은 트라이브가 제시하고 있는 예와 유사하다. ⅴ)와 ⅵ)의 예시도 동일하게 이해될 수 있을 것이다.

114

로 Track-Two의 분석에 해당된다고 볼 수 있다. 하지만 입법동기에 따라서는 개인의 표현의 자유에 대한 차별적 제한으로 해석될 수도 있다.

(3) Track one에서의 표현의 제한

① Track one이론의 의의

Track one의 분석에서는 정부의 규제가 표현적 효과를 목적으로 하고 있는 경우를 의미한다. 이러한 의미는 두 가지의 부수적인 결론을 가져오게 된다. 즉 그것은 다른 사람에 의하여 표현될 수도 있고 또는 다른 장소에서 다른 시간에 또는 다른 방법으로 표현될 수 도 있는 일정한 표현을 정부가 그 표현의 내용에 근거하여 제한을 가하는 것은 정당화 될 수 없다는 것을 의미한다.198) 이것은 곧 정부가 표현의 내용에 근거하여 제한하는 경우 이러한 제한으로부터 개인이나 언론이 해방되어야 한다는 것을 의미하고, 제한으로부터의 해방이라는 의미는 "거의 절대적"이라고 보아야 한다. 거의 절대적(nearly absolute)이란 말은 "절대적"이라는 것을 뜻하지 않는다. 그렇다면 거의 절대적이란 의미와 절대적이라는 의미상의 차이점은 무엇인지 의문이 생길 수 있다. 수정헌법 제1조에 의하여 보호되는 표현과 적법절차의 엄격한 적용에 의하여 보호되는 표현 중에서 극히 예외적으로 유형화된 표현만 정부가 제한을 가하는 것이 정당화될 수 있다는 것이 "거의 절대적"이라는 의미로 해석될 수 있을 것이다.199)

결국 표현의 내용이나 형식면에서 정부의 제한이 가능한 몇몇의 극히 예외적인 경우가 있을 수 있고 그러한 예외적인 경우가 아닌 한 그 제한은 정당화 될 수 없고 무효라고 보아야 할 것이다. 이러

---

198) Tribe(FN 188), p.834.
199) Tribe(FN 188), p.836.

한 제한이 정당화되는 극히 예외적인 경우, 즉 수정헌법 제1조에 의하여 보호되는 표현이나 표현을 보호하기 위하여 적법절차의 준수가 요청되는 정도보다는 낮은 수준의 보호만을 받는 일정한 표현의 유형화를 위한 이론적인 분석이 Track one에서의 분석이다. 따라서 Track one의 분석에서는 이러한 유형화에 대한 검토가 있어야 하고 기초적인 유형화를 위한 전제들의 분석과 정부가 표현의 내용에 기초해서 제한하는 경우에 있어서 사법적 심사의 윤곽을 명확히 설정하여야 할 것이다. 아울러 수정헌법 제1조에 의하여 보호되는 표현인가 아니면 수정헌법 제1조에 의해 보호되지 않는 표현인가에 따른 수정헌법 제1조의 표현의 자유에 대한 보호이론으로 볼 수 있는 Two-level theory[200]도 Track one의 분석에서 논의할 대상이라고 보아야 할 것이다.[201]

② Track one의 이론의 성격

Track one의 분석에서 수정헌법 제1조가 가지는 헌법적 의의는 정부가 표현의 메시지·이상·주제·내용에 의해 표현을 제한할 수 없다는 것에 그 의의가 있다고 볼 수 있다. 따라서 Track one의 분석에서는 급박한 국가목적을 위해 필요한 경우에만 표현에 대하여 규제할 수 있고,[202] 그 결과 정부제한이 법원에 의해 그 정당성을

---

200) Two-level theory는 칼반(Kalvan)의 이론으로, 수정헌법 제1조에 의하여 보호되는 표현과 보호되지 않는 표현으로 구분하여 전자는 수정헌법 제1조에 의하여 완전한 보호를 받는 반면에 수정헌법 제1조의 보호범위 외에 있는 표현은 보다 낮은 수준의 보호를 받는다는 것이다. 그리고 수정헌법 제1조의 보호범위 외의 낮은 수준의 보호를 받는 표현으로 Chaplinsky판결의 투쟁적 언사, Beauharnais v. Illinois판결의 명예훼손적 발언, Roth v. United States 사건에서의 음란적 표현 등을 들고 있다. Tribe(FN 188), pp.928-929. 이러한 Two-level theory는 Two-Track 이론에 의할 때 Track one의 분석에서 논의 될 수 있는 이론이다.
201) Tribe(FN 188), pp.832-833.

인정받기란 매우 어렵다. 트라이브는 Track one의 분석에서 정부제한이 정당화되려면, 헌법적으로 보장된 표현의 자유에 의해서 예상되는 해악이 정부의 제한에 의해서는 방지될 수 있으나, 대화나 커뮤니케이션의 허용하게 된다면 그러한 해악을 막는 것이 어렵다는 것을 정부가 설득력 있게 입증할 수 있어야 한다고 한다.[203] 그렇지만 보다 많은 표현을 허용하는 것이 예상되는 해악을 항상 제거할 수 있다면 이러한 표현은 합헌성이 위임된 헌법적인 구제수단이라는 점은 틀림없다.[204]

그러나 표현적 효과에 대한 정부의 규제가 정당성을 인정받기가 어렵다고 해서 항상 정부의 제한이 부당하다는 것을 의미하는 것은 아니다. 수정헌법 제1조의 표현의 자유도 보호를 받을 만한 가치를 갖지 못하는 표현도 있는데, 이러한 낮은 수준의 보호를 받는 표현을 유형화하는 것이 Track one의 분석이라는 것은 이미 언급한 바 있다. 그런데 Track one에서의 이러한 유형화를 위한 분석이라는 점에서 근거하여 Track one의 분석을 유형화 내지는 범주화의 접근방법으로 이해하면서 엘리의 이론과 접목시키려는 견해가 있다. 이러한 견해에 의하면 Track one에서의 이론을 다음과 같이 설명하고 있다. "수정헌법 제1조에 의하여 낮은 정도의 보호를 받는 표현을 어떻게 분류할 것인가에 관하여 트라이브는 대화의 상황에서 대답할 여지를 남기는 상황과 표현이 다른 사람의 응답할 기회나 시간을 주지 않고 행동을 유발시키거나 해악을 야기하는 상황이 있다고 한다. 이때 후자와 같이 여러 의견의 교환의 가능성을 포함하지 않는 표현의 경우에는 완전한 보호를 해준다는 것은 부당하다는 것이다. 또한 Track one의 분석에 있어서 사회적으로 낮은 가치의 표현

---

202) 황도수(주 1), 59면. 따라서 황도수 박사는 절대주의 이론이 Track one
   의 분석에 적용될 수 있는 이론이라고 한다.
203) Tribe(FN 188), p.834.
204) Tribe(FN 188), p.834.

을 구별하는 기준은 개별적 이익형량에 의하는 것이 아니라 개념정의적 차원에서 유형화해내는 방법을 택하게 되는데, 즉 절대적으로 보호되는 표현과 보호 외에 놓이게 되는 표현이 개념적으로 미리 규정되게 된다는 것이다."205)

Track one의 분석을 유형화로 보려는 시각은 Track two의 분석이론이 이익형량의 방법에 의하게 된다는 것과 구별하기 위하여 Track one의 분석이론에서는 개념적으로 미리 정하여 진다는 개념유형화의 방법이 적용된다고 하는 것으로 보인다. 하지만 트라이브에게 있어서 Track one의 분석이론이나 Track two분석이론은 모두 수정헌법 제1조의 표현의 자유에 대한 제한이론이고 다만 제한의 목적을 표현적 효과에 두느냐 아니면 다른 공익적 목적을 추구하게 되는 결과 반사적으로 표현이 제한되는 효과가 발생하느냐에 따른 이론이므로 Track one의 분석이론에서 개념적으로 미리 규정된다는 것은 논리의 비약으로 보인다. 또한 Track one의 분석에서도 표현적 효과를 제약하는 정부의 이익이 등장하는데, 그것은 표현과 정부 이익 사이의 이익형량을 예정하고 있다고 보아야 한다.

이하에서는 헌법적으로 보호받지 못하는 표현206)의 문제들을 유형화하여 살펴보기로 한다. 여기서의 유형화라는 의미는 정부의 이익이 표현적 효과를 제한하는 경우 그러한 제한이 가능한 표현들을 유형화하는 것으로 이해해야 한다. 그러므로 여기서의 "유형화"라는 것은 엘리가 말하는 범주화의 접근방법이라는 용어와는 다른 의미이다. 이렇게 유형화 될 수 있는 표현으로는 불법행위의 선동, 전투적 내지는 투쟁적 언어, 명예훼손적 표현, 상업적 언론, 음란한 표현

---

205) 황도수(주 1), 60-61면. 법원도 일정한 유형의 사회적 가치가 적은 표현에 대해서는 낮은 수준의 보호를 해왔는데, 표현에 대한 개별적 이익형량에 의한 사회적 가치평가는 다수 의견이나 그 당시의 시대감정에 의해 좌우되기 쉽다는 것을 인정하였다는 점에서 Track one의 분석에서는 개별적 이익형량보다는 개념적인 유형화 방법을 택하게 된다고 한다.
206) Tribe(FN 188), pp.841-928.

118

등을 들 수 있다.

③ 헌법적으로 보호받지 못하는 표현의 자유의 유형들207)

㉠ 불법행위의 선동－명백하고 현존하는 위험의 원칙208)

표현의 자유에 대한 보호를 두텁게 하였던 명백하고 현존하는 위험의 원칙은 보호 받는 표현과 불법적 행동을 유발할 수 있는 보호받지 못하는 선동을 구별하는 기준과 밀접하게 관련되어 있다. 이 원칙은 1919년의 Schenk v. United States 사건209)에서 홈즈 판사에 의해 형성된 이론이다. 방첩법 위반으로 기소되어 Schenk가 유죄판결을 받은 사건으로 이 판결에서 홈즈 판사는 명백하고 현존하는 위험의 원칙을 주장하면서 "모든 경우에 있어서 문제는 여기서 사용된 언어가 연방의회가 방지할 권한을 가지는 실질적인 해악을 초래하는 명백하고 현존하는 위험을 발생하게 하는 상황 하에서 사용되었는지 또는 그러한 위험을 발생하게 하는 성질을 가지느냐 아니냐에 달려있다"210)고 판시했다.211) 그 후 Abrams v. United States 사건212)에서 무정부주의자 Abrams는 1918년 여름 소련의 무르만스트와 블라디보스톡 지역의 볼셰비키에 대항하기 위한 미군 및 그 동맹군의 침공에 대해 세계의 노동자들은 저항하라고 촉구하는 전단을 살포한 혐의가 인정되어 선동법 위반으로 기소되었다. 이 판결에서 다수 의견을 대표한 클락(Clarke) 판사는 Schenk 사건에서 수정

207) 스톤은 불법적인 행동을 유발하는 표현, 사법절차를 비판하는 표현, 청중에게 적대적 반응을 유발하는 표현, 그리고 비밀정보를 퍼뜨리는 표현 등 네 가지 종류로 묶어서 위헌적인 사상과 정보에 근거한 제한으로 분류한다고 소개하고 있다. 임종훈(주 187), 163면. 이는 뒤에서 살펴볼 트라이브의 유형화와 큰 차이가 없다.
208) Tribe(FN 188), pp.841-848.
209) Schenk v. United States, 249 U. S. 47(1919).
210) 249 U. S. 47, 52.
211) Tribe(FN 188), p.841.
212) Abrams v. United States, 250 U. S. 616(1919).

헌법 제1조의 표현의 자유가 확립되었다는 청구인의 주장을 기각하
였다.213) 홈즈 판사는 반대의견에서 "나라를 구하기 위해 즉각적인
검열이 요청될 정도로 합법적이고 절박한 법률의 목적이 눈앞에서
위협받고 있는 상황이 아닌 한 우리는 우리가 혐오하며 죽음과 같
다고 여기는 의견의 주장을 제한하려는 시도를 영원히 경계해야 할
것이다"214)라며 Abrams에 의해서 살포된 전단이 명백하고도 현존하
는 위험을 야기하는 것은 아니라고 하였다. 하지만 Abrams 사건의
반대의견에서 홈즈 판사가 주장하고 있는 명백하고 현존하는 위험
의 원칙은 Schenk 사건, Frohwerk 사건215)과 Debs 사건216)에서 정
당하게 판단되었다는 그의 주장과 애매모호함으로 인하여 손상되었
다.217) 1925년의 Gitlow v. New York 사건218)에서 다수 의견은 수
정헌법 제14조에 의한 자유의 보호는 표현의 자유를 포함219)한다고
하면서도 선동이나 범죄적 신디칼리즘을 처벌하고 있는 법률은 국
가의 안전의 보장을 그 목표로 하는 합법적인 법률220)이므로 명백하
고 현존하는 위험의 원칙은 적용할 수 없다221)고 함으로써 이 판결
에서는 명백하고 현존하는 위험의 원칙이 적용이 거부되었으나, 홈
즈 판사의 반대의견에서는 원칙이 계속 적용되고 있다.222) 이전의
사건에서 확고한 입장을 유지하지 못했던 명백하고 현존하는 위험
의 원칙은 1927년의 Whitney v. California 사건223)에서는 브랜다이

---

213) Tribe(FN 188), pp.842-843.
214) 250 U. S. 616, 630.
215) Frohwerk v. United States, 249 U. S. 204(1919).
216) Debs v. Unites States, 249 U. S. 211(1919).
217) Tribe(FN 188), p.843. Frohwerk 사건과 Debs 사건에서는 홈즈 판사
    가 '명백하고 현존하는 위험의 원칙'을 유지하지 않고 있기 때문이다.
218) Gitlow v. New York, 268 U. S. 652(1925).
219) 268 U. S. 652, 666.
220) 268 U. S. 652, 667.
221) Tribe(FN 188), p.844.
222) Tribe(FN 188), p.845.
223) Whitney v. California, 274 U. S. 357(1927).

120

즈 판사와 홈즈 판사의 동의의견에서 보이고 있다. 브랜다이즈 판사는 "표현으로 인하여 발생하는 위험은 예상되는 해악의 영향이 매우 절박하여 완전한 토론의 기회가 보장되기 전에 발생하는 것이 아닌 한 그러한 위험은 명백하고 현존하지 않다"224)고 판시하면서 그 원칙을 밝히고 있었다.225)

　　Dennis v. United States 사건226)에서 빈슨 대법원장의 다수 의견은 Gitlow-Whitney 사건에서 브랜다이즈 판사와 홈즈 판사의 명백하고 현존하는 위험의 원칙을 스미스법 그 자체의 평가를 하기 위해서가 아니라 특정한 구체적인 경우에 있어서의 적용을 위해 받아들이려고 하였다. 그러나 빈슨 대법원장은 Holmes-Brandies의 명백하고 현존하는 위험의 공식을 받아들이지 않았다. 대신에 그는 하급심의 핸드 판사의 이론을 받아들였다.227) 핸드 판사의 그 기준은 해악이 발생의 가능성이 없다고 하더라도 중대하다면 위험을 피하기 위한 표현의 자유에 대한 제한은 정당화된다는 것이다. Dennis 사건에서 일반적으로 Holmes-Brandies의 명백하고 현존하는 위험의 공식이 일시적으로 후퇴한 것처럼 보인다. Dennis 사건 이후에 연방대법원은 입법부나 행정부의 결정이 사법적인 판단을 최소한 존중할 수 있도록 하기 위하여 표현과 관련된 명확한 개념의 유형화에 관심을 가지게 되었다. 그래서 1957년 Yates v. Unites States 사건228)에서는 Dennis 사건을 재해석하여 "보호 받는 이론의 주장"과 "보호 받지 못하는 행동의 주장" 즉 선동을 구별하고 있다. 이러한 유형화에 대한 시도는 일찍이 Masses Publishing Co. v. Patten 사건229)에서 핸드 판사가 "행동의 개시"와 "설득의 요소"를 구별하여 행동의

---

224) 274 U. S. 357, 377.
225) Tribe(FN 188), p.844.
226) Dennis v. United States, 341 U. S. 494(1951).
227) Tribe(FN 188), p.846.
228) Yates v. Unites States, 354 U. S. 298(1957).
229) Masses Publishing Co. v. Patten, 244 Fed. 535(S. D. N. Y 1917).

개시는 수정헌법 제1조에 의하여 보호되지 않는다고 하였다. 그것은 선동과 설득을 구별하는 것으로 볼 수 있는데 홈즈 판사가 모든 사상은 선동적인 요소를 가지고 있다고 평가한 것처럼 그 구별은 결코 명확하지 못하다.230)

최근의 이론적인 경향을 반영하고 있는 판례가 Brandenburg v. Ohio 사건231)으로 이 판결은 핸드 판사의 견해와 홈즈·브랜다이즈 판사의 견해가 결합된 것으로 볼 수 있다.232) Brandenburg 사건은 KKK(Ku Klux Klan)의 지도자로서 범죄, 생산방해, 폭력 등을 주창한 혐의로 유죄판결을 한 하급심판결을 파기한 사건이다. 그 이유는 Ohio주법이 (ⅰ) "즉각적이고 불법적 행동을 선동하거나 발생시키는 것"을 목적으로 하는 주장에 한정하지 않고 (ⅱ) "그러한 행동을 발생시키거나 선동할 수 있는 가능성이 있는 주장"에도 저용하는 것은 허용되지 않는다는 것이 그 이유였다. 그렇기 때문에 그 주법은 무효라는 것이다.233) 여기서 (ⅰ)의 기준은 핸드 판사가 주장한 보호되지 않는 선동을 포함하는 기준이고, (ⅱ)의 기준은 홈즈 판사와 브랜다이즈 판사의 예상되는 해악의 기준을 보충한 것이다. 즉 그것은 Holmes-Brandeis의 기준을 해악의 발생가능성이 없는 선동자의 부수적인 보호에 그 초점을 전환시키고 있는 것이다.234)

ⓛ 전투적인 또는 투쟁적인 언어

Chaplinsky v. New Hampshire 사건235)에서 연방대법원은 시 소방서장에게 "저주받을 협잡꾼(God damned racketeer), 파시스트(damned Fascist)"라는 표현을 한 여호와의 증인교도에게 유죄판결을 내렸다.

---

230) Tribe(FN 188), p.847.
231) Brandenburg v. Ohio, 395 U. S. 444(1969).
232) Tribe(FN 188), p.848.
233) 395 U. S. 444, 447.
234) Tribe(FN 188), pp.848-849.
235) Chaplinsky v. New Hampshire, 315 U. S. 568(1942).

Chaplinsky에서 유죄판결의 근거는 어떤 사람도 공격적이거나 비아냥거리거나 성나게 하는 말을 사람들에게 거리에서나 다른 공공장소에서 해서는 안 된다고 하는 법률의 규정에 근거한 것이었다. 연방대법원은 투쟁적인 언어이론(Fighting Words Theory) 즉 타인에게 상처를 줄 수 있는 말이나 즉각적으로 평화를 파괴하는 행위는 수정헌법 제1조에 의해서 보호받을 수 없다[236]는 이론에 입각하여 판단하고 있는 것이다.[237] 최근의 이론적인 접근을 가장 잘 반영하고 있는 판례가 Cohen v. California 사건[238]이다. 이 사건에서 연방대법원은 LA의 법정복도에서 "빌어먹을 징집제도"라는 표현을 상의에 표시한 행위를 "투쟁적 언어"로 분류하는 것을 거부하였다. 법원은 Cohen에 의해서 표현된 그 말은 개인적으로는 자신의 선동적인 경향을 위하여 사용되었다는 것을 인정할 수 있지만 반면에 그 표현은 특정한 사람들을 선동하기 위한 목적으로는 사용되어지지 않았다는 것[239]에 중점을 두었다. 여기서 주목할 것은 누구나 표현의 내용이나 형식이 청중의 어떤 특정한 일부에게 공격적인 것이 될 수 있다는 이유만으로 정부는 표현의 자유를 제한해도 좋다는 것은 아니라는 것을 상기시키는데 위 판례의 의의가 있다.[240]

Terminiello v. Chicago 사건[241]은 유럽의 파시스트 지도자들을 추궁하고 있는 Terminiello가 자신의 대중연설에 반대하는 군중들을 향해 "더러운 인간쓰레기" 등의 모욕적인 표현으로 그들을 자극한 것이 문제가 되었다.[242] 연방대법원은 화난, 격렬한 청중들을 자극하는 표현 그 자체도 헌법적으로 보호된다고 하였다. 연방대법원은

---

236) 315 U. S. 568, 572.
237) Tribe(FN 188), p.850.
238) Cohen v. California, 403 U. S. 15(1971).
239) 403 U. S. 15, 20.
240) Tribe(FN 188), pp.851-852.
241) Terminiello v. Chicago, 337 U. S. 1(1949).
242) 임종훈(주 187), 168면.

Terminiello의 표현이 평화파괴죄에 해당한다는 유죄판결을 파기243) 하면서 당해 행위의 처벌근거가 된 법률의 내용인 "군중을 분노하도록 자극하거나 논쟁을 일으키게 하는"이라는 문구가 너무나 광범위하므로 무효라고 판단하였던 것이다. 이 판결에서 더글라스 판사는 "우리의 정부구조 하에서 자유로운 표현의 기능이라는 것은 토론을 활성화하는 것이고 비록 그것이 불만족한 상태를 초래하거나 또는 군중을 자극하여 화나게 하더라도 그것은 표현의 자유가 추구하는 보다 큰 목적을 달성시키는데 없어서는 안 되는 것"이라고 판시244) 하고 있다.245)

 군중의 폭동이 합리적인 군중통제기술에 의하여 효과적으로 통제될 수 없거나 표현 그 자체가 명백히 절박한 무질서의 원인이 되는 경우에는 표현을 제한할 수 있지만 만약에 그러한 경우가 아니라면 헌법상의 표현의 자유의 보장을 억압하게 될 것이다.246) Feiner v. New York247) 사건에 있어서 연방대법원은 흑인들이 무기를 가지고 봉기하여 평등한 권리를 위해 백인과 싸우라고 선동하는 연설을 중단할 것을 촉구하는 경찰관의 명령을 따르지 않은 무질서행위에 대해 유죄를 인정하였다. 그 당시 상황은 경찰관은 단지 2명뿐이었고 청중은 75내지 80명이었다. 또 청중들은 연설자의 말에 동감하고 있는 상황이어서 경찰관이 제지하지 않는다면 소요가 예상될 수 있는 상황이었기 때문에 유죄인정을 받은 것이었다. 최근의 시위 사건의 관점에서 본다면 Feiner 사건은 보다 엄격하게 해석되어져야 한다. 일반적으로 연방대법원도 1960년대에 이르러서는 경찰의 판단과 상

---

243) 이 판결에서 다수 의견은 Terminiello가 폭동의 원인을 제공한 것이 아닌 분노를 일으켰다는 점에 유죄를 인정하는 것은 모호하다는 판단에 기초하고 있다. Tribe(FN 188), p.853, FN. 21.
244) 337 U. S. 1, 4.
245) Tribe(FN 188), p.853.
246) Tribe(FN 188), p.855.
247) Feiner v. New York, 340 U. S. 315(1951).

124

황설명을 쉽게 받아들이지 않으려는 경향을 보이고 있다. 블랙 판사는 Feiner 사건에서의 반대의견에서 이를 명백하게 나타내고 있다. 그는 "경찰관은 심지어 청중으로부터 연설자를 보호해야 하는 최소한의 조치도 취하지 않았으며 그 당시의 상황은 흑인들에게 무기를 소지하고(in arms) 봉기하라고 말한 것이 아니라 일어나 그들의 권리를 향해 어깨동무를 하고(arm in arm) 가자는 상황이었다"[248]고 밝히고 있다.[249]

Feiner 사건 이후 그 동안의 상황을 좀 더 잘 설명하고 있는 판례가 Hess v. Indiana 사건[250]이다.[251] 이 사건은 대학캠퍼스에서 반전시위를 하다가 기소되어 불법행위가 인정된 유죄판결을 파기한 사건이다. Hess는 지방경찰관이 지나칠 때 "우리는 빌어먹을 거리를 다시 찾을 것이다"라고 외치다가 체포되었는데 연방대법원은 "Hess의 연설은 군중들을 거리로 몰고 나올 정도는 아니었고 그의 목소리가 크기는 했지만 그 장소의 다른 사람들에 비하면 그렇게 큰 편이 아니었다"고 판시하면서 이것은 주 정부가 Hess의 연설행위를 처벌할 만큼 충분하지는 않다고 판단하였다. 또한 최악의 경우를 상정한다고 하더라도 미래의 불특정의 사람을 자극시키는 정도의 주장에 불과하다고 파기이유를 밝히고 있다.[252]

---

248) 340 U. S. 315, 326.
249) Tribe(FN 188), p.855.
250) Hess v. Indiana, 414 U. S. 105(1973).
251) Tribe(FN 188), p.855.
252) 414 U. S. 105, 108.

ⓒ 명예훼손적 표현253)

ⅰ) 서 설

명예훼손적 표현은 비록 그 영향이 육체적인 완전성보다는 명성이나 평판에 영향을 미침에도 불구하고 그러한 언사는 오랫동안 개인적인 공격으로 간주되었고 따라서 정부는 국민 개개인이 자신의 명예를 향유하는 권리를 옹호해야 한다는 인식이 보편적으로 인정되었다. 그리고 또한 명예훼손적 표현은 보다 많은 표현에 의해서 보완될 수 있는 성질의 것이 아니다.

Chaplinsky v. New Hampshire 사건254)에서 법원의 견해를 대표한 머피(Murphy) 판사의 표현에서 법원은 명예훼손은 완전히 수정헌법 제1조의 보호영역밖에255) 있다고 한다. 그리고 Beauharnais v.

---

253) Tribe(FN 188), pp.861-889. ; 미국에서 명예훼손에 관한 소송은 연방의 재판권에 속한 것이 아니라 각 주의 재판권에 속한 것으로 각 주의 판례나 제정법에 의하여 발전되어왔다. 각 주의 손해배상법으로 다루어지던 명예훼손분야가 미국 수정헌법 제1조의 표현의 자유에 의한 헌법적인 보호의 문제로 처음 다루어진 사건이 1964년의 New York Times Co. v. Sullivan 사건이다. New York Times 사건 이후로 미국의 연방대법원은 common law를 수정함으로써 명예훼손의 성립과 책임에 있어서 많은 변화가 이루어졌다.

254) Chaplinsky v. New Hampshire, 315 U. S. 568(1942).

255) 이 사건에서는 보호영역을 "the scope of first amendment protection"이라고 표현하고 있는데, 여기서 보호영역이라고 표현함으로써 트라이브의 이론이 이 논문에서 분류하고 있는 보호영역이론에 속한다는 의미로 보일 수 있다. 하지만 트라이브가 보호영역의 밖에 속한다고 유형화시킨 범위는 표현적 효과를 제한하는 것이 가능한 일정한 표현들의 유형화를 의미하므로 제한이론으로 분류하는 것이 타당하다는 것은 이미 밝힌 바 있다. 여기서 유형화시킨 표현들을 범주화라는 용어로 사용할 수 있지만 엘리의 범주화의 접근방법과 구별하는 의미에서 유형화라고 설명한다. 범주론 이라는 용어를 넓은 의미로 사용하는 입장이 있다. 범주론이란 일반적으로 보호되거나 보호되지 않는 표현에 관한 광의적이고 추상적인 분류에 의해 수정헌법 제1조의 보호의 한계를 정하려는 시도를 하는 이론이라고 정의하면서 보호되는 표현의 부류 또는 등급을 정의하려고 하는 방법론과 분류적인 방법으로 표현의 부류나 등급을 나

Illinois 사건256)에서 프랑크퍼트 판사는 보호받지 못하는 명예훼손적 표현은 개인적인 명예훼손 이외에 집단적인 명예훼손도 포함된다고 판시한 바 있다.257)

ii) 공무원 또는 공적 인물의 경우

ⓐ New York Times 사건

New York Times v. Sullivan 사건258)이 연방대법원에서 문제가 되었을 때 종래 Chaplinsky 사건의 견해는 수정이 불가피하였을 것

누어서 헌법적인 보호를 부인하거나 인정하는 방법론들을 포함하는 의미로 사용하고 있다. 조소영(주 62), 82면.

256) Beauharnais v. Illinois, 343 U. S. 250(1952).

257) Tribe(FN 188), p.861. ; 여기서 New York Times판결 이후에 명예훼손적인 표현은 수정헌법 제1조의 보호대상이 된다고 보고 다만 그러한 표현이 타인의 명예를 훼손하는 것으로 민사상·형사상의 책임이 인정되는 경우에는 수정헌법 제1조의 적용에 있어서 제한을 받게 된다고 이론구성을 하는 것이 제한이론의 설명에 적합한 방법일 것이다. 명예훼손에 관한 판례의 분석에 있어서 어떠한 표현이 명예훼손적인 내용을 포함하고 있다고 하여 이를 수정헌법 제1조의 보호대상의 배제영역으로 보는 입장은 원칙적 보호와 예외적인 제한의 형식으로 파악하지 않게 되고 어떠한 명예훼손적 표현도 수정헌법 제1조의 보호영역에서 제외하게 되는 유형화 내지는 범주화의 접근방법의 결과를 가져올 수 있다.

258) New York Times v. Sullivan, 376 U. S. 254(1964). 사건의 개요를 보면 다음과 같다. Martin Luther King의 지원과 남부에서의 자유를 위한 투쟁위원회(the Committee to Depend Martin Luther King and the Struggle for Freedom in the South)는 1960년 3월 29일자의 New York Times에 남부에서의 인권운동지원자금과 당시 위증죄로 기소된 King목사의 변호사비용의 모집을 위한 자금모집광고를 게재하였다. 광고내용 중에는 Alabama 주의 Montgomery의 경찰이 Alabama 주립대학 학생들의 흑인민권운동 지지데모를 막기 위하여 학교식당의 문을 폐쇄하였고 King목사가 일곱 번이나 경찰에 체포되었다는 주장이 들어 있었다. Montgomery의 경찰책임자인 Sullivan은 광고내용 중에서 식당문을 닫은 적은 없고 King 목사는 일곱 번이 아니라 네 번만 체포되었다고 주장하면서 50만 달러의 손해배상을 청구했고 Alabama 주의 명예훼손법에 의하여 배상판결을 받았다.

이다. New York Times 사건은 처음에는 몽고메리의 경찰책임자가 승소하였으나 이후 연방대법원은 전원일치의 판결로 이를 뒤집었다. 이 판결은 "공적인 문제에 대한 토론은 방해받아서는 안 되며 강하고, 열린 마음이어야 한다. 그리고 그것은 정부의 공무원에 대하여 종종 격렬하고, 신랄하며 때로는 유쾌하지 못한 날카로운 공격을 포함한다"259)는 대전제에 입각한 것이었다.260) 이러한 전제에서 연방대법원은 세 가지 주요한 결론을 이끌어 낸다. 첫째는 1798년의 선동법은 이미 법률의 효력이 만료된 지 160년이 지난 오늘날의 관점에서 보다 더 위헌적이라고 보아야 하고 바로 직후의 판결인 Garrison v. Louisiana 사건261)에서 주의 형사명예훼손법령의 적용을 정면으로 회피하고 있다.262) 둘째로는 공무원에 대한 명예훼손이 문제가 되어 소송회 되었다면 당해 공무원은 그 명예훼손적인 표현이 개인적인 것을 대상으로 하였고 단순히 정부조직을 대상으로 하지 않았다는 것을 증명해야 한다.263) 셋째로는 비판적인 정부에 대한 토론은 개인적으로 공무원에게는 물론 정부의 정책에 대한 공격을 동시에 포함하고 있기 때문에 모든 공무원에 대한 명예훼손 사건은 면밀히 조사되어야 한다. 그렇지 않을 경우 정부에 대한 비판적인 토론을 조사하는 것은 모든 공적인 문제의 비판에 대하여 공적인 검열의 방파제를 제공하게 될 것이기 때문이다.264)

　브레넌 판사는 법원의 의견을 대표하는 그의 판시를 완성하기 위해 명예훼손 행위로서 허위적 선동으로 기소된 사건에 있어서 사안마다의 해결방법을 사용하지 않고 일반적인 규칙을 공식화해야 하는 필요성을 인식하였다. 이러한 설명은 "행위 정당화(the behavioral

---

259) 376 U. S. 254, 270.
260) Tribe(FN 188), p.863.
261) Garrison v. Louisiana, 379 U. S. 64(1964).
262) Tribe(FN 188), p.863.
263) 376 U. S. 254, 292.
264) 376 U. S. 254, 292 ; Tribe(FN 188), p.863.

128

rationale)"라고 할 수 있고 다른 문헌에서는 "chilling effect"라고 설명하기도 한다. 수정헌법 제1조에서 보호하는 표현은 형벌의 위협으로부터도 보호되어야 하는데, 형벌의 위협으로부터 보호하여야 한다는 의미는 제재의 실질적인 적용뿐만 아니라 제재의 위협으로부터의 보호도 포함한다. 자기검열은 이전의 과정에 이미 나타난 증거와 반박에 의해서 기초한 잘못된 추측에서 나오며 이는 개인이 진실에 대한 판단을 하는데 있어서 위험이 될 수도 있다. 또 이러한 위험은 배심원들이 그들의 마음에 들지 않는 표현을 하는 사람이나 배심원들과 다른 생각을 가진 사람들과 관련된 사안에서 공정한 사실관계를 파악하려 하지 않는 다는 점 때문에 더욱 악화된다.265)

New York Times 사건에서 확립된 원칙은 계속 유지될 수 없었고 그 후 몇 년간 상당한 이론의 발전이 있게 된다. 이러한 상황 하에서 법원의 최우선적인 과제는 New York Times 사건의 세 가지 개념 즉 공무원, 공적인 행위와 관련된, 현실적 악의라는 개념을 어떻게 정의하는가 하는 것이었다.266)

ⓑ 공무원

법원은 공무원의 개념정의를 하면서부터 공직자의 범위를 확대하여 선출된 공직자뿐만 아니라 공직선거의 입후보자와 임명직 공직자도 포함한다고 하면서 Rosenblatt v. Baer판결에서 연방대법원은 공직자의 개념의 범위에 관한 대강의 기준을 제시하고 있다. 이 판결에서 현실적 악의의 적용대상이 되는 공직자는 "정부의 문제를 통제하거나 또는 실질적인 책임을 가지고 있거나 그러한 책임을 가진 것으로 국민에게 보이는 공직체계 내의 사람"이라고 정의하고 있다.267) 원래 New York Times 사건에서 의도하고 있는 공무원은 정

---

265) Tribe(FN 188), pp.863-864.
266) Tribe(FN 188), p.865.
267) Rosenblatt v. Baer, 383 U. S. 75, 85-86(1966). Baer는 전직 공무원으로서 Rosenblatt(칼럼니스트)이 칼럼을 발표할 때에는 공무원의 직에 있

부를 위하여 일하는 모든 공무원을 의미하는 것은 아니었고 특별한 책임이 부여되어 있어서 그것과 관련된 공적인 토론을 야기할 수 있는 위치에 있는 공무원만을 가리키고 있었다. 하지만 이러한 원칙은 연방대법원에서는 계속해서 적용되지 않았고 하급법원에서도 공무원의 개념에 일반시청공무원, 공립학교교사, 경찰관 등과 같은 정부와 관련된 모든 사람을 실질적으로 포함함으로써 그러한 원칙을 마찬가지로 적용하지 않고 있다.268)

ⓒ 공적인 행위

공무원의 공적인 행위와 관련성은 비록 공직구조에 있어서 하위직 공무원과 관련된 사건은 거의 없었고 주로 고위직 공직자와 관련된 사건이 많았지만 그 개념은 광범위하게 정의되고 있었다. Garrison v. Louisiana 사건269)에 있어서 "지방형사법원의 판사들이 게으르고, 무능하며 자신의 업무를 방해하고 있다는 지방검사의 주장은 판사들의 공적인 업무와 관련되어 있다고 하면서 공직과 적절한 관련성이 인정되는 것은 모두 공적 업무로 볼 수 있을 것"270)이라고 판시하면서 공적인 행위의 관련성을 넓게 보고 있다. 또한 상원의원선거의 입후보자가 금주법의 시행기간에 주류밀매업자였다는

지 않았지만 공익과 관련이 크고, 따라서 그에 대한 비판은 정부공무원에 대한 비판과 같은 것으로 보아 Baer를 현실적 악의의 대상이 되는 공직자로 보았다. ; Tribe(FN 188), p.865. ; Ronald D. Rotunda/John E. Nowak(FN 58), p.212.

268) Tribe(FN 188), pp.865-866.

269) Garrison v. Louisiana, 379 U. S. 64(1964). 루이지애나 주 지방검사인 Garrison은 기자회견을 자청하여 지방법원판사 8명과 그들의 재판활동에 관하여 판사들이 무능하고 게으르며 지나치게 긴 휴가를 가짐으로써 미결 사건이 폭주하고 있고 자신의 업무를 방해하고 있다고 하면서 비난하는 성명서를 발표하였다. 여기에 대하여 판사들은 Garrison을 형사상의 명예훼손죄로 고소한 사건이었다. 이 사건은 형사 사건에 있어서 현실적 악의가 적용된 사건으로 소개되고 있다.

270) 379 U. S. 64, 77.

주장도 공적 업무와 관련된다고 보고 있다.271)

  ⓓ 현실적 악의

  연방대법원은 New York Times v. Sullivan 사건에서 원고의 입증책임은 피고의 현실적 악의272)를 증명해야 한다는 원칙을 수립하기에 이르렀다. 현실적 악의가 무엇을 의미하는가에 관하여 연방대법원은 판결문에서 "문제된 표현이 거짓임을 알거나 거짓인지 여부를 무모하게 무시한 것(with knowledge that was false or with reckless disregard whether it was false or not)"이라고 정의하고 있다.273) 현

---

271) Tribe(FN 188), p.866.

272) 언론·출판의 자유의 행사로 인하여 명예훼손이 성립하기 위해서는 일반적인 요건을 충족하여야 하고, 명예권의 주체가 공직자 내지는 공적 인물인 경우에는 New York Times판결에서 확립된 표현의 자유의 주체의 현실적 악의의 증명이 있어야 한다. 연방대법원에 의하여 확립된 명예훼손의 일반적인 요건은 1. 원고에 관한, 2. 허위의, 3. 명예를 훼손하는 사실이, 4. 전파되어, 5. 원고에게 손해가 있고, 6. 피고에게 책임요건이 인정되며, 7. 면책사유에 해당하지 아니하여야 한다. 연방대법원이 명예훼손의 성립에 현실적 악의의 증명을 요구하는 것은 결국 표현의 자유를 적극적으로 보장하려는 시도로 볼 수 있다. 따라서 현실적 악의의 개념은 미국의 명예훼손법의 중요한 요소로 등장하였다. 현실적 악의는 New York Times판결에서는 공직자에 적용되는 개념이었으나 판례는 공직자뿐만이 아니라 공적인 인물과 공적인 관심사에도 그 적용범위를 확대하고 있다.

273) 376 U. S. 254, 280(1964). 여기서의 악의라는 표현을 사용하고 있지만 이는 common law상의 증오나 나쁜 의도와 같은 악의를 의미하는 것은 아니고 헌법적으로 만들어진 개념이다(Ronald D. Rotunda/John E. Nowak(FN 58), p.202.). 현실적 악의는 허위임을 안 경우와 허위여부를 무모하게 무시한 경우의 두 가지 개념요소로 이루어져 있다. 두 개념요소 중에서 허위임을 안 경우는 비교적 명확한 개념이지만 허위여부를 무모하게 무시한 경우는 복잡하고 판단하기 어려운 문제로 그 의미가 다소 불분명하다. 연방대법원은 허위여부를 무시한 경우라 함은 아마 허위일 것이라고 고도로 인식한 경우 또는 그의 표현의 진실성에 관한 진지한 의심의 유지라고 설명하고 있다. Garrison v. Louisiana, 379 U. S. 64, 78-79(1964) ; St Amant v. Thompson, 390 U. S. 727, 730-733(1968) ; Harte-Hanks Communication, Inc. v. Connaughton,

실적 악의의 입증책임은 New York Times판결에서 명시한 바와 같
이 명예를 훼손당하였다고 주장하는 원고가 부담274)해야 하고 입증
의 정도는 확실하고 명백한 정도275)이어야 한다고 하고 있다.276)

iii) 사인의 경우

ⓐ 서 설

New York Times v. Sullivan 사건은 공무원이 아닌 원고가 제기
한 사건에 있어서 적당한 책임의 기준에 대해서 해결책을 제시하지
못하였다. 하지만 수정헌법 제1조에 관한 판단이론은 공무원에 한정
하여 적용되는 것이 아니라 공무원 외에도 공적 인물이나 일반적이
거나 공적인 관심사와 관련된 명예훼손 사건에서도 그 헌법적인 논
의가 전개되고 있다277)

---

491 U. S. 657, 666-669(1989) ; Ronald D. Rotunda/John E. Nowak
(FN 58), p.203. 이렇게 현실적 악의를 비록 표현행위자의 표현당시의
심리적 상태를 의미하는 것으로 이해한다면 이는 표현행위자가 진실여
부를 확인함에 있어서 주의를 다하였는가의 문제인 과실(negligence) 혹
은 중과실의 문제와는 성격이 다른 것이다.
274) 376 U. S. 254, 281.
275) 376 U. S. 254, 285-286. "Convincing clarity"는 명백하고 확실한 기준
이라고도 하는데, 이러한 입증의 정도는 민사 사건의 증거의 우월 보다
는 강한 개념이나 형사 사건에서 요구되는 합리적 의심의 배제보다는
약한 개념으로 두 개념의 중간정도의 입증책임으로 이해된다. Ronald
D. Rotunda/John E. Nowak(FN 58), p.204.
276) Tribe(FN 188), p.866.
277) Tribe(FN 188), p.873. New York Times 사건의 공무원의 공적인 행
위와 현실적 악의의 개념은 그 후 공적 인물과 공적인 관심사에도 적용
되었다. Curtis Pub. Co. v. Butts와 Associated Press v. Walker, 388
U. S. 130(1967)의 병합 사건에서 연방대법원은 공무원의 개념을 확장
하여 대학의 미식축구 코치와 저명한 예비역 장성을 공적인물로 보아
New York Times 사건의 원칙을 확장 적용하였다. 연방대법원은 공적
인물에 확장하는 것에 그치지 않고 공적인 관심사항에도 New York
Times 사건의 원칙을 적용하고 있다. Butts판결과 Walker판결 이전에
이미 Time Inc. v. Hill, 385 U. S. 374(1967) 사건에서 이미 공적인 관

Gertz v. Robert Welch. Inc. 사건[278]은 New York Times 사건의
원칙을 제한하는 첫 번째 중요한 사건이다. Gertz 사건의 판시 내용
은 공적인 인물이 아닌 사인의 경우에는 현실적인 악의를 입증할
필요가 없다고 하면서 공적 인물과 사적 인물의 구별을 정의하였다.
Gertz 사건은 명예훼손법에 있어서 결정적인 구별기준을 법원이 체
계화시켰다고 이해되지만, Gertz 사건 이후 11년이 지나 법원은 그
방향을 급진적으로 선회하여 Dun & Bradstreet, Inc. v. Greenmoss
Builders, Inc.[279]에서는 법원은 공적 인물과 사적 인물로 2분화시키
고 그것을 다시 2분화하여 수정헌법 제1조가 보호하는 것은 단지
공적인 인물과 공적인 관심사에 관한 표현이라고 주장한다. 따라서
원고가 공적인 인물이 아니거나 주장된 사실이 공적인 관심사가 아
닌 경우에는 현실적인 악의의 원칙이 적용되지 않는다고 보아야 한
다. New York Times v. Sullivan에서 Dun & Bradstreet, Inc. v.
Greenmoss Builders, Inc.까지의 경로는 법원의 이제까지의 변화과
정의 충분한 증거들을 제시하고는 있으나 미래의 전망에 대해서는
별다른 힌트를 주고 있지 못하다.[280]

ⓑ Gertz 사건

Gertz 사건은 John Birch Society의 조직인 American Opinion지
는 젊은이를 사살한 혐의로 기소된 시카고경찰의 살인 사건에 대한

심사항에 현실적 악의의 원칙을 적용하였다. 그 후 Rosenbloom v.
Metromedia, Inc., 403 U. S. 27(1971) 사건에서 공적인 관심의 대상이
된 출판업자의 경우에도 공적 인물로 간주함으로써 공적·일반적 관심
을 불러일으킨 사건의 경우에 관심의 주체가 사인이라고 할지라도 헌법
상 토론의 자유가 보장된다고 하여 현실적 악의의 원칙을 적용하였다.
Tribe(FN 188), p.873, FN 2.
278) Gertz v. Robert Welch. Inc., 418. U. S. 323(1974).
279) Dun & Bradstreet, Inc. v. Greenmoss Builders, Inc., 472 U. S. 749,
758-759, (1985).
280) Tribe(FN 188), p.873.

기사를 게재했다. 기사는 지방경찰을 불신하는 음모와 관련된 전국적인 공산당조직의 존재를 지적했으며 유명한 변호사인 Gertz를 그 주요 배후자로 지목하였다. 그리고 Gertz가 과거에 공산당조직의 가입자이었으며 전과기록이 있음도 아울러 지적했다. 그러나 Gertz의 살인 사건 관련혐의는 제한적이었으며, 그는 단지 경찰관을 상대로 한 민사소송에서 피해자의 유족들에 의해 변호사로 선임된 것에 불과하였다. 기사의 내용은 대부분 사실이 아니었고 Gertz는 명예훼손을 이유로 소송을 제기하였다. 그러나 하급심에서는 법원이 New York Times 사건에서 확립된 "actual malice"를 적용하여 승소하지 못하였고, 이것은 연방대법원에서 파기되었다. 그 판단내용은 아래와 같은 3가지 내용이었다. (i) 공인(public persons)은 공무원 또는 공적인 인물 포함하며 명예훼손저인 출판에 대하여 현실저 아의를 명백하고 확실하게 입증해야 명예를 회복할 수 있고, (ii) 주 정부는 뉴스미디어를 상대로 한 사인의 명예훼손 사건에서 과실이 없는 경우에 책임을 부과하지 않기 위해서 적용할 고유의 책임의 기준을 확립해야 하며,281) (iii) 징벌적 손해배상이나 추정적 손해배상 등 어떠한 처벌도 매체 피고인의 명예훼손적인 출판에 대한 현실적 악의를 입증하지 않는 한 부과될 수 없다는 것이다.282)

 Gertz 사건에서 법원은 공인의 세 가지 유형283)을 구분하였다. 첫

---

281) 418 U. S. 323, 347.
282) Tribe(FN 188), pp.874-875. ; 418 U. S. 323, 349-350. ; Gertz 사건의 판결을 요약하면 명예훼손 소송의 원고가 사인인 경우에는 현실적 악의의 입증책임까지는 부담하지는 않지만 손해배상청구를 하기 위해서는 원고가 비록 사인이라고 할지라도 과실을 증명하여야 한다. 그리고 손해배상의 범위에 관하여 징벌적 손해배상이나 추정적 손해배상을 청구하기 위해서는 현실적 악의를 입증하여야 한다.
283) 미국의 연방대법원이 공인의 유형을 공무원과 공적 인물로 나누고, 공적 인물을 일반적 공인과 제한적 공인으로 나누고 있다고 이해하는 견해가 있다. 일반적 공인이란 대중에게 설득적 힘이나 영향력을 발휘할 것으로 보이는 지위에 있는 사람을 말하는 것으로 제한적 공인과 구별되는 가장 큰 요인은 저명성이다. 제한적 공인이란 어떤 사회의 자발적

째 유형은 사회에서 일반적인 명성을 가지거나 악명을 떨치고 있는 사람으로 그들은 모든 목적에 있어서 공적 인물이다.284) 이러한 유형의 공적 인물은 명예훼손적 침해에 대하여 쉽게 언론매체에 접근할 수 있을 것이다. 그러나 악명이 명예훼손적인 커뮤니케이션 그 자체에 의하여 생긴 경우에는 그것은 공적으로 분류될 수 없을 것이다. 두 번째 유형은 비자발적인 공적 인물의 유형으로 구성된다. Gertz 사건의 다수 의견은 이러한 유형의 공적 인물은 매우 드물 것이라고 인식하고 있다.285) 그리고 이러한 유형은 공무원의 행위에 의하여 직접 영향을 받거나 관계되는 사람을 포함한다고 연방대법원은 보고 있다. Rosenbloom v. Metromedia, Inc. 사건286)에 있어서 음란한 문서를 유포한 혐의로 체포되어 그것과 관련된 기사에 의하여 비자발적으로 공적 인물이 된 경우를 들 수 있다. 세 번째 유형으로 관련된 문제의 해결을 위하여 공적인 토론에 자발적으로 참여한 사람으로 대부분의 공적 인물이 이러한 유형에 속한다.287)

　이러한 공적 인물의 유형화의 공식은 법원으로 하여금 두 가지의 결정을 하도록 하고 있다. 그것은 공적인 토론과 공적인 토론에의 자발적인 참여이다.288) Gertz는 널리 알려지고 존경받는 인물이었고

　　이슈의 해결에 영향을 미치기 위해 특정 논쟁에 자발적으로 참여한 사람으로 그 논쟁에서 중요한 역할을 수행해야 하는 점을 특징으로 들고 있다. 표성수, 「언론과 명예훼손」(서울: 육법사, 1997), 99-104면.

284) 418 U. S. 323, 351-352.

285) 418 U. S. 323, 345.

286) Rosenbloom v. Metromedia, Inc., 403 U. S. 27(1971).

287) 418 U. S. 323, 345.

288) Tribe(FN 188), p.880. Gertz 사건은 Rosenbloom 사건의 판결원칙을 바꾸어 놓았다고 평가받고 있다. 즉 Rosenbloom 사건의 공적인 관심사에 의한 기준설정방식을 버리고 다시 New York Times 사건에서와 같은 원고의 신분에 따른 구분방식으로 회귀하였다. Rosenbloom 사건에서 비자발적 공적 인물이 현실적 악의의 원칙의 적용을 받았던 것과는 달리 Gertz 사건에서는 훨씬 더 많은 사람들이 사인으로 분류될 수 있게 되었고 따라서 이 판결은 수정헌법 제1조의 표현의 자유의 보호의 계속적인 확대에 제한을 가한 것이라고 평가할 수 있다. 윤준학, "언론·출판의 자

명예훼손이 야기된 공적인 논쟁에 자발적으로 참여하였음에도 불구하고 그는 직업적으로서 소송의 대리인의 역할만 수행하였기 때문에 공적 인물로 간주되지 않았다.[289]

ⓒ Dun & Bradstreet, Inc. v. Greenmoss Builders, Inc 사건[290]

신용정보회사인 Dun & Bradstreet는 건설업자인 Greenmoss가 자발적인 파산상태에 있다는 비밀보고서를 5명의 가입자들에게 누설하였는데 그 보고서는 잘못된 것이었다. Dun & Bradstreet는 보고서가 잘못되었다는 것을 알고 난 후 Greenmoss가 평상시처럼 사업을 계속할 수 있을 것이라고 가입자들에게 말하였다.[291] 그럼에도 불구하고 Greenmoss는 명예훼손 소송을 제기하였고 $50,000의 보상과 $300,000의 징벌적 손해배상을 받게 되었다. Vermont 주 대법원에서는 신용정보기관은 New York Times원칙의 적용에 의하여 수정헌법 제1조의 보호를 받는 언론매체의 유형이 아니라는 판결을 하였고, 연방대법원은 Vermont 주 대법원과 이유를 달리하였다. 다수 의견을 대표한 파웰(Powell) 판사는 Dun & Bradstreet의 지위가 아니라 표현의 특성 때문에 New York Times원칙인 현실적 악의의 원칙이 적용된다고 보았다. 즉 New York Times 사건과 Gertz 사건의 수정헌법에 대한 보호의 원칙은 공적이거나 일반적인 관심사에 관한 문제를 포함하는 명예훼손적 표현에 그 적용이 확대[292]된다고 하고 있다.[293]

유와 명예훼손" 석사학위논문, 성균관대학교 대학원, 1987. 12, 51면. ; 표성수(주 283), 43면.
289) Tribe(FN 188), p.882. ; 418 U. S. 323, 351-352.
290) Dun & Bradstreet, Inc. v. Greenmoss Builders, Inc., 472 U. S. 749(1985).
291) 472 U. S. 749, 752.
292) 472 U. S. 749, 755.
293) Tribe(FN 188), p.876. 다수 의견은 공적인 관심사에 관한 표현은 수정헌법 제1조의 보호의 핵심적 위치에 있으나 사적인 문제에 관한 표현은

136

ㄹ) 상업적 언론294)

최근의 이른바 상업적 언론에 관한 판결들은 광고주가 경제적 이익을 추구한다고 하여 그것이 수정헌법상의 표현의 자유를 박탈하는 것이 정당화 될 수 없다고 밝히고 있다.295) 이러한 주장이 확립되기 이전에 Valentine v. Chrestensen 사건296)과 그 다음 해의 Murdock v. Pennsylvania 사건297)에서 상업적인 거래가 있었는가에 관계없이 주요한 동기가 비상업적인 것일 때에는 상업적인 언론은 보호 받는다298)고 하였다. New York Times 사건에서도 신문사는 유료의 정치적 광고를 출판할 권리가 있다고 판결하였고, Joseph Burstyn, Inc. v. Wilson 사건299)에서는 이윤을 위한 영화의 상영이라고 하더라도 수정헌법상의 보호를 박탈하지 않는다고 하였다.300) 이러한 일

현실적 악의의 입증이 없어도 추정적·징벌적 손해배상이 가능하다고 한다. 472 U. S. 749, 758-759, 761. 이 판결에서는 Gertz 사건의 원칙을 수정하여 사적 인물의 명예훼손 소송에 있어서 그 내용이 공적인 관심사가 아니고 사적인 문제일 경우에는 현실적 악의의 입증이 없더라도 추정적 손해배상이나 징벌적 손해배상의 청구가 가능하다고 판시하고 있다. 따라서 이 판결이 Gertz판결을 수정하여 적용한 것은 사실이지만 이것이 Gertz원칙을 포기를 의미하는 것인지 아직 그 파급효과는 분명하지 않다. 표성수(주 283), 46면. ; 이광범, "미국 명예훼손법과 그 개혁론" 석사학위논문, 서울대학교 대학원, 1999. 12., 20면.

294) 상업적 언론이란 일반적으로 판매를 촉진하기 위한 광고나 널리 상업적 거래를 제안하는 표현을 말한다. 김배원, "미국에 있어서 상업적 언론의 원칙과 표현의 자유", 「미국헌법연구」 제6호(미국헌법학회, 1995), 245면.

295) Tribe(FN 188), p.891.

296) Valentine v. Chrestensen, 316 U. S. 52(1942). 이 사건은 상업적 언론이 수정헌법 제1조에 의하여 보호되는지를 다룬 최초의 판례라고 이해된다. 이 판결에서 언론의 주목적이 상업적인 경우 그것은 수정헌법 제1조의 보호대상이 아니라는 "주요한 목적기준"을 받아들였다. 김배원(주 294), 246-247면.

297) Murdock v. Pennsylvania, 319 U. S. 105(1943).

298) 319 U. S. 105, 112.

299) Joseph Burstyn, Inc. v. Wilson, 343 U. S. 495, 502(1952).

300) Tribe(FN 188), pp.891-892.

련의 판결들에서는 주요한 목적기준이 유지되고 있다.

결국 Virginia State Board of Pharmacy v. Virginia Consumer Council 사건301)에서 법원은 Chrestensen 사건에서의 순수한 상업적인 광고는 수정헌법상의 보호를 받지 않는다는 이론을 수정하였다. 이 사건에서 법원은 약사들의 조제약 가격광고를 위한 비전문적인 행동을 규제하는 법률을 무효로 선언하였다.302) 상업적 언론에 관한 중요한 의미를 가지고 있는 이 판결은 다음과 같은 의의를 가지고 있다. 즉 표현의 자유의 가치는 정치적인 언론에만 한정되는 것은 아니고 개인이 보다 좋은 정보에 의하여 선택할 수 있도록 정보의 교환에도 그것이 확장된다는 것이다. 또한 상업적인 정보는 현명한 의견의 형성에 있어서 필수불가결한 것이며, 수정헌법상의 표현의 지유가 민주주의 사회에 있어서 공적인 결정을 위한 도구라고 볼 때 그러한 자유로운 정보의 유통은 그 목적 달성에 없어서는 안 되는 필수적인 것이다.303)

상업적 언론의 특징은 Central Hudson Gas & Electric Corp. v. New York 사건304)에서 보다 분명하게 드러난다. 이 사건에서 법원은 8: 1의 다수로 전기사용을 조장하는 광고를 전적으로 금지할 수 없다고 판결하였다.305) 파웰 판사는 특정한 상업적 언론이 수정헌법

---

301) Virginia State Board of Pharmacy v. Virginia Consumer Council, 421 U. S 809(1975). 버지니아 주 법률에 의하면 의사, 변호사, 공인회계사 등과 같이 전문직업인에 속하는 약사들이 광고를 하게 되면 제명을 하도록 규정하고 있었는데, 이 사건은 한 소비자단체가 약사들의 조제약 가격광고를 금지하고 있는 이 법률에 대하여 이의를 제기한 사건이다.
302) Tribe(FN 188), p.892.
303) Tribe(FN 188), p.894.
304) Central Hudson Gas & Electric Corp. v. New York, 447 U. S. 557(1980). 이 사건은 New York 주 내에 있는 전기회사에 대하여 에너지보존을 이유로 전기사용을 조장하는 모든 광고를 금지한 뉴욕공공서비스위원회의 규칙이 문제가 되었다.
305) Tribe(FN 188), p.900.

제1조에 의하여 보호되는지의 여부를 결정하기 위한 이론으로서 4단계 심사기준(four-part test)을 제시하였다. 첫째 언론이 합법적인 활동이며 오도할 여지는 없는가, 둘째 제한에 의하여 달성하고자 하는 정부의 이익이 실질적인 것인가, 셋째 그러한 규제가 정부의 이익을 증진하는데 직접적인가, 넷째 정부의 이익을 달성하기 위한 필요한 정도보다 광범위하지 않은 규제인가. 이들 네 가지의 기준이 그것이다.306) 그는 이러한 4단계 심사기준을 이 사건에 적용하고 있는데, 전기사용의 조장을 위한 광고는 합법적인 광고이고, 그러한 광고의 금지는 에너지의 보존이라는 정부의 적절한 목적을 달성하기 위한 것이라는 점, 그리고 광고의 금지는 에너지 수요에 대한 직접적인 효과가 있다는 점 등은 논쟁의 여지없이 받아들였다. 하지만 법원은 전기사용을 조장하는 모든 광고를 금지하는 것은 실질적으로 에너지를 절약할 수도 있는 서비스나 기구의 사용을 조장하는 언론도 억압하는 효과가 있게 되므로 그것은 필요 이상의 광범한 규제라고 밝히고 있다.307) 법원은 4단계 심사기준을 Posadas de Puerto Rico Associates v. Tourism Co. 사건308)에서도 적용하고 있다.309)

ⓓ 음란한 표현310)

1968년에 와서야 비로소 보호받지 못하는 음란한 표현과 헌법적으로 보호는 받지만 성적인 자극에서 나오는 표현을 분리해서 판단하는 노력이 행하여 졌다면 그 이전에는 음란한 표현과 관련된 헌법적 판단에서는 분리해서 판단하는 법원의 구성원 간의 다양한 의견표명은 이루어지지 못했다고 할 수 있다. 1973년의 다수 의견은

---

306) 447 U. S. 557, 566.
307) Tribe(FN 188), p.900.
308) Posadas de Puerto Rico Associates v. Tourism Co., 478 U. S.
     328(1986).
309) Tribe(FN 188), pp.901-902.
310) Tribe(FN 188), pp.904-928.

음란의 정의와 음란한 표현의 제한에 관한 정당화 체계를 설정하였고 그 체계가 이해되기 어려운 난해한 부분이 있는 만큼이나 그 이론은 불안정한 것이 아닐 수 없었다.311)

Roth v. United States 사건312)은 Manhattan의 책 판매상이 음란한 표현물을 우송하는데 우편을 이용하다가 연방음란법(the federal obscenity statute)313)을 위반하여 기소된 사건이다. 브레넌 판사는 다수 의견을 대표하여 수정헌법 제1조의 해석에 있어서 법원은 언제나 "음란한 표현은 헌법적으로 보호 받는 표현의 자유의 영역이 아니다"314)는 전제를 명확하게 해야 한다고 하면서 음란성에 대한 판단기준은 통상적인 인간을 전제로 동시대 사회의 성도덕의식을 적용하여 전체적으로 성적 자극을 유발하느냐에 따른 심사를 거치게 된다고 밝히고 있다.315) Roth판결은 음란성을 사회적 중요성을 전혀 가지지 아니한 것으로 가정했다.316) 그로부터 9년 후 Memoirs v. Massachusetts 사건317)에서 3명의 판사들은 그러한 사회적 중요성의 결여를 음란성을 배제하는 이유로서가 아니라 음란성의 개념의 일부로서 인식하게 되었다. 즉 사회적 중요성이 결여된 표현은 결국 음란성을 판단함에 있어서 하나의 요소로 작용하게 되었다.318)

1973년의 Miller v. California 사건319)은 이제까지 발전되어온 수정된 심사기준을 연방대법원의 다수 의견이 그 적용을 인정한 최초의 사건이었다. 사실 인정의 심판관으로서 지켜야 할 판단기준은 a) 동시대의 기준을 적용하여 통상적인 사람이 판단해 볼 때 전체적으

---

311) Tribe(FN 188), p.905.
312) Roth v. United States, 354 U. S. 476(1957).
313) 18 U. S. C. 1461.
314) 354 U. S. 476, 485.
315) 354 U. S. 476, 489.
316) Tribe(FN 188), p.908. ; 354 U. S. 476, 484-485.
317) Memoirs v. Massachusetts, 383 U. S. 413(1966).
318) Tribe(FN 188), pp.908-909.
319) Miller v. California, 413 U. S. 15(1973).

140

로 성적 자극을 유발하느냐와 b) 작품이 표현하거나 묘사하고 있는
것이 명백히 공격적인 방법에 의한 것인가 또는 적용되는 주 법률
에 의하여 특별하게 정의된 성적인 행위인가 c) 작품이 중요한 문학
적·예술적·과학적·정치적인 가치를 가지느냐가 그것이다. 그러므
로 법원은 다음과 같이 그 견해의 발전을 이루었는바 음란한 표현
은 전적으로 가치가 없기 때문에 보호받을 수 없다는 것에서(Roth
사건) 만약 전적으로 가치가 없다면 음란한 표현은 보호받지 못한다
는 것으로(Memois 사건) 또 설령 전적으로 보호가치 없는 것은 아
니라고 하더라도 보호될 수 없다는 것으로(Miller 사건)발전했다.320)
  특별히 Miller 사건의 심사기준은 언어적 표현뿐만 아니라 사진에
도 그 적용이 있다. 그리고 작품의 고려에 있어서는 전체적으로 관
찰하는 것을 요구한다. 성적인 자극은 그 대상의 관점에 따라 정의
되어 질 수 있는데 예컨대 어린이들에 대해서는 성인들보다는 좀
더 보호적인 기준을 적용해야 한다. 또한 책이나 필름이 어떤 특별
한 집단을 대상으로 고안되었는지도 주의를 기울여야 한다. 실제로
음란성의 심사기준은 문제가 된 물건이 평균적인 사람에게 성적인
자극을 유발하는지와 아울러 비정상적인 성적 집단의 자극을 위한
것인지 아울러 평가해야 한다.321)

(4) Track two에서의 표현의 제한

① 의 의

  전술한 바와 같이 정부는 두 가지 방법에 의하여 표현의 자유를
제한할 수 있는데, 이러한 두 가지의 방법이 수정헌법 제1조를 분석
하는데 있어서 두 가지의 구별되는 다른 형태의 분석도구를 제시한

---

320) Tribe(FN 188), p.909.
321) Tribe(FN 188), pp.910-911.

다. 첫째가 정부행위에 의하여 제한하려고 하는 사상이나 정보에 그 초점을 맞추는 Track one에서의 분석이고, 둘째가 앞으로 살펴볼 Track two에서의 분석이론으로 간접적으로 정보나 사상의 소통을 어느 정도 제약하는 결과를 가져올 수도 있지만, 그 보다는 정부의 제한적 행위는 정보나 사상을 그 목표로 하는 것이 아니라 의사표현적 내용이나 효과와는 독립한 다른 목적을 추구하게 된다.322)

혼히 정부의 그러한 조치는 표현의 자유에 대하여 중대한 침해가 됨에도 불구하고 자동적으로 헌법체계 내에서 정당화된다. 이렇게 정부의 조치가 정당화되는 헌법체계라고 하여 정부의 유일한 임무를 근거 없이 의도적으로 표현의 자유를 제한하는 조치만을 회피하면 되는 것 정도로 생각하기 쉽다. 정부의 목적이 이데올로기적으로는 중립저이기만 하면 표현을 하는 주체들은 그들이 얻고자 하는 것을 얻을 수 있기 때문이다.323) 하지만 그러한 생각은 적어도 1939년 이후부터는 현행 헌법체계 내에서 허용되기가 어렵다. 비록 정부의 규제나 정책이 전적으로 중립적이고 또 어떤 표현의 내용과는 전혀 관련이 없는 해악을 위한 목적이라고 할지라도 표현적 행위를 위한 공간이 거의 없고 표현을 하는 사람이나 표현을 수령하는 사람에게 표현의 창구에 접근할 수 있는 통로가 전혀 없다면 그것은 무효에 불과하다고 보아야 하기 때문이다.324)

Track two에서 표현의 자유에 관한 문제해결을 위한 방법으로 법원은 전형적으로 불리는 이익형량의 접근방법을 시도해야 하고 있고 그런 종류의 접근은 이미 살펴본 Track One의 분석에서보다는 더욱 쉬운 기준을 제시한다고 볼 수 있다. 이익형량의 접근방법에 있어서는 한편으로는 표현적 행위가 얼마나 침해당하고 있는가를 판단하고 다른 한편으로는 표현을 금지하기 위한 제재를 통해 얻어

---

322) Tribe(FN 188), p.977.
323) Tribe(FN 188), p.978.
324) Tribe(FN 188), p.978.

142

지는 가치나 이익 그리고 권리들에 대한 형량이 필요하다. 이런 두 종류의 비교되는 가치사이에 있어서 이익형량은 균형적 과정을 구축하고 또한 정당화의 입증이 얼마나 중요한가에 관계없이 정부로 하여금 제재조치의 권한을 결정하는 판단을 함에 있어서 중요한 역할을 하기도 한다. 예컨대 소문난 금지조치로 간주되는 것으로 파리의 다리 밑에서 자는 것을 금지하는 것과 마찬가지로 확성기 등을 이용하는 것을 금지하는 것은 다른 표현 매체에 접근하기가 용이한 사람보다는 그렇지 못한 사람에게 더욱 불리하게 영향을 미치게 되므로 법원은 과거에 그러한 금지조치에 대해서 더욱 각별한 주의를 기울였던 것이다.325) 정부의 행위가 다른 국가목적을 추구하고 있다고 해도 표현의 자유를 제한하게 되는 경우 표현의 자유와 정부가 추구하는 다른 목적의 이익이 서로 균형을 이루어야 하는데, 표현활동의 범위를 너무 심하게 제약하거나 표현매체에의 접근을 심하게 방해하지 않는 한 정부의 제한은 지지될 수 있다고 한다.326) 이때 표현의 자유의 가치와 정부의 이익 간의 균형은 개개 사건에 따라서 일정한 통일된 원칙에 따라서 이루어져야 한다.

② Track two분석에 있어서의 제한의 한계

트라이브는 Track two의 분석에서 행해지는 이익형량에 있어서 다음의 두 가지 변수가 있다고 한다.

첫째는 표현의 자유의 제한이 사회내의 여러 계층 간에 미치는 실제적인 효과가 동등하지 않은 경우가 있다는 것이다. 확성기나 전단지의 사용을 금지하게 되면 가난한 사람들에게는 불리하게 되고 익명광고를 금지하게 되면 그 사회에서 소수의견이나 반대의견을 가진 사람들에게 불리한 것은 명백하다고 한다.327) 따라서 특정한

---

325) Tribe(FN 188), pp.978-979.
326) 황도수(주 1), 71면.

금지 또는 시간, 장소, 방식에 대한 일정한 규제가 다수가 아닌 소수 집단이나 또는 잘 알려지지 못한 사람들의 표현의 자유를 불공평하게 제한하는 지에 관하여 법원은 보다 많은 고려를 하여야 한다고 한다.328)

Heffron v. International Society for Krishna Consciousness(ISKCON) 사건329)에서 연방대법원은 누구든지 박람회장 안에서 인쇄된 물건을 팔거나 배부하거나 전시하는 데는 고정되고 임차된 가건물(BOOTH)을 사용하여야 한다는 미네소타 주 법을 합헌으로 결정하였다. 종교단체인 ISKCON은 미네소타 주 법이 잘 알려진 친숙한 집단을 위한 차별화 된 법이고 내용에 있어서 중립적이지 못하며 잘 알려지지 않은 정치적·종교적 소수를 차별을 하는 불공평한 법이라고 하면서 주 법이 위헌이라고 주장한 것에 대하여 연방대법원은 집을 방문하여 의사를 표현하는 것은 집주인의 허가가 있었다면 정부가 이를 규제할 수 없는 것이지만 이와는 달리 박람회장에 가는 사람들이 직접 BOOTH를 방문하도록 하여 대면적인 표현형식에 의하도록 제한을 하는 것은 인기 없는 표현자들의 의견이 흘러가는 것을 막는 것이라 단정 지을 수는 없다고 하면서 논쟁은 의미는 있으나 설득력은 없다고 판단을 하였다.330)

둘째는 표현의 자유를 제한하는 정도가 장소에 따라서 달라져야 한다는 것이다. 트라이브는 예로부터 사상의 공공 교환 장소로 되어

---

327) 황도수(주 1), 71-72면.
328) Tribe(FN 188), p.980.
329) Heffron v. International Society for Krishna Consciousness(ISKCON), 452 U. S. 640(1981). 사건의 개요를 보면 다음과 같다. 미네소타 주 법에 의하면 인쇄물이나 직접 손으로 만든 자료들을 판매하거나 배포하기 위해서는 가건물을 사용하도록 규정하고 있었다. Krishna종교를 믿는 종교집단인 ISKCON은 그러한 미네소타 주 법이 Krishna교의 후원을 위해 기금을 모금하고 종교적인 전단들을 팔거나 배포하기 위해 공공장소에 나가는 것을 규제하고 있는 것이라고 하여 소송을 제기하였다.
330) Tribe(FN 188), p.981. ; 452 U. S. 640, 649.

144

왔던 곳과 처음에는 표현의 교환 장소로 이용되는 곳이 아니었지만
정부에 의해 특별히 개방되어진 장소와는 표현의 자유를 제한하는
정도가 같을 수 없다고 보고 있는 것이다. 그에 의하면 정부의 제한
이 공공장소에 대한 것이 아니라면 그 제한이 실질적이지 않는 한
정부의 정당화를 위한 입증책임은 최소한으로 줄어들게 되는데, 표
현자나 청취자에게 표현을 위한 다른 대체수단이 있다는 것을 입증
하면 충분하다고 한다.

③ Track two의 분석에 있어서의 제한에 대한 심사기준[331]

㉠ 공공장소에서의 제한

공공장소(public forums)에서의 언론, 청원, 결사에 대한 제한은
최소화되어야 하고 정부의 제한이 정당성을 인정받기 위해서는 그
러한 정당성의 입증은 최대한의 것이 되어야 한다. 즉 정부는 그러
한 제한의 정당성의 근거로 동일한 정보를 다른 방법에 의해서 표
현하는 수단이 존재한다는 대체수단의 존재를 입증하는 것이나 또
그러한 방법이 유용하다는 것을 근거로 제시하는 것만으로는 부족
하다. 공공장소에서의 제한의 정도는 Track One의 분석에 있어서
내용에 대한 제한과 마찬가지의 중요성을 가지게 되는 것이다.[332]

㉡ 공공장소가 아닌 곳에서의 제한

공공장소가 아닌 곳에서의 제한은 대체수단의 존재여부가 중요한
기준이 된다. Track two의 분석에서 수정헌법 제1조의 표현의 자유
와 관련하여 제한이 공공장소가 아닌 영역, 예를 들면 사적인 영역
에서의 제한이고 그 제한이 표현의 자유와 관련하여 중요한 제한이
아니라면 정부의 그 제한의 정당성에 대한 입증정도는 최소한의 것

---

331) Tribe(FN 188), pp.981-982.
332) Tribe(FN 188), p.981.

으로 축소된다. 만약 정부의 제한이 표현의 내용과 관련성이 없다면 동일한 표현을 다른 수단으로 전달하는 방법이 있는지 또는 동일한 표현을 다른 방법으로 받아들이는 방법이 있는가 없는가에 관한 분석, 즉 대체수단의 존재여부가 헌법적으로 중요한 문제가 된다. 따라서 정부의 제한이 표현의 내용에 있어서 중립적인 제한으로부터 유래하는 것인 경우에는 정부는 단지 그 선택에 있어서 합리적인 정당성만을 제시하는 것으로 족하다. 결론적으로 공공장소가 아닌 곳에서 표현의 내용과 관련성이 없는 내용 중립적인 제한의 경우에는 표현을 하는 자나 청중에게 효과적인 대안이 존재하는 경우 그 대안의 존재만 증명하면 되고 그러한 경우에 있어서 정부의 제한은 중요한 것이 되지 않고 정당한 것으로 평가받게 된다.[333]

위와 같은 기준을 가장 잘 설명하고 있는 사건이 징병카드소각행위에 관한 United States v. O'Brien 사건[334]이다. 이 사건은 Track one의 분석을 따랐어야 한다는 비판이 있을 수 있는 사안으로, Track one의 분석에 있어서 가장 엄격한 심사기준을 적용하였어야 한다고 평가받을 수 있는 사건이었다. 하지만 법원은 이를 Track two의 분석에 의해서 해결하였고 Track two의 분석의 효시가 된 이 사건에 대한 법원의 견해를 존중한다는 가정 하에서 본다면 법원의 판단에 대해서는 이의를 제기할 여지는 없을 것이다. 왜냐하면 법원이 인정한 바와 같이 정부의 규제가 완화된 심사기준에 기초하였으며 그러한 정부의 규제는 합법적인 징병기록을 보호한다는 목적을 달성하는데 가장 최소한의 제한이었다는 것을 인정한다면 적절한 판시라고 볼 수 있기 때문일 것이다. 하지만 이러한 판시가 정당한 것으로 인정되기 위해서는 아래와 같은 점에 대한 좀 더 깊이 있는 이해가 필요하다고 본다. 법원은 모든 징병카드를 손상되지 않은 상태로 보관한다는 정부목적에서 본다면 이 사건에서의 정부의

---

333) Tribe(FN 188), p.982.
334) United States v. O'Brien, 391 U. S. 367(1968).

규제는 최소한의 제재수단이었다고 평가받을 수 있을 것이다. 하지만 정부의 목적을 좀 더 보편적인 것으로 확장하여 정부의 목적이 징병카드의 보관이 아니라 징병제도의 효과적인 운영으로 보게 된다면 징병카드 소각행위금지가 정부목적을 달성하는데 가능한 최소한의 제한적인 방법이라는 것을 입증하기는 어려웠을 것이다.335)

결론적으로 정부의 제한이나 행위가 표현적 행위에 미치는 효과가 실질적이거나, 사회 내의 일정한 계층에 대하여는 불평등하거나, 공공장소에서의 제한인 경우에는 그 제한이 정당성을 인정받기 위해서는 정부는 보다 덜 제한적인 수단으로는 표현과는 관계없는 중요한 공공목적이 희생된다는 것을 입증하여야 한다고 한다.

이상에서 살펴본 바와 같이 트라이브의 Track two의 분석이론에 있어서는 표현의 자유에 대한 제한이 공공장소이냐 아니면 공공장소가 아닌 사적인 장소이냐에 따라 입증의 정도가 달라지므로, 그는 일련의 판결들을 자신의 분석이론에 적용하여 설명하고 있다. 이하에서는 공공장소와 사적인 영역에서의 표현의 자유에 대한 제한에 있어서 그의 이론적 적용과 평가를 알아보고자 한다.

---

335) Tribe(FN 188), p.983. 트라이브는 징병카드소각행위에 있어서 정부의 목적을 징병기록의 보존이라고 볼 경우 징병카드소각행위에 대한 정부의 규제는 표현의 내용과는 관련이 없는 최소한의 제한이라고 볼 수 있지만, 징병카드소각행위를 처벌하고 있는 법률의 목적이 징병제의 효과적인 운영이라고 볼 경우에는 그러한 소각행위는 표현의 내용과 관련이 있는 것이므로 최소한의 제한방법이 아니라는 것을 주장하고 있는 것으로 보인다. 그런 의미에서 Track one의 분석이론을 적용하였어야 하는 사건이라고 평가하고 있다. 엘리는 O'Brien 사건을 이익형량의 접근방법이 적용된 전형적인 예로 보고 있는데 반하여, 트라이브는 이 사건을 Track one의 분석이론을 적용하여야 한다고 함으로써 표현적 효과를 제한하는 접근방법을 주장하면서도 정부목적을 언급함으로써 이익형량의 접근방법을 사용하고 있다. 따라서 전술한 바와 같이 트라이브의 Track one에서의 분석은 범주화의 접근방법과 이익형량의 접근방법의 양 요소를 모두 가지고 있다.

ⓒ 공공장소와 준공공장소336)

ⅰ) 트라이브의 공공장소이론

칼븐(Kalven)의 저서337)에서 기원한 공공장소의 개념은 1930년과 1940년의 일련의 결정에서 야기되었고 1960년의 성숙기를 지나 1970년대의 판결에서는 완전히 하나의 완성된 개념으로 나타나게 된다. 1980년대에는 법원은 공공장소이론을 매우 잘 운영하기도 하였고 또 때로는 문제 있는 것으로 재편성하기도 하였다.338) 이러한 공공장소에 관한 원리를 광범위하게 이론적으로 분석함에 있어서 법원은 다음의 세 가지의 분류방법을 택한다, (1) 전통적으로 또는 정부에 의해서 집회나 토론의 장으로 된 예컨대 길거리나 공원과 같은 전통적인 공공장소, (2) 대학이나 학교의 집회를 위한 시설물과 같은 제한된 준공공장소(Semi-Public Forums), (3) 전통적으로나 정부에 의해서 공공표현을 위한 것으로 지정되지 아니한 공공재산 등으로 나누고 있다.339)

공공장소이론은 모든 조건이 동일하다면 길거리나 공원 등 전통적으로 수정헌법 제1조와 관련된 행위를 함에 있어서 중요한 역할을 하는 장소에서의 표현의 자유에 대한 제한은 좀 더 높은 심사기준이 적용되어야 한다는 이론을 말한다. 왜냐하면 그러한 장소야말로 비용을 많이 필요로 하는 언론에 대한 접근가능성이 적은 국민들에게 있어서 표현의 자유를 행사하는데 필수 불가결한 역할을 하기 때문이다.

최근의 많은 사례에 있어서 공공장소이론의 유형화가 부적절하다고 인정되는 경우가 있으며 경우에 따라서는 인위적이고 불명확하

---

336) Tribe(FN 188), pp.986-997.
337) H. Kalven, "The Concept of the Public Forum: Cox v. Lousiana", 1965 Sup. Ct. Rev. 1.
338) Tribe(FN 188), pp.986-987.
339) Tribe(FN 188), p.987.

다는 점이 나타나기도 한다. 실제로 정부가 제한하려고 하는 목표가 Track one의 분석에서처럼 표현의 내용의 제한에 그 주안점이 있다면 표현의 장소는 중요한 문제가 아니며 공공장소이론은 더 이상 중요하지도 또 필요하지도 않은 개념이 될 것이다.340) 즉 법률(정부의 규제)이 표현의 내용을 제한하는 것이 아니고 정부의 규제가 특정 관점에 반대하거나 또는 찬성하는 것이 아닌 경우에 한해서만 법원은 정부의 제한이나 제한 받고 있는 특정한 행위의 특성을 표현의 장소와 관련하여 고찰해야 한다.

ⅱ) 트라이브의 입장

트라이브는 결국 Track two의 분석이론을 적용하여 공공장소이냐 아니면 사적인 장소이냐에 따른 정부의 제한의 정당성여부를 검토하기 이전에 정부의 규제나 법률이 표현이나 표현적 효과의 제한을 목적으로 하고 있는지를 먼저 검토하는 Track one의 분석이론을 먼저 적용하려고 하는 의도를 가지고 있는 것으로 보인다. 즉 트라이브에 의하면 정부의 제한이 표현적 효과를 목적으로 하고 있지 않는 경우에만 Track two의 이론을 적용하여 공공장소이론을 검토하는 것이 타당하다는 것이다.

그의 이론에 의하면 전단지를 돌리거나 청원 등의 행위를 하는 것은 전통적으로 또는 기능적으로 표현의 자유와 많은 관련이 있다. 그래서 법원은 그러한 행위들에 대한 제한을 분석함에 있어서 그것들이 공공장소에서 이루어지고 있다는 것을 처음부터 고려하기보다는 적당한 심사를 해야 할 필요가 있다고 하면서 특별히 이러한 접근방법이 공공장소이론과 관련이 없는 경우에는 엄격한 심사를 하여야 한다고 한다.341) 마찬가지로 벽보를 붙이는 행위에 대한 제한의 경우에도 그것이 공공장소 밖에서 이루어지고 있다고 하더라도

---

340) Tribe(FN 188), p.988.
341) Tribe(FN 188), p.988.

분명히 수정헌법 제1조의 표현의 자유와 깊은 관련이 있다고 한다.342) 그는 또 공공장소에서의 성적으로 문란한 행위나 매춘은 이와는 반대로 표현의 자유와는 관계가 없으며 그러한 행위에 대한 제한은 공공장소이냐의 여부에 관계없이 수정헌법 제1조의 표현의 자유에 포함되는 것으로 볼 수 없다고 한다.343) 동시에 그러한 제한이 표현의 자유에 대한 침해를 목적으로 하였거나 또는 시 당국이 음란한 도서를 판매한 혐의로 서점을 폐쇄조치하는 근거로 불법적인 법률을 사용하였을 경우라면 수정헌법 제1조와 관련하여 중요성이 있고 그 제한이 설령 공공장소에서 일어나지 않았다고 하여도 보다 정확한 심사기준이 요구된다고 그는 보고 있다.

따라서 트라이브의 이론에 의하면 공공장소이냐 아니냐의 구별은 실제에 있어서 많은 다양한 사건이 있을 수 있고, 그에게 있어서 그렇게 중요한 문제는 아니라고 볼 수 있다.344) 왜냐하면 공공장소의 이론은 전술한 바와 같이 정부의 규제가 표현적 효과를 목적으로 하고 있지 않는 경우에 비로소 문제될 수 있다고 보기 때문이다.

iii) 공공장소이론의 판례분석

공공장소범주에 대한 새로운 정의를 시도하는 법원의 견해를 면밀히 분석하는 것은 중요한 또 다른 변수의 역할－즉 특정한 제한의 구체적인 속성－을 이해하는데 도움이 된다. 법원은 United States Postal Service v. Council of Greenburgh Civic Ass'ns345) 사건에서 완화된 심사기준을 적용하여 우체통에 우표를 붙이지 않은 우편물을

---

342) 그의 이론에 의하면 이와 같이 정부의 제한이 표현의 자유와 관련이 있는 경우에는 Track one의 분석이론을 적용하고 있는 것으로 보인다.
343) Tribe(FN 188), p.989. 이 경우에도 마찬가지로 트라이브는 Track one의 분석이론이 적용되는 것으로 파악하고 있다.
344) Tribe(FN 188), p.990.
345) United States Postal Service v. Council of Greenburgh Civic Ass'ns, 453 U. S. 114(1981).

투입하는 것을 금지하는 연방법을 합헌으로 결정하였다. 이 사건에서 연방 법률에 의한 제한은 우편물은 우체국을 통하여 전달할 수 없는 사람들에 대한 차별적인 법률이라는 주장에 대하여 우체통은 의심 없이 중요한 전달의 수단임에는 틀림이 없으나 이와는 동일한 효과를 얻을 수 있는 다른 유용한 수단, 즉 전단지를 직접 배포하거나 주차된 차에 꽂아 두거나 문 앞에 두는 방법을 선택할 수 있으므로 체신업무규정(Postal Service's rule)은 엄격한 심사를 요구할 만큼 그렇게 위협적인 규정은 아니라는 이유에서 합헌이라고 판시했다. 법원은 이 판결에서 우체통은 공공장소가 아니라는 견해를 밝히고 있다. 하지만 이 판결에서 고려했어야 하는 중요한 쟁점은 우표를 붙이지 않은 우편물에 대한 표현의 자유를 방해하여 수정헌법 제1조의 표현의 자유를 위반하는 것이었지 우체통의 공공장소로서의 지위는 단지 피상적으로 이러한 결정을 이끌어 내는데 관련되어 있을 뿐이었다는 점이다[346].

Minnesota State Bd. for Community College v. Knight[347] 사건에서 조합원들에게만 배타적인 대표자 선출권을 주는 주 공동체의 교직원회의에 비조합원들이 참여하지 못하도록 금지하는 것은 정당하다고 하면서 그렇다고 하여 그것이 정부와 의견교환을 하는 것을 부정하는 것은 아니라고 판시하였다. 오히려 이 판결에서는 다음과 같은 두 가지 점의 합의를 도출하였다. (ⅰ) 위와 같은 회의는 전통적으로나 또는 정부에 의해서 지정된 공공참여의 장소가 아니라는 점[348] (ⅱ) 비조합원인 교직원들도 다른 대체적인 의견교환의 통로를 통해서 조합이나 정부와의 의견교환이 가능하다는 점이다.[349] 법원은 이 판결에서 공공장소의 개념에 의존하여 결정하기보다는 비

---

346) Tribe(FN 188), pp.990-991.
347) Minnesota State Bd. for Community College v. Knight, 465 U. S. 271(1984).
348) 465 U. S. 271, 280.
349) 465 U. S. 271, 288.

조합 교직원들이 지도부와의 접촉가능성이 여전히 유지되고 있는지에 그 초점을 맞추어 결정을 내리고 있다.

공공장소의 개념에 대하여 지나치게 강조하거나 표현의 제한에 대하여 지나치게 부적절한 관심을 가지는 것은 표현의 자유에 대한 필요이상의 보호라는 문제와 함께 정당하지 못하게 주 또는 지방정부의 권한을 침해하는 경향을 나타낼 수도 있다.350) 예를 들어 Southeastern Promotions, Inc. v. Conrad 사건351)에서는 Chattanooga에 있는 2개의 극장 가운데 하나는 시의 소유이고 다른 하나는 시가 임차한 것으로 이들 극장에서 책임자에 의하여 뮤지컬 "헤어(Hair)"의 공연을 하려고 하였으나 이를 허가하지 않은 사안에 있어서, 연방대법원은 뮤지컬 "헤어"의 공연불허방침은 수정헌법 제1조의 위반과 관련하여 사전적 제한이라고 판시하였다. 즉 블래먼 판사의 다수 의견은 극장은 공공장소이며 표현적 행위를 위해서 고안된 곳이라고 설시하였던 것이다.352) 그러므로 다수 의견에 의하면 Chattanooga는 공연물의 내용에 근거해서 선택적으로 공연의 허가를 거부할 수 없게 되었던 것이다. 그러나 시의 자유재량에 기한 권한을 규제하는 이러한 선택적이고 양자택일적인 기준353)은 많은 문제를 가져왔다고 렌퀴스트 판사는 반대의견에서 지적하고 있다. 즉 그는 "오페라극장에서 오페라의 작품을 제한할 수 없는가 또는 록뮤지컬을 공연하여야만 하는가"354)라고 의문을 제기하고 있다. 결국 이러한 다수 의견은 선택적이고 양자택일적인 기준만을 적용하였고, 극장운영이나 공연물선택에 있어서 구체적인 기준을 설시하지 아니함으로써 그 기준에 관한 어려운 문제점들을 남기게 되었던 것이다.

이와 함께 공공장소의 정의에 있어서 법원의 접근방법은 다음과

---

350) Tribe(FN 188), p.993.
351) Southeastern Promotions, Inc. v. Conrad, 420 U. S. 546(1975).
352) 420 U. S. 546, 555.
353) 420 U. S. 546, 553.
354) 420 U. S. 546, 572-573.

152

같은 기준에 입각해 있다는 것을 나타내기도 한다. 때때로 법원은 전통적인 공공장소를 이해함에 있어서 기능보다는 외면적인 면 즉 표현적 행위를 위한 장소인 것처럼 보이는 부분에 중점을 두어 공공장소의 개념을 의사표현의 중요한 수단으로 작용하는 기능적인 측면보다는 의사표현이 행하여지는 장소적인 측면에 더욱 중점을 두고 있다.355) 이러한 접근방법은 United States v. Grace 사건356)에서도 잘 나타나고 있다. 이 사건은 대법원건물 주위의 장소에서 광범위한 표현적인 행위를 금지하는 법을 위반하였던 사안이었다. 연방대법원은 그러한 표현적 행위를 대법원 주위에서 하지 못하도록 금지하고 있는 법률을 무효라고 판시하고 법원건물 안에서의 제한에 대해서는 합헌으로 판단하였다. 중요한 점은 위의 법률의 무효는 도로에서의 표현 자유 제한을 도로가 공공장소로서의 갖는 기능에 중점을 둔 것이 아니라 도로의 외부적인 표상에 더욱 중점을 두었다는 점이다. 즉 연방대법원의 판시내용은 전통적인 공공장소로서의 분류기준이 기능이 아닌 그러한 장소와 외부적으로 얼마나 비슷한가에 따라서 그 기준이 정해진다고 결론짓고 있는 것으로 보인다.357)

City Council of the Los Angeles v. Taxpayers for Vincent 사건358)에서 법원은 각종 단체가 자신들의 의사표시를 위해 사용하는 전주나 가로등은 공공장소가 아니라고 판단하였다. 왜냐하면 헌법상 정부재산이 의사표현의 수단으로 이용되고 있다는 사실만으로 헌법상 그러한 행위가 허용되어야만 할 의무는 없기 때문이다. 하지만 여기서 간과해서는 안 되는 사실은 법원은 1930년부터 1970년까지 발전해온 공공장소의 이론의 역사적인 측면을 경시하였다는 것이다. 만약 전주 등이 과거부터 LA에서 의사전달의 하나의 수단으로 사용

---

355) Tribe(FN 188), p.994.
356) United States v. Grace, 461 U. S. 171(1983).
357) Tribe(FN 188), p.995.
358) City Council of the Los Angeles v. Taxpayers for Vincent, 466 U. S. 789(1984).

되어져 왔다면 그러한 시설들은 전통적인 공공장소로 분류되어야
할 것이다.359)

iv) 검 토

트라이브는 표현의 자유의 제한에 있어서 Track one을 원칙적인
것으로 보면서도 Track two의 분석이 적용되는 경우에는 장소에 따
른 표현의 자유의 제한이 달리 적용된다고 보아 공공장소이론을 전
개하고 있으며 공공장소이론은 Track one의 분석과 비슷한 정도로
표현의 자유가 보호되어야 한다고 보고 있다. 아울러 공공장소의 개
념도 장소적·외적인 측면이 아니라 기능적으로 파악한다. 하지만
트라이브는 최근의 연방대법원의 경향이 공공장소가 아닌 장소의 영
역을 넓힘으로써 표현의 지유를 제한히려는 입장을 유지히고 있는
것으로 보인다고 한다.360) 트라이브가 지적한 바와 같이 Cornelius
v. NAACP Legal Defense and Educational Fund 사건361)에서 법원
은 정치적 옹호나 법적 대응을 목적으로 하는 단체들로 하여금 연방
공무원을 대상으로 한 자선기금 모금행사를 금지하는 행정명령에 대
해 합헌이라고 판시하면서 광범위한 표현의 자유를 허락하기 위한
목적이 아니라면 정부는 제한된 목적조차 창설할 수 없으며 따라서
공공장소가 아니므로 그러한 제한은 합헌적인 것이라고 판단하였다.

---

359) Tribe(FN 188), p.996. 트라이브는 공공장소의 개념을 기능과 연관시켜
    서 이해하려고 한다는 점에서 볼 때 이러한 결론은 타당하게 보인다.
    하지만 트라이브 자신이 United States v. Grace 사건에서 연방대법원
    이 법원건물주위의 도로에서 표현적 행위를 제한하고 있는 법률을 무효
    라고 판시하고 있는 것은 도로가 공공장소로서의 갖는 기능이 아닌 외
    부적인 표상에 중점을 두고 있다고 하고 있지만, 법원이 갖는 기능을
    중심으로 본다면 법원주위의 도로는 그 기능적인 측면에서 공공장소로
    볼 여지가 충분히 존재한다.
360) Tribe(FN 188), p.996.
361) Cornelius v. NAACP Legal Defense and Educational Fund, 473 U.
    S. 788(1985).

154

㈃ 사적인 장소에서의 표현의 자유

ⅰ) 사적인 장소(Private Forums)에서의 정부의 역할

1941년에 채피는 현대에 있어서 수정헌법 제1조와 관련된 가장 중요한 문제로 표현의 자유를 활성화하기 위한 정부의 적극적인 활동을 들었다.362) 경제적 약자들이 그들의 전단지를 방해받지 않고 배부할 수 있도록 한다거나 매스미디어의 발달로 인해 많은 표현의 자유가 허용되고 있다고 하더라도 정부야말로 가장 강력한 정보의 제공자로 그 역할을 하고 있다는 것도 부인할 수 없는 사실이다.363) 어떠한 자도 표현의 공간을 제공하려 들지 않거나 또는 표현물의 인쇄를 거부한다 하더라도 표현의 자유를 봉쇄하려는 의지가 없는 정부 앞에서는 이러한 제한적 행위는 그 효용성이 없게 될 것이다. 1939년 초반기의 판례364)는 정부의 역할이 단순히 검열을 금지하는 것을 넘어서 그 이상의 의무가 있다고 확고한 판시를 낸 바 있다. 그리고 1945년에 와서는 법원은 수정헌법 제1조 하에서 정부의 간섭으로부터 표현의 자유를 보호하는 것의 의미는 개인적 이익에 의한 표현의 자유를 억압하는 것에 대하여 제재를 가한다는 의미가 아니라 표현을 억압하는 것을 정부가 적극적인 활동으로 줄여나가야 한다는 것을 말한다고 판시하였다.365) 여기서 개인적인 이익이라 함은 국가의 표현의 자유에 대한 제한으로부터의 방어적 권리임과 동시에 국가로부터의 방해 없이 표현의 자유를 행사하는 공격적 권리를 동시에 의미한다.

개인적인 장소에서 우리가 간과해서는 안 될 명제는 명시적이는 묵시적이든 간에 정부에게 개인적 장소의 소유자나 청중, 표현자와

---

362) Z. Chafee, Free Speech in the United States 559(1941). Tribe(FN 188), p.998에서 재인용.
363) Tribe(FN 188), p.998.
364) Schneider v. State, 308 U. S. 147(1939).
365) Tribe(FN 188), p.998.

기타 관련자들과의 사이에 있어서 이해충돌상황을 해결해야만 하는 의무를 부가시키고 있는 것이다. 예를 들어 주 법률에서 개인회사에 대하여 종교적 혹은 정치적 이유로 개인의 생활공간에서 자신의 견해가 담긴 표현물을 배부하는 것을 금지하는 것을 규정하고 있다면 이는 명백히 수정헌법 제1조와 수정헌법 제14조를 위반하는 행위가 될 것이다.366)

ii) 사적 장소에서의 표현의 자유에 대한 제한

공공장소가 아닌 사적장소에 있어서 정부의 제한이 표현의 자유와 관련된다면 그 정당성을 인정받기 위해서는 공공장소에 있어서 보다 입증책임이 경감되게 된다. 즉 표현적 효과를 거둘 수 있는 대체수단이 존재한다는 것을 증명하면 그 정당성이 인정받을 수 있게 된다.

사적인 장소에서의 표현의 자유와 관련하여서 구체적인 판례들을 살펴보면 주법이 허용하는 범위 내에서 쇼핑센터나 이민자 보호소에서의 표현의 자유를 제한하는 것이 수정헌법 제1조에 합치하는가의 문제가 제기될 수 있다. 이러한 사건에서 연방대법원은 공공장소에 관한 판례에서처럼 융통성 없는 이론전개와 같은 기계적 판단만을 하고 있다. Hudgens v. NLRB 사건367)에서 법원은 쇼핑센터의 운영에 관한 노동자들의 논쟁이나 평화적 시위를 하기 위해서 소유자의 의사에 반하여 직장에 진입하려고 하는 권리를 부인하였다. 즉 누구도 사적인 타인의 소유물에 대해서 자신의 사상을 표현하기 위한 수단으로 이용할 수 없다고 판시하고 있다. Wooley v. Maynard 사건368)에서는 New Hampshire 주의 모든 운전자들이 면허증에 주의 표어인 "Live Free or Die"라는 문구를 인쇄하여 다니도록 요구한 행

---

366) Tribe(FN 188), p.999.
367) Hudgens v. NLRB, 424 U. S. 507(1976).
368) Wooley v. Maynard, 430 U. S. 705(1977).

위에 대하여 이러한 주의 요구는 사적인 소유물을 주의 이념이나 사상을 표현하는 수단으로 이용하도록 강요하였다는 취지에서 그러한 주 법은 수정헌법 제1조의 표현의 자유에 위배되는 것으로 무효라고 판시하였다.369) 쇼핑센터판결인 Hudgens v. NLRB은 그 후 계속 유지될 수 없었는데 그 이유는 PruneYard Shopping Center v. Robins 사건370)에서 연방대법원은 주 정부는 쇼핑센터의 재산에 대하여 표현의 자유를 위해서 이용되는 것을 쇼핑센터의 소유주가 인용하도록 하는 것이 합헌이라고 판시하였기 때문이다.371)

iii) 판례의 검토

여기서 위의 면허증 사건과 쇼핑센터 사건의 차이점을 분석해보면 쇼핑센터 사건의 경우 만약 표현의 자유를 행사하기 위해서 개인이 쇼핑센터를 이용하는 것을 금지한다면 이와 다른 수단으로는 동일한 효과를 거둘 수 없는 반면에 면허증 사건의 경우에는 이와는 달리 다른 대체적인 수단이 존재하고 있다는 점에서 차이가 있을 것이다. 또한 쇼핑센터는 고객들의 왕래가 잦은 공공장소로서의 성격이 강하다는 점도 또 하나의 차이라고 볼 수 있다.372) 따라서 위의 두 사건의 경우 트라이브의 이론적인 분석을 적용할 수 있을 것이다. 쇼핑센터 사건의 경우 주 정부의 규제가 쇼핑센터라는 사적인 장소에서의 표현의 자유의 제한을 그 내용으로 하고 있는 경우에 쇼핑센터라는 것은 표현을 위한 다분히 공공장소로서의 성격이 강하다고 볼 수 있고, 비록 사적인 장소로 볼 경우에도 이러한 곳에서의 표현을 금지할 경우에는 이와 동일한 표현을 전달할 수 있는 다른 대체적인 수단을 찾기가 어렵다는 점에서 그 제한은 정당성을 얻기가 어려울 것이다. 면허증 사건의 경우 주의 이념이나 사상을

---

369) Tribe(FN 188), pp.999-1001.
370) PruneYard Shopping Center v. Robins, 447 U. S 74(1980).
371) Tribe(FN 188), p.1001.
372) Tribe(FN 188), p.1001.

전달하기 위하여 사적인 소유물인 면허증에 인쇄하는 것을 강요한다면 그러한 사상의 표현을 원하지 않는 경우에는 주의 이념이나 사상의 표현을 위한 다른 방법 즉 도로나 기타 공공건물 등에 표현하는 대체적 방법 등이 있으므로 그러한 표현의 강요는 정당성을 인정받기 어려울 것이다. 즉 사적인 영역에서는 동일한 표현을 다른 수단으로 전달하는 방법이 있는지 또는 동일한 표현을 다른 방법으로 받아들이는 방법이 있는가 없는가에 관한 분석, 즉 대체수단의 존재여부가 중요한 문제라고 볼 수 있는데 면허증 사건의 경우에는 동일한 표현을 다른 방법으로 받아들이는 것이 가능하므로 사적인 소유물을 통하여 일정한 내용의 표현을 강요하는 것은 정당하지 못하다고 볼 수 있는 것이다.

2) 님머(M. B. Nimmer)의 유형별 이익형량이론

(1) 제한이론으로서의 유형별 이익형량이론

유형별 이익형량이론이란 어떤 사건이 표현의 이익과 대립이익에 대한 형량이 행해지는 결과 일반적으로 적용될 수 있는 원칙이 동종의 후속 사건들에 그대로 적용될 수 있다는 것을 본질적인 내용으로 하는 이론373)으로 국내의 문헌에서는 한계획정형량이론374) 또는 강화된 심사기준이론375)이라고 소개되기도 한다. 유형별 이익형

---

373) 송길웅(주 80), 38면 ; 조소영(주 62), 38-39면 ; 한상석(주 80), 48면.
374) 김한성(주 4), 148면.
375) 조소영 박사는 유형별 이익형량이론이라는 용어는 님머에 의해 처음으로 사용되었지만 그 스스로가 개별적 이익형량이론의 개념과 혼동을 불러일으킬 수 있다는 점에서 이 용어의 사용을 포기하게 되었다고 하면서, 유형별 이익형량이라는 개념은 절대적 보호이론과 개별적 이익형량이론의 대안으로 제시되는 여러 이론들의 공통적인 배경들을 통칭하여 대표적으로 분류하는 용어로서 사용하고 님머의 이론은 강화된 심사기준이론이라고 한다. 조소영(주 62), 66면.

량이론은 님머에 의하여 주장된 이론이지만 엘리의 범주화와 이익
형량의 접근방법과 에머슨의 표현－행동 이분론 등은 그 기본적 방
향에서 개별적인 이익형량이론과 절대적 보호이론을 결합한 방법론
이라는 점에서 공통점들을 가지고 있다고 하여 이들 이론도 광의의
유형별 이익형량이론으로 보기도 한다.376)

이 논문에서는 님머의 유형별 이익형량이론을 개별적인 이익형량
이론과 절대적 보호이론의 결합으로 보는 것과는 다른 방향에서 접
근하고자 한다. 즉 유형별 이익형량이론은 범주화의 접근방법이나
에머슨의 수정헌법 제1조에 의하여 절대적으로 보호되는 표현과는
달리 그 본질은 이익형량의 접근방법에 의한 제한이론이라고 보아
야 한다.377)

님머는 유형별 이익형량이론의 방법론을 두 가지 관점에서 설명
하고 있다. 첫째 이 이론에서는 표현의 일반적 이익과 이에 대립하
는 다른 가치의 일반적 이익을 비교 형량하고 있다.378) 개별적인 이
익형량이론에 있어서 비교 형량의 대상이 되는 것은 문제된 사건의
구체적인 상황에서 제시되는 이익인 반면에 유형별 이익형량이론에
있어서 비교 형량의 대상이 되는 것은 구체적인 이익이 아니라 일
반적인 이익이라는 점에서 구분된다.379) 둘째 유형별 이익형량이론
이 갖는 또 다른 방법상의 특징은 일단 이익형량이 행해지게 되면

---

376) 조소영(주 62), 39면 ; 김한성(주 4), 148-149면.
377) 이 점은 님머 자신이 자신의 이론을 전개하기에 앞서 절대적 보호론,
　　 표현－행동 이분론, 개별적 이익형량이론에 대한 비판으로부터 시작하
　　 는 것을 보더라도 알 수 있다. M. B. Nimmer, "The Right to Speak
　　 From Times To Time: First Amendment Theory Applied to Libel
　　 and Misapplied to Privacy", 56 California Law Review, pp.936.
378) M. B. Nimmer(FN 377), p.944.
379) 송길웅(주 80), 38면. 개별적 이익형량이론에 있어서는 예컨대 명예훼
　　 손 사건에서 법원은 언론의 일반적 이익을 형량하는 것이 아니라 법원
　　 에 제기된 사건의 구체적인 상황에서 행하여진 특정한 언론의 이익을
　　 형량하게 된다. 언론에 반대되는 명예에 관해서도 마찬가지로 특정한
　　 이익을 형량하게 된다.

그 결과 일정한 원칙을 정립하게 되고, 법원은 미래의 같은 종류의 사건에서 새로운 이익형량을 할 필요 없이 그 원칙을 적용하면 된다는 것이다.[380]

(2) 님머의 분석

님머는 New York Times v. Sullivan 사건[381]에서 자신의 유형별 이익형량이론을 전개하고 있다. 그는 연방대법원이 이 사건에서 "전부 아니면 전무"라는 극단적인 결과를 피할 수 있는 제3의 접근방법을 제시한 것으로 평가하고 있다. 즉 이익형량의 과정은 개별 사건적인 차원에서가 아니라 유형적인 차원에서 채택되어야 한다는 새로운 방법론으로서 이에 따르면 법원은 특정한 사건에서 어느 소송당사자가 승소할 것인가를 결정하기 위한 목적에서가 아니라 어떠한 유형의 언론이 수정헌법 제1조가 의미하는 언론으로 간주되어야 할 것인가를 한계획정하기 위한 목적에서만 이익형량이 채택되어야 한다는 것이다.[382] 연방대법원의 판시내용을 보면 공직자에 대한 명예훼손적인 표현은 그것이 현실적 악의에 의한 경우가 아닌 한 수정헌법 제1조에 의하여 보호 받는다는 것인데, 이러한 내용 속에는 모든 명예훼손적인 표현이 수정헌법 제1조에 의하여 보호를 받는 것으로 인정된 것은 아니라는 의미에서 분명히 이익형량적인 요소를 내포하고 있고 또한 그것은 개별적인 사건에 있어서 이익형량은 아니라는 것이다.

님머에 의하면 New York Times 사건의 원칙을 Time Inc. v. Hill 사건[383]에 적용하고 있다고 한다. Time Inc. v. Hill 사건은 수

---

380) M. B. Nimmer(FN 377), pp.944-945 ; 조소영(주 62), 38-39면 ; 송길웅(주 80), 38면.
381) New York Times v. Sullivan, 376 U. S. 254(1964).
382) 송길웅(주 80), 36면.
383) Time Inc. v. Hill, 385 U. S. 374(1967). Time사의 생활(Life)이라는 잡

160

정헌법 제1조와 프라이버시권이 문제된 사건으로 그에 의하면 연방
대법원이 이 사건에서 유형별 이익형량이론을 적용한 것에는 잘못
이 있는 것은 아니지만, 명예훼손과 프라이버시의 침해에 있어서 표
면적 유사성384)만을 이유로 언론의 이익을 프라이버시의 이익보다
우선시킨 것은 잘못이라고 지적하고 있다. 연방대법원의 이와 같은
오류는 프라이버시와 명예훼손의 성격이 같은 것이라고 보고 있는
데 기인한 것으로, 허위의 언사에 의하여 침해된 명예는 그것이 회
복될 수 있지만 이러한 것은 프라이버시에는 적용될 수 없고 수정
헌법 제1조에 의하여 정당화 될 수 없다는 것이다.385) 따라서 명예
훼손의 경우보다 순수한 프라이버시침해언사의 경우에 유형별 이익
형량이론은 언론을 보다 엄격하게 제한하는 것이어야 한다는 것이
바로 님머가 제시하는 명제이다.386)

  (3) 검 토

  님머의 이론은 그 성격을 제한이론으로 보아야 한다. 그 이론의
출발점이 표현의 일반적 가치와 다른 일반적 가치의 이익형량에 있
기 때문이다. 이익형량의 결과 정립된 일정한 원칙이 후속 사건에
유형화되어서 적용된다고 하여 이것을 일정한 영역의 표현을 절대
적으로 보호하는 유형화 내지는 범주화의 이론으로 보는 것은 무리
가 있다. 엘리의 범주화나 에머슨의 표현－행위 이분론에서의 일정
한 영역의 표현이 절대적으로 보호된다고 하는 것은 이익형량의 심
사과정을 거치지 않고 절대적으로 보호된다는 의미이다. 물론 님머
의 이론에서도 후속 사건에 적용되는 원칙은 이익형량의 심사과정

  지가 세 명의 탈주범에게 19시간이나 인질로 잡혀 있었던 가족의 실화
  소설을 사진과 함께 실제와는 다르게 묘사하여 피소된 사건이다.
384) M. B. Nimmer(FN 377), p.957.
385) M. B. Nimmer(FN 377), pp.958-959.
386) 송길웅(주 80), 48면.

을 거치지 않는 점에서는 동일하지만 그것은 이미 선행 사건에서 이익형량의 과정을 거친 결과들이 유형화된다는 의미이다. 그렇기 때문에 유형화된 일정한 원칙도 결과적으로는 이익형량의 요소를 포함하고 있고 그러한 이익형량에 의한 표현에 대한 제한이론이 정형화되어 가는 것을 의미하는 것으로 보아야 한다.

Ⅳ. 정 리

미국에서는 보호영역이라는 개념이 제한의 이선 난세에 존새하는 독자적인 개념이라는 인식에 기초하기보다는 보호영역과 제한을 하나의 심사단계에서 같이 고려하고 있다. 그렇기 때문에 문헌이나 판례에서 "수정헌법 제1조에 의하여 보호되는 표현", "수정헌법 제1조에 의하여 보호되지 않는 표현" 등의 접근방법이 보인다. 이러한 접근방법에서 수정헌법 제1조에 의하여 보호되지 않는 표현 내지는 덜 보호되는 표현 등은 표현의 자유에 대한 제한으로 볼 수 있을 것이다. 그러므로 미국에서의 표현의 자유에 관한 논의의 중심은 표현에 대한 제한이론이라고 할 수 있다. 하지만 미국의 이론에서도 제한의 이전단계에 존재하는 보호영역이라는 개념을 충분히 인정할 수 있다. 이 논문에서는 그것을 시도하고 있다.

미국에서의 표현의 자유의 보호영역에 관한 논의의 특징은 대체로 다음과 같은 세 가지 유형의 표현으로 정리할 수 있을 것이다. 우선 수정헌법 제1조에 의하여 절대적으로 보호되는 일정한 영역에 속하는 표현과 수정헌법 제1조에서 보호하는 표현이지만 일정한 사유에 의하여 제한되는 표현으로 구별할 수 있을 것이다. 그리고 후자의 유형에는 표현적 효과를 제한하기 위하여 국가의 이익이나 다른 헌법적 가치와의 이익형량의 방법에 의하여 제한하는 경우와 표현적 효과를 목적으로 하지는 않지만 다른 헌법적 가치나 정부의 이익을 추구하게 되는 결과 반사적으로 표현의 자유의 영역에 속하는 일정한 부분이 제한되는 경우로 다시 나눌 수 있을 것이다.

첫 번째 유형으로 절대적으로 보호되는 표현의 영역에는 마이클존의 절대적 보호이론이 적용되는 표현·에머슨의 표현·엘리의 범주화의 접근방법이 적용되는 표현 등을 들 수 있다. 이러한 유형의 표현에는 마이클존의 언급하고 있는 정치적 언론뿐만 아니라 사상이나 의사의 전달만을 목적으로 하는 것으로 어떤 해악이나 위험을 수반하지 않는 언론 등이 속한다. 두 번째 유형으로 표현적 효과와 다른 헌법적 제가치와의 이익형량에 의하여 제한되는 표현으로는 선동적 표현·공격적 표현 내지는 투쟁적 언사·명예훼손적 표현·상업적 언론·음란적 표현·엘리의 이론에 있어서 이익형량의 접근방법이 적용되는 표현 등을 그러한 표현의 예로 볼 수 있을 것이다. 이러한 유형의 표현들은 모두 표현의 자유의 보호영역에 속하고 다만 그것이 제한이 가능할 뿐이다. 마지막으로 표현적 효과를 제한하는 것이 아니라 다른 헌법적 가치 내지는 정부가 추구하는 이익의 수행의 결과 반사적으로 표현의 자유영역에 포함되는 일정한 가치가 제한되는 것으로 트라이브의 Track two의 분석에서의 공공장소이론과 취재원묵비권387) 등을 들 수 있을 것이다. 이러한 유형은 앞

---

387) 미국에서는 건국 초기부터 취재원의 보호문제가 제기되었고, 1896년 메릴랜드 주에서 보호법(Shield law)이 최초로 통과되었고, 현재 31개 주에서 취재원보호를 위한 보호법이 제정되었으나, 아직도 연방보호법을 제정하려는 법안을 제출하는 등 집중적인 로비에도 불구하고 취재원의 보호를 규정하고 있는 연방차원의 법률은 존재하지 않는다. 취재원공개의 거부에 관하여 연방대법원에서 최초로 문제가 된 사건은 Burdick v. United States, 236 U. S. 79(1915) 사건이었다. 하지만 이 사건에서는 실질적으로 취재원의 보호가 주요한 문제였으나 수정헌법 제1조의 표현의 자유에 근거하여서 취재원의 보호가 논의된 것은 아니었고, 수정헌법 제

5조의 자신에게 불리한 증언을 강요받지 않을 헌법상의 권리에 기하여 주장된 것으로 표현의 자유에 관한 사건으로 보기는 어려운 점이 있다. 수정헌법 제1조의 표현의 자유를 근거로 기자의 특권을 소구한 최초의 사건은 Garland v. Torre, 259 F.2d 545(2d Cir. 1958)판결로 이 사건은 연방대법원까지 올라가지 않았고, 연방대법원에서 취재원의 묵비권에 관하여 다투어진 최초의 판결은 Branzburg v. Hayes, 408 U. S. 665(1972) 사건이다. 이 사건에서 법정의견은 연방대배심 앞에서 기자가 증언하도록 하는 것은 수정헌법 제1조의 표현의 자유를 침해하는 것이 아니며 수정헌법 제1조는 공공에게 일반적으로 이용될 수 있는 정보원에 대하여 언론만이 특별하게 접근하는 것을 보장하지 않는다고 판시하였다. 즉 기자들도 일반대중의 접근이 배제된 범죄나 재난에 특별히 접근할 수 있는 헌법상의 권한은 없으며 그러한 제한이 범죄자의 공정한 재판을 위하여 필요한 경우에는 재판에 관여하거나 재판에 관한 정보를 출판하는 것도 금지된다는 것이다. 그 후 Zurcher v. Stanford Daily, 436 U. S. 547(1978) 사건에서 다수 외견은 소환장의 발부와 신문사의 수색을 위한 영장발부의 경우를 구별하지 않고 형사사법에 관한 규정을 언론의 취재원보호규정보다 우월적인 것으로 판단하였고, 반대의견에서는 소환장을 발부하는 경우와는 달리 편집실을 수색하는 것은 언론기관의 활동을 침해할 수 있다는 점을 지적하였다. 결국 이러한 연방대법원의 Zurcher 사건에 대한 결과는 Branzburg 사건을 회상시키게 하는 사건으로 언론계의 분노와 반대를 가져왔다. 언론기관의 이러한 비판적인 시각은 Zurcher판결이 언론기관을 수색하는 것에 대한 침해적인 요소에만 한정된 것은 아니었고, 이 사건에서 문제된 범죄와 관련이 없는 제3자 수색이 시민의 사생활 영역의 보호에도 위협을 줄 수 있다는 문제를 지적하였다. 의회에서도 사생활보호법(Privacy Protection Act, 42 U. S. C. A §§ 2000aa-2000aa-12, 1980년)을 제정함으로써 법원의 이러한 결정에 대응하였다. 사생활보호법은 주에서 적용되는 것뿐만 아니라 연방차원의 개인의 보호를 위해서도 적용이 되는 것으로 동 법률은 수색영장에 의하여 언론매체로부터 증거를 확보하고자 하는 권한에 대한 제한을 가하고 있고 수색영장의 발부에 의하는 방법보다는 가능한 한 소환장의 발부절차에 의하는 경우가 많아질 것을 요구하고 있다(Ronald D. Rotunda/John E. Nowak(FN 58), p.134.). 하지만 형사 사건의 경우와는 달리 민사 사건에 있어서는 취재원의 보호를 위한 기자의 특권을 인정하려는 경향이 있다(Ronald D. Rotunda/John E. Nowak(FN 58), p.130.). 민주당이 워터게이트의 전국위원회본부에 침입한 사건에 대한 손해배상청구소송에서 이 사건을 취재한 뉴욕타임즈와 워싱턴포스트 기자 등의 취재수첩을 제출할 것을 요구한 Democratic National Committee v. McCord, 356 F. Supp. 1394(1973) 사건에서 법원은 취재원의 보호를 위에서 언급한 유형들과 같이 일정한 표현의 내용이 절대적으로 보호된다거나 그 내용에 기초한 심사의 결과 표현적인 효과가 제한된다는 표현의 내용적인 심사에 기초한 것이 아니라 표현의 자유를 보장하기 위한 외부적인 조건이나 정보의 흐름이라는 일정한 전제조건을 제한한다는 점에서 그 차이점이 있다. 즉 이러한 유형에 있어서는 일정한 표현의 자유의 보호영역이 그 표현적 효과에 있어서 제한되는 것이 아니라 반사적으로 제한의 효과가 있게 되는데 이러한 유형은 독일의 논의에서 일반 법률에 의한 제한의 법리에서 시사 받았다고 볼 수 있는 여지가 충분히 존재한다. 예를 들면 공공장소이론의 경우 공공장소가 아닌 사적인 장소에서는 그것이 전통적으로 의사전달의 장소로 사용되어 오지 않았다는 이유로 공공장소에서 허용될 수 있는 표현이 금지된다거나 또는 취재원묵비권과 같이 정부의 형사사법절차에 있어서 공정한 재판의 보장이라는 정부의 이익을 추구하게 되는 결과 표현의 자유의 보장을 위한 전제조건인 정보원의 보호와 정보의 효과적인 소통의 보장이 제한을 받는 경우가 그것이다.

한 기자들의 특권을 인정하면서 기자들에 대한 소환장의 발부요구를 각하 하였다.

제3절 독일기본법 제5조의 보호영역이론과 판례

Ⅰ. 서 설

독일기본법에서는 언론·출판의 자유에 관하여 헌법적 한계규정을 두고 있다. 기본법 제5조 제2항에서 언론·출판의 제한사유로서 일반 법률, 청소년 보호규정, 개인의 명예권 등을 규정하고 있는 것이 그것이다. 개별적 법률유보규정의 형식을 취하고 있는 독일기본법은 언론·출판의 자유에 대하여 헌법적 한계규정을 둠으로써 기본권의 제한의 가능성을 처음부터 예정하고 있다. 따라서 그러한 제한의 가능성388)으로부터 기본권을 보호하기 위하여 기본권의 보호영역을 설정할 필요성이 있을 것이다. 일반적으로 독일에서는 문헌이나 판례에서 대부분 기본권의 "보호영역"이라는 개념을 사용하고 있다. 여기서는 보호영역의 개념을 전제로 하여 기본권의 구조를 기본권의 보호영역—기본권의 제한의 단계적인 구조로 파악하는 독일의 보호영역과 제한에 관한 일반적인 이론을 살펴보고자 한다.

---

388) 기본권의 제한과 제한의 가능성은 구별되어야 할 것이다. 즉 기본권의 제한의 가능성이 있는 경우에 기본권의 보호를 위하여 일정한 보호영역을 설정할 필요성이 있을 것이고 보호영역 내에서의 기본권의 행사는 법률에서 정한 제한사유에 의하여 제한이 가능할 것이다.

Ⅱ. 보호영역과 제한에 관한 일반적 이론

1. 기본권의 보호영역

기본권심사는 보통 단계적인 구조로 이루어진다. 먼저 첫 번째 단계로 심사의 대상이 되는 국가의 조치 내지는 행위가 기본권의 보호영역389)에 관계되는지가 해명되어야 한다. 그것이 긍정된다면 두

389) 기본권의 보호영역 외에 보호이익이라는 개념을 인정하는 견해가 있다. 이슨제(Isensee)는 보호영역과 보호이익의 관계를 다음과 같이 설명하고 있다. "기본권의 보호영역(구성요건)은 국가의 침해로부터 보호되는 생활영역으로서 일정한 헌법적 조건(Schranken-Schranken)하에서만 접근이 가능하다. 그래서 보호영역은 신문의 자유나 통신의 비밀 같은 기본권의 보호에 있어서 중요한 주제로서 다루어지고 있고 그 때문에 보호이익이라고 표현하기도 한다. 헌법적인 보호이익은 기본권의 구성요건을 정의할 수 있고 기본권의 보호대상을 형성하는 역할을 하는 것으로 주관적 보호이익과 객관적 보호이익의 두 가지 형태로 나누어진다. 주관적 보호이익은 일정한 영역에서 기본권 주체의 자기결정을 의미한다. 가령 종교의 자유에 있어서 종교나 의사자체를 보호하는 것이 아니라 방해받지 않고 종교적 행위를 하거나 의사를 표현하는 행위, 직업을 선택할 수 있는 자유 등의 개인의 자유스러운 결정을 보호한다. 객관적 보호이익은 기본권주체가 자유롭게 결정할 대상이 아니라 자유의 전제조건(예를 들면 생명)이나 개인의 자유를 둘러싸고 있는 주거 및 통신의 비밀에 있어서 사생활의 보호 등을 가리킨다. 즉 객관적 보호이익은 생명·신체의 불가훼손성·인간의 존엄·통신의 비밀과 같은 육체적 또는 정신적 실체 그 자체를 의미한다. 기본권의 제한은 고정된 보호영역의 범위 내에서 행하여지고 신축적인 보호이익을 제한하기도 한다. 보호영역과 보호이익의 관계를 보면 우선 기본권의 보호영역은 실제의 규범에 의하여 특정되고, 그 규범에는 기본권의 제한조건의 영역과 제한의 정당화사유가 확정되어 있다. 따라서 보호영역은 움직이지 않는 고정된 것으로 여기서는 규정의 범위의 확정이 중요한 문제가 된다. 그와는 반대로 보호이익은 다양한 방법으로 실현이 가능한 선택적인 원리를 말하는데, 제한으로 인하여 보호이익이 후퇴되기도 하는 신축적인 것이다." Josef Isensee, Das Grundrecht als Abwehrrecht und Staatliche Schutzpflicht, in: Isensee/Kirchhof(hrsg) Handbuch des

번째 단계로는 그 행위의 기본권의 제한성이 검토되어야 한다. 기본권의 제한성이 긍정된다면 마지막 세 번째 단계로 기본권의 보호영역에 대한 제한이 법률유보나 상충하는 헌법규정에 의하여 그 정당성의 인정되는지가 검토되어야 한다.[390] 이러한 단계적인 심사기준은 물론 자유권적 기본권의 국가에 대한 방어기능으로 발달된 것이 사실이지만 다른 기본권의 경우에도 어느 정도 변형되어 적용될 수 있다.

자유권적 기본권은 기본권주체의 일정한 영역이나 환경을 보호한다. 기본권의 보호영역은 다양한 법익과 생활영역을 보호하고 있으며 아주 간략하게 서술되어 있어 기본권의 주체와 다른 기본권의 상호관계 속에서 이해될 수 있으며, 주로 그러한 것들은 생명, 건강, 재산, 성, 출생, 공무담임 등을 들 수 있을 것이다. 기본권의 보호영역은 적용영역(Anwendungsbereich)·규범영역[391]·보장영역·영향영역·구성요건(Grundrechtstatbestand)[392]이라는 개념으로 표현되기도 한다. 하지만 구성요건이라는 개념은 오히려 보호영역과 제한의 두 가지 모두를 포함하는 개념으로 사용된다는 점에서 적절한 용어라고 볼 수 없다.[393] 연방헌법재판소는 보호영역에 관하여 그것은 항상 우선적으로 고찰되어야 하는 것으로 "기본권의 실체적인 내용"이라는 표현을 사용한다.[394]

자유권적 기본권의 심사의 단계구조와 다른 방향에서 접근되어야

Staatsrechts, Bd. V, §111, C. F. Müller, 1992, S. 166ff.

390) Jarass/Pieroth, Grundgesetz für die Bundesrepublik Deutschland, Aufl. 5, 2000, S. 24. ; Klaus Stern, Idee und Elemente eines Systems der Grundrechte, in: Isensee/Kirchhof(hrsg) Handbuch des Staatsrechts, Bd. V, §109, C. F. Müller, 1992, S. 91ff. ; Horst Dreier, Grundgesetz Kommentar, Bd. I, Mohr Siebeck, 1996, S. 78ff.

391) K. Hesse, Grundzüge des Verfassungsrechts der Bundesrepublik Deutschland, C. F. Müller, Aufl. 16, 1988, RN 310.

392) Klaus Stern(FN 390), S. 91.

393) Jarass/Pieroth(FN 390), S. 25.

394) BVerfGE 32, 54, 72.

하는 것이 평등권의 문제이다.395) 평등권에 있어서는 자유권적 기본
권에 대한 제한의 이론이 그대로 적용될 수 없는데 그 이유는 자유
권적 기본권의 경우에는 기본권의 제한으로부터 보호해야만 하는
특정한 영역이나 법익이 존재하는 반면에 평등권에 있어서는 비교
집단 간의 관계에 있어서 합리적인 이유 없는 자의적인 차별의 금
지가 중요한 문제이기 때문이다. 따라서 평등권에 있어서 보호영역
의 개념은 매우 드물게 사용되고 대신에 평등권의 심사에서는 보호
영역과 제한이 하나의 같은 단계에서 적용된다. 물론 하나의 단계에
서도 일반적인 단계심사가 유용하게 적용될 수 있고 그것을 통하여
기본권이론의 통일성이 유지될 수 있는 것이다.396)

기본권의 보호영역은 객관적인 보호영역, 인적인 보호영역, 기본권
의 경쟁관계에 의한 보호영역의 세 가지의 요소로 구성되어 있다.397)

객관적인 보호영역은 기본권주체의 지위, 특성, 법익 등의 모든
행위태양을 포함하는데 여기서는 기본권 규정의 문의적인 한정이
함께 고려되어야 한다. 예를 들면 집회의 자유가 보장하는 것은 무
기 없는 평화적인 집회만을 의미하는 것이 그것이다. 여기서 문의에
따른 한정은 합리성 심사에 있어서 고려되어야 하는 법률유보 규정
이나 이와 유사한 기본권 제한에 의한 한정의 개념과는 구별되어야
한다.398)

인적인 보호영역은 기본권이 보호하는 기본권 주체 내지는 기본

---

395) Horst Dreier(FN 390), S. 86.

396) Jarass/Pieroth(FN 390), S. 25.

397) Jarass/Pieroth(FN 390), S. 26ff. ; 드라이어(Horst Dreier)는 기본권의
보호영역의 확정에 있어서는 무엇보다도 기본권 규정의 객관적인 사실
과 기본권 주체의 주관적인 관련성의 확정이 중요하다고 한다. 예를 들
면 기본법 제8조의 집회의 자유는 평화적인 집회만을 그 보호영역으로
하고 있으며, 기본권의 주체의 문제에 있어서 그것이 인간의 권리인지
아니면 국민의 권리인지에 따라서 기본권의 보호영역의 의미가 구체화
될 수 있다는 것이다. Horst Dreier(FN 390), S. 78 FN 323.

398) 자세한 것은 Hans D. Jarass, AöR, 1995, 370f.

권의 행사능력자를 의미하며 인적인 보호영역을 통하여 객관적인 보호영역은 그 적용이 한정된다. 왜냐하면 기본권주체에게 속하는 기본권의 행사만이 보호영역에 의하여 허용되기 때문이다.

　기본권 주체의 행위가 다른 기본권이나 기본권과 동일한 권리의 보호영역에 해당하는 기본권의 경쟁관계가 있을 수 있다. 기본권이 이러한 경쟁관계 있는 경우 기본권이 하나의 보호영역의 범위에 속하는 경우에도 다른 기본권에 의하여 그 행사가 배제되는 경우나 상호보완관계가 성립하는 경우가 있을 수 있는데, 이러한 것이 기본권의 경쟁관계에 의한 기본권보호영역의 문제이다. 기본권이 경쟁관계에 있는 경우에 심사는 다음의 단계를 거치게 된다. 하나의 기본권과 다른 기본권이 특별관계에 있는 이른바 부진정한 경쟁관계(unechte Grundrechtskonkurrenz)인 경우 경쟁관계에 있는 다른 기본권은 적용되는 기본권에 의하여 배제된다. 그 밖의 경우에는 기본권의 의미 내용에 따라 가장 강한 기본권399)에 따라 보호영역이 정해지게 되는데 만약 기본권 간의 상호관계에 있어 가장 강한 기본권이 존재하지 않는 이른바 관념적 경쟁(Idealkonkurrenz)의 경우에는 관련기본권 모두가 수평적으로 적용될 수 있다.400)

2. 기본권의 제한

　이론적으로 보면 기본권의 보호영역과 제한401)은 개인의 자유와

---

399) BVerfGE 64, 229, 238f.
400) Jarass/Pieroth(FN 390), S. 27.
401) 이슨제는 기본권의 제한의 개념으로 사용되는 Schranken, Beschränkung, Eingriff의 세 가지 개념을 구분하고 있다. 독일기본법에서는 세 가지 개념이 상호 같은 의미로 사용되고 있고 실제로 어느 정도 이 개념들이 일치하는 것이기는 하지만 완전히 일치하는 것은 아니라고 하고 있다. Eingriff는 국가의 행위를 의미하고, Schranken은 국가의 이러한 행위로

국가의 공권력에 따라 긴장관계에 있고 양자의 개념은 법적으로 엄격하게 구분되어야 한다. 보호영역의 확정은 법 논리적으로 제한의 개념보다는 앞서 논의되어야 하고, 제한은 보호영역의 내부에서만 논의될 수 있다. 따라서 기본권에 대한 제한이 없는 이른바 잠재적인 자유의 침해가 없는 보호영역은 존재할 수 있지만 보호영역을 제한하지 않는 기본권의 제한은 있을 수 없다.

기본권 제한의 종류는 고전적인 제한과 사실적 내지는 간접적 제한으로 나누어진다.402) 일반적으로 고전적 제한의 개념은 목적성(궁극적인), 직접성, 법률의 형식, 강제적인 혹은 명령적인 내용을 그 특징으로 하고 있다. 즉 규범의 형식으로 의도하였던 방법에 의하여 기본권적으로 보호된 이익을 제한하는 것이다. 하지만 기본권은 형식적인 법률에 의한 행위에 대해서만 보호가 요청되는 것이 아니고, 법률의 형식이 아니거나 또는 직접적으로 의도한 목적에 의한 경우가 아닌 경우에도 국가에 의한 사실행위나 간접적인 영향에 대해서도 그 보호가 요청된다. 따라서 이러한 종류의 간접적·사실적인 제한403)에 대해서도 보호가 요구된다는 것이 판례나 문헌에 의하여 일

인하여 생긴 법적인 제한상태를 의미하는 것으로 Eingriff는 동적인 개념이고 Schranken는 정적인 개념이다. 따라서 이 두 가지의 개념을 원인과 결과 내지는 효과의 관계에 있는 것으로 Eingriff가 전제되지 않으면 Schranken은 존재하지 않게 된다. 만약 Eingriff가 정당화될 수 없다면 기본권은 합법적으로는 제한되지는 않는다. Josef Isensee(FN 389), S. 174.

402) 야라스는 자유권적 기본권에 있어서는 고전적이고 전형적인 국가권력에 의한 제한과 그 밖의 제한으로 구분하고 있다. Jarass/Pieroth(FN 390), S. 28f.

403) 이슨제의 고전적인 제한과 현대적인 제한의 내용과 동일하다. 이슨제에 의하면 고전적 제한의 특징은 명령과 강제성, 법률의 형식, 기본권의 보호이익에 대한 작용의 목적성, 보호이익의 제한에 대한 직접성 등의 그 특징인데, 현대적인 제한의 개념의 특징은 이러한 것에 한정되는 것이 아니라 국가의 제한의 영역이 확대된다는 것이다. 즉 국가의 명령과 강제성을 특징으로 하는 권력적인 행위뿐만 아니라 국가의 행정사법적인 행위와 국고작용에 의한 제한의 가능성, 법률의 형식에 의한 제한뿐

반적으로 인정된다.404)

　평등권과 부수적으로 다른 몇몇의 기본권에 있어서는 차별에 의한 제한이 있을 수 있는데, 이러한 차별성에 따른 제한에 있어서는 기본권주체에게 어떠한 조치가 부담으로 작용하는지의 여부는 비교집단과 관련해서만 그 의미가 있고 다른 경우와 비교하지 않고 기본권의 제한성 여부를 검토하는 것은 중요하지 않다. 생존권적 기본권에 있어서는 국가가 문제된 급부의 제공을 거부함으로써 보호영역에 제한을 가할 수 있다. 경우에 따라서는 다른 기본권에 있어서도 이러한 제한의 형태가 존재할 수도 있다. 그 외에도 기본권의 보호기능의 적용에 있어서 충분한 보호를 거부함으로써 기본권의 제한이 나타날 수 있고, 특별한 경우로서 국가기관이 기본권의 파급효과나 경우에 따라서는 기본권의 간접적 효력을 사법관계에 해석하거나 적용을 하는 경우에 있어서 제3자에 대한 보호를 거부함으로써 기본권의 제한이 나타날 수도 있다.405)

　기본권의 제한성을 인정할 수 없는 경우로 입법의 형성에 의한 기본권의 제한과 기본권주체의 동의에 의한 경우의 두 가지가 있다. 입법자에 의한 기본권의 형성의 경우에는 비록 보호되는 특정한 기본권의 행사에 대하여 불리한 효과가 있다고 할지라도 그것은 기본권의 제한으로 인정되지 않고 정당화된다. 기본권에 관하여 형성이 허용된 경우 그 형성은 기본권의 제한의 단계에서 적용하여 기본권 제한에서 배제시켜야 하기 때문에 이미 기본권 제한단계에서 적용된 기본권의 형성은 기본권 제한의 정당화단계에서는 고찰되어서는

　　만 아니라 사실행위에 의한 제한가능성, 의도한 궁극적인 목적에 의한 제한뿐만 아니라 부수적 행위에 의한 제한의 가능성, 기본권의 보호이익을 직접적으로 제한하는 행위뿐만 아니라 간접적으로 야기된 제한의 가능성 등으로 제한의 개념이 확대되었다고 한다. Josef Isensee(FN 389), S. 176.
404) Horst Dreier(FN 390), S. 80.
405) Jarass/Pieroth(FN 390), S. 29f.

안 된다. 기본권의 형성과 관련해서는 생존급부적 기본권의 영역에서 그 구조적인 필요성이 인정되고 실제로 중요한 범위의 입법형성이 허용된다. 기본권의 제한이 없는 또 다른 하나의 경우는 기본권과 관련된 자가 기본권에 대하여 취해진 조치나 그 효력에 동의하는 경우이다. 물론 이러한 동의는 일반적으로 기본권의 행사의 포기가 가능하다는 의미는 아니고 개별적인 경우에 있어서 기본권에 의하여 보호된 행위방식의 포기가 가능하다는 의미이다. 그러한 경우에도 기본권의 제한이 오래 지속된다거나 특별히 중대한 경우에는 기본권의 객관적 규범질서의 내용에 저촉될 수 있다. 사인을 통한 기본권의 제한에 대한 동의에 있어서는 기본권의 방사효과가 중요한 문제로 나타난다.406)

3. 제한의 정당성 – 법률유보·헌법내재적 한계·상충하는 헌법규정

기본권의 제한은 법률유보나 헌법 내재적 한계407) 그리고 상충하는 헌법규정에 의하여 정당화 될 수 있다.408) 기본권의 법률유보란 기본권의 보호영역에 있어서 그것의 제한·침해 규정의 권한이 입법자에게 위임된 경우를 의미한다. 법률유보는 일반적으로 법률에 의하거나 법률에 근거를 둔 제한의 형식으로 여기서의 법률은 형식적인 법률을 의미한다. 법률유보에는 단순한 법률유보와 가중된 법률유보가 있다. 단순법률유보는 직접 법률에 의하거나 법률에 근거하여 기본권을 제한하는 방식이고 가중법률유보는 제한하는 법률에 일정한 목적이나 방법을 연관시킴으로써 기본권의 제한을 까다롭게 하는 것이다. 단순법률유보에 의한 기본권 제한을 규정하고 있는 것으

---

406) Jarass/Pieroth(FN 390), S. 31f.
407) Horst Dreier(FN 390), S. 83.
408) Jarass/Pieroth(FN 390), S. 32ff.

로 기본법 제2조 제2항, 제8조 제2항, 제10조 제2항, 제12조 제1항 등409)이 있고 가중법률유보를 규정하고 있는 것으로는 기본법 제5조 제2항, 제10조 제2항, 제11조 제2항, 제13조 제3항 등이 있다.410) 따라서 형식적인 법률에 직접적으로 그 근거를 두고 있는 하위법령이나 행정행위에 의하여 기본권의 보호영역에 제한을 가하는 경우에는 기본권의 제한은 정당화된다. 법률유보가 기본권의 제한을 위한 근거로서 존재하는 경우 기본권의 법률유보도 비례성의 원칙을 준수한 입법권의 행사인지가 심사되어야 하는데, 이것은 충돌하는 법익 간의 이익형량을 포함하는 것이다(Schranken-Schranken). 기본권은 상충하는 제3자의 기본권에 의해서도 제한될 수 있다. 역시 이러한 경우에도 법률유보나 규정에 의한 유보의 형식으로 나타난다.411)

---

409) 우리의 헌법이론에 의하면 개별적인 법률유보와 같은 의미로 볼 수 있다.

410) Horst Dreier(FN 390), S. 82. 헌법에서 직접 그 한계를 규정하고 있는 헌법적 한계로 볼 수 있다 ; 헌법적 한계와 가중적 법률유보와의 관계에 관하여 강태수 교수는 다음과 같이 설명하고 있다. 가중적 법률유보는 기본권을 제한하는 경우에 특정한 내용과 범위를 헌법에서 규정하여 입법자의 형성의 자유를 제한하는 데에 그 목적이 있으므로 입법자는 제한여부에 대하여 결정권을 가지고 있다고 한다. 이와는 달리 헌법 직접적인 제한 규정은 제한여부에 대한 입법자의 재량을 인정하지 않는다고 보고 있다. 우리 헌법 제21조 제4항에서 "언론·출판은 타인의 명예나 권리 또는 공중도덕이나 사회윤리를 침해하여서는 아니 된다"라고 규정하고 있는데, 이 규정의 성격에 관하여 구체화되지 않은 막연한 개념을 구체적인 사건에 적용하는 것은 많은 어려움이 따르므로 법률에 의해 구체화가 요구된다고 하면서 이를 가중적 법률유보로 보는 견해(계희열, 「헌법학(중)」(서울: 박영사, 2000), 410면)와 헌법적 한계로 보는 견해(강태수, "기본권의 보호영역, 제한 및 제한의 한계"「한국에서의 기본권이론의 형성과 발전(정천 허영박사화갑기념논문집)」(서울: 박영사, 1997), 128면)로 대립된다. 이러한 견해대립에 있어서 강태수 교수도 우리 헌법에서 헌법적 한계와 가중적 법률유보는 외형상 그 구별에 어려운 점이 있다고 한다. 실제로 법률유보와 헌법적 한계(헌법 직접적인 한계) 외에 가중적 법률유보라는 개념을 인정할 실익이 있는지는 의문이다.

411) 법률유보에 의한 기본권 제한의 정당성과 상충하는 헌법규정에 의한

174

　기본법은 제5조 제2항과 같이 기본법 자체에서 헌법적 한계조항을 가지고 있는 경우 연방헌법재판소에 의하여 발전된 절대적 기본권의 제약논리인 헌법의 내재적 한계[412]가 인정될 여지가 없다고 할 수 있다. 하지만 헌법의 내재적 한계는 헌법의 통일성의 관점에서 규범조화적 해석의 필요성 때문에 특별한 경우에 인정되는 것이므로 기본법 자체에서 법률유보조항을 두고 있는 경우에도 인정할 실익이 충분히 있고, 헌법적 유보조항과 함께 기본권을 제한하는데 효력을 미칠 수 있다고 주장된다.[413] 독일과 같이 일반적 법률유보 규정을 두지 않고 개별적 법률유보 규정의 형식을 취하고 있는 경우 언론과 출판의 자유에 있어서는 헌법적 한계만을 명시하고 있기 때문에 내재적 한계를 원용할 실익이 더 클 수도 있을 것이다.[414] 다만 내재적 한계를 원용하는 경우에도 기본권의 본질적 내용이 훼손되지 않도록 헌법전체의 통일성의 관점에서 다른 헌법적 가치의 전

　기본권의 정당성은 양자 모두 법률유보의 형식을 취한다는 점에서는 동일하지만, 전자의 경우에는 당해 기본권의 보호영역에 있어서 법률유보로서 제한하는 것이 정당성이 인정된다는 것이고, 후자의 경우에는 상충하는 기본권 상호 간의 보호영역을 법률유보에 의하여 제한하게 된다는 점에서 그 차이점이 있다.

412) 이 개념은 최초로 BVerfGE 3, 248, 252f.에서 사용되었다. 내재적 한계이론은 절대적 기본권을 제약하기 위한 이론으로 오늘날 독일의 학설과 판례는 일반적으로 인정하고 있는데, 그 논증방법은 3한계이론, 개념내재적 한계이론, 국가공동체유보이론, 규범조화를 위한 한계이론 등이 있다. 규범조화를 위한 한계이론은 기본권의 내재적 한계를 헌법의 통일성과 헌법에 의해서 보장되는 전체적인 가치질서의 관점에서 논증하려는 입장으로 오늘날 독일의 학설·판례를 통하여 지배적인 이론으로 평가받고 있다(BVerfGE 30, 173, 191ff.).

413) R. Herzog, in: Maunz/Dürig/Herzog/Scholz, GG-Kommentar(Loseblatt, 1958-2000), Art5, RN 293.

414) 우리 헌법은 일반적 법률유보 규정을 가지고 있으므로 구태여 내재적 한계의 이론을 원용하지 않더라도 법률에 의한 기본권의 제한이 가능하므로 내재적 한계는 지극히 예외적인 경우에 보완적인 논리형식으로 이해하는 것이 옳다고 하는 견해가 있다. 허영, 「헌법이론과 헌법」 신정6판(서울: 박영사, 2001), 421면.

체가 조화될 수 있도록 이익형량이나 규범조화적 해석의 원칙이 존중되어야 할 것이다.

기본권의 상충의 특징은 서로 대립관계에 있는 하나 혹은 다수의 기본권에 다수의 기본권주체가 존재한다는 점이다. 기본권의 주체가 기본권을 행사하는 경우 다른 기본권주체의 기본권의 행사와 조화될 수 없는 경우 상충되는 기본권에 의하여 기본권의 제한이 발생할 수 있다. 이러한 기본권의 제한은 헌법에서 보장하는 기본권에 의한 제한이므로 정당화될 수 있고 또한 헌법상의 기본권뿐만 아니라 헌법상의 보호이익에 의하여 제한되는 경우에도 그 정당성이 인정될 수 있다. 기본권이 헌법상의 권리에 의하여 제한을 받는 경우에도 그 제한은 항상 정당성이 인정되는 것은 아니고, 헌법상의 보호가 요청되는 다른 기본권이나 법익이 제한되는 기본권에 대하여 우선적인 지위에 있는 경우에 한하여 비례성의 한계 내에서 제한이 가능하게 된다. 결국 이러한 헌법상의 기본권과 다른 권리 내지는 법익의 충돌의 경우에도 개별적인 경우의 이익형량을 통해서 해결이 가능할 것이다.415)

예를 들어, 언론·출판의 자유라는 기본권이 다른 헌법적 가치질서나 기본법과 저촉되는 경우에는 그러한 언론·출판의 자유는 허용되지 않는다. 기본법 제9조 제2항에 형사법이나 헌법질서 또는 국제적 협조의 이념에 반하는 것을 목적으로 하는 단체의 설립을 금지하고 있는데 그러한 단체를 설립할 것을 주장한다거나, 기본법 제21조 제2항에서는 자유민주주의적 기본질서를 침해하거나 독일 연방공화국의 존립을 위태롭게 하는 것을 목적으로 하는 정당은 위헌이라고 규정하고 있는데 그러한 정당의 설립을 주장하는 표현은 언론·출판의 자유에 의하여 정당화되지 않는다. 이와는 달리 기본법 제20조 제1항에 규정된 사회국가원리는 직접적으로 언론·출판의

---

415) Jarass/Pieroth(FN 390), S. 35f.

자유를 제한하는 요소를 가지고 있지는 않다.416)

4. 평등권·생존권적 기본권의 제한과
제한의 정당성의 특수한 문제

평등권이나 생존권적 기본권에 있어서 기본권의 제한의 정당성인
정의 문제는 일반적인 제한의 정당성의 문제와는 다른 점이 발견된
다. 평등권에 있어서는 법률유보에 의한 제한의 문제라기보다는 개
별적인 평등권에 있어서 법치국가원리나 비례성의 심사를 근거로
하여 기본권의 제한이 가능하게 된다. 물론 상충하는 헌법상의 권리
에 의한 제한의 경우에는 일반적인 제한의 경우와 동일하다고 볼
수 있다.417)

생존권적 기본권의 제한에 있어서는 급부의 제공이나 보호를 거
부하는 형태로 기본권을 제한하는 경우가 나타나게 되는데, 이러한
경우에는 기본권의 법률유보의 방법은 그 적용이 어렵다. 왜냐하면
기본권의 형성이 이미 입법자에 의하여 이루어진 상태이므로 법률
유보가 필요하지 않기 때문이다. 하지만 상충하는 헌법상의 권리에
의한 제한의 방법은 적용이 가능하고 그 제한은 정당성은 인정될
수 있을 것이다. 사법관계에 있어서 기본권의 방사효과를 고려하지
않고 기본권에 제한을 가한 경우에는 생존권적 기본권에 있어서와
마찬가지로 법률유보에 의해 그 제한의 정당성이 인정되는 경우는
예상할 수 없지만 헌법상의 상충하는 기본권에 의한 제한은 그 적
용이 가능할 것이다.418)

---

416) Jarass/Pieroth(FN 390), S. 199.
417) Jarass/Pieroth(FN 390), S. 37f.
418) Jarass/Pieroth(FN 390), S. 38.

Ⅲ. 독일기본법 제5조의 보호영역에 관한
판례 및 판례분석

1. 서 설

1) 독일기본법 제5조의 보호영역

독일에서는 기본권을 바라보는 시각이 학자들 간에 다소의 차이점은 있지만 "보호영역－보호영역의 제한－제한의 정당성"의 단계적 구조를 갖는다는 점에는 거의 일치하는 것으로 보인다. 여기서는 우선 첫 번째 과제로 보호영역의 확정이 필요성이 있다. 보호영역은 적용영역·효력영역·규범영역·구성요건이라는 말로 표현되기도 하지만, 구성요건이라는 개념은 보호영역과 제한의 모두 포함하는 것이라는 야라스의 지적도 일익 수긍할 수 있다는 점에서 구성요건이라는 용어는 보호영역의 개념과 구별하여 사용하는 것이 타당하다. 따라서 여기서는 가장 일반적으로 사용되는 "보호영역"이라는 개념으로 통일해서 사용하기로 한다.

독일기본법 제5조에 규정되어 있는 언론·출판의 자유의 보호영역을 확정함에 있어서 우선 언론과 출판의 개념과 의의 및 그것이 갖고 있는 기능에서 출발하여야 한다는 것은 이미 앞에서 설명한 바와 같다. 따라서 언론·출판의 자유의 내용을 이루고 있는 '의사'·'정보'·'출판'·'방송'·'영화'의 개념의 정의에서부터 출발하여야 할 것이다. 언론·출판의 개념이 갖는 의의 및 기능 외에 보호영역의 확정에 있어서 고려하여야 할 것은 이슨제가 언급한 보호이익,

야라스가 지적하고 있는 인적인 보호영역과 경쟁관계에 의한 보호영역 등을 들 수 있을 것이다.

이슨제는 보호이익을 주관적 보호이익과 객관적 보호이익으로 나누고 이들이 보호영역을 형성한다고 설명한다. 보호영역은 고정된 것이고, 반면에 보호이익은 신축적이어서 보호영역을 형성하거나 제한한다는 이론구성을 하고 있는데, 보호이익을 보호영역의 형성에 도입한 점은 타당한 것으로 보인다. 하지만 보호영역을 고정적인 것으로 보고 신축적인 보호이익만이 제한된다고 이해하기보다는 오히려 보호영역이 제한된다고 보는 것이 설득력이 있다고 생각된다.

야라스가 들고 있는 인적 보호영역도 보호영역을 확정하는데 있어서 고려해야 하는 것은 당연하고, 기본권의 경쟁관계에 의한 보호영역의 확정도 의미 있는 것으로 보이며 보호영역의 확정에 있어서 고려되어야 한다. 그가 주장하는 바와 같이 기본권 주체의 행위가 다른 기본권이나 그 행위와 동일한 권리의 보호영역에 해당하는 경우를 기본권의 경쟁관계에 의한 보호영역이라고 볼 수 있는데, 이러한 언론·출판과 다른 기본권의 경쟁관계에 의한 보호영역뿐만 아니라 언론·출판의 자유의 내부에서의 경쟁관계에 의한 보호영역을 생각할 수도 있을 것이다. 즉 의사표현의 자유와 신문의 자유, 의사표현의 자유와 방송의 자유, 정보의 자유와 의사표현의 자유 등을 들 수 있을 것이다. 이들 상호 간의 보완관계에 기본권의 보호영역을 확정하고 보완관계가 성립하지 않는 경우 강한 기본권에 따른 기본권의 보호영역의 확정을 생각해 볼 수 있다.

2) 독일기본법 제5조의 보호영역에 대한 제한

(1) 서 설

독일기본법 제5조 제2항에서는 언론·출판의 자유는 일반법률의 규정, 청소년 보호규정, 개인의 명예권에 의하여 제한된다고 규정하고 있다. 일반적 법률유보 규정을 두지 않고 개별적인 기본권에서 개별적인 법률유보의 형식을 취하고 있는 독일기본법의 체계를 볼 때 언론·출판의 자유에서 규정하고 있는 표현의 자유에 대한 제한규정의 성격은 헌법이론상 헌법상의 한계로 보는 것이 타당하다.

이 규정에 관해서는 그 동안 많은 논쟁419)이 있었다. 특히 여기에 규정되어 있는 언론·출판의 자유에 관한 세 가지의 다른 제한요소들의 관계에 관하여 많이 논의되었다. 일반 법률규정, 청소년보호규정, 개인의 명예권 이 세 종류의 언론·출판의 자유의 제한요소(Schrankentrias)는 각각 완전히 독립하여 나란히 존재하는 것으로 해석되는 경우가 있고 또 다른 한편으로는 중복적으로 적용될 수도 있다. 즉 청소년 보호의 동기에서뿐만 아니라 개인의 명예보호의 동기에서 또는 명예보호의 동기와 일반 법률규정에 의해서 언론·출판의 자유에 대하여 제한이 가해질 수 있다는 것이다. 따라서 이 세 종류의 제한요소가 어떤 한 점에서 결코 만날 수 없다는 해석보다는 서로서로의 영역이 각각 적용될 수도 있고 동시에 중복적으로 적용될 수도 있다고 보아야 한다. 일반 법률규정을 해석하는 경우 그 규정이 다른 두 가지의 제한요소인 청소년 보호규정과 개인의 명예권을 완전히 포함한다든지 아니면 둘 중에 하나를 완전히 포함한다고 해석하는 것은 올바른 법적 해석방법이라 할 수 없고 문제된 제한요소가 중복해서 적용된다고 보는 것이 타당하다. 또 청소년의 보호와 개인의 명예권의 합리적이고 구체적인 관계가 입법화되어서 일반 법률이 될 수도 있다고 보아야 한다. 다만 본질적인 차이점은 개인의 명예권에 의한 제한과는 달리 일반 법률이나 청소년보호규정에 의한 제한의 경우에는 법률로써 구체화되어야 그것이 국민에게 적용될 수 있다는 것이다.420)

---

419) R. Herzog(FN 413), RN 242ff.
420) R. Herzog(FN 413), RN 246.

(2) 기본법상의 제한사유

① 일반 법률

바이마르공화국 헌법 제118조 제1항[421]의 일반 법률이라는 개념이 독일기본법 제5조에서 언론·출판의 자유의 제한원리의 하나로 그대로 규정되고 있고 일반 법률의 개념에 관한 해석에 있어서도 바이마르공화국의 지배적인 이론의 영향을 강하게 받고 있다. 바이마르공화국의 헌법 제118조 제1항의 일반 법률에 대한 해석방법은 세 가지로 나누어 볼 수 있다. 첫 번째 견해로 바이마르공화국헌법 제118조 1항의 규정을 입법상의 과오로 보아 "일반(allgemein)"이란 용어는 존재하지 않는 것으로 보는 입장으로 이러한 입장에 선다면 언론·출판의 자유는 무제한적인 법률유보 규정에 의하여 상당한 제한을 받을 수 있다. 두 번째 견해는 스멘트(Smend)에 의해 발전된 것으로 일반 법률의 해석에 있어서 "일반"이란 형용사는 실체적인 일반성의 가치가 헌법에 수용될 수 있다는 것으로 이해되었다. 세 번째 바이마르시대의 지배적인 견해로 특별법(besondere Gesetze)에 반대되는 개념으로 일반 법률의 개념을 이해하고 있는데, 특별법에서의 "특별한"이란 형용사가 갖는 본질은 법률의 입법목적이 언론·출판의 자유라는 기본권 그 자체에 대한 것을 내용으로 하고 있는 것을 의미한다. 이러한 바이마르시대의 지배적인 이론에 의할 때 결국 언론·출판의 자유 그 자체와 연결된 구체적인 입법목적이 없는 것으로 간주되고 다른 목적 즉 의사표현과는 연결되지 않는 특정한 법익을 보

---

421) 바이마르공화국헌법 제118조 제1항에서는 모든 독일인들은 일반 법률의 범위 내에서 언어, 문서, 출판, 그림 또는 기타 방법으로 자신의 의사를 자유로이 표명할 수 있는 권리를 가진다고 규정하고 있다(Jeder Deusche hat das Recht, innerhalb der Schranken allgemeinen Gesetze seine Meinung durch Wort, Schrift, Druck, Bild oder in sonstiger Weise frei zu äußern).

호하기 위하여 제정된 법률이라는 증명이 있으면 그것이 일반 법률이라는 것이다.[422]

비록 독일기본법상의 일반 법률이 바이마르시대의 이론의 강한 영향을 받고 있다고는 하지만 이를 이해하는데 있어서는 두 가지의 다른 특별한 점이 발견된다. 먼저 일반 법률은 모든 사람을 위하여 적용되는 법률이 아니라는 의미에서 기본법 제19조 제1항[423]의 일반적 법률과는 다르다는 점이다. 기본법상의 일반 법률은 비록 그것이 일반적이고 추상적으로 규정되어 있지만 그것은 제19조상의 개별적인 경우에 규정되는 법률을 명백히 배제하는 의미에서의 일반적이라는 의미는 아니다. 즉 제5조의 일반이라는 개념은 기본법 제19조 제1항의 일반적 법률의 개념과는 다르다고 보아야 한다. 다른 하나는 바이마르공화국 헌법 제118조 제1항에 의하면 일반 법률의 범위 내에서 의사표현이 가능하도록 규정하고 있었던 것과는 달리 독일기본법 제5조 제2항에서의 일반 법률은 독자적으로 언론·출판을 제한하는 하나의 요소임과 동시에 청소년보호와 개인의 명예권이라는 기본권 제한요소 중의 하나로써 규정하고 있다. 만약 일반 법률을 해석하면서 바이마르시대의 키칭거(Kitzinger)나 옐리네크(W. Jellinek)가 주장하였듯이 일반적이고 추상적인 법률을 필요로 한다면 기본법상의 다른 두 가지 제한요소인 청소년 보호규정이나 개인의 명예권은 필요 없는 요소라는 반론이 있을 수 있다. 따라서 기본법 제5조상의 일반 법률이란 그 문법적인 해석뿐만 아니라 헌법의 통일적인 해석에 근거하여 볼 때 모든 일반적이고 추상적인 법률을 의미하는 것이 아니라 여기서 "일반"이란 용어는 바이마르시대의 지

---

422) R. Herzog(FN 413), RN 250f.

423) 독일기본법 제19조 제1항: Soweit nach diesem Grundgesetz ein Grund- recht durch Gesetz oder auf Grund eines Gesetzes eingeschränkt werden kann, muß das Gesetz allgemein und nicht nur für den Einzelfall gelten. Außerdem muß das Gesetz das Grundrecht unter Angabe des Artikels nennen.

182

배적인 이론과 같이 실체적으로 의미 있는 제한요소의 하나로서 이
해되어야 한다.424)

  일반 법률에 관한 바이마르시대의 이론이 독일기본법에도 강한
영향을 미치고 있었지만 문언이나 판례에서 명확하게 그것을 선언
하고 있지는 않았으며, 1958년 뤼트판결(Lüth-Urteil)이 나오기까지
는 자유롭게 의사를 표현할 수 있는 기본권을 직접적으로 제한하는
법률 그 자체는 헌법에 위반되는 것으로 간주되고 있었다. 1958년의
뤼트판결425)에 와서야 비로소 일반 법률에 관한 연방헌법재판소의
체계적인 입장이 나타났다고 볼 수 있다.426) 연방헌법재판소는 "언

---

424) R. Herzog(FN 413), RN 251.
425) BVerfGE 7, 198. 사건의 개요를 보면 다음과 같다. Hamburg 주의 공보
    실장(Senatsdirektor)인 헌법소원청구인 Erich Lüth는 1950년 독일영화
    주간의 개최에 즈음하여 언론클럽(Presseklub)의 회장으로서 영화배급회
    사와 영화제작회사에 대하여 연설을 하던 중에 나치시대의 유태인 박해
    영화 "Jud Süß"의 감독이자 시나리오 작가인 Veit Harlan을 독일영화의
    대표자로 취급하는 것의 위험성에 대하여 경고하였다. 당시 Harlan의 각
    본·감독으로 "영원한 연인(Unsterblich Geliebte)"을 제작한 Domnick영
    화회사는 Lüth에게 해명을 요구하였다. Lüth는 신문에서 공개장의 형태
    로 Harlan은 나치시대에 유태인의 배척에 가담했기 때문에 Harlan이 영
    화계에 재등장하는 것은 독일의 국제적 평가를 파괴한다고 하면서 보이
    콧을 호소하였다. Domnick영화회사와 Herzog영화배급회사는 Hamburg
    지방법원으로부터 1. 영화관 소유자와 영화배급회사에게 "영원한 연인"
    을 프로그램으로 편입하지 않을 것과 2. 관객에게 이 영화를 관람하지
    말 것을 선동하는 행위를 금지하는 가처분을 얻었다. 이러한 가처분에
    대하여 Lüth가 상소하였고, 그 상소는 Hamburg상급법원에 의하여 기각
    되자, Hamburg 지방법원은 Lüth에 대하여 민법 제826조의 공서양속위
    반에 의한 불법행위를 인정하여 영화관 소유자와 영화배급회사에게 "영
    원한 연인"을 프로그램으로 편입하지 않을 것과 관객에게 이 영화를 관
    람하지 말 것을 선동하는 행위를 중지할 것과 위반의 경우에는 벌금형
    혹은 구류형에 처해질 수 있다고 경고하였다. Lüth는 이 판결에 대하여
    Hamburg고등법원에 상소함과 동시에 지방법원의 판결이 기본법 제5조
    제1항의 언론의 자유를 침해한다고 하면서 연방헌법재판소에 헌법소원
    심판을 청구하였다. 연방헌법재판소 제1법정은 1958년 1월 15일에
    Hamburg 지방법원의 판결을 파기하여 원심으로 환송하였다.
426) C. Starck, in: Mangoldt/Klein, Das Bonner Grundgesetz: Kommentar.

론·출판의 자유는 기본법 제5조 제2항의 일반 법률에 의하여 제한될 수 있다. 일반 법률의 개념에 관하여는 다툼이 있었고, 바이마르 공화국 헌법 제118조에 입법상의 실수로 규정되었는지는 확실하지 않으며, 바이마르헌법이 적용되고 있는 동안은 다음과 같이 해석되었다. 일반 법률이란 의사표현 그 자체를 금지하거나 의사의 표현 그 자체를 대상으로 하는 법률이 아니라, 특정한 의사표현과는 상관없이 보호되어야 하는 법익의 보호에 기여하는 법률이다. 일반 법률이 기본권을 제한하는 경우 기본권과 일반 법률 간의 상호관계는 일반 법률에 의한 기본권의 효력의 일방적 제한으로 파악되어서는 안 된다. 일반 법률이 기본권을 제한하는 경우 자유주의적 민주국가에서 기본권의 가치내용에 비추어 일반 법률이 다시 한번 제한되어야 한다. 따라서 언론의 자유는 일반 법률에 의하여 제한되지만 일반 법률도 자유민주주의국가를 위한 절대적·본질적 기본권인 언론의 자유에 의하여 다시 제한된다고 하는 의미에 있어서 상호작용이 이루어지는 것이다"427)라고 밝히고 있다.

결국 일반 법률이란 표현 그 자체를 대상으로 하는 법률이 아니라 다른 특정한 법익의 보호를 목적으로 하는 법률을 의미하는 것으로, 법률이 일반 법률로 인정되기 위해서는 법률의 입법목적이 개인에게 있어서 중요한 법익이 상당히 위태로운 상황에 놓이는 것을 방지하려는 경향이 강하거나 개인의 법익에 직접적인 위험을 초래하는 상황을 방어하기 위한 경향이 강할수록 일반 법률로 인정될 가능성이 많다고 보아야 한다.428)

Bd. 1, C. H. BECK., 1999., Art 5, RN 178.

427) BVerfGE 7, 198, 209ff. ; 쉬타르크는 다른 기본권에서 적용되는 것과 마찬가지로 의사표현의 자유의 영역에 있어서도 소위 상호작용(Wechsel- wirkung)이론과 함께 실질적인 이익형량이 이루어진다고 하면서 상호작용이론에 근거한 법적인 이익형량도 법관으로 하여금 의사나 보도의 가치를 판단하는 것까지 허용하는 것을 의미하는 것은 아니라고 한다. C. Starck(FN 426), RN 185.

428) R. Herzog(FN 413), RN 275.

② 청소년보호규정

청소년의 보호를 위한 실정법으로는 청소년에게 유해한 도서를 금서목록으로 지정하는 것을 내용으로 하고 있는 청소년 유해도서 배포에 관한 법률(GjS), 포르노그래픽 작품의 유포를 처벌하는 것을 규정하고 있는 형법(StGB) 제184조, 성적인 영역에서 조잡하고 음란한 행위나 공적으로 전시·게시 등의 행위를 처벌할 수 있도록 규정하고 있는 질서위반법(Ordnungswidrigkeitengesetz, OWiG) 등이 있다. 이 중에서 청소년 보호규정과 관련해서 많이 언급되는 법률로는 청소년 유해도서배포에 관한 법률과 형법 제184조이다.

㉠ 청소년 유해도서배포에 관한 법률[429]

언론·출판의 자유의 제한요소로서 규정되어 있는 청소년의 보호규정은 바이마르공화국 헌법에 규정되어 있었던 청소년유해도서의 전시나 진열에 대하여 단속을 위한 목적으로 법률적 조치를 가능하게 했던 규정과 관련해서 해석할 필요가 있다. 바이마르공화국 헌법 제118조 제2항[430]에서는 청소년의 보호를 위하여 청소년에게 유해한 도서를 일반 공중이 볼 수 있도록 진열 내지는 전시하는 것을 단속하기 위해서는 법적인 조치가 허용되었다. 바이마르헌법 하에서 취해진 모든 조치가 독일기본법제정자들에 의해 합법화되었다는 것을

---

429) 청소년 유해도서배포에 관한 법률(Gesetz über die Verbreitung jugend-gefährdender Schrift, 1953. 1. 9. Bundesgesetzbl. I S. 377.), 개정(1961. 4. 29. Bundesgesetzbl. I S. 497.)

430) 바이마르공화국 헌법은 제118조 제2항에서는 독일기본법 제5조 제2항과 같이 청소년보호규정을 언론·출판의 자유의 제한요소로 규정한 것이 아니라 청소년에게 유해한 도서를 진열하거나 전시하는 행위를 단속하기 위해서는 법적인 조치가 허용된다는 것을 규정하고 있었다(……Auch sind zur Bekämpfung der Schund-und Schmutzliteratur sowie zum Schutze der Jugend bei öffentlichen Schaustellungen und Darbietungen gesetzliche Maßnahmen zulässig.).

제외하면 바이마르헌법상의 태도나 독일기본법의 태도나 같은 목적을 추구하고 있다고 할 수 있다. 하지만 독일기본법 제5조 제2항은 그것 이상의 의미를 가지고 있다. 바이마르헌법 하에서 청소년에게 유해한 도서의 전시 내지는 진열을 단속하기 위한 법적인 조치를 허용하고 있음에 비추어 그 당시의 유해한 도서란 일반적으로 도덕적이고 성적인 영역에서의 유해서적으로 생각할 수 있다. 그러나 현재의 독일기본법의 태도에 비추어 보면 바이마르공화국헌법에서처럼 "청소년에게 유해한 도서를 일반 공중이 볼 수 있도록 진열 내지는 전시"하는 행위의 규제에만 한정하고 않고 청소년에게 미치는 모든 유해한 영향을 차단하는 것을 목적으로 하고 있다. 즉 청소년들에게 폭력·범죄·호전심·인종차별 등을 자극하거나 충동할 수 있는 언론·출판의 자유의 제한도 가능한 것이다.431) 1961년 4월 29일에 개정된 청소년 유해도서배포에 관한 법률은 제1조 제1항에서 "어린이 또는 청소년을 도덕적으로 해할 수 있는 문서는 금서목록에 등재한다. 비도덕적이거나, 야만성을 불러일으키거나, 폭력, 파괴 또는 인종혐오를 야기하거나 전쟁을 찬양하는 문서는 우선적으로 이에 해당한다"고 함으로써 같은 취지의 내용을 규정하고 있다. 청소년보호규정의 보호법익과 관련하여 연방헌법재판소는 1994년 2월 11일의 등급심사결정에서 위의 내용을 확인하고 있다432).

---

431) R. Herzog(FN 413), RN 282f.
432) BVerfGE 90, 1. 표현의 자유는 무제한적으로 보장되는 것이 아니라 청소년의 보호를 위한 법률규정에 의하여 제한될 수 있다. 그러나 입법자가 입법을 할 경우 기본법 제5조 제1항 제1문이 보장하는 기본권을 염두에 두어야 한다. 야만성을 불러일으키거나, 폭력, 파괴, 인종혐오를 야기하거나 전쟁을 찬양하는 문서를 금서목록에 등재한다는 규정은 금서목록의 기재가 위험성이 명백하고 현저한 경우에 문제시되어야 함을 알 수 있게 함으로써 입법자가 표현의 자유와 효과적인 청소년보호 양자를 비교 형량 하였음을 보여주고 있다. 나아가 세계관적 보호규정을 두어 정치적, 사회적, 종교적 또는 세계관적인 내용만을 이유로 금서목록에 등재할 수 없도록 규정하고 있는 바, 비록 긍정적 가치가 없는 세계관에 청소년이 접하는 것을 금지하려는 것이 청소년 유해도서배포금

연방헌법재판소의 견해에 따르면 청소년보호규정은 청소년들이 청소년유해도서에 접근하는 것을 금지하는 것뿐만 아니라 그러한 도서에 접근하는 것을 가능하게 하는 일정한 판매방법 즉, 통신판매와 같이 발송자가 발송 내지 송달에 있어서 전혀 통제를 받지 않는 판매방법도 금지된다.[433] 발송판매가 금지됨으로써 성인들이 그러한 도서를 접할 기회가 차단되는 것은 이러한 방법을 금지하지 않는 한 청소년의 보호가 보장될 수 없으므로 헌법위반이라고 볼 수 없다. 만약 성인들이 발송판매의 방식에 의하지 않고는 그러한 서적을 구독하는 것이 완전히 봉쇄되어 있다면 그것은 위헌의 소지가 있을 것이다.[434]

ⓒ 형법 제184조

형법 제184조에서 포르노그래픽 작품을 제공·양도하거나 또는 그것에 접근이 가능하게 하거나 방송을 통하여 유포하게 하는 등의 행위태양을 규제하고 있다. 여기서 작품(Schriften)이란 넓은 의미에서 이해되어야 하고 편지·일기와 같은 사적인 글, 서적·신문·잡지와 같은 출판물, 음악, 그림, 영화와 사진 등 모든 종류의 표현물을 포함하고,[435] 특히 제2항에서는 방송에 의한 유포를 따로 규정하고 있다. 포르노그래픽의 작품들에 대한 행위태양은 아주 상세하게 규정되어 있어서 청소년 유해도서의 배포에 관한 법률의 행위와 많은 부분에서 중복되고 있다. 중복 규정을 두고 있는 이들 두 법률의 상호관계의 해결은 법률의 입법목적에서 출발하여야 할 것이다. 형법 제184조에서 포르노그래픽 작품들의 처벌규정을 받아들이는 것

지에 관한 법률의 목적이 아님을 명백히 알 수 있다. 황도수, "언론출판의 자유에 관한 독일연방헌법재판소판례" 형사정책 제8집(한국형사정책학회, 1997. 12), 206-210면.
433) BVerfGE 30, 336, 349.
434) BVerfGE 30, 336, 348. ; R. Herzog(FN 413), RN 285.
435) Martin Löffler/Reinhart Ricker, Handbuch des Presserechts, C. H. BECK, 1994, S. 422.

을 통하여 청소년의 보호를 강화하고자 하는 것이 입법자의 분명한
의도였다. 따라서 형법상의 처벌규정은 청소년 유해도서배포에 관한
법률의 규정과 중복되는 부분에 있어서는 우선적인 규정이다. 그러
므로 청소년 유해도서배포에 관한 법률은 형법 제184조가 규정하고
있는 행위태양을 벗어나는 영역에서만 적용된다고 보아야 한다.[436]

③ 개인의 명예권

언론의 기능으로 공공의 정보수집과 비판기능을 들 수 있는데, 이
기능은 종종 어쩔 수 없이 제3자의 평판이나 명예를 훼손하게 되는
결과를 가져오기도 한다. 그렇기 때문에 명예훼손법과 언론인의 역
할과의 충돌은 회피할 수 없는 것이 되고 명예훼손에 관한 문제는
언론에 있어서 핵심적인 문제 중의 하나로 간주된다.[437] 기본법에서
는 언론과 명예와의 관계에서 발생하는 문제의 해결을 위하여 언
론·출판의 자유에 대한 세 번째의 제한사유로 개인의 명예권을 규
정하고 있다. 일반 법률이나 청소년의 보호규정과 다른 점은 언론의
자유를 제한하는데 있어서 법률에 의하여 구체화될 필요가 없고 헌
법의 규정에 의하여 직접적으로 제한의 요소로서 작용할 수 있다는
것이다.[438] 여기서 중요한 사실은 개인의 명예라는 언론의 자유의
제한요소는 헌법의 통일성에 비추어 볼 때 기본법이 인정하고 있는
법익으로서 비록 다른 독자적인 기본권[439]은 아닐지라도 니퍼다이

---

436) Martin Löffler/Reinhart Ricker(FN 435), S. 430.
437) Martin Löffler/Reinhart Ricker(FN 435), S. 382.
438) R. Herzog(FN 413), RN 246, 286.
439) 리커(Reinhart Ricker)는 명예권은 기본법이 규정하고 있는 독자적인
     기본권은 아니지만 기본법 제1조와 제2조에 규정된 인간의 존엄성과 인
     격권의 본질적인 구성요건으로서 헌법적 보호를 향유하고 있기 때문에
     언론·출판의 자유는 개인의 명예권에 있어서 분명히 한계를 가진다고
     볼 수 있으므로 기본법 제5조 제2항의 제한은 언론·출판의 자유의 특
     별한 의미에 비추어 다시 검토될 필요가 있고, 법적인 이익형량의 의미

188

(Nipperdey)의 기본권의 제3자적 효력에 있어서 직접적 효력이 인정되다는 것이다.440) 개인의 명예권이 기본법에 의하여 직접 효력을 미치는 것과 관련하여 현재 민법이나 형법에서 명예권의 보호에 관한 규정을 두고 있는데, 이 경우에 언론·출판의 자유의 두 가지 제한사유 즉 개인의 명예권과 일반 법률의 관계가 문제된다. 개인의 명예보호를 위한 구체화된 법률로서 민법과 형법에 이미 규정되어 있기 때문에 이들 규정을 기본법 제5조 제2항의 일반 법률로 볼 수 있기 때문이다. 일반 법률과 개인의 명예권의 관계의 해결은 헤어쵸크의 주장441)대로 양자가 배제적인 관계에 있는 것이 아니라 서로 중복적으로 적용된다고 보아야 할 것이다. 그렇다고 하여 개인의 명예권이 사인 간에 직접적으로 적용된다고 하는 것은 전혀 의미가 없다고는 볼 수 없을 것이다. 왜냐하면 개인의 명예의 침해가 임박한 경우442) 명예의 현실적인 침해는 없기 때문에 민법이나 형법과 같은 법률규정을 일반규정으로 보아 제한할 수 있는 방법은 없지만 개인의 명예권을 제한의 근거로 삼을 수는 있기 때문이다. 연방헌법재판소는 언론·출판의 자유와 명예권이 문제된 경우 언론·출판의 자유의 제한사유로서 일반 법률의 규정과 개인의 명예권을 함께 언급하고 있는 판례도 있고,443) 형법 제185조의 명예보호규정을 일반 법률로 보아서 상호작용의 이론을 전개한 판례444)도 있다.

언론·출판의 자유를 제한하는 요소로서 개인의 명예가 민법이

에서 이해되어야 할 것이라고 한다. Martin Löffler/Reinhart Ricker(FN 435), S. 382.

440) R. Herzog(FN 413), RN 287f.

441) R. Herzog(FN 413), RN 245.

442) 현실적인 침해가 없는 경우 그 침해가능성이 있는 언론·출판의 자유를 제한하는 것은 언론에 대한 사전적인 검열에 해당하지 않는가의 의문이 제기될 수 있다. 이에 관하여는 후술한다.

443) BVerfGE 42, 143, 150.

444) BVerfGE 12, 113, 132 ; BVerfGE 47, 130, 141f. ; BVerfGE 69, 257, 268f. ; 82, 272, 280.

나 형법에 의하거나 또는 의하지 않고 직접 적용되는 경우라 할지라도 개인의 명예의 개념은 본질적으로 독일민법 제823조 제1항[445]과 독일형법의 명예보호규정에 상응하여 발전되어 온 판례와 이론에 비추어 해석되어야 한다. 그 중에서도 형사상의 명예훼손과 언론·출판의 자유는 항상 갈등·긴장관계에 있었고 명예보호에 관하여도 상세한 관련규정을 두고 있으므로 특히 형법과 관련하여 개인의 명예권은 많은 문제를 불러일으켰다.[446] 형사상의 명예훼손범죄는 우선 두 개의 분야로 나누어질 수 있다. 형법(StGB) 제185조의 명예훼손(Beleidigung)에서는 부정적인 가치평가의 유포를 통해 명예를 훼손하는 것을 내용으로 하는 것을 규정하고 있고, 제186조의 악의의 험담(üble Nachrede)과 제187조의 비방(Verleumdung)에서는 사실주장 또는 사실유포를 통해 명예를 훼손하는 것을 내용으로 하고 있다. 제186조와 제187조는 사실의 주장이나 유포라는 점에서 가치판단을 그 구성요건으로 하는 제185조와 구별되고, 제187조의 비방은 표현을 하는 자가 진실하지 않은 사실을 더 잘 알고 있음에도 불구하고 거짓의 사실을 주장하거나 유포하는 것이라는 점에서 제186조의 악의의 험담과 구별된다. 따라서 제186조의 악의의 험담인 경우에는 진실이라는 증명이 없을 경우에만 명예훼손을 구성하지만 제187조의 비방의 경우에는 이중의 증명이 요구된다. 즉 주장되거나

---

445) 민법 제823조 제1항: 고의 또는 과실로 타인의 생명, 신체, 건강, 자유, 소유권 또는 기타의 권리를 위법하게 침해한 사람은 그 타인에 대하여 이로 인하여 발생하는 손해를 배상할 의무를 진다.

446) 미국의 명예훼손법은 민사책임을 중심으로 하나의 확고한 법 영역을 구축하고 있기 때문에 민사상의 배상책임을 부과하는 데에 구제가 집중되어 있으나 독일이나 우리의 경우는 미국의 경우보다 명예를 침해당한 피해자가 형사고소를 선택하는 경우가 많다. 특히 우리나라의 경우는 형사상의 구제수단을 선택하는 경우가 많은데 그러한 경향은 민사소송을 제기할 경우 경비, 기간의 부담이 큰 반면 손해배상액이 적어 구제가 효율적이지 못하다는 데 그 원인이 있는 것으로 보인다. 표성수(주 283), 372면.

유포된 사실이 거짓이어야 하고 행위자가 진실하지 못한 사실을 분명히 더 잘 알고 있어야 한다.447) 그리고 형법 제190조의 진실의 증명이 있는 경우 제186조의 악의의 험담과 제187조의 명예훼손의 인정에 결정적인 역할을 할 수 있고, 제193조의 명예를 훼손하는 행동에 정당한 이익의 입증이 있는 경우에는 제185조의 명예훼손과 제186조의 악의의 험담에 대한 처벌의 위험은 사라질 것이다. 다만 제187조의 비방의 경우에는 정당한 목적을 추구하는 것과 비방은 서로 일치할 수 없기 때문에 정당한 이익의 규정은 그 적용이 인정될 수 없다.448)

제185조의 명예훼손과 제186조의 악의의 험담 및 제187조의 비방은 명예를 훼손하는 행위가 사실주장이냐 가치판단이냐의 여부449)에 따라서 적용이 달라진다. 그러나 실제로 모든 명예훼손적인 사실주장에는 부정적인 가치판단을 포함하고 있기 때문에 사실주장과 가치판단은 아주 정확하게 구별할 수 있는 개념은 아니다. 결국 그것은 사실심 재판관들의 몫이라고 보아야 하는데, 이러한 구별에 있어서 결정적인 것은 명예를 훼손하는 가치평가가 주장된 사실에 의하여 실체화 되었는지의 여부일 것이다. 즉 가치평가가 외부적으로 인식할 수 있는 방법에 의하여 일정한 사건과 관련되어 있는지의 문제이며 결국 제186조 및 제187조에서의 사실이란 진실의 증명이 가능한 것을 말하는 것으로 보아야 할 것이다.450)

---

447) Martin Löffler/Reinhart Ricker(FN 435), S. 387-388.
448) Martin Löffler/Reinhart Ricker(FN 435), S. 390-391.
449) 명예훼손적인 표현이 사실주장이냐 아니면 가치판단이냐의 문제는 의사표현의 자유에 있어서 "의사"의 개념과 관련하여 의사가 평가적인 의사만을 의미하느냐 아니면 단순한 사실의 주장도 포함하는가의 문제와는 다른 것이다. 후자의 경우는 의사표현의 자유에 단순한 사실주장이 포함되는지에 관한 보호영역의 문제이지만 전자의 경우에는 명예훼손의 가능성이 있는 표현이 이미 언론의 자유의 보호영역에 해당한다는 전제 하에서 그것이 사실주장이냐 아니면 가치판단이냐에 따라서 형법상의 적용법조를 달리하는 문제라고 보아야 한다.

  언론에 의한 개인의 명예권의 침해와 관련하여 논의되어야 하는
또 하나의 쟁점은 현실적으로 침해된 명예의 회복만을 허용하게 된
다면 헌법상의 인간의 존엄성이나 인격권에 그 근거를 두고 있는
헌법적 가치의 하나인 개인의 명예권이 너무 경시될 수도 있다는
점이다. 그렇기 때문에 기본법상의 개인의 명예는 언론·출판의 자
유의 행사로 인해 이미 침해된 개인의 명예를 회복하게 하는 것만
을 내용으로 하는 것이 아니라, 명예의 침해가능성이 임박해 있는
경우에도 국가기관으로 하여금 구제할 수 있도록 하는 것을 그 내
용으로 하고 있다. 명예의 침해가 임박한 경우에도 언론의 자유를
제한할 수 있다고 해석할 경우 자칫 사전검열을 허용하는 길을 열
어주는 결과가 발생할 수도 있으나 물론 이 경우에는 사전검열을
허용한다는 의미로 해석되는 것을 말하는 것은 아니다. 언론·출판
의 자유의 행사가 있을 경우 명예의 침해가 생길 수 있는 상황이
임박할 경우 사전검열금지원칙을 위반하지 않고, 즉 행정관청의 사
전검열을 수단으로 하는 것이 아니라 사법적인 수단인 법원의 가처
분 등을 통하여 언론에 의하여 명예가 침해되는 것을 막을 수 있을
것이다.451) 이러한 경우에는 현실적으로 침해된 명예권이 없으므로
언론·출판의 제한사유인 일반 법률의 규정으로 인정된 형법이나
민법이 적용되는 것이 아니라 헌법에서 규정하고 있는 개인의 명예
권이 언론의 자유에 대한 제한요소로 직접 인정될 수 있다는 점에
그 의의가 있다.
  개인의 명예권의 침해를 이유로 언론의 자유를 제한하는 경우에
도 청소년보호규정에 의한 제한의 경우와 마찬가지로 개인의 명예
라는 독자적인 관점에서 해석해야 하는 것이 아니고 자유민주주의
국가에서 언론·출판의 자유가 갖는 의사표현의 자유와 의사표현이
여론형성에 기여하는 헌법전체의 통일성의 관점에서 해석되어져야

---

450) Martin Löffler/Reinhart Ricker(FN 435), S. 384.
451) R. Herzog(FN 413), RN 290f.

한다. 따라서 개인의 명예라는 제한사유도 기본법 제5조 제1항에 의해 보장된 언론의 자유의 본질적 내용에 의해 다시 한계를 가진다고 할 수 있다. 즉 개인의 명예라는 이유만으로 무제한적으로 언론과 출판의 자유를 제한하는 것이 정당화되지는 않는다.452)

2. 구체적인 보호영역

1) 의사표현의 자유

기본법 제5조 제1항 제1문의 의사의 자유는 자유롭게 의사를 표현할 수 있는 권리와 의사를 유포할 수 있는 권리를 보장한다. 의사표현의 자유가 그 보호영역으로서 보호하는 의사는 평가적인 사고과정을 거친 가치적인 판단뿐만 아니라 사실주장도 포함한다는 것은 제2장 '의사의 개념'에서 이미 살핀바 있다(제1장 제3절 Ⅱ. 2. 참조).453)

가치판단은 그 표현이 근거를 가지고 있는가의 여부, 가치가 있는가의 여부, 옳은가 아니면 그른가의 여부, 감정적인가 이성적인가의 여부, 위험한 것인가 무해한 것인가의 여부에 관계없이 헌법적으로 보호된다.454)

사실주장도 그것이 의견형성의 전제가 되는 경우에는 표현의 자유의 보호대상이 되지만 고의에 의한 허위의 사실주장만은 처음부터 기본권의 보호영역에서 제외된다. 왜냐하면 그러한 사실주장은 헌법이 보장하는 의견형성에 기여할 수 없기 때문이다.455) 구체적인 사건에서는 가치판단과 사실주장은 대개의 경우 결합되어 있고 결

---

452) BVerfGE 42, 143, 150.
453) R. Herzog(FN 413), RN 51.
454) BVerfGE 33, 1, 4 ; BVerfGE 61, 1, 7 ; BVerfGE 85, 1, 15.
455) BVerfGE 61,1, 7 ; 85, 1, 15.

합된 상태에서 비로소 표현의 전체적 의미를 형성하기 때문에 이를
명확하게 구분한다는 것은 어려운 일이다. 따라서 효과적인 기본권
의 보장을 위해서는 의사의 개념을 넓게 이해하는 것이 필요하고,
사실과 의견이 결합되어 있는 표현에서 입장표명, 찬성 또는 의견이
라는 요소가 강조되어 있는 경우에는 그러한 표현은 의사로서 보호
되어야 한다. 가치판단적 부분과 사실서술적 부분을 따로 분리할 경
우 전체 표현의 의미가 상실되거나 오해가 발생할 수 있는 경우에
는 특히 그러하다. 다만 표현에서 사실적 요소가 본질적인 것으로
인정되는 경우에는 표현의 자유에 대한 기본권적인 보장은 현저히
축소될 수 있으며,456) 사실주장에 대한 헌법적 보장은 헌법적으로
전제되어 있는 의견형성에 더 이상 기여할 수 없는 곳에서 끝나게
된다.

의사표현의 자유의 의미는 개인적인 생각이나 전달하고자 하는
사항을 알리는 것에 한정되는 것만은 아니고, 표현행위는 보통 타인
을 상대로 의견을 형성하게 하거나 행동에 동기를 부여하는 방법으
로 그들에 대하여 영향을 미치기 마련이다. 그러므로 기본법 제5조
제1항 1문에서 보호하는 의사의 표현은 전파의 차원뿐만 아니라 그
영향의 차원도 보호457)하기 때문에 표현행위자는 의사의 표현을 위
해 가장 큰 효과를 마련해 주는 형태와 정황을 선택할 수 있는 권
리도 가진다.458)

또한 의사표현의 자유의 기본권은 자유롭게 의사를 표현할 수 있
는 적극적인 측면뿐만 아니라 의사표현을 하지 않고 침묵할 수 있
는 소극적인 측면도 의사표현의 자유가 보장하는 보호영역이다.459)

상업적인 광고460)도 선전하려고 하는 물품을 구입하게 하거나 서

---

456) BVerfGE 85, 1, 15.
457) vgl. BVerfGE 7, 198, 210 ; NJW 1958, 257.
458) vgl. BVerfGE 93, 266, 289 ; NJW 1995, 3303.
459) R. Herzog(FN 413), RN 40 ; Martin Löffler/Reinhart Ricker(FN 435),
　　 S. 42.

194

비스를 제공받도록 하게 함으로써 다른 사람에게 영향을 미치는 의
사의 요소를 포함하고 있다.461) 광고가 의사를 포함하고 있고 단지
그 의사가 경제적인 상품광고나 이익을 목적으로 하고 있다고 하여
의사로서의 성격이 달라지는 것이 아니다.462) 연방헌법재판소도 의
사형성에 기여하는 가치적인 판단이나 의사형성적인 내용이나 표시
를 요소로 하는 상업적인 광고는 기본법 제5조 제1항 제1문이 보호
하는 보호영역에 해당한다고 판시하고 있다.463)

2) 정보의 자유464)

의사를 자유롭게 표현하고 전달할 수 있는 기본권 이외에도 기본
법에서는 모든 사람에게 일반적으로 접근 가능한 정보원으로부터
방해받지 않고 정보를 받을 권리를 보장하고 있다. 인간은 본질적으
로 지적인 호기심의 만족을 위해 끊임없이 노력한다는 점에서 정보
의 자유는 기본법 제1조에서 보장하는 인간의 존엄성과도 밀접한
관련이 있다.465)

정보의 자유는 일반적으로 의사표현과 전달의 기본권과 관련해서
이러한 기본권의 초기단계에 개입하게 된다. 다시 말하면 의사의 표
현이나 전달을 위한 의사형성의 단계에서부터 정보의 자유는 그 의

---

460) 상업적인 광고(geschäftliche Werbung)는 신문에서의 광고(Anzeige)와
    방송광고(Werbesendung)를 포함하는 포괄적인 개념으로 보아야 한다.
461) C. Starck(FN 426), RN 25.
462) BVerfGE 30, 336, 352 ; 53, 96, 99.
463) BVerfGE 71, 162, 175 ; 95, 173, 182.
464) '정보'에 대한 액세스권은 일반적으로 '알권리'로 인식되고 있다. 허영,「
    한국헌법론」 신판(서울: 박영사, 2005), 545면 ; 계희열(주 410), 383면 ;
    김철수(주 46), 705면. 김철수 교수는 표현을 받아들이는 자유는 읽을 권
    리 또는 알권리라고도 불리어진다고 하고 있다. 이와는 달리 '언론매체에
    대한 액세스권'은 '의견광고', '반론권', '독자투고' 등이 있다.
465) R. Herzog(FN 413), RN 86 ; Martin Löffler/Reinhart Ricker(FN 435),
    S. 40.

미를 갖기 시작한다. 따라서 모든 정보원으로부터 정보를 제공받는 것이 제약된다면 당연히 의사형성도 그 한계를 가질 수밖에 없게 된다. 정보의 자유는 의사의 자유의 근간을 이루는 것으로 그 구성요소나 결과가 아니라 전제조건이라는 것466)이 그러한 이유이다.

정보의 자유라는 기본권의 핵심개념은 "일반적으로 접근할 수 있는 정보원"의 개념 그 자체이다. 우선 "정보원"이라는 개념은 모든 정보를 소지하고 있는 정보의 주체를 말하며 여기서의 정보는 그것이 사실에 관계된 것이든 의사 즉 평가적인 가치판단에 관련된 것이든 묻지 않는다.467) 여기서 정보원이 특정한 사실(정보)의 인식 주체 외에 특정한 사실 그 자체가 정보원의 대상이 될 수 있는지가 문제된다. 다시 말하면 정보원에 정보의 대상(Gegenstand der Information)이 포함될 수 있는가의 여부이다. 헤어쵸크는 정보원의 개념을 광의로 보아 정보의 대상도 정보원이 된다는 전제하에, 왜 우리가 신문이나 TV에서 자연재해에 관한 정보를 얻는 것은 기본법상의 정보의 자유에 의하여 보장되는 반면에 실제로 자연재해를 목격한 것은 정보의 자유에 의한 보호를 받을 수 없는 것인지 의문을 제기하고 있다. 그에 의하면 정보의 자유의 기본권이란 정보원으로부터(aus) 정보를 얻는 것뿐만 아니라 정보원에서(an) 정보를 얻는 것도 보장된다고 한다.468)

정보원에 대한 일반적인 접근가능성의 문제는 단순히 법령에 의하여 결정될 성질의 것이 아니라 객관적인 사실상태에 따라서 판단된다고 할 수 있다. 따라서 법률이나 규정을 통하여 일반적으로 접근 가능한 정보원을 제한하는 것은 헌법에 위반된다고 보아야 한다.469) 이러한 의미에서 볼 때 일반적으로 접근 가능한 정보원이란

---

466) R. Herzog(FN 413), RN 82 ; C. Starck(FN 426), RN 39.
467) R. Herzog(FN 413), RN 87.
468) R. Herzog(FN 413), RN 87.
469) Martin Löffler/Reinhart Ricker(FN 435), S. 41.

196

TV, 신문, 영화, 라디오 등의 대중매체수단을 들 수 있다. 대중매체
수단 외에도 전시회, 박물관, 옥외광고탑의 포스터, 플래카드, 비행기
전단지, 네온사인 등에 의한 광고물470) 등과 같은 것들도 정보원으
로 인정될 수 있다. 연방헌법재판소의 판례에 의하면 인쇄물 또는
상업용 전단 등 개인에게 우편에 의하여 전달되는 것들도 정보의
자유의 보호대상이 되지만 사적인 편지 등은 비록 그것이 우편에
의하여 전달된다고 하더라도 일반적으로 접근 가능한 정보원이 될
수 없다고 한다.471)

사회의 공적인 의사도 일반적으로 접근 가능한 정보원이 될 수
있는가가 문제될 수 있다. 여론과 같은 사회의 공적인 의사도 일반
적으로 정보의 자유의 보호영역에 포함된다고 한다. 즉 거리에서의
사람의 의사라고 할지라도 그것이 공적인 의사형성을 위한 사람들
의 행위(Puls des Volkes)라고 볼 수 있을 때 그러한 의사와 의견을
조사하기 위한 목적으로 계획된 설문행위까지도 일반적으로 접근
가능한 정보원에 의하여 보호된다고 볼 수 있다. 하지만 설문조사기
관의 활동은 설문조사를 위한 활동 그 자체가 독자적인 정보가 아
니고 조사하는 자의 직업수행으로서의 정보의 조사에 해당하므로
기본법 제12조의 직업의 자유에 의하여 보호된다.472)

의사표현과 형성을 위한 전제로서 인정되는 정보의 자유는 정보
원으로부터 정보를 얻기 위한 인간의 행위가 보호된다는 것은 자명
하다. 이러한 인간의 행위는 정보에 접근해서 정보를 보거나, 듣거
나, 읽는 행위 등일 것이다. 물론 정보원의 특성에 따라서 그러한
행위의 태양이 결정될 것이지만 일반적으로 적극적인 정보창설 뿐
만 아니라 정보의 단순한 습득 즉 뉴스의 보도나 주문하지 않은 우
편물의 수령에 의한 정보까지도 포함한다는 것이 연방헌법재판소의

---

470) R. Herzog(FN 413), RN 92f.
471) BVerfGE 18, 310, 315 ; 27, 71, 83 ; 34, 384, 400 ; 35, 311, 315.
472) R. Herzog(FN 413), RN 93ff.

견해이다.473) 연방헌법재판소가 밝히고 있는 바와 같이 정보의 자유는 일반적으로 접근할 수 있는 정보원으로부터 정보를 수집하는 것, 예를 들면 위성수신안테나와 같은 필요한 기술적인 설비를 구비하여 능동적으로 정보를 수집하는 것에서부터 단순히 수동적으로 정보를 받아들이는 것을 보호하는 것은 당연하다. 문제는 정보의 자유에서도 적극적인 자유 외에 소극적인 정보의 자유가 인정될 수 있는지의 여부이다. 피로트(Pieroth)는 소극적인 정보의 자유는 정보를 집요하게 강요당하는 것으로부터 개인을 보호하는 것으로 정보의 자유의 보호영역에 속한다고 하고 있다.474) 이와 관련하여서 논의되어야 또 다른 하나의 문제는 정보의 자유라는 것이 정보를 얻고자 하는 자에게 정보제공자로부터 정보를 얻는 것을 방해받지 않을 권리를 부여하는 것인지 아니면 ㄱ것이 정보를 얻고자 하는 자를 위하여 일정한 정보원을 창설해 줄 것을 요구할 수 있는 권리를 의미하는지가 그것이다. 이 점에 관하여 헤어쵸크는 국민에게 일반적으로 접근 가능한 정보원을 국가로 하여금 만들어 줄 것을 요구할 수 있는 권리는 부여할 수 없고 이러한 의미에서 정보의 자유도 고전적 의미의 방어권이라고 하고 있다. 다만 국민이 객관적인 정보를 습득할 수 있는 다른 방법이 존재하지 않거나 그런 이유로 여론형성을 위한 사실의 형성이 불가능하게 된다면 기본법 제20조의 민주주의적 원리상 국가가 이러한 경우에는 정보원을 형성해 줄 의무가 있다고 한다.475)

정보의 자유도 기본법 제5조 제2항에 의한 타인의 명예, 청소년보호규정, 일반 법률의 규정에 의하여 제한이 될 수 있다는 것은 당연하다. 이러한 제5조 제2항에 의한 기본권 제한의 가능성의 문제와

---

473) BVerfGE 27, 71, 82.
474) Pieroth/Schlink, Meinungs-, Information-, Presse-, Rundfunk- und Filmfreiheit(Art. 5 Abs. 1 und 2), in: Grundrechte-Staatsrecht Ⅱ, Aufl 11, 1999, RN 566.
475) R. Herzog(FN 413), RN 100ff.

별도로 정보의 자유는 제5조 1항에서 "방해받지 않고" 정보원에 접근이 가능하도록 국가적인 간섭을 금지하는 규정을 두고 있다. 여기서 모든 국가적인 간섭을 금지하고 있는데, 개개의 정보의 특성에 따라 구체적인 정보습득과정을 불가능하게 하거나 본질적으로 어렵게 하는 모든 조치가 금지된다. 따라서 정보를 얻고자 하는 사람이 궁극적으로 정보를 얻는 것을 불가능하게 하는 것뿐만 아니라 우편검열에 의하여 정보가 지연되도록 하는 조치도 허용되지 아니한다.476) 물론 정보를 지연시킨 경우에는 그 한계를 넘은 지연행위 만이 금지될 것이다.477)

3) 출판의 자유

(1) 서 설

민주주의사회의 불가결의 요소 중의 하나인 언론·출판의 자유는 그것이 차지하는 기능을 고려할 때 가능한 한 최대한으로 보장되어야 한다. 출판의 개념을 내용적인 시각에서 바라보는 것은 보호영역의 축소를 가져오는 점이 없지 않다는 것은 이미 출판의 개념부분에서 언급한 바 있다(제1장 제3절 Ⅱ. 2. 3) 참조). 따라서 출판의 자유에는 신문 이외의 잡지 등 정기간행물이나 기타 인쇄매체가 보호된다고 보아야 하는 것은 당연하다. 하지만 다른 출판매체에 비하여 출판의 자유에서 가장 큰 비중을 차지하는 것이 신문인만큼 신문을 중심으로 보호영역을 알아보고자 한다.478)

---

476) BVerfGE 27, 88, 98 ; Pieroth/Schlink(FN 474), RN 583.
477) BVerfGE 27, 88, 99.
478) 계희열(주 410), 387면. 계희열 교수는 원래 Pressefreiheit는 출판의 자유이지만 신문은 단순한 출판물이 아니라 출판매체로서 출판의 자유의 모든 면을 잘 나타내기 때문에 출판의 자유라는 용어 대신에 신문의 자유라고 하는 것이 적절하다고 한다.

신문의 자유는 전통적으로 국가로부터의 침해인 검열, 허가권, 특별세의 부과 등을 통한 공권력의 행사에 대한 방어권으로 간주되어 왔으나, 오늘날과 같은 산업사회에 있어서는 국가뿐만 아니라 사회적·경제적 영역에 있어서 사적인 단체의 사회적인 영향력의 확대로 인하여 기업이나 이익단체 및 사인으로부터의 침해가능성이 증대되었다. 연방헌법재판소도 국가권력에 의한 경우가 아니고 막강한 영향력을 가진 대기업이 출판사에 대하여 보이콧을 행하는 것과 같이 사적인 단체가 신문의 자유를 침해하는 경우에도 기본법상의 신문의 자유의 완전한 보호를 받는다고 판시하고 있다.479)

연방헌법재판소의 견해에 의하면 개인의 주관적 공권으로서의 신문의 자유뿐만 아니라 객관적인 규범적 측면의 보장인 자유언론제도도 보장된다고 보아야 한다. 객관적 규범적인 언론제도의 보장은 정보의 수집단계부터 신문을 배포하기까지의 모든 단계에 있어서 오락면이나 광고 등을 포함한 신문전체의 내용의 보장을 포함한 신문의 활동의 전 영역의 보장을 의미한다.480) 신문이 추구하고자 하는 본래의 목적인 의사표현과 보도의 자유의 보장을 실현하기 위해 준비하는 모든 보조적인 행위481) 즉 정보의 조사나 사람이나 사물에 대한 조사, 이런 목적을 위한 서신교환이나 전화통화를 통한 취재의 보장, 개별적인 출판물의 내용의 결정, 개별적인 기고의 차례나 정리, 출판시기에 관한 결정 등을 포함하는 모든 단계에서의 편집행위와 관련된 신문의 활동과 이러한 과정을 거쳐 편집된 신문을 발행할 자유 등이 보장되어야 할 것이다. 신문의 자유는 이처럼 주관적 공권적인 측면뿐만 아니라 객관적 규범적인 측면도 경시할 수 없다. 신문의 자유를 외부의 적으로부터의 침해에 대한 방어권적인 성격만을 가지는 주관적 공권으로서만 이해하려고 하게 될 경우에는 이

---

479) BVerfGE 25, 257, 264.
480) Martin Löffler/Reinhart Ricker(FN 435), S. 37.
481) R. Herzog(FN 413), RN 136.

른바 신문내부의 자유를 설명하기가 어렵게 된다.[482]

(2) 의사표현과 유포의 자유

신문의 자유는 우선 신문에서의 의사의 표현이나 유포·사실의 보도가 자유롭게 보장되어야 한다는 것으로, 자유롭게 의사를 표현하거나 사실을 보도할 수 있는 권리는 신문의 자유의 본질적인 구성부분이다.[483] 의사의 표현의 경우에는 평가적인 사고를 거친 것이라면 다소 잘못된 점이 있더라도 신문의 자유에 의하여 보호되지만 그것과는 달리 사실의 보도의 경우에는 허위의 보도는 신문의 자유의 보호영역에 포함되지 않는다.

의사표현의 자유 외에도 의사유포의 자유도 신문의 자유가 보장하는 자유의 하나이다. 의사유포의 자유는 신문에 있어서 헌법적으로 특별히 중요한 의미를 가진다. 기본법에서 보장하는 신문의 자유는 정보의 수집단계부터 의사나 사실의 유포단계의 신문의 모든 과정을 보장하는 것을 의미하는데 의사나 사실의 유포가 보장되지 않고는 그 전 단계의 과정이 무의미해지기 때문이다. 여기서 국가의 신문에 대한 보호의무가 도출되고 국가는 신문의 자유의 발전에 저해되는 조치를 취하지 않을 의무에 구속된다.

의사표현과 유포의 자유가 모든 사람에게 보장되는 권리라고 하더라도 모든 국민이 자신의 의견을 유포할 목적으로 신문(라디오, TV, 영화 등의 다른 매체를 포함)에 대하여 그것을 이용하도록 해 줄 것을 청구할 수 있는 권리는 없다고 할 것이다.[484] 가능하다면 모든 사람들이 언론매체를 이용하여 자신의 의사를 표현할 수 있는 여건을 조성하는 것이 민주주의 사회에서 바람직한 현상이겠지만

---

482) Martin Löffler/Reinhart Ricker(FN 435), S. 37.
483) Martin Löffler/Reinhart Ricker(FN 435), S. 42.
484) Martin Löffler/Reinhart Ricker(FN 435), S. 43.

실질적으로 모든 사람들에게 신문을 포함한 언론매체 이용청구권을 인정한다는 것은 그 실현이 불가능하기 때문이다. 다만 독자투고란 등의 접근을 이용하게 함으로써 이러한 불만족스러운 상태를 줄일 수는 있을 것이다.

의사의 유포와 도로교통법(Straßenverkehrsrecht)과 관련하여서 논의될 수 있는 또 하나의 문제는 공공의 도로에서 신문의 판매나 정치적인 선전물, 상업적 광고전단지 등에 대하여 경찰법에 근거한 허가나 이용료징수의무가 허용되는지가 그것이다. 종래의 지배적인 견해에 의하면 공공의 도로는 교통을 이용하기 위한 것이 아닌 다른 목적을 위해서 일반적으로 사용하는 것은 허용되지 않는다고 보았으나 오늘날에는 교통을 위한 도로 외에 인도를 포함한 다른 특정한 지역은 의사와 정보의 교환을 위한 의사의 자유에 기여하는 영역으로 인식되고 있어 신문의 구독을 위해서나 정치적인 선전물 내지는 상업적인 광고물은 경찰법상의 허가나 요금의 부과가 허용되지 않는다고 보고 있다.[485] 다만 이러한 목적을 달성하기 위하여 일정한 시설(informationsständen)을 이용하는 경우에는 허가나 이용료를 징수할 필요성을 있을 것이다.

신문에서 의사의 표현과 유포의 자유를 인정할 경우 기본법 제5조 제1항 제1문에서 인정된 의사표현·유포의 자유와 제2문의 신문에서의 의사표현·유포의 자유의 상호관계가 문제될 수 있다.

(3) 정보의 자유

신문의 자유는 의사표현·유포의 자유나 사실의 보도 이외에도 정보의 자유가 보장된다. 신문에서도 공정한 보도를 위해서는 정보의 수집단계부터 편집에 이르는 단계의 모든 과정에서 정보의 접근권과 정보의 유통이 보장되어야 한다. 정보의 접근권과 정보의 유통

---

485) Martin Löffler/Reinhart Ricker(FN 435), S. 44.

은 일반적으로 취재의 자유의 권리의 하나로 인식되고 있는 취재원의 묵비권과 밀접한 관련이 있다. 취재원의 묵비권은 정보의 유통·취재의 자유·공정한 형사사법절차 및 기타 국가의 공정한 재판권과 관련하여서 언론·출판의 자유의 보호영역에 속하는지 논의가 있으므로 언론기관의 취재의 자유의 보호영역에서 상세히 검토하기로 한다.

(4) 광　고

신문의 자유에 있어서 광고도 국민의 의사형성을 위한 정치적인 공개토론의 장으로서의 역할과 생활영역에서 공개적인 정보교환의 역할수행이라는 공적인 과업을 달성하는데 기여한다는 점에 그 법적인 의의가 있다.[486] 광고는 신문의 기사나 논단과는 독립하여 각 전문분야에 있어서 정보의 제공이나 의사를 형성하는 기능을 가지고 있다. 예를 들면 사회적·경제적 영역에 있어서 고용시장에서의 구직·구인에 관한 정보라든지 경제상황이나 특정한 상품의 자세한 정보 등이 광고를 통하여 독자들에게 전달될 수 있는 것이다. 정치적인 영역에서도 공개토론장으로서의 역할을 광고가 수행하게 되는 경우도 많이 발생하는데, 선거에 있어서 필요한 정치적인 논쟁이나 정당의 프로그램의 설명을 통하여 국민의 정치적인 의식이 적극적으로 형성될 수 있는 분위기를 조성하는 역할이 그것이다. 따라서 신문의 자유에 있어서 광고는 모든 전문분야에서 그 공적인 과업을 달성하는데 있어 중요한 기능적인 요소로 간주되고 있다.[487] 이러한 시각에서 본다면 광고가 신문의 자유의 보호영역에 포함된다고 보는 것은 당연하다.[488]

---

486) Martin Löffler/Reinhart Ricker(FN 435), S. 341.
487) Martin Löffler/Reinhart Ricker(FN 435), S. 342.
488) BVerfGE 21, 271, 278f. ; 64, 108, 114f.

물론 신문에 있어서 광고가 차지하는 역할이 긍정적인 기능만을 수행하는 것은 아니다. 신문의 발행자는 흥미 있는 광고를 통하여 많은 독자층을 확보하기 위해서 노력할 것이고, 의사전달이나 사실보도라는 신문의 본래의 목적이 그러한 발행자의 의도에 의하여 제한을 받을 수 있고, 광고수입을 통한 기업 간의 독과점화현상이라든가 광고주의 영향으로 인하여 발행인·편집인 등의 신문의 자유의 주체들 간의 언론기관 내부에 있어서 갈등이 발생할 수도 있다. 하지만 신문의 자유에 있어서 광고가 가지는 역기능적인 역할이 발견된다고 하여 오늘날 광고가 수행하는 기능을 경시할 수는 없을 것이다.

광고에 있어서 논의가 되고 있는 것 중의 하나가 광고신문(Anzeigenblatt)에 관한 문제이다. 광고신문은 보통의 광고와는 달리 일반적으로 "정기적으로 출판되는 광고 인쇄물이 무료로 그리고 주문 없이 가정이나 한정된 지역으로 배달되는 것으로 배포된 광고와 관련된 지면에서 편집활동에 의한 기고를 포함하고 있는 출판물"로 이해되고 있다.489) 광고신문은 광고수입을 유일한 재원으로 하는 "신문의 무료화"와 편집활동에 의해 작성되는 내용인 부차적인 역할을 하는 것이 그 특징적인 표지인데. 문제는 광고신문도 공적 과업의 달성이라는 기능을 수행하는 기본법상 신문의 자유의 보호영역에 해당하는 본래의 의미의 광고와 마찬가지로 보장될 수 있는지의 문제이다.

신문의 개념을 넓게 이해하는 이 논문의 입장에서 보면 광고신문도 신문의 자유의 보호영역에 해당한다고 보아야 한다. 따라서 여기서 확정되어야 할 것은 광고의 경쟁적인 측면을 고려할 때 부정경쟁방지법(UWG)이 기본법 제5조 제2항의 언론·출판의 자유의 제한요소로서 "일반 법률"에 해당되는지의 여부이다. 광고신문은 내용에

---

489) Martin Löffler/Reinhart Ricker(FN 435), S. 347.

있어서나 그 제작에 있어서 일간신문과 유사하고 지역적으로 경쟁에 있어서도 무료로 배포되기 때문에 일간신문의 존재자체를 위태롭게 할 수 있으므로 부정경쟁방지법 제1조[490]가 적용된다고 볼 수 있다.[491] 따라서 신문의 자유의 제한요소로서 부정경쟁방지법 제1조를 일반 법률로 볼 수 있다.

광고신문 중에서도 무료나 혹은 유료로 배포되는가에 상관없이 편집활동의 의하여 작성된 내용을 가지지 않는 광고신문은 부정경쟁방지법과 저촉될 여지가 거의 없다. 왜냐하면 광고제공자는 일간신문에 대해서 수평적인 경쟁관계를 유지하면서 일간신문의 존립을 위태롭게 할 가능성을 생각하기란 어렵기 때문이다.

(5) 언론(신문)기관의 자유

① 취재의 자유

㉠ 서 설

언론기관의 취재의 자유는 언론·출판의 자유의 불가결한 한 내용이다. 취재의 자유가 보장되지 않고 "주는 뉴스"만을 편집·보도하는 경우, 그것은 이미 언론의 기능을 상실한 output의 창구에 지나지 않기 때문이다.[492] 그러나 취재활동도 다른 공공이익을 침해하지 않는 범위 내에서만 허용되는 것이기 때문에 사생활의 비밀을

---

490) 독일 부정경쟁방지법(UWG) 제1조: 영업상의 거래에 있어 경쟁을 목적으로 선량한 풍속에 반하는 행위를 한 자에 대해서는 부작위 또는 손해배상을 청구할 수 있다.
491) 여기에 대하여 리커는 광고신문의 경우에는 전 지역에서 나타나는 현상에 관한 정보를 편집하여 출판하는 것이 가능하여 일간신문을 완전히 대체할 수 있기 때문에 일간신문의 존재자체가 위태롭게 하는가의 여부에 관계없이 언제나 부정경쟁방지법에 위반된다고 한다. Martin Löffler/ Reinhart Ricker(FN 435), S. 348.
492) 허영(주 464), 549면.

침해하는 취재활동, 중대한 국익을 해치는 취재활동, 형법 또는 다른 법률에서 금하고 있는 방법으로 취재하는 행위는 허용될 수 없다고 보아야 한다.[493)

취재의 자유와 관련하여 취재원[494)을 밝히지 아니할 권리가 인정될 수 있는가가 문제될 수 있다. 취재원묵비권은 언론매체의 종사자

---

493) 성낙인 교수는 취재행위의 자유도 질서유지, 프라이버시보호, 국가기밀유지를 위한 제한을 받는다고 하면서, 우리의 경우 공무원의 비밀 준수의무를 규정하고 있는 국가공무원법 제60조, 법정에서 재판장의 허가 없는 사진촬영·녹화·중계방송 등의 금지를 규정하고 있는 법원조직법 제59조 등을 들고 있다. 성낙인, "취재의 자유와 취재원비닉권", 고시계 97. 9., 140면 ; 취재활동의 한계에 관한 독일판례는 BVerfGE 25. 296, 303ff.

494) 취재원이란 기자가 취재하려는 뉴스 및 정보가 보유되어 있는 원천으로서 크게 인적 취재원과 비인적 취재원으로 구별할 수 있다. 인적 취재원이란 취재의 대상이 될 수 있는 뉴스 및 정보를 보유하고 있는 사람이고, 비인적 취재원이란 예컨대 화재 사건이나 재난 사건의 경우처럼 그 사건이 발생한 현장을 말한다. 김재숙, "취재원의 비밀보호에 관한 고찰" 석사학위논문, 이화여자대학교 대학원, 1983. 5., 6면. 취재원과 구별하여야 할 개념으로서 정보의 자유(알권리)의 내용인 "정보원"과 "일반적으로 접근가능한 정보원"이다. 우선 "정보원"이라는 개념은 모든 정보를 소지하고 있는 정보의 주체를 의미하는 것으로 여기에 관해서는 이론의 여지가 없지만, 특정한 사실(정보)을 보유하고 있는 주체 외에 특정한 사실 그 자체가 정보원의 대상이 되는지가 문제된다. 다시 말하면 정보원에 정보의 대상이 포함될 수 있는가의 여부이다. 헤어쵸크는 정보원의 개념은 광의로 보아 정보의 대상도 정보원이 된다는 전제하에, 왜 우리가 신문이나 TV에서 자연재해에 관한 정보를 얻는 것은 기본법상의 정보의 자유에 의하여 보장되는 반면에 실제로 자연재해를 목격한 것은 정보의 자유에 의한 보호를 받을 수 없는 것인지 의문을 제기하면서 정보의 자유의 기본권이란 정보원으로부터(aus) 정보를 얻는 것뿐만 아니라 정보원에서(an) 정보를 얻는 것도 보장된다고 한다. R. Herzog(FN 413), RN 87. 이렇게 볼 때 정보원과 취재원은 비슷한 의미를 가진 개념으로 받아들일 수 있지만 언론인의 취재행위를 전제로 하느냐의 여부가 구별기준이 될 것이다. "일반적으로 접근가능한 정보원"이란 그 수를 예상할 수 없는 불특정 다수인에게 개방된 정보원, 즉 신문·잡지·방송·영화·공공도서관의 소장도서 등을 말한다. 허영(주 464), 549면.

206

로서 일정한 정보를 수집한 자가 자신이 수집한 정보의 출처(정보의
기초가 되는 내용 또는 정보제공자의 성명 등)를 비밀로 할 수 있는
권리 또는 검찰의 수사과정이나 법원의 재판과정에서 이에 대한 증
언을 요구받았을 때 이를 거부할 수 있는 권리[495]로 언론의 진실보
도·사실보도 및 공정보도를 위한 불가결의 전제조건[496]이다. 그러
므로 취재원의 묵비권을 인정하지 않는 경우 취재원의 봉쇄효과
(Sperrwirkung)를 가져오게 되어 언론이 진실보도의 공적 기능을
수행하기 어렵기 때문에 취재원 묵비권이 헌법상 허용되는지의 여
부는 언론의 자유에 있어서 중요한 문제이다.[497]

　언론의 자유의 본질로부터 나오는 공적과업을 달성하기 위하여 입
법자들은 일정한 소송법상의 특권을 인정하고 있는데, 이러한 소송
법상의 특권중의 하나가 연방형사소송법(StPO) 제53조 제1항 제5
호[498]와 연방민사소송법(ZPO) 제383조 제1항 제5호[499]에 규정되어

---

495) 계희열(주 410), 392면 ; 국민에 대한 정보전파의 목적으로 내적 신뢰
　　관계를 통하여 취재한 취재원의 공개를 거부당하지 않을 권리라고 설명
　　하는 견해도 있다. 성낙인(주 493), 141면. 하지만 내적 신뢰관계의 보호
　　가 취재원보호의 주요한 목적 중에 하나임은 틀림없으나, 신뢰관계를
　　바탕으로 하지 않는 언론사 자체의 수집정보의 경우에도 취재원 보호의
　　문제가 발생한다.
496) 허영(주 414), 662면.
497) 헤어쵸크는 취재원묵비권에 관하여 부정적인 입장을 취하는데, 그는
　　신문을 특권화하려는 시도로 첫째 국가기관에 대하여 신문이 가지는 정
　　보청구권, 둘째 신문의 허위나 명예훼손적인 주장에 대해서는 항상 필
　　연적으로 형법 제193조의 "정당한 이익을 위하여"라는 규정의 의미에
　　비추어 인정된다는 논제, 셋째 신문종사원의 증언거부권 이른바 취재원
　　묵비권을 그 예로 들면서 신문의 공적인 과제로부터 신문을 특권화하려
　　는 시도는 단연코 거부되어야 한다는 주장을 하고 있다. R. Herzog(FN
　　413), RN, 122.
498) 현행 연방형사소송법(StPO) 제53조 제1항 제5호에 의하면 "정기간행물
　　기타 방송의 준비, 제작, 배포 또는 배포에 직업적으로 참여하거나 참여
　　하였던 사람은 논문 기타 기록의 저작자·전달자·보관자 및 그의 활동
　　과 관련하여 이루어졌던 전달에 관하여 그 논문 기타 기록 및 전달이
　　편집활동을 위하여 문제되었던 범위 내에서 증언을 거부한 경우에는 정

있는 증언거부권이다. 정보원의 비밀이 보장되어야만 언론종사자나 언론기관에 직업적으로 정보를 제공하는 자들에 의하여 국가의 정치, 경제, 사회에 대한 비판이나 통제가 가능하기 때문에 연방형사소송법과 연방민사소송법에 의하여 인정된 증언거부권은 공적과업의 달성을 본질로 하고 있는 신문과 방송뿐만 아니라 모든 언론기관의 자유에서 매우 중요한 의미를 갖는다. 만약 법원의 재판의 증인신문 과정에 있어서 벌금이나 구류 등의 위협을 통하여 정보원 제공자의 성명이나 언론기관에 위임된 정보내용을 밝히도록 증언이 강제된다면 언론의 활동영역에 있어서 필요한 정보원의 유입이 효과적으로 보장되기 어려울 것이다. 기본법상의 언론·출판의 자유는 의사나 사실의 전달과 보도뿐만 아니라 정보의 자유도 보장하고 있으며,500) 이러한 정보수집(Informationbeschaffung)의 자유의 헌법적인 보장은 증언거부권의 인정 없이는 불가능하다.501) 연방헌법재판소도 특별한 경우에 신문의 자유에 있어서 필수불가결한 묵비권은 기본법 제5조로부터 직접적으로 도출된다고 하면서 증언거부권은 신문의 자유의 기능에 있어서 중요한 의미를 갖는다고 한다.502) 또한 연방헌법재판소는 증언거부권을 규정하고 있는 형사소송법 제53조 제1항 제5호를 해석함에 있어서 동조는 열거적인 규정이 아니기 때문에 기본법 제5조 제1항 제2문에 의하여 좀 더 넓은 범위의 증언거부권이 직접적으로 인정될 수 있다고 한다.503) 따라서 자유로운 언론의 영역에 있어서 정보원의 유입이 방해받지 않고 확실히 보장되기 위해서는 증언거부권의 법적인 형성이 중요한 문제로 대두된다.504)

당화 된다"고 규정하고 있다.

499) 연방민사소송법(ZPO) 제383조 제1항 제5호에서 언론 관련 종사자의 증언거부권에 관하여는 연방형사소송법 제53조 제1항 제5호와 동일한 내용을 규정하고 있다.

500) BVerfGE 10, 118, 121.

501) Martin Löffler/Reinhart Ricker(FN 435), S. 168.

502) BVerfGE 20, 162, 166, 213 ; 25, 296, 305 ; 36, 193, 211.

503) BVerfGE 64, 108, 116.

　언론의 자유가 보장하는 취재원의 보호는 재판에 있어서 증인신문 과정과 같은 형사소송절차에서의 증언거부권의 보장 외에도 압수나 수색영장을 집행하는 과정에 있어서도 일정한 보호영역을 가진다.

　ⓛ 증언거부권의 역사적인 발생과정

　취재원에 관하여 증언을 거부할 수 있는 취재원의 묵비권은 신문 뿐만 아니라 방송 등 모든 언론기관종사자에게 해당하는 권리라는 것은 의문의 여지가 없으며 현행 연방 법률에 의해서도 확인되고 있다. 그런데 취재원에 관한 증언거부권이 발전되어온 역사적인 과정을 살펴보면 처음에는 그것이 신문의 자유를 중심으로 논의되어 왔고, 연방형사소송법이 제정될 당시만 하더라도 방송이라는 언론매체는 주목을 받을 수 없었기 때문에 취재원의 보호를 위한 증언거부권에 방송관련종사자의 특권은 포함하고 있지 않았다. 따라서 취재원에 관한 증언거부권은 주로 신문 등 출판물에 관하여 논하여지기 시작하였다.

　독일에서 증언거부권에 관해서는 100여 년에 걸쳐 논쟁이 있었다. 1874년의 독일제국신문법(Reichspreßgesetz)이나 1877년의 독일제국형사소송법(Reichsstrafprozeßordnung)에 증언거부권의 근거를 마련하려고 했던 시도는 국가가 그러한 시도를 거부함으로써 성공하지 못하였다. 처음으로 출판상의 증언거부권을 인정한 것은 1926년의 바이마르공화국의 형사소송법 제53조이다. 하지만 이 때의 증언거부권은 신문기업의 종사자에게만 인정되는 것으로 아주 강한 제한을 받는 것이었다. 바이마르공화국 형사소송법 제53조 제1항 제4호에 의하면 "편집인으로서의 행위가 처벌되거나 처벌받을 수 있다면 정기간행물의 편집인, 발행인, 인쇄인이나 기술적인 생산에 종사하는 사람들은 형사적인 처벌을 받을 수 있는 내용을 공표한 작성자나

---

504) Martin Löffler/Reinhart Ricker(FN 435), S. 169.

전달자에 관하여 증언을 거부할 수 있다"고 규정하고 있었다. 증언 거부권의 주체뿐만 아니라 내용에 있어서도 편집인의 형사처벌이나 그 가능성이 있는 경우에 한하여 제한적으로 인정되고 있었다.

1945년 이후부터는 바이에른 주나 헤센 주 등이 증언거부권을 규정한 주 신문법을 공포하였고, 연방차원에서의 효력은 1950년 9월12일에 연방형사소송법 제53조 제1항 제4호에 의하여 회복되었다. 그 후 1953년 8월4일 제3차 형법개정 법률 의하여 신문종사자의 증언거부권에 관한 연방형사소송법 제53조 제1항 제5호의 형태가 갖추어졌는데 이것이 현재의 증언거부권을 규정하고 있는 연방형사소송법의 규정과 동일한 형식을 가진 것이었다.

ⓒ 증언거부권에 관한 입법관할권

ⅰ) 연방과 주의 입법관할권의 문제

증언거부권을 규정하고 있는 주 신문법이 공포되기 시작하면서부터 증언거부권에 관한 규정은 연방형사소송법과 주 신문법의 이원적 구조를 가지게 되었고 연방과 주에서 조금씩 다른 내용을 규정하고 있었기 때문에 연방과 주 사이에 있어서 증언거부권의 입법관할권에 관한 문제가 발생하였다.

1975년 이전까지만 하더라도 새로운 증언거부권에 관한 규정에 따른 언론의 요구를 연방의 입법자들은 받아들이지 않았기 때문에 각 주에서 증언거부권의 규율에 관하여 주도권을 가지고 있었다.505) 그래서 1964년부터 1966년 사이에 각 주에서는 신문뿐만 아니라 방송에 있어서도 다소 포괄적이고 넓은 범위의 증언거부권을 인정하고 있는 새로운 신문법이 등장하기 시작하였고, 증언거부권에 관하여는 각 주가 입법권을 행사하였다. 증언거부권에 관한 주의 입법관

---

505) Martin Löffler/Reinhart Ricker(FN 435), S. 170.

할권에 관하여는 특별한 "신문법상의 규율"이 문제되는 것이었기 때문에 처음에는 그것이 긍정506)되었고 유효한 입법으로 간주되었다. 그러나 1973년과 1974년의 헌법재판소의 결정들은 증언거부권에 관하여 연방법이 규정하고 있는 영역에서는 각 주의 입법권은 그러한 사항에 관하여 규율할 수 없다고 하여 주의 입법의 관할권을 부정하였다.507) 증언거부권은 재판절차의 본질적인 구성요소로서 연방의 경합적 입법권에 속하고 연방법이 완전한 입법권을 행사하고 있는 한, 각 주는 입법권을 행사할 수 없다는 것이 그 이유였다.508)

ⅱ) 권한분배(Kompetenz)결정509)

ⓐ 사건의 개요

이 사건은 위헌법률심판 사건으로 1966년에 위헌심판의 전제가 된 재판의 항고인인 Frankfurter Tageszeitung의 한 자유기고가는 Main에 있는 Homburg시의 시장선거에 관한 정치적인 내막을 다루는 기사를 신문의 부록에 발표하였다. 이러한 기사의 주장에 대하여 신임시장은 자신이 정치적으로 모략 당했다고 판단하고 항고인을 상대로 소송을 제기하였다. 하지만 이 소송이 시효기간의 경과로 각하되자, 다시 신임시장은 자유기고가인 항고인이 게재한 기사가 전임시장이 그에게 준 정보에 근거하고 있다고 진술하였다는 이유로 전임시장을 상대로 하여 비방(Nachrede)을 이유로 소송을 제기하였다. 이 소송에서 자유기고가는 증인으로서 정보제공자에 관하여 심문을 받게 되었는데 그는 Homburg시법원(Amtsgericht)에서 연방형사소송법 제53조 제1항 제5호510)와 헤센주신문법(HessPresseG) 제

---

506) BVerfGE 7, 29, 36ff.
507) BVerfGE 36, 193, 201ff.
508) Martin Löffler/Reinhart Ricker(FN 435), S. 171.
509) BVerfGE 36, 193.
510) 당시 형사소송법에 의하면 편집인·발행인·인쇄인 및 정기간행물의

22조 제1항511)을 근거로 진술을 거부하였다. 항고인의 진술거부행위는 Homburg시법원에서 증언거부권은 이유 없다고 기각되었고 증언을 거부하였다는 이유로 질서벌(Ordnungsstrafe)을 부과하였다. 여기에 대하여 자유기고가는 항고하였고 Frankfurter/Main의 지방법원은 소송절차를 중지하고 헤센주신문법 제22조 제1항의 기본법 위반 여부에 관하여 위헌법률심판을 청구하였다.

ⓑ 사건의 쟁점

이 사건에서 법원이 위헌법률심판을 청구하게 된 이유를 보면 다음과 같다.

항고인이 증언을 거부하게 된 근거규정을 보면 연방형사소송법과 헤센주신문법이다. 우선 연방형사수송법에 의하면 항고인의 증언거부권이 인정되기 위해서는 편집인이 형사처벌의 위험이 있어야 하는데, 이미 시효기간의 경과로 편집인은 형사처벌은 받을 수 없으므로 항고인은 증언거부권을 가질 수 없고, 연방형사소송법 제55조 제1항에 의해서도 항고인의 경우에는 자신에게 제기된 소송이 각하로 확정되었으므로 기판력에 의하여 자신은 형사소추의 위험이 없는 경우에 해당하므로 정보제공을 거부할 수 없다. 다음으로 헤센주신

제작이나 출판에 협력한 자는 그 간행물의 편집인이 그 간행으로 인하여 처벌되거나, 그의 처벌에 장애가 없는 경우에 그 죄가 되는 내용을 담고 있는 간행물의 저작자, 정보제공자, 혹은 관계인에 관하여 증언을 거부하는 것이 정당화된다고 규정하고 있었다. 현행 연방형사소송법과 비교해 볼 때 출판물의 편집인이 "형사처벌을 받을 위험성이 있는 경우"에 증언을 거부할 수 있도록 규정하고 있었다.
511) 헤센주신문법 제22조 제1항은 "편집인, 저널리스트, 출판인, 발행인, 인쇄인 및 정기간행물의 준비, 제작 또는 발간에 직업으로서 협력한 자는 원고의 내용이나 제작물의 내용 및 제작물의 저작자, 정보제공자, 관계인에 관하여 증언을 거부하는 것은 정당화 된다"고 규정하고 있다. 헤센주신문법을 당시 연방형사소송법과 비교해 보면 주 신문법에서는 편집인 등의 형사상의 처벌의 위험을 증언거부의 요건으로 하지 않았고, 증언거부권의 주체를 "직업상 협력한 자"로 한정하고 있다.

문법의 규정에 근거한 증언거부행위를 보면 동 법 제22조 제1항은 형사처벌의 위험성이 있는 경우에만 증언거부권을 인정하고 있는 연방형사소송법과 다르게 규정되어 있으므로 연방과 주의 입법의 관할권규정에 비추어 볼 때 주 신문법의 규정의 효력여부에 따라서 증언거부권의 인정여부가 결정된다고 볼 수 있다. 연방과 주의 입법권의 권한분배에 관한 규정을 보면512) 기본법 제75조에서 "신문과 영화의 일반적 법률관계"에 관한 사항의 경우에는 연방이 대강의 틀을 규정하면 주는 필요한 법률을 규정할 수 있는 권한의 분배에 관하여 규정하고 있고, 기본법 제72조와 제74조에 의하면 경합적 입법사항의 경우 연방이 입법권을 행사하지 않는 범위 내에서 주가 그 입법권을 행사할 수 있는 입법권의 분배규정을 두고 있다. 따라서 법원에 의하면 신문종사자의 증언거부권의 경우는 제74조 제1항 제1호의 "재판절차"에 관한 경합적 입법사항이고 연방형사소송법이 이를 규정하고 있으므로 주 입법자는 증언거부권에 관한 입법권이 없고 결국 증언거부권을 규정하고 있는 주 신문법은 위헌이며 무효라는 것이다.

ⓒ 판결요지

(ⅰ) 항고인에게 부과된 질서벌은 헤센주신문법의 효력여부가 중요한 것은 아니다. 왜냐하면 신문법이 유효하다면 항고인이 증언거부권을 갖기 때문에 질서벌은 부과되지 않을 것이고, 비록 그 법이 유효하지 않다고 하더라도 항고인은 신문법을 신뢰하여 증언을 거부한 것으로 회피 불가능한 착오상태에서 한 행위이므로 이러한 행위는 책임이 없는 행위로서 역시 질서벌은 취소되어야 하기 때문이

---

512) 독일기본법은 연방의 입법권에 관하여 제7장 제70조부터 제82조에서 규정하고 있다. 제70조 연방과 주간의 입법권의 분배, 제71조 연방의 배타적 입법권, 제72조 경합적 입법권, 제73조 연방의 배타적 입법사항의 대상, 제74조 경합적 입법사항의 대상, 제75조 연방의 대강규정(Rahmengesetzgebung des Bundes) 등을 두고 있다.

다. 하지만 항고인에게 증언거부권이 인정되는지의 여부는 주 신문법의 효력에 따라 결과가 달라지므로 법률의 위헌성 여부는 헌법재판소가 판단하여야 하는 중요한 문제이다. 그러므로 지방법원은 질서벌이 취소되어야 한다는 것뿐만 아니라 결정주문에서 증언거부권이 항고인에게 속하는지의 여부를 함께 결정하여야 하는데, 증언거부권의 인정여부에 관한 결정은 위에서 전제된 주 신문법의 효력여부에 달려있다.513)

（ii） 헤센주신문법에서 출판물의 편집인이 형사처벌을 받을 위험성이 있는지의 여부에 관계없이 증언거부권을 행사하도록 규정하고 있는 것은 기본법 제72조와 제74조의 경합적 관할규정, 연방형사소송법 제53조 제1항 제5호에 위반된다. 형사소송법상의 증언거부권의 규정에 관하여 연방은 완전히 입법권을 행사하고 있으므로 주가 입법권을 행사하는 것에는 봉쇄효과를 가진다. 따라서 연방과 주의 경합적 입법권의 원칙에 따라 주는 더 이상의 독자적인 입법권을 행사할 수 없다. 또한 연방형사소송법 제53조 제1항 제5호의 증언거부권은 편집상의 비밀을 완전히 보장하고 있는 것은 아니라고 할지라도 부분적으로 실현하고 있으므로 기본법 제5조 제1항 제2문의 신문의 자유에 위반되지 아니한다.514)

ⓓ 권한분배결정에 대한 평가

이 사건에서는 증언거부권을 규정하고 있는 연방형사소송법과 주 신문법이 다르게 규정되어 있으므로 주 신문법에 따른 증언거부권의 행사가 정당성을 인정받을 수 있는지의 여부가 쟁점이 되고 있다. 연방형사소송법에 의하면 편집인 등 언론기관종사자들이 형사처벌을 받을 위험성이 있는 경우에 증언을 거부할 수 있도록 규정하고 있는 것과는 달리 주 신문법에 의하면 형사처벌의 위험성이 없

---

513) BVerfGE 36, 193, 199f.
514) BVerfGE 36, 193, 210.

214

는 경우에도 증언거부권의 행사가 가능하게 되어 있는데, 연방헌법
재판소는 이 문제를 입법관할권의 문제로 접근하고 있다. 즉 연방형
사소송법과 다르게 규정되어 있는 주 신문법에 근거한 증언거부권
의 행사에 대하여 부과한 질서벌은 비록 주 법률이 위헌으로 결정
되어 그 근거가 없는 증언거부권의 행사라고 할지라도 회피할 수
없는 법률의 착오(unvermeidbare Verbotsirrtum)에 기한 행위이므로
당연히 취소되어야 한다는 전제하에서 항고인이 증언거부권을 행사
하는 것이 인정되는지의 여부에 관하여는 증언거부권을 규정하고
있는 연방 법률과 주 법률 사이의 관할권의 문제로 보고 있는 것이
다. 증언거부권과 같은 소송절차는 입법권의 분배규정에 의하여 연
방이 관할권을 행사하고 있으므로 주는 더 이상 증언거부권에 관한
입법권을 행사할 수 없다고 연방헌법재판소는 보고 있는 것이다. 이
결정으로 언론인의 취재원의 보호를 위한 증언거부권의 행사에 관
하여는 연방이 입법권을 행사하게 되었고 독일기본법 제72조 제1항
에 따라 연방이 입법권을 행사하지 않는 한도 내에서만 주가 입법
권을 행사할 수 있게 되었다.

  ㉣ 현행 연방형사소송법상의 증언거부권

 ⅰ) 연방형사소송법의 개정

  연방헌법재판소가 증언거부권과 같은 재판절차에 관한 사항의 경
우에는 연방이 독자적인 입법권을 가진다는 것을 명백히 밝혔다고
하여 이것이 곧 1953년의 연방형사소송법으로의 회귀를 뜻하는 것은
아니다. 이 판결 이후 1974년에 "신문과 방송의 협력자들의 증언거부
권에 관한 법률안(Gesetzes über das Zeugnisverweigerrungsrecht
der Mitarbeiter von Presse und Rundfunk)"이 제출되어 1975년 8월
1일에 효력이 발생하였고(Gesetz vom 25. 7. 1975), 이에 따라 관련
법률들의 개정이 이루어졌다. 그 동안 증언거부권에 관하여 관련 법

률규정들이 조금씩 상이하게 규정되어 있었으나, 1975년 7월 25일의 출판상의 증언거부권에 관한 새로운 규정으로 인하여 형사소송과 민사소송뿐만 아니라 그 외의 연방 법률에 관한 재판절차의 적용에 있어서 법적인 통일성을 가져왔다.

ii) 형사소송법규정에 의한 증언거부권의 문제점

1975년의 연방형사소송법 개정 이후에도 동 법 제53조 제1항 제5호에서 규정하고 있는 증언거부권은 언론인의 특권을 완전히 보장하고 있다기보다는 명백히 제한적인 요소를 가지고 있다. 우선 증언거부권을 언론인과 정보제공자의 신뢰관계의 보장이 이 법률의 규범목적이라고 하여 언론인이 직접 수집하여 편집한 자료는 그 보장의 대상이 되는지가 명확하지 않다. 또한 "정기적인 간행물"이라고 함으로써 서적이나 그 밖의 문헌들은 증언거부권의 대상에 포함되는지의 여부에 관하여는 법률의 해석에 의존할 수밖에 없고, "직업적으로 협력하거나 하였던 자"만이 증언거부권의 행사가 정당화된다. 정기간행물의 편집활동에 관하여 문제되었던 경우만이 증언거부권의 대상이 된다고 함으로써 광고부분이 문제된 경우에는 증언거부권을 행사할 수 있는지도 역시 문제된다.

ⓐ 언론기관의 자기수집정보[515]

---

[515] 미국에서 자기수집정보에 관한 판례로는 Zurcher v. Stanford Daily, 436 U. S. 547(1978) 사건을 들 수 있다. 이 사건은 편집공간의 압수·수색에 관한 연방대법원의 대표적인 판례로 사건의 개요는 다음과 같다.: 1971년 4월 9일 스탠포드대학에서 일어난 폭력시위에서 시위학생들이 한 구역에서 난동을 부리자 경찰관 9명이 부상을 입었다. 폭도 두 명의 신원은 현장에서 확인되었고 나머지는 도주했다. 시위가 있은 지 이틀 후에 학교신문인 "스탠포드 데일리지(the Stanford Daily)"는 시위학생과 경찰이 충돌하는 사진을 찍기 위해 그 현장이 있었다는 사실이 관계당국에 의하여 확인되었고 그 결과 지방검사는 그 사건의 필름 때문에 데일리지의 사무실을 수색하기 위해서 법원에 수색영장을 신청했

(i) 자기수집정보에 관한 판례

취재원묵비권은 편집상의 비밀보장을 보장하여 언론이 그 공적
과업을 달성하는데 있어서 필수 불가결한 전제로서의 역할뿐만 아
니라 정보제공자와의 신뢰관계를 보장하는 기능도 중요하다. 그렇다
면 정보제공자의 신뢰와는 관련이 없는 언론기관 내부에 의하여 스
스로 형성된 자기정보에 관하여는 증언거부권이 인정될 수 있을지
가 문제된다. 이와 관련하여 독일연방헌법재판소는 언론기관이 스스
로 수집한 정보(selbstrecherchierte Material)의 경우에는 증언거부
권의 대상으로부터 제외된다는 입장516)을 밝히고 있다. 이 사건은
신문이나 출판의 영역이 아닌 방송의 영역에서 편집실의 압수 내지

다. 그 영장은 치명적인 무기에 의한 구타를 입증할 범인의 신원과 증
거물이 담긴 현상이 아직 되지 않은 필름과 현상이 된 필름이 데일리지
의 건물구내에 있을 것이라는 상당한 이유와 합법적인 근거에 의하여
발부되었다. 신문사의 사무실은 몇몇 직원이 참석한 가운데 수색되었으
며 이미 보도된 사진들에 한해서만 조사되었는데 어떤 증거물도 사무실
에서 발견되지 않았다. 1971년 5월에 데일리지와 몇몇 직원들은 팔로·
알토경찰서(Palo Alto Police Department)의 서장 및 담당 경찰과 지방
검사를 상대로 수정헌법 제1조와 제4조의 권리가 침해되었다고 소송을
제기하였다.
연방대법원은 이 사건에서 "수정헌법 제4조의 압수·수색영장은 반드시
소유자가 범죄행위와 관련되어야 한다는 주장은 이유가 없고, 소유자가
범죄와 관련되었거나 체포되었을 경우에만 개인의 사적인 소유물에 대
한 수색이 가능하다는 결론은 타당하다고 볼 수 없다(436 U. S. 547,
559). 이와 같이 사건의 제3자(third party)로서 사적인 소유물이 수정헌
법 제4조의 수색의 대상이 되는 경우에는 사적인 이익과 공공의 필요
간에 형량이 필요하게 되는데, 이러한 경우에 수색영장의 발부를 부인
함으로써 새로운 형량을 시도하거나 헌법에 수정을 가하려는 태도는 정
당성을 인정받기가 어렵다. 따라서 헌법상의 압수나 수색을 위한 정당
한 이유 내지는 합리성이 영장발부의 기준에 있어서는 중요한 심사척도
라고 할 수 있지만, 법원은 수정헌법 제4조상의 이러한 합리적인 이유
라는 것을 근거로 소유자가 범죄혐의와 관련이 없다고 해서 주 정부로
하여금 압수나 수색영장을 발부하는 것을 금지할 수는 없는 것이다(436
U. S. 547, 559-560)"라고 판시함으로써 취재원보호에 소극적인 연방대
법원의 일관된 입장을 유지하고 있다.
516) BVerfGE 77, 65.

는 수색과 관련된 편집상의 비밀이 문제된 경우이다.

사건의 개요를 보면 헌법소원청구인인 공영방송국은 생생한 보도와 추후의 작품제작을 위하여 직원을 시위장소에 보내 시위장면을 촬영하도록 하였다. 시위도중에 심각한 폭력사태가 발생하자 검찰이 Izehoe지방법원에 관련자의 수사절차를 진행하면서 헌법소원청구인에게 그때까지 공개되지 아니한 필름의 복사본을 요청한 사건이었다. 청구인은 이미 방영된 부분만 제공하겠다는 의사를 표시하자 검사의 신청에 의하여 법원은 시위에 관한 전체 필름의 수색과 압수를 명하였다. 청구인은 Mainz지방법원에 항고하였고 그것이 기각되자 헌법소원을 청구하였다. 독일 형사소송법에는 제94 제1항517)에서 증거자료로서 압수에 관한 규정을 두고 있었고, 동법 제97조 제5항518)에서는 출판과 방송에 있어서 증언거부권이 인정되는 경우에는 압수가 허용되지 않는다고 규정하고 있다.

이 판례에서 연방헌법재판소는 첫째 형사소송법상의 압수금지와 증언거부권은 언론기관의 내부에서 형성된 정보에는 미치지 않으나, 둘째 언론기관의 내부형성정보(방송국 자신의 관찰조사결과를 담고 있는 기록)도 언론의 자유의 보호영역에는 포함된다고 한다. 언론기관의 자기수집정보에 관한 증언거부권은 언론·출판의 자유의 보호영역에는 속하지만 다른 공익을 추구하는 일반 법률519)에 의한 제한

---

517) 연방형사소송법 제94조 제1항에 의하면 "범죄수사에 증거자료로서 중요한 의미를 가지는 물건은 수사기관에 의하여 보관(Verwahrung)되거나 다른 방법으로 보존되어야 한다"고 규정하고, 제2항에서 "일정한 사람이 보관하고 있거나 임의로 인도되지 않는 경우에 압수가 필요하게 된다"고 규정하고 있다.

518) 연방형사소송법 제97조 제5항에 의하면 "제53조 제1항 제5호에서 정하는 사람의 증언거부권이 미치는 범위 내에서 그 사람이나 편집인, 출판사, 인쇄소 또는 방송국이 보관하고 있는 서류, 음향테이프, 비디오테이프, 자기테이프, 그 복사물 기타 표현물에 대한 압수는 허용되지 않는다"고 규정하고 있다.

519) 독일기본법 제5조 제2항에서는 언론·출판의 자유의 헌법적 한계로서 일반 법률에 의한 제한, 청소년보호규정과 개인의 명예권에 의한 제한의

의 문제가 발생한다는 취지로 해석된다. 다만 일반 법률에 의한 제한의 경우 이익형량의 방법이 필요하다고 한다. 연방헌법재판소의 입장을 위의 두 가지 사항을 고려하여 살펴보면 다음과 같다.

가. 연방헌법재판소는 형사소송법 제97조 제5항 및 제53조 제1항 제5호에 규정된 압수금지 및 증언거부권은 외부의 정보제공자에 의한 정보보호에 한정되고 내부의 직원에 의하여 직접 형성된 자료에는 적용되지 않는다는 해석이 명문의 규정에도 부합하고, 언론기관과 그에 대한 정보제공자의 신뢰관계보호에 이바지하여야 한다는 이 사건 법률조항의 규범목적과도 조화된다.[520]

실제로 언론기관 스스로 수집한 정보에 대하여 증언거부권을 인정할 것인지에 관한 문제는 입법과정에서도 논의가 있었고 증언거부권이 인정되는 범위를 확장하려는 헤센 주의 제안도 연방참사원(Bundesrat)에서 거부되었다. 따라서 증언거부권은 정보제공자보호에 한정되어야 하고 언론기관이 스스로 수집하여 편집한 모든 기록이 압수대상에서 제외되어야 한다는 해석은 법률의 문언이나 의미에 반하는 것일 뿐만 아니라 입법자의 명백한 의사에도 반한다.[521]

나. 방송의 자유도 신문의 자유와 마찬가지로 정보의 습득, 정보제공자와 방송의 신뢰관계, 편집활동의 신뢰(방송국 자신의 관찰조사결과를 담고 있는 기록) 등을 보호하고 있지만 이러한 방송과 신

세 가지의 제한요소를 규정하고 있다. 일반 법률에서 "allgemein"이라는 개념의 해석에 관하여 입법상의 실수로 규정되었다는 주장 등 많은 논란이 있었다. 현재 일반 법률이라는 개념은 바이마르공화국헌법 제118조 제1항에서 유래한 개념으로 바이마르시대의 이론의 강한 영향을 받아서 "의사표현 그 자체를 금지하거나 의사의 표현 그 자체를 대상으로 하는 법률이 아니라, 특정한 의사표현과는 상관없이 보호되어야 하는 법익의 보호에 기여하는 법률"이라는 의미로 해석된다. R. Herzog(FN 413), 249ff. ; 뤼트판결(BVerfGE 7, 198, 208f.) 이후 연방헌법재판소의 판례도 계속해서 같은 취지로 판시하고 있다. BVerfGE 62, 230, 243f. ; 71, 206, 214 ; 95, 220, 235f.

520) BVerfGE 77, 65, 72f.
521) BVerfGE 77, 65, 73f.

문의 자유에 대한 보호는 무제한적으로 보장될 수는 없고 기본법 제5조 제2항의 일반 법률의 규정에 의하여 제한될 수 있다는 전제 하에서 비교 형량에 의한 해결이 필요하다.[522] 이러한 결정은 우선 입법자에게 부여되어 있다.

형사소송법 제97조 제5항 및 제53조 제1항 제5호에서 정하는 한계 내에서 출판, 영화, 방송의 영역에서 가능한 증거자료의 압수를 허용하고 있는 형사소송법 제94조는 기본법 제5조 제2항의 의미에서의 일반 법률조항이다.[523] 언론의 자유에 대한 일반 법률조항은 그 기본권보장의 관점에서 다시 검토되어야 한다. 즉 기본법 제5조 제1항 제2문에 의하여 보장되는 언론의 자유와 일반 법률규정의 제한에 의하여 보호되는 법익과의 조정이 필요하게 된다. 그 비교 형량의 범위 내에서 제한 법률조항이 보호하고자 하는 법익의 중요성도 고려되어야 한다. 입법자는 다른 중요한 공익에 대하여 언론의 자유를 절대로 우선하여야 하는 것도 아니며, 언론의 자유를 무시하고 마음대로 결정할 수 있는 것도 아니다. 연방헌법재판소는 효과적인 형사소추가 불가피하다는 점을 거듭 인정하였고 형사절차에서는 가능한 광범위한 진실을 발견할 필요가 있음을 강조하면서 범죄행위를 밝혀내는 것이 법치국가적 공동체의 본질적인 과제라고 선언한 바 있다. 증언거부권 내지 압수금지의 대상은 원칙적으로 소추를 어렵게 하기도 하지만 방어를 어렵게 하기도 한다. 따라서 이들 권리는 범죄혐의를 받고 있는 국민이 자신에게 씌워진 혐의를 형사절차에서 벗겨낼 가능성을 제한하므로 증언거부권이나 압수금지를 함부로 인정하거나 확대함으로써 실체적 진실발견을 위한 정당한 재판을 방해하는 절차법적인 규정은 사법적인 판단에 배치될 수 있다.[524]

---

522) BVerfGE 77, 65, 74ff.
523) BVerfGE 77, 65, 75.
524) BVerfGE 77, 65, 76.

(ⅱ) 자기수집정보에 관한 판례의 평가

가. 앞에서 언급된 연방헌법재판소의 판례나 일부 문헌에서 증언 거부권의 규범목적이 언론인과 정보제공자와의 신뢰관계의 보호에 있다고 하여 언론기관 스스로에 의하여 수집한 정보를 증언거부권 의 대상에서 제외하려고 하는 결론은 증언거부권을 규정하고 있는 법률의 목적과 방법을 혼동하고 있다고 하는 견해525)가 있다. 이러 한 입장에 의하면 언론기관의 자기수집정보와 증언거부권의 관계를 언론인과 정보제공자와의 신뢰보호의 차원에서만 이해하는 것에 반 대하고 있다. 즉 언론의 자유의 보호목적은 방해 없는 자유로운 정 보수집에 있고 그러한 방법 중에서 가능한 하나의 방법이 정보제공 자가 언론기관에 대하여 정보를 제공하는 것을 보호하는 것이라고 설명하고 있다. 따라서 언론기관에 고용된 언론인에 의하여 수집된 정보라고 하여 보호가치가 더 작은 것이라고 할 수는 없는 것이다. 언론기관의 증언거부권의 행사를 규정하고 있는 법률의 목적은 언 론기관과 정보제공자 사이에 존재하는 신뢰관계의 보호 그 자체에 있다고 하기보다는 오히려 언론기관의 종사자의 정당화사유로 보아 야 할 것이다. 언론기관의 종사자가 정보원을 밝혀야 하는 의무가 존재하는 것은 아니고 오히려 정보원에 관하여 증언거부권을 행사 함으로써 정보원을 밝히지 않는 것이 정당화 될 수 있다는 것이다. 증언거부권을 규정하고 있는 법률의 목적에 관한 명백한 오해는 정 보수집의 자유에 있어서 중대한 제한을 의미하는 것이다. 기본법 제 5조 제1항 제2문의 신문의 자유와 방송의 자유는 정보수집의 전 과 정을 보호한다. 따라서 제3자에 의하여 제공된 정보뿐만 아니라 언 론기관 스스로 수집한 정보도 언론의 자유의 보호영역에 속한다고 보아야 한다. 실제로 외부에서 제공된 정보와 언론기관의 자기수집 정보가 결합된 경우에 이것을 분리하여 증언거부권의 대상에 포함

---

525) Martin Löffler/Reinhart Ricker(FN 435), S. 169, 176.

되는지의 여부를 달리 하는 것은 불가능하고, 이처럼 정보가 분리할 수 없는 관계에 있는 경우는 물론 그것이 분리가 가능한 경우에도 언론기관이 스스로 수집한 정보는 증언거부권의 대상에 포함된다고 보아야 한다.[526]

나. 이 판결은 취재원의 보호를 위한 재판절차에서의 증언거부권과 관련된 것은 아니었고 방송국의 편집실에 대한 압수·수색으로부터 편집상의 비밀보장이 문제되었던 사건이다. 형사소송법 제53조에 규정된 증언거부권의 인정에 의하여 보호된 정보원이라 할지라도 수사기관이 정보원의 내용이나 정보를 보관하고 있는 자의 증언을 요구하는 방법을 선택하는 것이 아니라 언론기관을 수색하거나 언론기관이 보관하고 있는 편집에 관한 자료를 압수하는 우회적인 방법에 의하여 증언거부권을 침해하는 결과를 가져올 수 있다. 그러한 결과를 방지하기 위하여 형사소송법 제97조 제5항에서는 증언거부권의 행사가 정당화되는 사람이 보관하고 있는 자료에 대한 압수금지를 규정하고 있고,[527] 동 규정은 자료를 보관하고 있는 사람뿐만 아니라 편집국, 출판사, 인쇄소, 방송국 등이 보관하고 있는 문헌이나 그 밖의 자료에도 마찬가지로 적용된다.

증언거부권의 행사를 침해하지 않는 우회적인 방법으로 문헌이나 자료 등을 압수하여 그 행사를 방해하거나 그와 동일한 조건하에서 언론인이나 언론기관 기타 자료 등을 수색하는 것은 절차법적인 문제에 있어서 특히 언론에 대한 절차상의 조치를 취함으로써 기본법 제5조의 신문의 자유나 방송의 자유에 영향을 미칠 수 있고 헌법상의 합리성의 원칙에 위배될 수 있기 때문에 허용되지 아니한다. 따라서 언론기관에 대한 압수나 수색은 언론의 자유에 대한 중대한 제한을 뜻하기 때문에 압수나 수색을 위한 전제로서 긴급하고 절박

---

526) Martin Löffler/Reinhart Ricker(FN 435), S. 177 ; BGH in NJW 1990, S. 525.
527) BVerfGE 20, 162, 186ff.

한 사유가 있어야 하고 또한 신중한 사법적인 이익형량을 필요로 한다.528) 이러한 긴급한 사유와 이익형량의 원칙은 물론 언론기관의 자기수집정보의 경우라고 할지라도 달라지는 것은 아니며 동일하게 적용된다고 보아야 한다.529)

증언거부권이 인정되는 영역에 있어서 압수나 수색이 금지된다고 하더라도 증언거부권의 행사의 주체나 그 대상이 되는 자료 등이 범죄와 관련된 경우에는 형사소송법 제97조 제2항 제3문530)에 의하여 압수와 수색이 허용된다. 이와 같이 증언거부권이 존재함에도 불구하고 압수와 수색이 허용되는 경우에는 형사소송법 제97조상의 사람이나 대상의 형벌관련성 이외에도 형사소송법 제94조의 압수의 일반적인 전제조건도 충족해야 하는 것은 당연하다.531)

ⓑ 정기적인 간행물

형사소송법 제53조 제1항 제5호에 의하면 증언거부권의 대상이 되는 것으로 "정기간행물"을 규정하고 있고, 각 주의 신문법 제7조에 의하면 정기간행물의 개념정의에 관하여 "정기간행물이란 신문, 잡지 및 기타 비정기적이더라도 6개월 이상 중단되지 않고 지속적으로 출판되는 인쇄물을 말한다"라고 규정하고 있다. 이처럼 증언거부권의 대상을 법문에 따라서 해석하게 된다면 서적이나 유인물, 팜프랫 등은 증언거부권의 대상에서 제외된다. 하지만 정기간행물과 그 밖의 출판물을 구별하여 정기간행물의 종사자에게만 증언을 거

---

528) Martin Löffler/Reinhart Ricker(FN 435), S. 180, 181 ; BVerfGE 20, 162, 186ff.
529) Martin Löffler/Reinhart Ricker(FN 435), S. 181.
530) 형사소송법 제97조 제2항 제3문에 의하면 "증언거부권자가 공범, 범죄비호, 은닉 또는 장물죄의 혐의가 있는 경우 또는 범죄행위를 통해 제작된 물건, 범죄행위를 행하는데 사용하거나 사용하기로 특정된 물건 또는 범죄행위에서 유래하는 물건이 문제되는 경우에는 압류제한규정을 준용하지 아니한다"고 규정하고 있다.
531) Martin Löffler/Reinhart Ricker(FN 435), S. 183.

부할 수 있는 특권을 부여하려는 것은 정당화될 수 없다.532)

ⓒ 직업관련성

증언거부권을 규정하고 있는 형사소송법 제53조 제1항 제5호에는 신문과 방송에 있어서 정기간행물이나 방송의 준비·제작·배포에 "직업적으로 참여(협력)하거나 참여하였던" 사람에게 증언거부권이 인정된다고 규정하고 있다. 참여하거나 하였던 사람이라고 함으로써 증언거부권은 언론기관에 현재 종사하고 있는 경우에만 인정되는 것이 아니라 언론활동을 종료한 후에도 그의 활동과 관련하여 증언을 거부할 수 있는 특권을 여전히 행사할 수 있다는 점에서 증언거부권의 인정범위가 다소 넓지만, "직업적(Berufsmäßig)"이라는 개념을 어떻게 해석하느냐에 따라 증언거부권을 행사할 수 있는 범위가 달라질 수 있다. 직업적이란 계속적이거나 반복적인 의사로서 신문이나 방송의 영역에서 활동하는 것을 의미하므로 단순히 기회적인 활동은 직업적으로 활동하였다고 볼 수 없다. 하지만 비록 단 한번의 활동이라고 하더라도 그것이 계속 반복의 의사가 있다면 직업적이라는 것을 인정할 수 있을 것이다.533) 또한 직업성은 영업상의 이익을 얻기 위한 활동을 요구하는 것은 아니고 이윤의 추구를 목적으로 하느냐의 여부는 직업성의 인정에 있어서 중요한 요소는 아니다. 언론기관에 고용되어서 협력하였는가 아니면 고용되지 않고 자유롭게 협력하였는가의 여부, 주된 업무로서 협력하였는가 아니면 부수적인 업무로서 협력하였는가의 여부는 증언거부권의 인정에 있어서 동일하게 적용된다.534) 따라서 권한분배결정에 있어서 항고인과 같은 자유기고가도 이러한 직업관련성의 의미에 비추어 직업으

---

532) Martin Löffler/Reinhart Ricker(FN 435), S. 174 ; 구 바이에른주출판법 제12조에 의하면 비정기적인 출판물에 대하여도 증언거부권을 인정하였다.
533) Martin Löffler/Reinhart Ricker(FN 435), S. 173.
534) Martin Löffler/Reinhart Ricker(FN 435), S. 174.

로서의 활동으로 인정되므로 정보원에 관하여 증언을 거부할 수 있다는 것은 당연하다.

ⓓ 광고와 편집활동

각 주에 있어서 1974년까지는 증언거부권이 광고부분에도 인정이 되었으나, 1975년의 새로운 규정에 의하여 증언거부권의 내용적인 면에서 제한이 나타났다. 형사소송법 제53조 제1항 제5호에서 논문 기타 기록 및 전달이 "편집활동"을 위하여 문제되었던 범위 내에서 증언거부권을 인정하고 있는 결과 전달의 내용에 있어서 증언거부권을 제한하는 결과가 발생하였다. 따라서 정기간행물에 있어서 독자투고나 기고 및 기사 등의 편집활동과 관련된 부분에는 증언거부권이 인정되지만 광고부분의 문자나 기호에 관하여는 동일한 보호가 인정되지 않는다고 볼 수도 있게 되었다. 그렇지만 광고에 대하여 증언거부권이 인정되지 않는다고 하더라도 예외적으로 광고가 편집활동영역의 기고와 같은 역할을 하거나 적어도 비슷한 기능을 하는 경우에는 광고부분에도 증언거부권이 기본법 제5조 제1항으로부터 직접적으로 도출된다고 보아야 한다.535)

연방헌법재판소의 판례536)에 의하면 주택의 매매나 노동시장의 구인광고 등과 같이 광고도 신문에 있어 정보의 자유의 본질적인 부분으로 인정될 뿐만 아니라, 광고주와 언론기관 사이의 신뢰관계에 있어서도 마찬가지로 구인광고나 결혼정보 등을 제공함으로써 중요한 역할을 하고 있다. 따라서 광고가 경우에 따라서 과장광고나 허위광고의 가능성이 있다고 하여 편집활동과 동일한 보호를 받을 수 없다고 하는 견해는 설득력이 없다고 할 수 있다.537) 실제로 종래의 각 주의 출판법에서는 광고부분에도 증언거부권을 인정하였고, 새로

---

535) Martin Löffler/Reinhart Ricker(FN 435), S. 177.
536) BVerfGE 21, 271, 278ff. : Südkurier-Urteil.
537) Martin Löffler/Reinhart Ricker(FN 435), S. 178.

운 법규정은 편집활동과 관련하여서만 증언거부권을 인정함으로써 오히려 언론의 자유를 후퇴시키는 결과를 가져올 수 있으므로, 일률적으로 결정할 것이 아니라 광고가 오늘날 언론의 자유에서 차지하는 역할과 기능을 고려하여 증언거부권의 인정여부는 신중하게 결정할 필요가 있다.

㉠ 증언거부권의 확대에 관한 노력

개정된 형사소송법에서 규정하고 있는 증언거부권은 이미 살핀바와 같이 그 행사에 있어서 제한적인 요소가 존재한다. 이러한 제한적인 요소에 대하여 신문과 방송에 있어서 증언거부권의 실질적인 법적 기초를 개선하려는 필요성이 대두되었다.

연방참사원은 1989년에 베를린 주와 함부르크 주에 의하여 제출되 증언거부권의 대상을 확대하는 것을 내용으로 하는 법률안을 가결하였다. 특히 이 법률안은 언론기관이 직접 수집한 자기정보와 제3자에 의하여 전달된 정보가 동일하게 증언거부권의 대상이 된다는 것이 규정되어 있었다. 연방참사원에 의하여 가결된 법률안은 그 당시의 입법기 내에 처리되지 못하였고, 1991년에 동일한 내용을 규정하고 있는 법률안을 새로이 결정하였으나 역시 입법화되지는 못하였다.

최근에도 증언거부권의 범위를 확대하려는 시도는 계속되고 있다. 2000년 1월에 연방법무부는 형사소송법 개정안을 제출하였는데, 그 법률안의 내용을 보면 언론기관의 자기수집정보를 증언거부권에 포함하고 있고, 직업과 관련하여서도 그 범위를 확대하고 있으며, 형사소송법 제97조 제5항의 압수금지의 범위도 확대하고 있다. 이러한 내용과 동일한 법률안이 이미 1999년 9월에 F. D. P.에 의하여 이미 연방의회에 제출되기도 하였다. 독일에서는 과거부터 계속 되어온 이러한 노력들에 비추어 볼 때 증언거부권의 확대와 관련된 법률들은 조만간에 개정이 있을 것으로 보인다.

② 언론기관내부의 자유

i) 서 설

신문의 자유는 우선 편집·보도내용에 대해서 국가적 간섭을 배제할 수 있는 것을 그 주된 내용으로 한다. 편집·보도된 내용에 대한 사전검열제도가 금지되는 것도 그 때문이다. 그러나 사후검열은 물론 가능하고,[538] 또한 신문이 갖는 공적 기능 때문에 허위사실을 보도하는 것까지 편집·보도의 자유가 보호하는 것은 아니라고 할 것이다.

신문의 자유가 편집과 보도된 내용에 있어서 국가의 간섭을 배제하는 것 외에 편집이 이루어지는 과정에 있어서도 신문의 자유가 문제될 수 있는데, 신문의 자유를 국가권력에 대한 방어권으로만 보는 고전적인 시각에서는 언론기관 내부의 자유 이른바 내적인 신문의 자유에 관한 새로운 이해가 어려울 수 있다.

신문에 있어서 편집·보도는 그것이 외부에 발표되었을 경우에만 국가의 간섭을 받는 것이 아니라 편집과정에서도 국가가 발행인이나 편집인의 행위를 제한함으로써 개입할 수 있고, 언론기업의 경향으로 인하여 언론기업내부에 있어서 발행인이 편집인에게 또는 편집책임자가 편집인에게 영향을 행사함으로 인하여 신문의 자유의 핵심인 편집의 자유의 보장에 장애가 발생할 수 있다. 그렇다면 신문의 자유의 보호영역에 있어서 본질적인 사항 중의 하나로 간주되고 있는 편집·보도의 자유가 외부적인 간섭으로부터 자유로울 권리만을 의미하는가 아니면 이러한 외부의 간섭으로부터 자유로울 권리 외에 언론기관 내부에 있어서도 발행인이나 기타 신문의 자유의 주체의 영향을 받지 않고 자유로이 편집활동을 할 수 있는 권리를 포함할 수 있는지가 문제될 수 있다.

---

538) BVerfGE 33, 55, 71f.

ii) 내적 신문의 자유

내적인 신문의 자유(innere Pressefreiheit)의 문제는 두 가지 측면에서 이해될 수 있는데, 하나는 출판계전체를 내부적으로 어떻게 구성하느냐의 문제와 다른 하나는 언론기업내부의 공동결정의 문제, 즉 언론기업의 내부에 있어서 개개의 언론인과 발행인, 편집인, 편집책임자 등의 관계와 지위에 관한 문제이다.539) 첫 번째 문제는 언론기관의 독과점 현상과 언론기업의 존립에 관한 문제로서 언론기업의 보장과 관련하여서 검토되어야 하는 문제이고, 두 번째 문제가 언론기업내부에서의 언론인 즉 편집인과 발행인들 간의 관계에 관한 문제로 진정한 의미에 있어서 내적인 신문의 자유의 문제라고 할 수 있다.

신문의 내부적 자유는 다양한 문제를 갖고 있지만 그 핵심은 한 마디로 신문기업의 내부에서 언론의 자유가 보장되느냐의 문제이다. 오늘날 정보전달의 가장 중요한 수단으로서의 신문이 일반에게 전달하는 보도는 사실 그 자체라기보다는 신문이 재구성한 생산물이다. 그렇기 때문에 올바른 여론의 형성을 위해서는 편집과정에서의 언론의 자유인 편집의 자유가 절실히 요청된다.540) 편집의 자유를 그 내용으로 하는 내적 신문의 자유가 신문의 자유에 의하여 보장되는 보호영역에 해당하는가의 문제는, 첫째 선결과제로서 발행인·편집인뿐만 아니라 개개의 언론인을 포함하여 신문에 종사하는 모든 사람이 신문의 자유의 주체가 될 수 있는가, 둘째 국가가 이러한 언론기관종사자에게 영향력을 행사하는 것이 허용되는가의 문제, 셋째 신문을 발행하는 언론기관의 발행인의 경향이 편집인이나 언론인에게 영향을 미칠 수 있는가의 문제, 넷째 광고주나 구독자가 경제적인 측면에서 편집활동에 사실상 영향력을 행사할 수 있는가의 문제 등으로 나눌 수 있고, 그 중에서도 내적인 신문의 자유의 핵심

---

539) R. Herzog(FN 413), RN 158.
540) 계희열(주 410), 393면.

은 편집인과 발행인 간의 관계에서 발생하는 편집의 자유에 대한 경영권자의 간섭의 문제로 볼 수 있다.

ⓐ 내적 신문의 자유의 주체

신문의 자유의 주체를 원칙적으로 발행인이라고만 보고 경우에 따라서는 편집인이나 편집책임자가 예외적으로 신문의 자유의 주체가 될 수 있다고 할 경우에는 언론기관 내부의 자유라는 헌법적 문제는 발생하지 않는다. 발행인과 같은 특정인만을 신문의 자유의 주체로 보는 것은 신문의 자유를 규정하고 있는 기본법 제5조 제1항 제2문에 반하고 기본법의 정신, 특히 평등의 원칙이나 민주주의원칙과도 조화될 수 없고, 언론의 자유가 자유민주주의사회에서 차지하는 기능을 제대로 이해하고 있는 것이라고 볼 수 없다. 따라서 발행인·편집인·편집책임자뿐만 아니라 신문에 종사하는 모든 언론인이 신문의 자유의 기본권을 행사할 수 있는 기본권행사의 주체라고 보아야 한다.541)

ⓑ 국가기관과의 관계

신문의 자유의 주체를 신문에 종사하는 모든 언론인이라고 보면 언론기관 내부에서 모든 기본권주체들이 기본권의 행사능력을 가지는 것은 당연한 현상이다. 그렇다면 기본권 주체가 언론기관 내부에서 신문의 자유를 행사하는데 있어서 우선 국가기관이 이들 신문의 자유의 주체에게 영향을 미치는 것을 생각해 볼 수 있다. 국가기관이 편집·보도된 내용에 대하여 사전적인 검열을 행하는 것은 기본법 제5조 제1항에 의하여 금지되고 있다. 다른 공익을 이유로 하여 사후적인 심사를 행하는 것은 허용되지만 사후심사의 차원이 아닌 공권력에 의한 간섭의 정도가 인정될 경우에는 국가에 대한 방어권

---

541) R. Herzog(FN 413), RN 161.

으로서 침해를 배제할 수 있다는 것은 당연하다. 엄격히 말하면 그것은 언론기관의 내적인 신문의 자유의 문제라고 볼 수는 없다. 즉 국가기관에 의한 검열의 정도가 심할 경우에는 그것은 언론기관 내부의 신문의 자유의 문제가 아니라 국가기관에 의한 언론의 자유에 대한 침해의 문제이다. 그렇기 때문에 신문에 의한 보도 이전단계의 편집활동에 대하여 국가기관이 발행인이나 편집인에게 기본법 제5조 제2항에 의한 기본권 제한의 정당한 사유에 의하지 않는 제한을 가하는 것은 허용되지 아니한다. 그것은 신문의 자유의 본질적인 내용인 편집의 자유에 대한 침해가 되기 때문이다. 발행인이나 편집인의 편집활동에 대한 제한뿐만 아니라 신문에 종사하는 개별적인 언론인에게 직접적으로나, 발행인이나 편집책임자를 통하여 간접적으로 영향력을 행사하여 편집활동을 제한하는 것도 물론 허용되지 아니한다.542)

ⓒ 발행인(경영권자)과의 관계

내적 신문의 자유에 있어서 가장 중요한 문제는 발행인과 편집인 그리고 개개의 언론인과의 지위문제이다. 그 중에서도 특히 편집의 자유에 대한 발행인의 간섭의 문제가 내적 신문의 자유의 핵심적인 사항이다. 신문발행인은 편집인에게 특정 사건을 보도하지 말거나 일정한 방법으로만 보도하도록 지시할 수 있는가, 또는 편집권자가 발행인에 대하여 독립 및 자유를 주장할 수 있느냐의 편집권 독립에 관한 문제이다. 편집권 독립의 주체에 관하여 발행인주체설과 편집인주체설의 대립이 있다.543) 발행인주체설에 의하면 자본주의 경제체제 하에서는 편집권은 발행인의 자유라고 한다. 편집인에게도 편집권은 인정되지만 편집인은 노동계약에 따라 편집권을 행사할

---

542) R. Herzog(FN 413), RN 163.
543) 박경철, "신문사내의 편집권 독립에 관한 연구" 석사학위논문, 연세대학교 대학원, 1989. 6, 20-25면.

230

수 있을 뿐이고 신문사는 정신적·이념적 목적을 추구하는 이른바 경향기업의 특성을 갖는 것이기 때문에 발행인은 신문의 처분권뿐만 아니라 신문의 내용을 형성할 권한을 가지고 있다고 한다. 편집인주체설은 신문사는 사적·사경제적 원리에 의하여 활동하므로 발행인은 공적 기능의 수행을 목적으로 하는 신문의 자유의 주체가 아니라고 한다. 편집권을 발행인주체설이나 편집인주체설에 입각하여 어느 일방에게 귀속시키는 것은 바람직한 방법이 아니다. 헤어쵸크는 발행인이 신문사를 설립·경영하려고 할 때에는 일정한 설립목표를 가지고 있을 것이고 그 목표에 따라 편집의 방향이 결정될 수 있도록 발행인이 신문사의 기본원칙(Richtlinie)을 세워 신문사의 운영이나 출판물의 성격을 그 원칙에 따라 조정할 권능이 있으며, 개개의 언론인은 자신이 신문사에 입사를 선택하였으므로 신문사의 기본원칙이나 발행인의 새로운 방침의 설정에 따라야 하고 회사의 기본원칙 내에서 독자적인 결정의 자유나 신문내용의 형성의 자유가 보장된다고 한다.544) 이러한 의미에서 편집권은 개개인이 배타적으로 소유하는 것이 아니라 자유언론제도의 본질적인 불가결한 기본조건으로서 신문사 내부의 상태로 이해하여야 하고, 발행인과 편집인 등 신문제작에 참여하는 모든 언론인이 집단적으로 공유하는 권리이므로 내적 신문의 자유에 있어서는 발행인과 편집인들 간의 권한분배와 편집인의 지위독립과 신분보장 등 신문사내부의 민주화가 요청된다.545)

　ⓓ 광고주와 구독자와의 관계

　언론기관 발행인의 일정한 경향에 입각하여 개별적인 언론인들이 발행인이 정한 기본원칙에 따른 기사나 기고를 작성한 경우에도 다른 경제적인 이유로 영향을 받기도 한다. 발행인은 재정적으로 광고

---

544) R. Herzog(FN 413), RN 174.
545) 허영(주 414), 662면 ; 박경철(주 543), 25면.

주와 구독자에게 의존하게 되고 여론조사기술의 발달로 인하여 증가하는 구독자들의 관심을 반영하기 위하여 발행인은 출판내용에 있어서 심각한 영향을 받고 있다. 여기서 발행인은 언론기관의 정치적 성향이나 경향이 아니라 경제적·재정적인 고려에 의하여 편집책임자나 편집인, 개별적인 언론인들에게까지도 제한을 가할 수 있는가의 문제가 발생한다. 경제적·재정적 고려에 의한 내적 신문의 자유의 문제는 개별적인 언론인이 발행인이 정한 기본원칙 내에서 기사를 작성한 경우 발행인이 광고주나 구독자와의 관계를 고려하여 그 기사를 채택하지 않거나 심지어 고용자를 해고하는 형식으로 나타난다. 발행인이 고용인의 출판행위를 이유로 해고하는 경우, 고용인의 출판행위가 발행인이 정한 기본원칙 내에서 작성한 기사를 출판한 경우라면 해고보호법(Kündigungsschutzgesetz)에 의하여 보호되고 발행인의 해고는 사회적으로 정당화되지 않는다.546) 따라서 이러한 노동법상의 문제로 인하여 발행인은 편집과정에서 개별언론인의 작성된 기사를 채택하지 않는 방법을 선택할 것이고, 이러한 기사의 불채택의 문제는 발행인의 실질적인 권한과 관련된 것으로 신문에 있어서 편집인 등 개별 언론인이 작성한 기사들 중에서 보도할 기사를 선택할 권리와 선택된 기사를 어느 면, 어느 위치에, 어떠한 형식으로 배치할 것인가를 결정하는 것은 발행인의 권한이므로 실질적으로 어려운 문제를 발생시킨다.547) 결국 법적인 해결에 의존하기보다는 신문의 자유의 기본권능력을 가지는 발행인과 편집인, 개별적인 언론인들의 민주적인 의사결정과정에 의하여 해결하는 것이 바람직하다고 본다.

---

546) R. Herzog(FN 413), RN 176.
547) R. Herzog(FN 413), RN 177.

③ 언론기업의 보장

ⅰ) 언론기업의 설립의 보장

신문의 자유는 신문 활동의 자유 외에도 언론기관이 여론형성이
나 비판기능 등의 성공적인 활동과 민주주의국가에 있어서 공적과
업을 달성하기 위해서는 기술적인 측면과 경제적인 측면에서의 언
론기관의 보장이 필요하다. 언론기관의 보장은 우선 자유로운 설립
이 보장되어야 하고, 자유롭게 설립된 언론기관이 외부의 간섭 없이
원활하게 업무수행을 할 수 있도록 언론기관 내부의 물적 시설이
갖추어져야 한다.

각 주의 출판법은 신문 등의 출판물과 관련하여 언론기관의 설립
에 있어서 허가제의 금지를 규정하고 있다. 바덴·뷔르템베르크주출
판법 제2조에서는 "출판업의 창설이나 기타 신문업의 경영을 포함한
출판활동은 그 어떤 허가에 의존하도록 하여서는 아니 된다"라고 규
정하고 있으며 다른 주들도 같은 내용의 규정을 두고 있다.[548] 많은
다양한 언론기업이 설립되어야 다양한 정보의 제공이 가능하게 되
고 그러한 정보를 바탕으로 자유로운 민주적인 의사형성이 가능하
게 된다. 또한 신문기업이 다원화 되어야만 상호견제를 통하여 언론
기업의 횡포를 막을 수 있기 때문에 언론기업의 자유로운 설립의
보장과 허가제의 금지는 신문의 자유의 보호영역에 속한다.[549]

ⅱ) 언론기업의 물적 토대의 보장

자유롭게 설립된 언론기관이라고 할지라도 언론기관의 내부의 물

---

[548] 바이에른주출판법 제2조, 베를린주출판법 제2조, 브레멘주출판법 제2조,
    함부르크주출판법 제2조, 헤센주출판법 제2조, 니더작센주출판법 제2조,
    노르드라인·베스트팔렌주출판법 제2조, 라인란트·팔츠주출판법 제2조,
    자를란트주출판법 제2조, 슬레스비히·홀스타인주출판법 제2조.
[549] 신문의 경우와는 달리 방송의 경우에는 독일뿐만 아니라 다른 나라에
    서도 일반적으로 허가제를 원칙으로 하고 있다.

질적인 보장이 이루어지지 않고서는 언론기관의 활동의 실질적인 보장도 어렵다는 역사적인 경험에 비추어 볼 때 출판을 위한 용지의 공급, 인쇄를 위한 기술적인 설비, 인쇄된 신문을 보관하기 위한 장소와 이러한 모든 활동을 위한 언론기관의 물적 토대의 확보는 언론기관의 보장의 중요한 전제가 된다. 물적 시설의 확보는 다양한 언론기업들이 집중되지 않고 독립하여 활동하게 하는 것을 가능하게 하고 독립된 많은 언론기관의 존립의 보장은 민주주의의 다원성의 요청에 기여하는 역할을 수행한다. 하지만 언론기업의 내부의 물적 시설을 보장하여야 한다는 의미가 자유로운 경쟁에 의한 규모의 차이가 발생하는 것까지 허용하지 않는 것을 뜻하는 것은 아니라고 보아야 하기 때문에 언론사의 명칭·판권과 같은 영업상의 이익·광고계약·차량 등은 보장되어야 할 언론기관의 경제적인 토대에 해당하지 않는다고 보아야 한다.[550]

결국 언론기업의 보장도 언론기관의 활동을 보장하기 위한 기본적인 시설의 확보가 방해되지 않을 것을 내용으로 하는 것이다.[551] 민주국가에서는 언론기업도 하나의 사적인 기업이므로 경쟁이 불가피하며 경쟁의 결과 광고 등 영업상의 이익에 따른 거대기업의 등장은 피할 수 없다. 이른바 언론기업의 독과점 내지는 집중화현상의 문제가 발생할 수 있다.[552] 언론 내지 신문기업의 독과점이나 집중현상은 다양한 의사나 정보의 제공을 불가능하게 하며 일방적인 보도와 정보의 제공으로 여론형성의 왜곡과 조작을 가져올 수 있고, 자유로운 의사형성이 불가능하게 되어 궁극적으로는 다양한 독립된

---

550) R. Herzog(FN 413), RN 49.
551) 레르헤(Lerche)는 출판제도의 존립과 관련하여 정신적 창조의 독자성을 존중하는 것이 자유출판제도의 제도적 특성에 속하므로 출판의 경제적·기업적 측면이 지나치게 절대시되어서는 안 되고 일정한 한계가 있다고 한다. 정연주, "출판의 자유", 「법치국가의 기초이론(Peter Lerche 논문선집/허영 편역)」(서울: 박영사, 1996), 119면.
552) K. Hesse(FN 391), RN 395.

언론기관의 존재를 불가능하게 하고 독과점 내지는 집중현상의 심화를 가져와 신문의 자유의 보장을 어렵게 한다. 독일연방헌법재판소는 독점적 의사형성을 막기 위하여 국가가 어떤 조치를 취하는 것이 불가피하다는 쪽으로 기울고 있다.553) 입법적으로도 경쟁제한법(GWB)에 의한 합병의 통제와 같은 방법을 통하여 어느 정도의 규제가 이루어 져야 할 것이다.

그 외에도 신문사 등과 같은 언론기업의 존립과 활동에 있어서 언론기업에 법인격을 부여하지 않는 등의 방법으로 언론·출판의 자유를 보장하기 위한 보조적·중성적인 행위를 침해해서도 안 된다.

(6) 의사표현의 자유와 출판(신문)의 자유와의 관계

출판의 자유의 내용에 의사표현의 자유와 단순한 사실의 보도가 포함되는데, 기본법 제5조 제1항 제1문의 말, 글, 그림에 의한 의사표현의 자유에 단순한 사실의 전달도 포함시킨다는 견해에 의하면 제1문의 의사표현의 자유와 제2문의 출판의 자유의 적용범위가 같게 된다. 그러나 제1문의 내용에 단순한 사실의 전달을 포함하지 않는 견해에 의하더라도 사실의 전달이 의사형성의 전제가 되는 경우에는 제1문상의 의사표현의 자유에 포함되게 된다. 그러므로 의사형성의 전제가 되는 사실로서 의사표현의 자유의 영역에 포함되는 사실이나 평가적인 작업을 거친 가치적인 의사표현의 경우에는 기본법 제5조 제1항 제1문과 제2문에 의하여 적용범위가 같게 된다. 이러한 경우에 있어서 제1문상의 의사표현의 자유와 제2문의 출판의 자유에 의한 보도의 자유와의 관계가 문제될 수 있을 것이다.

헤어쵸크는 제1문상의 의사표현의 자유는 수집된 사실의 인식과 개인의 가치판단을 말, 문자, 그림으로써 표현하고 전달하는 의사전

---

553) BVerfGE 20, 162, 176.

달과정의 보장을 말하고, 제2문상의 신문의 자유는 의사의 표현이나 전달 그 자체의 행위뿐만 아니라 의사나 사실의 보도행위와 관련된 모든 행위 즉 이를 취재하는 행위, 편집하는 행위, 인쇄하는 행위 등의 준비적 행위도 포함하기 때문에 출판에 있어서 순수한 의사의 표현이나 사실의 전달은 제1문과 제2문에 의하여 모두 보장되고, 출판을 위한 준비행위나 보조행위는 제1문의 의사표현의 자유에 포함되지 않으며, 출판의 본질의 범위밖에 있는 표현이나 전달행위는 제2문에 포함되지 않는다고 한다.554) 그리고 출판에 종사하는 자들에게는 제1문과 제2문이 누적적으로 적용되는 것이 아니라 출판종사자들의 일반적인 의사표현은 특별법우선의 원칙에 의해 제2문이 적용된다고 한다.555)

　독일 연방헌법재판소도 의사표현의 자유와 출판의 자유와의 관계에 관하여 언급하고 있는데, 출판의 자유의 영역에 있어서 행하여진 의사표현의 경우에는 기본법 제5조 제1항 제1문상의 의사표현의 자유와 관련된다는 전제하에서 출발한다. 출판 내지 신문의 자유는 인쇄적인 방법으로 행하여지거나 신문상에서 강조된 모든 종류의 의사표현의 자유를 보장한다고 확신할 수는 없다고 하면서, 출판물 내지는 신문상의 의사표현의 자유의 보장은 개인적·공적인 의사형성 이상의 의미를 가지고 있으므로 출판의 자유는 의사전달과 교환에 있어서 출판의 공적인 과업달성을 위한 모든 전제조건들과 관련된다고 한다. 따라서 출판의 자유의 보호영역은 출판에 종사하는 사람, 신문이나 인쇄물 그 자체, 제도적 조직적인 요건 및 한정적인 조건과 자유로운 언론출판의 제도에 관한 것과 관련되고, 특정한 의사표현이 허용되는지의 여부라든가 특히 제3자가 자신에게 불이익

---

554) 헤어쵸크는 기본법 제5조 제1항 제1문상의 의사표현의 자유와 제2문상의 출판의 자유는 크기를 달리하는 두 개의 동심원이 아니라, 서로 교차하는 원이라고 하면서, 출판의 순수한 의사표현행위나 전파행위는 두 원이 교차하는 영역에 속한다고 한다. R. Herzog(FN 413), RN 154.
555) R. Herzog(FN 413), RN 153.

이 되는 표현을 인용하여야만 하는지의 여부에 관한 문제일 경우에
는 기본법 제5조 제1항 제1문의 의사표현의 자유가 결정적인 역할
을 하게 된다고 한다.556)

연방헌법재판소는 이러한 입장에 기초한 이후 같은 태도를 유지
하고 있다. 하지만 출판에 의한 의사표현이 문제된 경우에 있어서
제1문상의 의사표현의 자유가 적용되는 것 이외에 심사척도로서 출
판의 자유가 문제되는지의 여부에 관해서는 아직 미해결의 상태로
열려져 있다고557) 볼 수 있다. 여기서 야라스가 제시한 기본권의 경
쟁관계에 의한 보호영역의 확정문제를 생각해 볼 수 있을 것이다.
둘 다 하나의 언론·출판의 자유의 요소에 해당하는 기본권이지만
이른바 동일한 권리를 내용으로 하는 두 기본권의 경쟁관계가 성립
하므로 의사표현의 자유와 출판의 자유는 상호보완의 관계에 의하
여 보호영역을 확정하고 보완관계에 있지 않는 경우에는 강한 기본
권에 의하여 보호영역을 확정할 필요가 있을 것이다.

4) 방송의 자유

(1) 서 설

음성과 영상을 통하여 이루어지는 방송매체는 동시적이고 직접적
으로 전파되기 때문에 강한 호소력558)과 신속성이 있으며, 방송은
누구나 쉽게 접근할 수 있어서 인쇄매체보다 통제하기가 어려우며,
더구나 방송영상의 구성·기법·시간배정 또는 내용형성에 따라서

---

556) BVerfGE 85, 1, 12f. ; BVerfGE 95, 28, 34 ; BVerfGE 97, 391, 400 ;
　　 헌법재판소는 BVerfGE 85, 1, 11ff.에서 이러한 원칙이 기초되었다고 하
　　 고 있다.
557) R. Herzog(FN 413), RN 154a.
558) BVerfGE 31, 314, 325 ; C. Starck(FN 426), RN 92.

는 대중조작이 가능하고, 방송매체에 대한 사회적 의존성이 증가하는 사회현상으로부터 방송의 영향력은 그 만큼 사회적으로 강한 힘을 발휘한다. 이처럼 사회적으로 강한 영향력을 갖는 방송매체가 남용될 경우 여론에 미칠 수 있는 역기능적 요소 또한 크다고 할 것이다. 따라서 다른 언론매체에 비하여 많은 규제를 받는다. 방송은 이와 같이 헌법상 강한 보호의 대상이 되는 반면에 다른 매체에 비하여 강한 규제의 필요성도 존재하기 때문에 그러한 규제로부터 제한 받지 않고 자유로울 수 있는 방송의 자유의 보호영역이 확정되어 있어야 한다. 즉 방송의 강한 보호의 측면뿐만 아니라 정부나 법률의 규제로부터 보호의 필요성에 의해서도 보호영역의 확정은 중요한 의미를 갖는 것이다.

보호영역의 확정과 관련하여 오늘날 기술발전으로 인한 보도기술의 발달과 새로운 보도매체의 발전도 고려되어야 한다. 기존의 공중파방송 이외에 유선방송, 위성방송은 물론 그 기능이 다원화되고 복합적인 뉴미디어가 출현함에 따라 이들 중 어떤 매체들이 방송의 자유의 보호영역의 대상이 되고,559) 보호영역의 대상에 속한다고 하더라도 어느 정도의 규제가 가능할 수 있는지의 문제는 앞으로 해결해야 할 과제라고 볼 수 있다.

방송의 자유의 보호영역확정도 마찬가지로 독일기본법 제5조 제1항 제2문에 규정된 방송의 개념정의에서 출발하여야 하는데 방송의

---

559) 기술발전으로 인해서 새로운 미디어의 등장은 방송의 보호영역의 확대의 필요성만 가져온 것이 아니라 기존 매체와의 구별문제도 새로운 문제로 등장했다. 예를 들어 공중파 방송처럼 급속히 확산되어 TV나 컴퓨터의 화면을 통해서 누구나 접할 수 있는 전자신문은 방송으로 보아야 하는지 아니면 신문으로 보아야 하는지 아직 확정되었다고 볼 수 없다. 전달방법적 측면에서는 방송으로 볼 수 있지만, 이러한 전달내용이 결국 종이에 인쇄되면 신문이라고 볼 수도 있기 때문이다. 또 인터넷을 통하여 이용자의 모니터에 전송이 되는 경우 과연 기존의 방송과 비교하여 볼 때 이러한 체계를 방송으로 보아야 할 것인지는 아직 미해결의 상태로 남아있다.

개념은 이미 상세히 설명하였으므로 여기서는 다른 매체들에 비하여 방송이 가지고 있는 특성들을 중심으로 보호영역을 확정하려고 한다. 문헌에서는 기본법상의 방송에 대한 개념적 정의를 내리기 위하여 보도기술적 측면·방송내용적 측면·수신자범위와 관련한 방송의 일반 개념적 특성을 중심으로 고찰하고 있다.560) 이러한 방송의 일반 개념적 특성으로부터 방송의 보호영역을 파악할 수 있을 것이다.

(2) 보도기술적 측면

기본법상의 방송은 기술적인 발전을 고려하더라도 우선 보도기술적 요소에 의해서 특징지을 수 있다. 특정한 보도기술적 요소 중에서도 무엇보다 기본법의 제정자에 의해 확인된 라디오기술에 있어서 결정적인 것은 전기적 진동을 이용한 중계이다. 중계가 반드시 무선으로 이루어져야 한다는 것을 요구할 수는 없고 방송기술의 발전으로 인하여 유선방송(Drahtfunk)을 포함하도록 하고 있다.561) 주간방송조약 제2조 제1항과 시청료에 관한 국가협약 제1조가 방송의 기술수준으로 "중계선 없이 혹은 선을 연결하거나 매개체로 한 전기적 진동의 사용"을 규정하고 있는데, 이는 방송의 송신기술적인 요소를 적절하게 표현한 것으로 볼 수 있다.

(3) 방송내용적 요소

방송기술적인 요소만으로 방송의 자유의 내용 즉 보호영역이 확정되지 않음은 당연하다. 따라서 방송의 내용적 요소를 통한 보호영

---

560) 전정환, "헌법상 방송의 개념—독일기본법 제5조 제1항 2문의 내용을 중심으로", 「공법연구」 제25집 제4호(1997. 6), 537면.
561) R. Herzog(FN 413), RN 195.

역의 확정도 필요하다. 쉬타르크는 방송의 내용에 의하여 방송의 개념을 정의하는 것이 아니라 제작방법이나 전달방식에 따라서 방송이 정의되어야 한다고 주장하지만 그것은 개념을 정의하는데 어떤 요소에 보다 더 비중을 두는가의 문제이지 그렇다고 하여 방송의 내용적 요소를 방송의 자유의 보호영역을 확정하는데 고려하지 않을 수는 없다. 방송의 내용적 요소에서 방송의 자유는 두 가지 측면을 가지고 있다. 자유로운 보도를 위한 개인적 자유권이라는 측면과 객관적인 제도보장적 내용의 측면인데, 개인의 방송의 자유는 자유로운 방송의 제도보장에 의하여 보완되어야 한다.

① 주관적 자유권으로서의 내용

ⅰ) 프로그램형성과 대중적 의사전달의 자유

기본법은 제5조에서 "방송을 통한 보도"라고만 규정하고 있으나, 일반적으로 방송은 두 가지의 의미로 정의될 수 있다. 하나는 기술적으로 전기진동의 방법에 의한 대중적 의사전달의 매체라는 점이고 다른 하나는 이 매체에 필요한 프로그램을 구성하고 그것을 일반대중에게 공급한다는 점이다. 이 중에서 방송매체의 내용적 기준은 넓게 이해되고 있다. 단순히 정보전달적인 프로그램들만 방송의 자유의 구성요소에 속하는 것이 아니라 이와 유사한 의사표현, 특히 모든 예술적·오락적 유형의 프로그램들도 여기에 해당한다.562) 왜냐하면 모든 종류의 방송내용은 여론형성의 일부가 될 잠재적 정보내용을 갖고 있어 여론형성에 기여할 수 있기 때문이다.563)

방송의 자유는 특히 프로그램의 자유에서 그 중요성을 갖는다. 구

---

562) BVerfGE 12, 205, 206 ; 31, 314, 326.
563) 전정환 교수는 모든 종류의 방송내용은 여론의 일부가 될 잠재적 정보 내용을 갖고 있으므로, 오락음악 분야에서 최신의 히트 곡을 방송하는 것도 방송의 자유의 내용이 된다고 한다. 전정환(주 560), 539면.

240

체적으로 프로그램의 내용을 선택하고 그 내용을 구성하는 것으로, 본질적인 내용은 방송의 업무수행과 프로그램의 내용형성이 국가의 제한 없이 기본권향유자의 자유로운 결정에 맡겨지는 것을 의미한다. 연방헌법재판소가 제4차 방송 판결564)에서 사적자치에 의한 결정과 형성의 요소를 민영방송의 고유한 본질이라고 한 것은 방송의 자유를 이와 같이 이해하고 있다고 볼 수 있다. 외부적인 간섭이나 국가의 영향을 받지 않고 결정한 프로그램의 내용을 자유롭게 수행하기 위해서는 부수적인 행위들이 따른다. 이러한 부수적인 행위 즉 프로그램의 내용형성을 함에 있어서 방송수행자가 방송종사자들을 선정하거나 배치 및 불가피한 교체 등을 할 권리도 프로그램의 자유로운 편성을 위해서는 필수적인 전제조건이 되므로 기본법 제5조 제1항 제2문이 보장하는 보호영역에 속한다.565) 그 외에도 자유로운 보도나 의사전달을 위해서는 방송제작과 관련된 모든 행동방식, 즉 방송에 있어서의 중요도 결정·프로그램 형성에 따르는 정보수집 등을 포함한 부수적인 행위·방송수행에 필요 불가결한 운영자금의 사용과 같은 사전적인 준비 활동도 보호된다.

　이러한 의미에서 보면 광고방송도 프로그램의 자유와 관련하여 방송의 자유의 보호영역에 포함된다는 것은 당연하다. 광고가 출판이나 방송 그리고 영화에 있어서 보호의 대상이 된다는 점에서는 동일566)하므로 그것이 출판에서 차지하는 중요성과는 달리 광고방송은 전형적인 방송의 과제에 속하지 않는다는 주장은 타당성이 없고567) 방송매체의 중요성과 방송의 기업홍보목적에의 투입은 방송의 전형적인 기능의 하나로 발전되어 왔다.568)

---

564) BVerfGE 73, 118, 171.
565) BVerfGE 59, 231, 257.
566) C. Starck(FN 426), RN 102.
567) 제1차 방송 판결, BVerfGE 12, 205, 260f. ; 전정환(주 560) 539면.
568) 전정환 교수는 방송광고와 출판의 있어서의 광고와 구별하는 것은 부
　　당하고, 출판과 비교해서 방송의 경우에는 어느 정도 제한이 가해져야

프로그램형성과 관련된 부수적 행동방식과 사전적 준비활동이 방송의 자유에 의해서 보호된다는 것은 의문의 여지가 없지만 프로그램의 형성과 관련성이 비교적 작다고 볼 수 있는 방송사의 여타 행위가 방송의 자유에 의하여 보호되는가가 문제된다. 현재 독일에서는 ZDF(Zweite Deusche Fernsehen)가 TV와 관련한 다양한 이벤트 제공이 가능한 방송테마파크(Medienpark)의 건립을 추진하고 있는데, 방송사의 모든 행위가 방송의 자유에 포함되기 때문에 방송테마파크의 건립구상도 방송의 자유의 내용으로 볼 수 있는지의 문제가 발생할 수 있다. 방송의 자유에 의하여 보호되는 것은 프로그램과 직접적인 관련이 있는 것에 한정된다는 견해가 있는데,569) 이러한 견해에 의하면 방송사에 의한 백화점·레스토랑·오락시설이나 농장·포도농장·수목원·수산양식장 등의 경영과 같이 프로그램과 직접적인 관련이 없는 것은 방송의 자유에 의하여 보호되지 않으며, 프로그램과의 직접적인 관련성 인정여부는 사안에 따라 달리 판단될 수 있지만, 공적인 관련성이 인정된다면 이는 바로 프로그램과 직접적인 관련성을 인정할 수 있다고 한다.

하는 것은 별개의 문제라고 한다. 즉 방송광고도 그것이 의사표현적 요소를 가지고 있고, 여론형성의 전제가 되므로 방송의 자유로서 보장받는다고 보는 점은 타당하지만 출판의 경우와 구별되는 것은 그 전파성 때문에 출판의 경우보다는 좀 더 강한 규제를 받을 수 있다는 것이다. 전정환(주 560), 539면 참조.
569) Walter Rudolf, "Öffentlich-rechtliche Aufgaben eines Rundfunkge-setzes im demokratischen Verfassungsstaat", Public Law vol. 28-4-1, 2000. 6, S. 215.

ⅱ) 방송사설립허가 청구권의 문제570) – 독일연방헌법재판소의 이
원적 방송질서571)

방송의 자유는 경제적인 면에서 직업의 자유로서 개인이 방송사
를 운영할 자유를 의미한다. 민간이 상업방송을 방송제도의 주된 기
반으로 하는 미국에서와는 달리 독일에서는 민영방송사를 개인이
운영할 자유가 헌법상 인정되는지에 관하여 민영방송을 허용한 제3
차 방송 판결 전까지는 부정적인 견해가 지배적이었다. 방송의 자유
를 둘러싸고 문제가 되고 있는 개인의 민간방송사 설립허가 청구권
에 관하여 독일연방헌법재판소가 민영방송을 허용한 이후로도 지속
적으로 미결정의 상태로 두었다. 그 대신 연방헌법재판소는 입법자
에게 방송에 관한 광범위한 입법권을 부여함으로써 개인의 방송의
자유에 관한 주관적인 권리를 입법자의 광범위한 입법형성권 아래
두게 되었고 방송에 관한 구체적인 사항은 전적으로 주의 관할과
주간방송조약에 의해 규율되게 되었다. 주 법에 따르면 민영방송을
실시하기 위해서는 주 언론청의 허가가 필요한데, 여기서는 민간방
송을 위한 허가청구권을 둘러싼 연방헌법재판소의 입장을 위주로
민영방송설립허가청구권에 관한 문제를 알아보고자 한다.

ⓐ 제1·2차 방송 판결

570) 독일기본법이나 미국헌법에서는 방송국의 허가에 관한 규정을 두고 있
지 않다. 그리고 대부분의 나라에서는 방송매체의 특성상 방송국설립에
있어서 허가제를 실시하고 있다. 그렇지만 우리나라에서는 방송국의 허
가제를 인정하면서 헌법에서 언론과 출판의 자유에 대해서는 허가나 검
열을 금지한다고 규정하고 있다. 따라서 우리나라에서 방송의 허가제를
인정하는 것이 헌법에 위반되는 것이 아닌지 그 위헌성의 문제가 제기
될 수 있다.
571) 곽상진, "방송의 자유와 방송제도" 「공법연구」 제28집 제4호 제1권,
2000. 6, 296-316면 : 독일에서 공영방송은 전후 연합군에 의하여 형성
되어 1980년대 중반에 민영방송이 현실화될 때까지 독점적 지위를 누려
왔다. 뿐만 아니라 방송의 이원적 질서 하에 있는 오늘날까지도 공영방
송은 중요한 지위를 점하고 있다.

독일에서는 일찍이 제1차 방송 판결에서부터 공영방송체인 방송영조물을 행정의 일부로 보고 있다. 특히 제1차와 제2차 방송 판결에서 이를 특히 강조하고 있다. 독일에서의 방송업무는 국가행정의 일부로 공적인 시설에 의하여 수행되고 방송은 공적인 책임을 진다고 하고 있다. 이러한 입장은 기본법 제5조의 방송의 자유를 해석함에 있어서도 마찬가지이다.572)

제1차 방송 판결573)에서는 인쇄매체와 방송매체의 차이를 방송에 있어서 기술적인 이유 즉 주파수의 희소성뿐만 아니라 방송을 전파하는데 있어서 막대한 비용 때문에 인쇄매체와 같이 취급할 수 없는 특수성이 인정된다고 하였다. 이러한 특별한 상황 때문에 기본법 제5조에서 보장하는 방송의 자유를 실현시키기 위해서는 특별한 예방수단이 필요한데, 그 수단 중의 하나가 바로 기존의 방송영조물이 설립되어진 원리라고 보았다. 방송은 법률에 의해 설립된 공법상의 법인에 의해 수행되어야 하고 국가로부터 영향을 받지 않거나 영향을 받는 경우에는 제한적인 법적인 감독만 받게 된다고 하였다.574)

방송영조물이 공행정의 일부라고 하는 것은 제2차 방송 판결575)에서도 유지되고 있다. 공법상의 법인인 방송영조물에 기본권능력을 인정하면서 기본권으로서의 방송의 자유를 실현하기 위하여 방송영조물은 법률에 의하여 국가로부터 독립한 자치적인 공법상의 영조물로서 설립된 것이라고 했다. 그 점에서 헌법소원의 방법으로 방송

---

572) BVerfGE 12, 205, 246.
573) BVerfGE 12, 205, 261f.
574) 연방헌법재판소는 방송업무의 수행자는 반드시 공법상의 영조물 만이어야 한다는 것은 아니라고 하여 민영방송의 존립가능성을 공식적으로 배제하지 않고 있지만 사적인 단체에게도 공법상의 영조물과 같이 구성되고 그 운영에 있어서도 내부적 다원주의를 확보해야 한다는 조건을 붙였다(BVerfGE 12, 205, 262). 조직상의 내부적인 통제를 가한다는 조건을 강조함으로써 사실상 민영방송의 도입을 배제한 것이라고 할 수 있다. 곽상진(주 571), 297면.
575) BVerfGE 31, 314, 321ff.

244

의 자유의 기본권침해를 주장할 수 있다고 했다.576)

공영방송의 독점체제는 위성방송, 케이블방송 등과 같은 새로운 방송환경의 변화를 가져왔고 독일의 각 주에서도 민영방송이 허용되기 시작하였다. 1981년 연방헌법재판소는 FRAG(Freie Rundfunk AG in Gründung)판결이라 불리는 제3차 방송 판결에서 민영방송의 허가에 관하여 결정을 하여야 했다.

ⓑ 제3차 방송 판결-FRAG판결577)

(ⅰ) 사건개요

이 사건은 Saarland주방송법에서 규정하는 독일어에 의한 민간방송사업을 규율하는 규정들에 대한 구체적 규범통제 사건이다. 1957년에 프랑스 점령으로부터 서독에 편입된 Saarland 주는 1956년에 제정된 방송법이 프랑스어에 의한 민간방송의 존속을 용인한 반면, 독일어에 의한 민간방송을 금지하는 규정을 두고 있었다. 1964년의 법개정으로 독일어에 의한 민간방송을 위해서는 특별한 규정이 필요하다는 규정을 두었고, 1967년에는 독일어에 의한 민간방송의 개설을 위하여 필요한 면허나 감독 등에 관한 규정을 보충하였다. 1971년 자유방송회사설립준비회(FRAG)는 주 정부를 상대로 광고방송을 포함한 라디오 방송의 면허의 부여를 위하여 행정소송을 제기하였으나 기각되었고 항소심의 상급행정법원은 독일어에 의한 민간방송사업을 규정하는 Saarland주방송법 제38조 이하의 규정들을 위헌·무효라 하여 연방헌법재판소에 이송하였다. 연방헌법재판소는 부적법하다고 하여 이를 각하였다. 그 때 상급행정법원은 FRAG의 항소는 일부 이유가 있으므로 면허신청을 구할 청구권이 있으며 주

---

576) BVerfGE 31, 314, 322.
577) BVerfGE 57, 295. 이 사건의 자세한 내용은 다음 논문을 참조. 김수철,
　　 "방송의 자유와 민간방송의 참입",「사법행정」제470호, 2000. 2, 23-29면.

정부는 FRAG가 면허부여의 법적 요건을 갖추고 있는지를 고려해야한다고 하였다. 그러나 주 정부는 민간방송의 도입에 의하여 광고수입의 감소로 공영방송의 존립이 위태롭게 될 것을 염려하면서 면허신청을 거부하였다. 이 거부처분에 대하여 FRAG는 면허를 부여할 것을 구하면서 다시 행정법원에 제소하였고 행정법원은 재판을 위해서는 방송의 자유에 관한 헌법문제의 해명이 필요하다고 하여 헌법재판소에 이송하였다.

(ⅱ) 판결요지

방송의 자유는 주관적 권리로서의 요소와 객관적 규범적 요소가 서로 지원하면서 의사형성의 자유에 봉사하는 자유(dienende Freiheit)이다. 방송의 자유는 국가로부터의 자유라고 하는 방어권적인 성격을 가지고 있으나 이것에 더하여 의사의 다양성이 방송에 반영되는 것을 확보하기 위해서는 적극적 규율이 필요하다. 이것을 달성하기 위해서는 기본법 제5조 제1항의 실효성 있는 보장을 위한 적절한 실체적 규율과 조직적 규율 그리고 절차적인 규율이 필요하다.578)

법적인 규율이 요청된다는 것은 법률유보를 의미한다.579) 여기서의 법률의 유보는 의회의 유보이다. 방송의 자유의 보장을 위하여 본질적인 것을 의회자신이 결정해야 하고 일반적인 권한의 형태로 집행권에 위임되어서는 안 된다. 입법자가 본질적인 것으로서 규율

---

578) BVerfGE 57, 295, 320.
579) 방송에 대해서 법률로 규율할 필요성은 방송주파수의 부족과 방송사업에 드는 고액의 경비문제로 제약되었던 특수사정이 소멸된 경우에도 방송의 자유의 보장을 위해서 존재한다고 한다. 신문의 경우에는 역사적 발전이 어느 정도 이미 존재하는 균형성을 초래하여 포괄적 정보의 전달과 의사형성을 확보하기 위해서는 현재상태의 보장만으로도 충분하나 방송의 경우에는 국내프로그램 전체에 있어서 의사의 힘의 집중가능성과 남용의 위험이 고려되어야 하므로 방송이 여러 세력들의 자유로운 경쟁에 위임되는 경우에는 방송의 자유를 보장한 헌법의 요청에 적합하지 못하기 때문이라고 밝히고 있다. 김수철(주 577), 26-27면.

246

해야 하는 문제에는 방송질서의 기본방침에 대한 결정이 포함된다. 민간방송의 도입은 법률의 기초와 의회의 결정을 요한다. 입법자는 민간방송의 도입과 같은 기본결정에 만족해서는 안 되고, 그러한 범위에서 방송이 하나의 혹은 소수의 사회집단에게 위임되지 않는 것과 고려되어야 하는 세력들이 프로그램 제공의 전체 내에서 발언할 수 있는 것을 확보하는 법률의 제정이 필요하다.580)

입법자가 제1차 방송 판결에서 결정한 내부적 다원주의를 선택하는 경우 민영방송도 그 요구에 따라야 하는데 사회적으로 중요한 세력의 확정과 그 세력의 대표로 구성된 기관의 유효한 영향력의 확보가 필요하다. 그러나 입법자는 이와는 달리 다른 조직형태를 선택할 수도 있다. 의견의 다양성의 확보와 관련하여 민영방송의 경우에는 외부적 다원주의에 입각하여 프로그램 기준을 정할 수도 있는데 이 경우에는 민영방송의 경우 지금까지 부과해왔던 균형성과 다양성의 기준을 개별방송사의 내부에서 갖추어야 하는 것으로서가 아니라 국내에 방송되는 프로그램 전체를 기준으로 하여 판단할 수 있다.581) 민영방송에 외부적 다원주의가 적용되는 경우에는 균형성의 요구가 그 만큼 줄어든다. 다만 이 경우에도 입법자의 규율은 포기될 수 없고 충분한 주파수를 이용할 수 없는 한 동일주파수를 시간적 제약 하에서 사용하는 방법에서 찾을 수 있다. 그리고 민영방송자는 목적에 적합하고 포괄적이며 진실에 부합하는 정보제공과 최저한의 상호존중의 의무를 지켜야 한다. 이것에 더하여 모든 사업자는 기본법 제5조 제2항의 제약에도 구속된다. 특히 청소년보호에 대하여는 방송법의 배려가 필요하다.

---

580) 이전 판결들과 마찬가지로 제3차 방송 판결에서도 사회적으로 관련된 모든 집단의 참여, 다원성, 전체적인 프로그램의 균형성 등 입법자의 방송질서의 형성에 대한 요청을 확인하고 있다. BVerfGE 57, 259, 320.
581) BVerfGE 57, 259, 326.

(ⅲ) 제3차 방송 판결의 영향

제3차 방송 판결에서 민영방송을 허용했다는 점에 대하여는 의문이 없다. 이로써 기본권으로서 방송사의 허가청구권을 관철시킬 수 있는 근거가 마련된 것이다. 그러나 민영방송의 허가는 방송의 특수사정이 없어지게 되는 경우에도 입법자의 재량에 의해 그 규제가 가능하다고 함으로써 여론형성과 사회 전체적인 다원성 및 균형성을 위한 방송의 객관적인 기능이 침해되지 않을 때에만 허가청구권이 생기게 된다. 이 판결이 외부적 다원주의에 기초하였다고 하더라도 다양성은 민영방송에서 실제적으로 이루어질 수 없는 높은 수준을 요구하였고 민영방송은 상업적인 이해를 따르지 않을 수 없는 어려움이 있었다. 상업광고에서 나오는 재원에 의존해야 하는 본질적인 측면을 고려할 때 민영방송은 그의 성질상 균형 있는 다양한 의견을 만들어 내기도 어렵다. 이처럼 민영방송이 판결상 허용되기는 했으나 현실적으로 존재하기는 어려웠고[582] 이론적인 존재의 영역에 머물게 하는 것이었다.[583]

ⓒ 제4차 방송 판결

제3차 방송 판결의 결과로 각 주의 주 의회는 민영방송의 도입을 위한 법률을 제정하기 시작함으로써 방송제도의 커다란 변화를 가져오게 되었다. 그 중에서도 제일 먼저 이에 관한 법률을 제정한 것은 니더작센 주였는데, 이 법이 제4차 방송 판결에서 문제되었다.

제4차 방송 판결[584]은 제3차 방송 판결에서 민영방송에 대하여 인정한 제한적인 지위를 완화하여 민영방송의 지위는 헌법적으로 불가결한 근본적인 구성요소이며 민영방송을 사실상 허용해야 한다는 원칙을 구체화함으로써 이원적 방송질서의 형성에 대한 요청을 전개하

---

582) W. Schmitt Glaeser, Das duale Rundfunksystem, DVBI 1987, S. 16.
    곽상진(주 571), 300면에서 재인용.
583) 곽상진(주 571), 300면.
584) BVerfGE 73, 118.

고 있다. 이 판결에서는 그 동안의 내부적 다원주의에 의한 다양성의 확보에서 외부적 다원주의에 의한 다양성의 확보로의 이행을 인정하였고, 이원적 방송체계에 있어서 "기본적 공급(Grundversorgung)"이라는 개념을 도입하였다. 이에 따르면 전형적으로 방송에게 주어진 임무, 즉 민주주의적 질서와 현실적 상황에 따르는 문화적 생활을 위한 방송의 본질적 기능의 수행은 우선적으로 공영방송이 해결해야 할 과제라고 본다. 주파수의 도달범위가 전국적으로 거의 모든 국민에게 닿아 있는 공영방송이 방송의 기본적인 기능을 하고 있는 한에서는 민영방송에 대하여 입법자는 다양성과 균형성 등의 요구에 대한 기준을 어느 정도 완화시킬 수 있는 여지가 있다고 했다. 균형 잡힌 다양성에 관하여 어느 정도 공영방송에서와 같은 높은 수준이 아니라 그보다는 완화된 "기본적 수준"만을 규범화하는 것으로도 충분하다고 보았다. 즉 민영방송에 대한 기본법 제5조 제1항 제2문에서 나오는 헌법적인 요구는 균형 잡힌 다양성의 기본적 수준(Grundstandard)으로 후퇴하게 된다585)고 보고 있는 것이다. 민영방송제공자는 그의 상업적인 광고에 의하는 재정적인 방법 때문에 가능한 대중적인 인기가 있고 저렴한 비용으로 프로그램을 제작할 수밖에 없고 시청률이 높지 않은 프로그램과 문화적인 성격의 방송은 일반적으로 축소되거나 전무하게 될 수도 있다는 것이다.586) 헌법재판소는 적어도 민영방송자에 대해서는 그 동안에 적극적인 예방조치로서 요구해 왔던 내부적 다원주의의 요구의 강도를 낮추고, 외부적 다원주의라는 방향을 제시하여 현실적으로 민영방송이 가능하게 하는 새로운 장을 여는 것을 가능하게 하였다.587) 여기서 고려해야 할

---

585) BVerfGE 73, 118, 159f.
586) BVerfGE 73, 118, 155f. ; W. Schmitt Glaeser, Das duale Rundfunk-system, DVBI 1987, S. 17. 곽상진(주 571), 302에서 재인용.
587) 제4차 방송 판결에서 연방헌법재판소는 민영방송의 본질에 비추어 민영방송이 감당할 수 없는 두 가지 요구, 즉 공영방송에서와 같은 다양성과 상업광고에 의한 재정수입확보라는 이율배반적인 요구에 분명히

것은 공영방송과 동등한 전제에서가 아닌 민영방송의 본질을 고려한 특성상 이루어 낼 수 있는 외부적 다원성을 생각할 수 있다. 방송사들의 수적인 증대로 인하여 경쟁이 첨예화되어 가고 있다. 이러한 상황에서 민영방송은 공영방송과는 달리 상업방송으로서의 특성을 살려서 수요는 있는데 공급은 없는 시장의 공백상태를 새롭게 탐색해 내서 그에 따르는 분야별 프로그램의 형태로 발송하게 된다면 이러한 분야별 프로그램은 그 방송이 목적하는 집단에게 적합한 광고를 방영하는 경우에 결코 경제적으로 매력이 없다고 할 수 없을 것이다. 이러한 방식으로 추구되는 정보의 다양성은 상당히 다채로워질 수 있게 된다. 민영방송을 모든 측면을 갖춘 완전한 프로그램의 관점에서만 판단할 수 없다. 즉 이 판결에서는 다양성의 개념을 개별적인 프로그램 하나하나가 모든 요소를 갖추어야 하는 것이 아니라 개별적인 정보를 전문화하거나 강화시켜서 그것 하나하나가 이루는 전체를 통하여 다양성을 이루어 가는 것으로 보아야 한다는 입장588)을 분명히 했다.589)

ⓓ 제5차 방송 판결

제5차 방송 판결은 공영방송과 민영방송의 관계가 하나의 경쟁이라는 차원에서 다루어진 판결이다. 제4차 방송 판결이 공영방송의 임무로 설정한 기본적 공급을 전제로 하여 방송의 본질적인 기능에 대한 배려가 공영방송에 의해서 효과적으로 보장되는 한에 있어서는 민영방송에서는 상대적으로 다양성이 완화되는 것으로 보는 이원적인 방송제도를 형성한 것과는 달리 제5차 방송 판결에서는 민영방송과의 관계에서 공영방송에 대하여 기본적 공급을 넘는 경쟁

반대하고 있다. 그것은 민영방송이 제공하는 프로그램은 방대한 정보와 균형 있는 의견의 다양성의 과제를 완전하게 요구할 수 없다는 전제에서 나온다.

588) BVerfGE 73, 118, 157.
589) 곽상진(주 571), 305면.

250

을 허용하고 있다.

제5차 방송 판결590)은 1985년 12월 16일에 바덴·뷔르템베르크주 방송법에 대하여 지역 공영방송이 제기한 헌법소원 사건이다. 민영방송의 초기 입법단계에서 각 주들이 민영방송에 관한 법률을 제정하면서 기존의 공영방송의 기초 위에 민영방송의 내용을 추가하는 정도의 비중을 두는 것이 일반적인 추세였다. 그에 비하여 바덴·뷔르템베르크 주는 새로 설립되는 민영방송이 실질적으로 존속할 수 있도록 하기 위하여 공영방송의 활동을 제한하는 규정을 두고 있었다. 방송법은 공영방송이 지역방송프로그램의 방영과 방송에 유사한 의사전달매체를 사용하는 것을 광범위하게 배제하고 있었는데, 이러한 규정에 대하여 헌법소원을 제기하였다. 연방헌법재판소는 민영방송이 지역방송을 독점방영 하도록 규정하고 있는 것은 위헌이라고 하면서 공영방송의 지위를 강화하는 결정을 했다. 연방헌법재판소는 공영방송과 민영방송이 병존함으로써 생겨나는 경쟁은 국내방송에 고무적으로 작용하게 될 것임을 강조하면서 지역방송에서 주의 방송영조물을 제외하는 것은 위헌이라고 선언했다.591) 그리고 방송 프로그램의 자유로운 수행이 동등하게 허용되는 것이 기본법에서 보장하는 방송의 자유와도 조화될 수 있고, 민영방송자의 경제적 생존을 보호하는 목적이라고 해도 공영방송의 방영배제는 허용되지 않는다고 하고 있다. 다만 공영방송에게 입법자의 권한으로 광고를 금지시키는 것은 가능하다고 한다.592)

이 판결은 공영방송과 민영방송을 병존적인 관계라고 하면서 형식적으로는 두 방송제도 간의 구체적인 관계를 설정하지 않고 하나의 영역에 광범위하게 경쟁상태로 두고 있다. 그렇지만 실질적으로는 공영방송에 관한 기존의 방송규정을 그대로 두고 민영방송의 제

---

590) BVerfGE 74, 297.
591) BVerfGE 74, 297, 331ff., 339ff.
592) BVerfGE 74, 297, 341.

도를 덧붙여 놓고 있을 뿐이다. 결국 이는 공영방송국의 우위를 인정하는 것으로 제5차 방송 판결은 제4차 방송 판결보다 공영방송 중심의 이원적인 방송체계로의 성격을 좀 더 명확하게 하고자 한 것으로 볼 수 있다.593)

ⓔ 제6차 방송 판결

공영방송중심의 방송질서에 관한 연방헌법재판소의 입장은 꾸준히 일관된 방향으로 진행되어 오다가 제6차 방송 판결594)에서 결정

---

593) 곽상진(주 571), 311-312면. 연방헌법재판소는 제4차 방송 판결에서 정의한 기본적 공급을 하는 공영방송의 우선적인 지위에 기초하여 다시 경쟁의 요소를 도입함으로써 공영방송중심의 이원적 방송체제로 형성해 기려는 것임을 알 수 있다. 이는 결과저으로 공영방송이 제공해야 하는 기본적 공급의 개념을 문화적인 영역까지 포괄하는 광범위한 것으로 전제하고, 민영방송의 프로그램에 대하여는 다양성의 요구를 완화시켜서 민영방송은 공영방송의 프로그램제공에 대한 추가적인 공급을 할 뿐 이라고 보는 것이다. 이 경우 두 방송제도는 프로그램에 관하여 상호 간에 각각의 역할에 입각한 어떠한 보충적인 기능도 갖지 않지만 민영방송의 추가적 공급은 공영방송의 기본적 공급이 없이는 불가능함을 의미한다. 이는 실질적으로 이미 제4차 방송 판결에서 공영방송의 기본적 공급의 기초 위에 민영방송은 완전히 추가적인 기능만을 하는 내용의 이원적인 방송질서가 형성되었다고 보는 입장을 전제로 한다고 볼 수 있다.

594) BVerfGE 83, 238, 297f. 제6차 방송 판결에서 "기본적 공급"의 개념에 관하여 다음과 같이 정의하고 있다. "기본적 공급의 개념은 공영방송에 대한 최소한의 공급으로 한정할 수 있다거나 혹은 민영방송에 기대할 수 있는 역할을 고려하지 않고 최소공급으로 한정될 수 있다는 의미에서 최소한의 공급을 의미하는 것은 아니다. 또한 기본적 공급의 개념은 방송인들이 프로그램 제공내용에서 공영방송은 정보와 교육 등의 부문을 방송하고 민영방송은 오락, 연예 등의 부분을 각각 방송한다는 식의 의미로 공영방송자와 민영방송자 간의 한계를 설정하거나 임무를 분담한다는 것도 아니다. 기본적 공급의 개념은 오히려 주민전체를 위하여 포괄적이고 전형적인 공영방송의 임무에 비추어 충분한 범위에서 정보를 주는 프로그램을 제공하는 것이 보장되어야 한다는 것과 프로그램 제공의 범위 내에서 헌법상 요구되어진 방법으로 의견의 다양성이 창출되어지는 것이 보장되어야 하는 것을 의미한다."

252

적으로 증명되었다.595)

제6차 방송 판결596)은 Nordrhein-Westfalen 주가 1985년에 개정한 공영방송법인 서부독일방송협의회법(WRD법)과 민영방송의 도입을 위하여 1987년에 제정된 Nordrhein-Westfalen 주의 방송법에 관한 판결이었다. WRD법은 제3조 제3항 제1문에서 공영방송의 임무를 배려하여 기술적·재정적 관점에서 다른 방송기업과 마찬가지로 방송기업을 위해서 사용할 수 있는 모든 가능성을 이용할 수 있다는 일반규정을 두고 있었다. 이 규정에 대하여 연방헌법재판소는 그러한 일반규정을 근거로 공영방송이 경제적 목적만을 추구하여 이원적 방송질서가 무너질 수도 있는 준사영의 대기업으로 변모할 위험성은 없다고 판시하였다.597) Nordrhein-Westfalen 주의 방송법 제6조 제2항에서는 공영방송의 민영방송에의 자본참가를 인정함으로써 공영방송과 민영방송의 제휴를 가능하게 하고 있었다. 여기에 대하여 연방헌법재판소는 입법자는 헌법상 양자택일하여 공영방송만 혹은 민영방송만 허가하도록 되어있는 것은 아니며, 만약 이원적 제도로 결정했다고 하더라도 이 두 영역 역시 엄격하게 분리해야 하는 것은 아니라고 판시하였다. 따라서 공영인가 사영인가 또는 이원적 제도 등 어떤 형태로든 구성할 수 있으며 기본법 제5조 제1항의 목적을 벗어나지 않는 한에서는 오히려 임의로 모델을 혼합할 수 있다고 하였다. 또한 입법자는 일관된 모델을 취해야할 어떤 의무도 나오지 않으며, 기본법은 선택된 모델을 일관성 있게 실현할 것을 강요하고 있지 않다고 하였다.598)

연방헌법재판소는 이원적 방송제도하에서 공영방송의 존속과 발전을 보장한다고 선언하고 있는데, 이러한 공영방송의 보장은 연방헌

---

595) 곽상진(주 571), 315면.
596) BVerfGE 83, 238.
597) BVerfGE 83, 238, 302.
598) BVerfGE 83, 238, 305, 316.

법재판소가 판결을 통하여 발전시킨 민영방송을 실질적으로 허용해
야 한다는 중심적인 내용과 모순 될 수 있고, 민영방송의 자유로운
활동과 발전가능성을 저해하는 것으로 평등의 원칙의 관점에서도 문
제가 있으므로 방송의 자유를 규정한 기본법 제5조 제1항 제2문이
그러한 보장을 당연히 그 내용으로 하고 있다고는 볼 수 없다.[599]

② 객관적 제도보장적 내용

방송의 자유는 헌법상 보장된 일반적인 표현의 자유에 관한 기본
권일 뿐만 아니라 의사형성의 자유에 봉사하는 자유[600]로서 헌법상
의 민주주의적 기본질서에 구속된다. 방송의 자유를 객관적인 질서
의 측면에서 이해할 때 강조되는 것은 방송의 자유라는 기본권이
행사되었을 때 방송의 내용을 받아들이는 수용자의 권리보호이다.
즉 방송의 자유를 객관적 규범으로 볼 경우 개인의 의사나 여론형
성에 미치는 사회적 효과를 우선적으로 고려하여 법률에 의한 내용
형성을 하는 것이 방송의 자유에서 중요한 과제이다.
  방송의 자유를 객관적 질서로 이해하여 방송법을 방송의 자유의 내
용형성으로 보는 것은 방송을 받아들이는 수용자에 대해서는 내용형
성은 될 수 있을지 모르지만 방송을 보내는 방송수행자의 입장에서는
기본권 제한적 의미로 작용하게 되는 결과를 가져온다고 설명하는 견
해가 있다. 이러한 입장은 방송의 자유는 일차적으로 방송의 내용을
전파시키고 보내는 입장에 있는 방송업무수행자(Veranstalter)의 권
리보장에 있다는 전제하에서 방송수행자의 기본권을 보장하기 위해
서는 형성의 자유는 무제한의 것이 아니고 기본권적인 가치를 침해하

---

599) 곽상진(주 571), 317면. 곽상진 교수는 공영방송의 존립과 발전의 보장
　　은 기본법 제5조 제1항 제2문에서 나오지 않는다고 한다.
600) BVerfGE 57, 295, 320 ; 73, 118, 152 ; 74, 297, 323 ; 83, 238, 296 ;
　　87, 181, 197f. ; 90, 60, 87. 이들 판결에서는 방송의 자유를 의사형성의
　　자유에 봉사하는 자유로서 이해하고 있다.

지 않는 범위 내에서만 허용되는 것이라고 한다.601) 그러나 방송에
있어서 방송의 내용을 형성하는 형성적 법률유보가 방송수신인에게
는 형성적으로, 방송수행자에게는 제한적으로 작용한다고 이해해야
하는지는 의문이다. 방송의 자유의 객관적 규범적 측면의 내용인 형
성의 자유가 의사형성에 봉사하는 자유 또는 수용자의 권리보호만을
그 내용으로 하는 것은 아니라고 보아야 한다. 방송의 자유의 객관적
질서의 내용을 이루는 가장 중요한 요소 중의 하나가 바로 방송매체
가 수행하는 공적 과업이 방해받지 않도록 하기 위하여 방송수행자의
권리의 보장을 위한 내용형성을 하는 것이다. 방송수행자의 권리를
방송을 전파하는 자유로, 방송의 자유의 객관적 질서를 방송수용자를
위한 내용형성으로 보는 입장은 법률유보에 있어서 기본권 형성적 법
률유보의 개념을 올바르게 이해하지 못한 것에서 기인한 것으로 보인
다. 기본권은 그것이 일상생활에서 기본권으로서 효력을 나타내기 위
해서는 그 내용을 법률적으로 구체화시키는 이른바 형성 작업이 선행
되어야 한다.602) 이 형성 작업은 입법권자에 의하여 법률의 형식으로
이루어지기 때문에 법률의 형식으로 행해지는 기본권의 제한과 혼동
을 일으킬 수 있고 또 실제로 형성적 의미와 제한적 의미를 함께 갖
게 되는 경우가 적지 않지만 개념적으로는 기본권의 내용을 실현시키
는데 주안점이 있는 기본권형성적 법률유보와 기본권의 불가피한 제
한을 규율하기 위한 기본권의 법률유보는 구별할 필요가 있다.603) 방
송의 자유도 그것이 방송수행자의 방송활동의 자유이든 방송수용자
를 위한 내용형성이든 방송의 자유의 객관적 질서의 내용은 자유민주
주의적 기본질서에 기속되고 법률에 의한 형성이 있는 경우에 비로소
기본권으로서의 효력이 나타난다. 이러한 형성 작업이 바로 방송의
자유의 보호영역을 확정하는 것이라고 볼 수 있다. 방송의 자유가 여

---

601) 곽상진(주 571), 285-286면.
602) 허영(주 414), 431면.
603) 허영(주 414), 431면.

론형성에 미치는 역할과 공적인 과업수행이라는 그 기능에 비추어 볼 때 법률에서 보호영역을 확정하는 것은 적지 않은 제약이 있을 것이고 입법자는 이러한 것들을 고려해야 할 것이다. 방송의 자유의 내용을 형성하는데 있어서 방송이 갖는 기능 때문에 고려해야 하는 것을 방송수행자의 방송의 자유에 대한 제한으로 보는 것은 타당하지 않다. 물론 입법자에 의하여 형성된 보호영역의 범위 내에서 방송의 자유가 행사될 경우 기본법 제5조 제2항에서 규정하고 있는 일반 법률, 청소년 보호규정 내지는 개인의 명예권에 의하여 제한이 가능하다는 것은 다툼이 없을 것이다. 방송의 자유의 보호영역의 형성의 문제와 제한의 문제가 거의 동시에 일어날 수 있다고 하여 이 문제를 동일시하는 것은 타당하지 않다.

(4) 대중커뮤니케이션적 요소 - 수신자범위의 일반성[604]

방송은 대중매체이며 프로그램은 공공성을 지향한다. 일반 대중은 프로그램시청을 통하여 그 내용을 수동적으로 수용할 뿐이며 이러한 점에서 방송은 기본적으로 쌍방통신이 아니라 일방적 정보 전달로 파악할 수 있다. 따라서 방송은 지속적으로 대중커뮤니케이션의 형태로 일반 공중을 대상으로 한 정보의 전송으로 이해되며 일반대중을 대상으로 하지 않는 매체는 방송이라 할 수 없다.[605] 일반적 수신자라는 기준에서 볼 때 수신자의 범위가 제한되거나 그리고 호텔방송이나 병원방송 같은 격리된 공간 내에서의 방송의 경우 기본법이 보장하는 방송의 개념에 포함될 수 있을지가 문제된다. 루돌프

---

604) 쉬타르크는 방송이 일반대중을 위해서만 기획되고 전달되는 것으로 이해되어서는 안 되고 일반인에게 동시적인 수용가능성은 방송의 본질적인 표지가 아니라고 하고 있다. 따라서 병원이나 회사 같은 특수한 지역에서의 방송도 기본법 제5조 제1항 제2문상의 방송에 해당한다고 보고 있다. C. Starck(FN 426), RN 94ff.

605) R. Herzog(FN 413), RN 195.

(Rudolf)는 개별적인 사안에 있어서 이러한 구별은 쉽지가 않다고 하면서 사내방송국이 사원을 대상으로 하는 경우와 병원에서 환자를 위한 방송을 하는 경우 프로그램의 수혜자는 개별적으로 확정되어 있거나 확정 가능한 사람을 의미하므로 일반 공중을 대상으로 하는 본래적 의미의 방송에는 해당하지 않는다고 보는 것이 타당하다고 한다.606) 보도기술적 전송의 측면에서 보더라도 방송은 전형적으로 송신자와 수신자 간에 어느 정도 일정한 거리를 두고 보내는 전송으로 공간적 정의를 포함하는데, 공간적으로 제한된 범위 내에서의 전송은 기본법상의 방송에 포함될 수 없다고 보아야 할 것이다. 예컨대 백화점이라는 공간에서 배경음악을 내보내는 것은 처음부터 방송으로 볼 수 없다. 여기서는 수신자는 음악을 내보내는 공간 내에 있으며 따라서 보도기술상 수신자를 연결하기 위한 작업이 필요가 없기 때문이다. 이러한 입장에 대하여 병원이나 회사 같은 특수한 시설에서의 방송도 기본법상의 방송에 해당한다고 하는 반대의 입장이 없는 것은 아니지만,607) 이 문제와 관련하여 의사소통적 관점과 공간적 관점에서 평가를 하고 있는 견해가 있다.608) 이러한 입장에 따른다면 기본법상의 방송은 의사소통의 자유 내에서 방송의 자유가 차지하고 있는 위치에서 출발해야 한다. 방송은 일반적으로 접근 가능한 정보원이다. 그러나 방송이 처음부터 단지 공간적으로 제한된 즉 일반에게는 접근이 불가능한 영역 내에서만 이루어진다면 일반적 접근가능성은 결여된 것이며 이 경우 기본법 제5조 제1항 제2문의 방송이라고 할 수 없는 것이다. 호텔에서의 비디오시설을 통한 오락영화의 보급 시에도 마찬가지로 일반적 접근가능성

---

606) Walter Rudolf(FN 569), S. 213.

607) C. Starck(FN 426), RN 94. 물론 수신자범위의 일반성을 방송의 필수적인 요소라고 보지 않는 입장에서도 방송은 불특정인이 청취하는 것이 가능해야 하므로 개인 간의 전화통화라든지 화상대화는 방송의 개념에 해당하지 않는다고 한다.

608) 전정환(주 560), 540-541면.

이 없다고 볼 수 있다. 이와 같이 기능적으로 제한된 방송에서는 기본법 제5조 제1항 제2문에 있어서 중요한 의사소통의 영향이 결여되어 있다고 할 것이다. 따라서 호텔방송이나 병원방송과 마찬가지로 경찰방송, 철도방송, 선박안전방송, 항공안전방송과 같은 특수시설물들은 기본법상의 방송에서 제외된다고 보아야 한다.609)

주문서비스와 접근서비스 등을 포함하는 모든 형태의 무선 특수서비스의 경우에도 방송의 보호영역을 확정하는데 있어서는 일반공중을 대상으로 하는 특성이 결여되어 있는지의 여부가 결정적이다. 일반인을 대상으로 하는 특성이 결여된 경우에는 방송내용만으로는 방송으로 인정받기가 어렵다고 할 것이다. 즉 외부로부터 프로그램을 받아서 중계 전파하는 경우이든 보유하고 있는 음향자료나 영상자료를 내보내는 경우이든 공간적으로 확실히 제한되어 있으며 일반에게 접근이 불가능한 영역 내에서 이루어지는 방송은 헌법적인 의미에서의 방송은 아니라고 할 것이다.

물론 위에서 열거된 기본법상의 방송의 개념에 포함되지 않는다고 하여 언론의 자유에서 배제되는 것은 아니고, 그러한 경우는 의사표현의 자유로서 보호가 가능할 것이다.

(5) 방송이 수행하는 기능적 요소

방송은 사익, 사익과 공익 그리고 순수한 공익 등 여러 기능을 수행한다. 다른 대중매체와 마찬가지로 방송 역시 순수한 사익을 위한 프로그램, 즉 오락프로그램을 제공한다. 스포츠방송, 증시와 환율에 관한 정보제공, 각종 행사안내, 건강·주택·육아·여행정보 등의 일상생활에 관한 안내가 이에 해당할 것이다. 한편 방송은 광고담당자로서 경제적 기능도 수행한다.

이외에도 방송은 교양 및 교육방송 같은 공·사적 이익이 혼재된

---

609) 전정환(주 560), 540면.

임무도 수행한다. 왜냐하면 독일에서의 교양 및 교육제도는 광범위한 공적인 힘에 의하여 운영되며 국가의 감독을 받기 때문이다. 매 30분마다 라디오에서 방송되는 교통정보소식과 일기예보도 이런 범주에 속한다고 볼 수 있는데, 교통방송610)의 경우 공적으로는 경찰의 교통통제에 일조하고 사적인 서비스 제공측면으로는 운전자에게 교통체증지역에 대한 정보를 제공함으로써 공·사적인 이익 모두에 기여하는 것이다.

방송은 또한 순수한 공적인 기능, 즉 정치적 의사형성의 임무를 담당하는데, 방송은 국민이 정치적 사고에 익숙해지도록 민주주의를 위한 핵심 정보 전달의 기능을 수행한다. 방송은 다른 어떤 대중매체보다도 신속하게 정치관련 뉴스와 정보를 전달하고 또 그에 대해 논평할 수 있다. 따라서 정당은 선거에 앞서 자신의 선거공약을 전달하고 방송을 통해 표명하기를 요구하는 것이며, 정당의 규모나 비중을 불문하고 선거방송을 위하여 방송매체를 이용할 수 있는 기회의 보장도 방송의 자유의 보호영역에 해당하는 것이다.

(6) 방송의 자유와 의사표현의 자유

의사표현의 자유와 방송의 자유와의 관계에 관하여 방송의 자유가 독자적인 성격을 갖는지가 문제된다. 우선 방송의 자유를 일반적인 의사표현의 자유와의 관계에서 독립된 기본권으로 보려는 입장과 방송의 자유는 의사표현의 자유의 의견전파를 위한 중심적인 규정으로 보아 일반적인 의사표현의 자유의 특별한 활동양식으로 보는 견해로 나누어진다.

방송의 자유는 의사표현의 자유와 정보의 자유 사이의 중개자로서 독립된 기본권으로서의 성격을 갖는다는 입장은 제도적인 의미에서

---

610) 철도교통방송과 같이 수신자범위가 제한된 방송은 앞에서 이미 언급한 바와 같이 방송의 개념에서 제외된다.

기본권의 해석에 근거하여 개인의 주관적인 권리가 아니라고 한다. 방송은 개인과는 다른 복합적인 조직을 필요로 하고 그것을 운영함에 있어 고도의 전문성과 고비용을 요하는 특성을 가지므로 하나의 질서로서 창출될 필요가 있으며 언론·출판의 자유에 관한 규정에서 의사표현의 자유와는 구별되는 독자적인 기본권이라는 것이다.611) 방송의 자유는 의사표현의 자유를 반복하여 규정한 것이라고 보는 입장은 언론·출판의 자유에 관한 요소들의 관계를 특별히 강조하는데, 의사의 표현은 말·글·그림에 의할 뿐만 아니라 신문이나 방송을 통해서도 가능하다고 본다. 그러한 의사표현은 모두 포괄적인 의사전달의 자유의 개별적인 표현이며 그것은 기본권으로서 주관적인 권리라고 보는 것이다. 따라서 이러한 입장에서는 의사표현의 자유와 방송의 자유는 서로 부분적으로 경쟁적인 관계에 있고 한쪽의 효력을 폐지하는 특별법적인 관계에 있는 것은 아니라고 한다.612)

　방송의 자유와 의사표현의 자유와의 관계는 위에서 살펴본 어느 하나의 입장으로서는 단순하게 설명될 수 없다. 즉 방송의 자유가 단지 일반적인 의사표현의 일부분으로서만 이해될 수는 없는 것이다. 그렇다고 하여 일반적인 의사표현으로부터 방송의 자유를 완전히 분리하여 독립시킬 수도 없는 것이다. 방송의 자유는 의사표현의 자유와의 관계에 대하여 전적으로 의사표현의 또 다른 표현방식을 보장한 것으로만 이해하거나 의사표현의 요소가 제외된 객관적인 기능의 측면에서만 이해하는 것은 언론의 자유에 대한 이해가 충분하지 못한 것이다. 방송매체의 문제와는 별개로 방송매체를 통한 고유한 의사의 표현이 문제가 되는 경우에는 방송의 자유는 적용되지 않고 의사표현의 자유가 문제된다.613) 그것은 언론의 자유가 갖는

---

611) R. Herzog(FN 413), RN 204 ; Hans D. Jarass, Die Freiheit der Massenmedien, Baden-Baden 1978, S. 186f.

612) G. Herrmann, Fernsehen und Hörfunk in der Verfassung der Bundesrepublik Deutschland, Tübingen 1975, S. 59f. 곽상진(주 571), 274면에서 재인용.

결정적인 가치기준이 포괄적인 자유로운 의사전달이라는 점에서 그러하다. 또한 방송이 발표한 내용이 문제되는 것이 아니고 방송매체의 특유한 중개적 기능이 문제된 경우에는 방송의 자유가 적용된다. 예컨대 방송프로그램의 임무614), 방송프로그램의 자유615), 또는 방송조직의 자유616) 등이 문제된 경우에는 방송의 자유가 적용된다.617)

결국 방송에 의한 의사의 표현이나 사실의 전달이 있는 경우 기본법 제5조 제1항 제1문의 의사표현의 자유와 제2문의 방송과 영화의 자유와의 관계에 있어서 적용의 문제는 앞에서 살펴본 신문의 자유에서와 마찬가지로 방송의 자유가 의사표현의 자유보다 우선적으로 적용이 되나 특정한 의사표현이 허용되는지의 여부가 문제된 경우나 제3자가 자기에게 불리한 의사표현을 인용하여야 하는지의 여부가 문제된 경우에는 제1문상의 의사표현의 자유가 우선적으로 적용된다.618) 그리고 야라스의 기본권의 경쟁관계에 의한 보호영역의 확정은 방송의 자유와 의사표현의 자유와의 관계에서도 적용될 수 있을 것이다.

5) 언론매체에 대한 액세스권619) – 반론권

---

613) BVerfGE 54, 129.
614) BVerfGE 35, 202 ; 83, 238.
615) BVerfGE 35, 202; 73, 118 ; 74, 297.
616) BVerfGE 57, 295; 73, 118 ; 74, 297 ; 83, 238.
617) 곽상진(주 571), 271-278면.
618) R. Herzog(FN 413), RN 204.
619) 언론매체에 대한 액세스권이란 언론매체에 접근하여 언론매체를 이용할 수 있는 권리, 즉 언론매체접근이용권을 말한다. 이 액세스권은 다시 두 가지로 나누어 볼 수 있다. 넓은 의미의 액세스권은 누구든지 자기의 의사를 표현하기 위해 언론매체에 접근하여 이용할 수 있는 권리를 말하고, 좁은 의미의 액세스권이란 구체적으로 자신의 명예를 훼손하는 것과 같은 자기 자신과 관계되는 보도에 대하여 해명 내지는 반론의 기회를 요구할 수 있는 권리를 말한다(계희열(주 410), 398면). 액세스권의 내용으로 다루어지는 것으로는 의견광고, 반론권, 독자투고 등이 있다. 여기서의 고찰대상은 반론권이다.

(1) 반론권의 의의와 역사

반론권(Gegendarstellung)[620]에 관하여는 각 주의 출판법 제11조에서 "정기간행물의 출판자나 편집책임자는 인쇄물에 제시된 사실주장에서 문제가 된 개인이나 관청의 요구가 있을 때에는 반박기사를 게재하여야 할 의무가 있다"고 규정하고 있다.[621] 반론권에 있어서 논의의 중심은 과연 반론권은 언론·출판의 자유의 보호영역에 해당하는 것으로 기본법 제5조의 보호의 대상으로 보아야 하는지 아니면 언론의 사실주장에 대하여 개인이 언론기관의 언론의 자유를 제한할 수 있는 제한원리로 보아야 하는지가 그것이다.

반론권은 1789년의 프랑스 혁명에 그 기원을 두고 있으며,[622] 1822년의 프랑스 출판법을 모델로 하여 1831년 바덴 주의 출판법에 처음으로 규정되었다.[623] 연방차원의 반론권이 처음으로 규정된 것은 출판에 관한 제국법률(RPG vom 7. 5. 1874, 제국출판법) 제11조에서 그 근거를 찾을 수 있다. Bonn기본법 하에서는 반론권에 관하여 규정하고 있는 연방차원의 법률은 존재하지 않고 출판과 방송에 관하여 주가 관할권을 행사하게 됨에 따라 각 주에서 반론권을 규정하고 있다. 1949년에 바이에른 주에서 처음으로 반론권을 규정한

---

620) 반론권은 보도사실주장에 대한 반박기사의 게재를 청구하는 것으로 보도기사의 취소청구권(Widerruf)이나 정정청구권(Richtigstellung)과는 구별되는 개념이다. Martin Löffler/Reinhart Ricker(FN 435), S. 166.
621) 바덴·뷔르템베르크 주, 브레멘 주, 함부르크 주, 니더작센 주, 노르트라인·베스트팔렌 주, 라인란트·팔츠 주, 자르란트 주, 슬레스비히·홀스타인 주 등에서는 출판법 제11조에서 반박기사게재청구권을 규정하고, 바이에른 주, 베를린 주, 헤센 주 등에서는 출판법 제10조에서 반론권을 규정하고 있다.
622) Martin Löffler/Reinhart Ricker(FN 435), S. 133.
623) 독일의 반론권은 프랑스의 영향을 받은 것이지만, 사실주장에 대하여만 반론권을 행사할 수 있는 제한적인 권리라는 면에서 사실 주장뿐만 아니라 가치판단적인 표현에 대하여도 반론권이 인정되는 프랑스의 반론권과는 구별된다.

출판법이 제정되었고, 1958년의 헤센주신문법이, 그리고 1964년에서 1966년까지 각 주에서 반론권을 규정한 출판법이 제정되었다.

(2) 반론권의 내용

반론권을 행사할 수 있는 자(Person)는 언론보도의 사실주장에 관련된 자연인, 공·사법상의 법인, 권리능력 없는 단체나 정당 등이 모두 포함된다.624) 그 밖에 사람에 해당하지 않는 모든 단체나 기구를 포함하여 관청(Stelle)도 반론권의 주체가 된다.625) 또한 반론권은 외국인에게도 인정되는데 외국인이란 외국의 개인과 관청 모두를 말하며 이런 점에서 볼 때 반론권은 일종의 인권에 속하는 성질의 권리라고 볼 수 있다.626)

반론권을 청구하려면 관련성(Betroffensein)이 인정되어야 한다. 관련성이란 언론보도에 의하여 공표된 주장으로 인하여 자신의 이해관계가 영향을 받는다는 것을 말하는 것으로, 보도된 사실과 일반적인 관련이 아닌 개인적인 관련이 있어야 한다. 바이에른주출판법 제10조에 의하면 직접적인 관련성을 규정하여 '관련의 직접성'을 요구하고 있으나 직접적인 관련성과 간접적인 관련성은 판례상으로는 별 차이가 없기 때문에 간접적인 관련성의 인정만으로도 반론권의 행사의 요건으로 충분하다.627)

반론권행사의 의무자(Anspruchsverpflichteter)는 출판인이나 발행인 또는 편집의 책임자이다. 출판인(Verleger)은 자신이 또는 다른 사람을 시켜서 편집한 인쇄물을 발간·배포한 자이고, 발행인(Herausgeber)은 인쇄물의 발간을 정기적으로 감독하는 사람이다. 그

---

624) Martin Löffler/Reinhart Ricker(FN 435), S. 137.
625) Martin Löffler/Reinhart Ricker(FN 435), S. 137.
626) Martin Löffler/Reinhart Ricker(FN 435), S. 137.
627) Martin Löffler/Reinhart Ricker(FN 435), S. 138 ; 박운희, "독일의 반론권(상)", 「언론중재」 15권 2호, 1995. 여름, 42면.

리고 책임편집인(verantwortliche Redakteur)[628]은 정기간행물에 실릴 자료를 자신의 권한으로 선정하고 편집하는 자로서 기사를 직접 작성하는 기자와는 다른 개념이다.[629]

반론권의 객체로서 출판법이 규정하고 있는 것은 정기간행물[630]이다. 정기간행물이란 주기적으로 간행되는 출판물로서 신문이나 잡지를 포함하는 개념으로 보아야 한다.[631] 따라서 주기성이 없는 일반 서적의 발간은 정기간행물이 아니다. 정기간행물로 인정되는 한 정기간행물의 부록(Nebenausgaben)이나 별첨지(Beilagen)에 대하여도 반론권을 행사할 수 있다.[632] 정기간행물의 상업적인 광고에 대해서도 반론권이 인정되는지에 관하여는 현재 다투어지고 있다. 함부르크 주와 슬레스비히-홀스타인 주에서는 광고에 대하여 반론권을 인정하기는 하지만 유료임을 명시하고 있고, 바덴·뷔르템베르크 주, 베를린 주, 브레멘 주, 니더작센 주, 노르트라인-베스트팔렌 주, 라인란트-팔츠 주, 자를란트 주 등에서는 순수하게 상거래만을 목적으로 하는 광고의 경우에는 반론권이 부정된다는 것을 명문으로 밝히고 있으며 바이에른 주나 헤센 주에서는 아무런 규정을 두고 있지 않다. 광고에 대하여 반론권을 인정할 것인지는 각 주의 출판법의 규정에서만 다양하게 나타나는 것은 아니고 학자들의 견해도 반론권의 인정여부에 관하여 통일되어 있지 않다. 리커(Reinhart Ricker)는 대부분의 주에서 취하고 있는 태도에 대하여 반대하면서 순수한 상업적인 광고에 반론권을 일반적으로 부정하는 것은 헌법

---

628) 편집책임자는 우리나라의 편집국장에 해당되나, 대형 언론사의 경우에는 분야별로 편집국장이 여러 명 있으므로 그 가운데 다시 책임편집국장을 두는 바 이를 통상 책임편집인이라 부르고 있다. 박운희(주 627), 55면.
629) 박운희(주 627), 43면.
630) 바이에른주출판법 제10조에 의하면 반론권의 객체로서 "신문이나 잡지"를 규정하고 있다.
631) Martin Löffler/Reinhart Ricker(FN 435), S. 140.
632) Martin Löffler/Reinhart Ricker(FN 435), S. 140 ; 박운희(주 627), 43면.

적인 사고에 위반된다고 한다.633) 신문의 공적인 과업수행이라는 점
에 비추어 볼 때, 생산자와 소비자 간의 관계는 사상의 공적인 시장
에 의미 있는 영향을 미치게 되는데, 여기서 상업적인 광고는 본질
적인 정보가치에 속하게 되고 이러한 의사형성적인 가치는 반론권
의 인정을 위한 근거가 될 수 있다는 것이다. 상업적인 광고에도 반
론권을 인정하는 리커의 견해는 반론권의 인정범위를 너무 넓게 보
고 있어 그것이 남용될 수 있다는 비판을 받을 수 있지만 이러한
비판에 대하여 리커는 광고의 상업적인 내용과는 별도로 반론을 위
한 정당한 이익의 필요성634)에 의하여 반론권이 남용되는 것은 방지
될 수 있다고 한다.635)

반론권은 보도된 기사의 사실주장에 대하여 사실주장의 방법으로
만 행사할 수 있다. 따라서 의사의 표현이나 가치판단은 반론권의 대
상에서 제외된다. 그러므로 반론을 제기함에 있어서는 "사실주장"이
결정적인 의미를 가지게 되고 사실주장이 의사의 표현이나 가치판단
과의 구별을 위한 요건으로 판례나 문헌에서 자주 인용되는 것으로
는 다음과 같은 것이 있다. : 사실은 과거 또는 현재의 사태
(Sachverhalt)·사건(Begebenheit)·경과(Vorgang)·관계
(Verhältnis) 또는 상태(Zustand)를 의미하는 것636)으로 외부적으로
지각할 수 있는 사실뿐만 아니라 동기나 의도와 같은 내부적인 사실
도 포함한다.637) 리커는 예를 들어 "X가 떨어지는 나무로부터 Y를

---

633) Martin Löffler/Reinhart Ricker(FN 435), S. 141.
634) 바덴-뷔르템베르크주출판법 제11조 제2항과 헤센주출판법 제10조 제2
   항에 의하면 개인이나 관청이 반론권을 행사하기 위해서는 언론의 발행
   과 관련하여 정당한 이익(berechtigtes Interesse)이 있을 것을 요구하고
   있다.
635) Martin Löffler/Reinhart Ricker(FN 435), S. 142.
636) 박운희 박사는 위의 정의를 "역사성"이라고 하고 있으며, 사실주장의
   요건으로 역사성 외에 입증가능성, 명확성을 가져야 한다고 하고 있다.
   박운희(주 627), 44면.
637) Martin Löffler/Reinhart Ricker(FN 435), S. 142.

구하기 위하여 옆으로 밀었다"는 보도를 하였을 경우에 "나무로부터 밀었다"는 문장은 외부적인 사실이고 "떨어지는 나무로부터 구하기 위하여"라는 문장은 내부적인 사실이라고 한다.

사실개념의 정립을 위한 중요한 또 하나의 척도는 사실보도의 내용을 증명할 수 있는가에 관한 "입증가능성"의 문제이다. "그 여자가수는 쉰 목소리로 노래를 한다"라는 보도 내용의 경우 그것은 입증이 가능하고 반론권을 행사할 수 있는 사실주장에 해당하지만, "그 여자가수는 노래를 잘 하지 못한다"는 내용의 보도를 한 경우에는 객관적인 증명이 어려운 주관적인 가치판단으로 반론권을 행사할 수 있는 사실주장에 해당한다고 보기는 어렵다.638) 실제로 사실주장과 가치판단은 구별을 위한 한계점을 찾는 것은 매우 어렵고 대개의 경우 사실과 의견이 결합되어 있는 경우가 많다. 사실적인 요소와 의견이 함께 있는 경우에는 둘 중 어느 것이 우위에 있는지를 검토하여 보도의 핵심이 사실에 우위를 두고 있는 경우에는 반론권이 인정되나 개인의 의견에 우위를 두고 있는 경우에는 사실로서의 의미는 상실되고 따라서 반론권의 대상이 되지 않는다고 보아야 한다. 또한 사실주장으로 인정되는 한 사진이나 풍자만화와 같은 회화적인 서술에도 반론권이 인정된다. 여기서 사실주장의 진실성에 관한 구체적인 입증의 여부는 중요한 문제는 아니다.639)

사실주장의 세 번째의 요건은 "명확성"이다. 사실은 그것이 과거에 일어났던 것이거나 현재 일어나고 있는 것이라는 점이 명확히 인정되어야 한다.640)

---

638) Martin Löffler/Reinhart Ricker(FN 435), S. 143.
639) 박운희(주 627), 44면의 각주 69 참조. Martin Löffler/Reinhart Ricker (FN 435), S. 143.
640) 박운희(주 627), 44면.

(3) 방송에 있어서 반론권

독일의 방송체계는 1986년부터 민영방송이 허가되기 시작하였지만 기본적으로는 공영방송이 그 중추적인 역할을 하고 있으며 방송에 대한 사회적 역할과 책임은 인쇄매체에 비하여 더욱더 강조되고 있다. 연방헌법재판소도 "방송은 기본법 제5조상의 단순한 여론형성의 매체라고 볼 수 없고, 그것이 여론형성의 중요한 요소임에는 틀림없으나 방송운영은 전통적으로 공행정의 영역에 속하였고, 방송 역시 출판과 같이 공적 책임을 수행한다는 의미에서 방송독점권을 가진 공법상의 특수법인인 방송의 내부적 조직은 각계각층의 의견이 반영될 수 있도록 조직하여야 한다"[641]고 함으로써 방송의 사회적 책임을 강조하였다.[642] 이렇게 방송에 대한 공적 책임을 강조하는 만큼 방송에서의 반론권에 관한 규정은 엄격하게 적용되고 있다.

방송에 대한 관할권은 연방의 규제를 받도록 되어 있는 해외방송, 즉 독일방송(Deutschlandfunk, DLF)과 도이체벨레(Deutsche Welle, DW)[643]를 제외하고는 각 주에 위임하고 있는 까닭에 방송에 있어서의 반론권에 관한 법규정은 그 수와 내용에 있어서 다양하다. 1948년에 바이에른주방송법과 헤센주방송법이 제정된 것을 시작으로 각 주에서 방송법이나 매체법을 두어 반론권에 관한 규정을 두거나 출판법상의 반론권규정을 준용하도록 하고 있다. 그리고 방송의 기술적인 특성상 주와 주 사이에 규제가 필요한 경우가 있을 수 있는데 그러한 주 간의 규제에 관하여 1951년에 남서부방송협약(SüdWestfunk-Staatsvertrag), 1961년에 공영방송 제2 독일텔레비전 설립에 관한 주간협정(Staat- svertrag über die Erreichtung der Anstalt des öffentlichen Rechts Zweites Deutsches Fernsehen),

---

641) BVerfGE 12, 205, 246ff., 262f.
642) 박운희, "독일의 반론권(하)", 「언론중재」 15권 제3호, 1995. 가을, 50면.
643) DLF와 DW는 1960년 연방정부에 의하여 연방방송국으로 설립되었다.

1980년에는 북부독일방송에 관한 협정(Norddeutschen Rundfunk, NRD) 등을 체결하고 있어 반론권에 관한 일률적인 파악이 힘들다.

공영방송에서 있어서 반론권은 라디오방송과 텔레비전방송에 모두 적용된다. 반론권의 주체와 보도내용과의 관련성이나 사실성에 관한 문제 등은 출판에 있어서 반론권의 요건과 동일하며 다만 반론방법이나 기간 등의 세부적인 면에서 차이가 있을 뿐이다.644) 민영방송645)에서는 기본적으로 반론권의 주체나 의무자, 기간, 청구방법 등 공영방송에 관한 규정이 그대로 적용된다. 다만 Cabel-System의 경우에는 프로그램의 반복되는 방송의 특성 때문에 그리고 화상전송시스템(Bildschirmtext System)의 경우에는 전자매체의 특성상 그에 따른 반론방송의 방법규정을 별도로 마련하고 있다.

(4) 반론권의 성격 - 보호영역인가 제한원리인가

반론권은 기본법 제5조 제1항의 언론·출판의 자유의 보호영역에 속하는 것으로서 동 조항에서 도출할 수 있는 기본권인지가 문제될 수 있다. 이 문제에 관하여 반론권을 기본법 제5조의 내용에 포함되는 권리로 보는 것이 아니라 기본법 제1조와 제2조에 의하여 인정된 일반적 인격권에 의하여 보장되는 권리로 보는 입장이 있다. 이러한 견해에 의하면 기본법 제5조 제1항 제1문은 의사표현의 자유를 보장하고 있고 여기서의 "의사"란 평가적인 사고과정을 거친 의사를 말하므로 사실의 경우에는 그것이 의견형성의 전제가 되는 경우에만 의사표현의 자유의 내용으로 보장되기 때문에 사실주장에 대하여 사실주장의 방법으로만 인정되는 반론권은 기본법상의 의사

---

644) 박운희(주 642), 51면. 독일의 방송에 있어서 반론권에 관한 자세한 내용은 박운희(주 642), 51-55면.
645) 민영방송은 라디오와 Cabel-System 그리고 화상전송시스템(Bildschir-mtext System) 등이고 현재 민영텔레비전방송은 없는 상태이다.

표현의 자유의 내용으로 보기 어렵다는 것이다.646) 연방대법원도 반론권이 기본법 제5조의 의사표현의 자유에 기여하는 면이 있지만 반론권의 주요한 목적은 인격권의 보호에 있다고 판시하였는데, 그것을 그 논거로 들고 있다.647) 따라서 기본법 제5조의 언론·출판의 자유를 언급할 필요 없이 반론권은 인격권으로부터 도출되는 것으로 파악하는 것이 더 설득력이 있다고 한다. 반론권을 인격권으로부터 도출한다고 볼 경우 그것의 법적 성격을 언론·출판의 자유의 보호영역에 속하는 것으로 보는 것이 아니라 언론·출판의 자유의 권리를 제한하는 제한원리로 보게 된다.648)

반론권을 일반적인 인격권으로부터 나오는 것으로 이해하여 언론·출판의 자유의 제한원리로 파악하는 견해에 따르면 반론권은 언론기관으로 하여금 인쇄나 출판을 강요함으로써 신문의 자유에 대하여 제한을 가하게 된다고 본다. 그러므로 반론권을 규정하고 있는 주 신문법을 기본법 제5조 제2항의 기본권의 헌법적 한계에 속하는 일반 법률로 다루어야 동 규정의 위헌성이 제거될 수 있다고 한다. 일반 법률이란 의사의 표현이나 정보의 수집, 신문의 자유를 직접적으로 제한하는 것을 목적으로 하는 법률이 아니라 다른 법익의 보호를 목적으로 하는 법률을 의미한다고 일반적으로 설명되고 있다. 일반 법률의 제한에 의하여 언론의 자유를 침해하여서는 안 되기 때문에 일반 법률도 언론·출판의 자유의 의미에 비추어 다시

---

646) Martin Löffler/Reinhart Ricker(FN 435), S. 135.

647) Martin Löffler/Reinhart Ricker(FN 435), S. 135. ; BGH in AfP 1976, S. 83.

648) 우리나라에서는 권영호 교수가 이러한 입장에 서 있다. 그에 따르면 "반론권이란 출판 및 방송 매체에 의하여 명예 또는 권리를 훼손당한 피해자가 언론기관을 상대로 원상회복을 요구할 수 있는 권리로서 언론·출판의 자유의 일부분으로서가 아니라 보도의 자유의 제한원리로 작용한다"고 하고 있다. 권영호, "헌법 제21조 언론·출판의 자유의 해석에 관한 연구", 「법과 정책」 제3호, 제주대학교 법과 정책연구소, 1997. 8. 10, 222면.

고려되어야 하는 상호작용이 필요하게 되고, 출판의 자유와 그것을 제한하는 반론권 간에 이익형량이 필요하게 된다. 반론권을 규정하고 있는 주 신문법을 형성함에 있어서 이러한 이익형량에 의한 상호작용이 고려된다면 반론권 규정은 합헌성이 긍정될 수 있다는 것이다.649) 반론권을 언론의 자유를 제한하는 제한원리로 파악하여 그것을 일반 법률에 의한 제한으로 보려는 리커의 시도는 반론권의 대상을 "사실"에 대한 반론만 허용하고 있는 독일법 체계 내에서는 충분히 수긍이 가는 점이 있지만, 비록 사실이라고 할지라도 의사형성의 전제가 되는 경우에는 의사표현의 자유의 내용에 포함되는 것은 당연하고 또한 반론권의 성격을 그것을 행사하는 주체의 주관적 공권으로로만 이해할 것이 아니라 언론의 자유 가지는 객관적 질서의 측면에서 반론권을 바라볼 필요가 있다고 본다. 반론권을 주관적 공권으로로만 볼 경우 사실의 주장에 대한 반론은 의사표현의 자유의 보호영역에 해당하지 않을 소지가 있지만, 언론의 자유의 객관적 가치질서성의 측면에서 보면 잘못 보도된 사실에 대한 반론의 기회를 보장하는 것은 언론의 공정한 보도를 위한 전제이므로 보도와 반론이라는 통로를 확보하는 것은 언론의 자유의 당연한 내용으로 볼 수 있다. 따라서 반론권은 기본법 제5조의 보호영역에 속한다. 물론 사실이 아닌 "의사"에 대해서도 반론이 허용되는 경우에는 그것은 반론권 주체의 의사표현의 자유의 보호영역에 해당하는 것은 당연하다.

---

649) Martin Löffler/Reinhart Ricker(FN 435), S. 136.

Ⅳ. 정 리

독일에서의 보호영역의 확정에 있어서의 특징은 그 출발점이 개념이라는 것이 명확하게 드러난다. 의사표현의 자유의 보호영역은 먼저 "의사"의 개념에서 출발한다. 그리고 기능적인 분석이 함께 고려된다. 우선 의사라는 것이 가치판단적인 요소를 가지는 것이 의사임에는 분명하다. 하지만 단순한 사실주장의 경우 의사라는 개념에 포섭하기는 어렵지만 기능적인 분석을 통하여 그러한 사실주장이라고 할지라도 그것이 의사형성이나 여론형성의 전제가 될 경우에는 의사표현의 자유의 보호영역에 속하는 것으로 본다는 것이다. 그렇지만 허위의 사실일 경우에는 그것은 의견형성에 기여할 수 없기 때문에 그 기능적인 고려에 의하여 보호영역에 해당할 수 없다고 보게 된다.

정보의 자유에 있어서도 그 보호영역에 관한 논의는 "정보원"이라는 개념에서 출발한다. 여기서의 정보는 그것이 사실에 관계된 것인지 아니면 가치판단에 관련된 것인지 묻지 않음은 당연하다. 정보의 자유도 보호영역의 확정에 있어서는 그 기능적인 분석이 중요한 또 하나의 요소로 작용한다. 정보를 수집하기 위하여 정보원에 접근할 수 있는 것을 보장하는 것은 그것이 의사표현이나 의사표현을 통한 의견 내지 여론형성의 전제로서 기능하기 때문이다. 이러한 의사표현이나 의사형성의 전제로서의 기능을 불가능하게 하는 국가의 행위는 정보의 자유 내지 알권리의 침해가 될 것이다.

출판의 자유의 보호영역을 확정하는데 있어서 출판매체가 가지는 공적인 의사형성이라는 기능을 고려하여 가능한 보호영역을 넓게 파악하려고 하고 있다. 우선 출판의 개념에 있어서도 그것을 내용형성적인 것에 대한 보호로 이해하지 않고 제작방법 내지는 복사방법에 대한 보호로 이해함으로써 출판의 개념을 넓게 파악하고 있다. 그리고 신문 등의 출판매체가 가지고 있는 본질적인 기능인 신문을 통한 의사나 사실의 표현이나 전달뿐만 아니라 그것을 보장하기 위한 보조적이거나 중성적인 모든 행위 즉 정보·사람·사물에 대한 조사, 이러한 조사를 위한 서신교환이나 전화통화를 통한 취재의 보장, 개별적인 출판물의 내용의 결정, 보도기사의 차례나 정리, 출판시기에 관한 결정 등도 그 보호영역에 속하는 것으로 보아야 한다.

　방송의 자유의 보호영역의 확정에 있어서는 미국과는 달리 독일의 경우에는 특히 개념적인 분석이 더욱 중요한 요소로서 작용한다. 방송의 영역과 통신의 영역을 구별하는 독일의 기본법상의 구조로 인하여 우선 방송의 개념정의에 의하여 그 영역에 포섭되지 않는 영역은 통신이나 의사표현의 자유에 속하게 된다. 즉 제작방법이나 전달방법이 방송의 개념적 요소에 해당하는 경우라고 할지라도 방송이 갖는 동시성·직접성·강한 호소력과 방송의 보도기술적인 측면·방송내용적 측면·수신자범위의 일반성 등의 방송의 일반 개념적 특성에 의하여 보호영역의 확정이 이루어진다. 물론 이러한 일반 개념적 특성 외에도 방송이 수행하는 기능적인 요소―사익·공익·순수한 공익의 수행―에 의하여 개인적인 정보전달을 목적으로 하는 통신의 보호영역과 구별이 이루어진다.

　이상에서 정리한 바와 같이 독일에서는 기본법 제5조에서 정하고 있는 개념적인 분석을 통하여 제1차적인 보호영역에 대한 검토가 이루어지고 그와 동시에 그 기능적인 분석이 함께 작용하여 언론·출판의 자유의 보호영역이 확정된다는 것이 미국에서보다는 좀 더 명확하게 나타난다.

제 3 장
우리헌법상의 언론·출판의 자유의
보호영역에 관한 이론과 판례

제1절 서 설

우리 헌법 제21조에서는 언론·출판의 자유를 규정하고 있다. 헌법 제21조의 내용을 보면 제1항에서 "언론"과 "출판"이라는 용어만을 규정하고 있어 독일기본법과 같이 언론·출판의 개념에 관하여 자세한 규정을 두고 있는 것은 아니고, 비교적 간략하게 규정되어 있다는 점에서 그 개념에 관한 규정형식은 미국수정헌법 제1조에 가깝다고 볼 수 있다. 제2항에서 언론·출판의 자유에 대한 허가제를 규정하고 있는 것이나 제4항에서 헌법적 한계로서 "타인의 명예나 권리", "공중도덕", "사회윤리"를 규정하고 있는 것 등은 그 규정형식이 독일과 유사하다. 그리고 미국이나 독일에서와 마찬가지로 이러한 헌법규정만으로는 언론·출판의 자유의 보호영역을 파악한다는 것은 어렵고, 우리 헌법상의 언론·출판의 자유에 있어서 구체적인 보호영역의 확정은 이러한 헌법의 규정에 기초하여 개별적인 법률의 규정이나 학설·판례 등에 그 형성을 일임하고 있다고 보아야 한다.

우리나라의 학설은 일반적으로 언론·출판의 자유에 관하여 "보호영역"이라는 개념을 사용하지 않고 언론·출판의 자유의 "내용"으로 설명하고 있다. 언론·출판의 자유를 설명하는 국내의 대부분의 학설이 "언론·출판의 내용—헌법적 한계—언론·출판의 자유에 대한 제한과 제한의 한계"로 이론 구성하는 것으로 보아 "언론·출판의 자유의 내용"이 언론의 자유의 단계적인 구조에 있어서 그 보호영역을 의미하는 것으로 이해할 수 있다. 언론·출판의 내용에는 "의사표현의 자유", "정보의 자유(알권리)", "출판물에 의한 보도의 자유",

"전파매체에 의한 보도의 자유", "보도매체이용권-액세스권, 반론권" 등이 포함된다고 보는 것이 일반적인 경향이다.1)

이러한 일반적인 경향에 대하여 우리 학계가 언론과 출판의 자유를 총칭하여 연구하고 있으며, 언론·출판의 자유의 문리해석을 등한시함으로써 언론·출판의 자유를 개념상으로는 의사표현의 자유로 이해하는 경향이 있고 심지어 언론계에서는 언론의 자유라 하여 정기간행물과 매스컴의 자유와 거의 동일어로 사용하고 있다고 하는 견해2)가 있다. 이러한 견해에 의하면 우리 헌법교과서에서는 언론·출판의 자유를 개인의 의사표현의 자유로 좁게 해석하게 됨으로써 언론기관을 통한 의사표현의 자유나 보도의 자유의 경우에는 향유 주체가 특정한 소수 언론기관종사자에 불과하기 때문에 그것에 대한 해결방안으로서 반론권과 액세스권 또는 알권리 등을 언

---

1) 허영, 「헌법이론과 헌법」 신정6판(서울: 박영사, 2001), 656-666면. ; 김철수 교수는 "의사의 표현과 전파의 자유", "정보의 자유 내지 알권리", "신문 등의 보도의 자유", "방송·방영의 자유" 등을 그 내용으로 보고 있고(김철수, 「헌법학개론」 제16전정신판(서울: 박영사, 2004), 704면 이하), 계희열 교수는 "의사의 표현과 전파의 자유", "정보의 자유(알권리)", "언론매체의 자유"로 나누고, 언론매체의 자유에 "신문의 자유", "방송·방영의 자유", "언론매체에 대한 액세스권" 등을 포함시키고 있다(계희열, 헌법학(중))(서울: 박영사, 2000), 378-401면). 권영성 교수는 고전적 의미의 언론·출판의 자유의 내용과 현대적 의미의 언론·출판의 자유의 내용으로 나누고 전자를 자신의 의견이나 사상을 자유로이 표명하거나 전달할 수 있는 자유로 이해하고 있고, 후자에는 고전적 의미의 언론·출판의 자유인 "의사 또는 사상의 표명과 그 전달의 자유" 외에 "알권리", "액세스권", "반론권", "언론기관설립권", "언론기관의 자유"까지도 그 내용으로 한다고 설명한다(권영성, 「헌법학원론」 개정판(서울: 법문사, 2005), 490-499면). 성낙인 교수는 "사상·의견을 표명할 자유", "알권리", "액세스권", "보도의 자유"로 나누고, 보도의 자유에 "언론기관시설법정주의", "취재의 자유", "언론기관 내부의 자유", "방송의 자유" 등을 포함시키고 있다(성낙인, 「헌법학」(서울: 법문사, 2001), 386-395면).
2) 권영호, "헌법 제21조 언론·출판의 자유의 해석에 관한 연구", 「법과 정책」 제3호, 제주대학교 법과 정책연구소, 1997. 8. 10, 210-211면.

론·출판의 자유로서 적극적으로 보장하려는 경향을 보이고 있다고 비판한다. 따라서 우리 헌법 제21조 제1항의 언론·출판의 자유를 올바르게 이해하기 위해서는 문리 해석의 방법에 의하여야 하고, 그러한 방법에 의한다면 우리 헌법 제21조 제1항의 언론·출판의 자유는 "의사표현 및 전달의 자유", "출판의 자유", "방송의 자유" 등을 그 내용으로 한다고 한다. 그리고 "액세스권"이나 "반론권" 등은 언론의 자유로 이해하기에는 상당한 문제점을 내포하므로 이러한 권리들은 언론·출판의 자유의 일부분으로서가 아니라 보도의 자유의 제한원리[3]라고 설명한다.

이러한 비판적인 입장은 다음의 세 가지 점에서 문제점이 있다. 첫째 현대의 기본권이론에 있어서 언론·출판의 자유는 주관적 방어권적인 성격만이 있는 것이 아니라 객관적 가치규범적인 측면에서 볼 때 자유로운 언론제도의 보장도 그 내용에 포함되고 따라서 당연히 의사표현이나 전달의 자유만으로 좁혀서 언론·출판의 자유를 바라보는 것이 아니라 의사표현이나 전달을 위한 알권리·언론기관설립·취재의 자유·액세스권·반론권 등의 모든 권리를 언론·출판의 자유의 보호영역에 속하는 것으로 볼 수 있는 것이다. 둘째 이미 독일의 반론권의 부분에서 살펴본 바와 같이 반론권이 "사실보도"에 대한 "사실주장"의 방법으로만 가능하기 때문에 반론권이 "인격권"에서 도출되는 것으로 보아 "사실"보도에 대한 제한원리로 이론구성을 하려는 시도는 "사실"도 의견형성의 전제가 될 경우에는 의사표현의 자유의 내용이 될 수 있다는 점과 앞에서 설명한 현대의 기본권이론에 비추어 볼 때에도 그러한 논리는 타당하다고 볼 수 없다. 셋째 반론권을 국민의 권리로 보아서 그것이 보도기관의 보도의 자유를 제한하는 제한원리로 보려는 시각은 언론·출판의 자유의 주체를 오히려 언론기관에 한정하게 될 위험성도 내포

---

3) 권영호(주 2), 222면.

하고 있는 것이다.

따라서 언론·출판의 자유의 보호영역은 그 주관적 공권성뿐만 아니라 객관적 가치질서적인 측면과 언론기관이 수행하고 있는 기능에 비추어 "의사표현의 자유", "정보의 자유(알권리)", "출판물에 의한 보도의 자유", "전파매체에 의한 보도의 자유", "보도매체이용권—액세스권, 반론권" 등을 당연히 포함한다고 보아야 된다.

이하에서는 우리 헌법에 있어서 언론·출판의 자유의 보호영역과 헌법적 한계 그리고 언론·출판의 자유에 대한 제한과 제한의 한계의 내용을 살펴보고 그것에 관한 우리 헌법재판소의 판례를 검토하기로 한다.

제2절 우리 언론·출판의 자유의 보호영역

Ⅰ. 의사표현의 자유

의사표현의 자유라 함은 자신의 의사를 표현하고 전달하며, 자신의 의사표명을 통해서 여론형성에 참여할 수 있는 권리를 말하는 것으로 의사표현 및 전달의 형식에는 아무런 제한이 없다.4) 따라서

---

4) 의사표현의 자유는 언론·출판의 자유에 속하고, 여기서 의사표현의 매개체는 어떠한 형태이건 그 제한이 없다. 헌재결 1996. 10. 30. 94 헌가 6, 판례집 8-2, 401면.

언어·문자·도형·플래카드·현수막·제스처·심볼·표지·음
반5)·비디오물6) 등을 이용한 의사표현이 모두 포함된다.7)

의사표현의 자유는 소극적인 내용과 적극적인 내용으로 나누어지
는데, 자신의 의사를 표현하고 전달하는데 국가권력의 간섭이나 방
해를 받지 아니할 자유가 그 소극적인 내용이라면 자신의 의사표명
을 통해서 여론형성에 참여할 수 있는 권리는 그 적극적인 내용이
다. 민주정치가 여론정치이고 여론은 국민 개개인의 자유로운 의사
표현을 통해서만 형성될 수 있는 것이기 때문에 의사표현의 자유야
말로 여론형성을 위한 전제조건이며 민주정치의 사활에 관계되는
중요한 의미를 가진다. 따라서 같은 의사표현이라도 여론형성과의
관계가 크면 클수록 그 보호의 진지성이 크고, 결국 의사표현의 자
유는 타인과의 의사접촉을 통한 여론형성의 자유를 그 본질로 한다
고 볼 수 있다.8)

의사표현의 자유에서 특히 문제가 되는 것은 "의사"의 개념의 문
제이다. 의사의 개념을 평가적인 의사만으로 보려는 입장과 단순한
사실의 전달을 포함시키려는 입장 등이 있지만 현재에는 사실의 전

---

5) 음반은 학문적 연구결과를 발표하는 수단이 되기도 하고, 예술표현의
   수단이 되기도 하므로 그 제작 및 판매, 배포는 학문·예술의 자유를
   규정하고 있는 헌법 제22조 제1항에 의하여 보장을 받음과 동시에 헌
   법 제21조 제1항에 의하여도 보장받는다. 헌재결 1996. 10. 30. 94 헌가
   6, 판례집 8-2, 401면.
6) 음반 및 비디오물도 의사형성적 작용을 하는 한 의사의 표현·전파의
   형식의 하나로 인정되며, 이러한 작용을 하는 음반 및 비디오물의 제작
   은 언론·출판의 자유에 의해서도 보호된다고 할 것이다. 헌재결 1993.
   5. 13. 91 헌바 17, 판례집 5-1, 284면.
7) 허영,「한국헌법론」, 신판(서울: 박영사, 2005), 543면. ; 언론·출판의 자
   유의 내용 중 의사표현·전파의 자유에 있어서 의사표현 또는 전파의
   매개체는 어떠한 형태이건 가능하며 그 제한이 없다. 즉 담화·연설·
   토론·연극·방송·음악·영화·가요 등과 문서·소설·시가·도화·사
   진·조각·서화 등 모든 형상의 의사표현 또는 의사전파의 매개체를 포
   함한다. 헌재결 1993. 5. 13. 91 헌바 17, 판례집 5-1, 284면.
8) 허영(주 7), 543면.

달이라고 하더라도 그것이 "평가적인 사고과정"을 거친 평가적인 의사표현으로서의 성격이 강하게 나타나는 경우9)나 의사형성의 전제가 되는 경우10)에는 의사표현으로서 보호영역에 해당하지만 가치판단과 결부되지 않고 의사형성을 위해 중요하지도 않은 순수한 사실 가령 통계숫자나 사진 등의 전달11)은 의사의 개념에서 제외된다고 보고 있다.

II. 정보의 자유(알권리)

1. 알권리의 의의 및 근거

정보의 자유라 함은 일반적으로 접근할 수 있는 정보원으로부터 의사형성에 필요한 정보를 수집하고, 수집된 정보를 취사·선택할 수 있는 자유를 말한다.12) 이러한 정보의 자유 내지 알권리가 과연 언론·출판의 자유의 보호영역에 속하는지 그 실정법적인 근거에 관하여 1) 헌법 제21조의 언론·출판의 자유에서만 찾거나,13) 2) 헌

---

9) 허영(주 7), 545면.

10) 계희열(주 1), 381면.

11) 허영(주 7), 545면. 계희열(주 1), 381면.

12) 성낙인(주 1), 404면.

13) 이승우, "군사기밀보호법 제6조 등에 대한 헌재결정의 평석", 「사법행정」 1992. 12., 46-50면. 이승우 교수는 알권리의 헌법적 근거를 제21조에서 구한다고 해서 알권리의 본질적 의미와 내용에 손상이 가해지는 것은 아니며 또한 제10조에서 그 근거를 찾는다고 해서 인격적 가치가 증대되는 것도 아니기 때문에 헌법 제21조의 차원에서 논의되는 것이 가장 적절하다고 한다. ; 헌법재판소의 판례 중에서 언론·출판의 자유만을 알권리의 근거로 든 판례가 있다. : 민주정치체제는 사상 또는 의견의 자유로운 형

법 제10조 인간의 존엄성·행복추구권과 제21조의 언론·출판의 자유에서 찾는 견해,[14] 3) 헌법 제21조(언론·출판의 자유)·제1조(국민주권의 원리)·제34조 제1항(인간다운 생활을 할 권리) 등에서 그 근거를 찾는 견해[15]로 대립된다. 헌법재판소는 "사상 또는 의견의 자유로운 표명은 자유로운 의사의 형성을 전제로 하는데, 자유로운 의사의 형성은 충분한 정보에의 접근이 보장됨으로써 비로소 가능한 것이며, 다른 한편으로 자유로운 표명은 자유로운 수용 또는 접수와 불가분의 관계에 있다고 할 것이다. 그러한 의미에서 정보에의 접근·수집·처리의 자유 즉 '알권리'는 표현의 자유에 당연히 포함되는 것으로 보아야 하는 것이다. ……이 권리의 핵심은 정부가 보유하고 있는 정보에 대한 국민의 알권리 즉 국민의 정부에 대한 일반적 정보공개를 구할 권리(청구권적 기본권)라고 할 것이며, 또한 자유민주주의적 기본질서를 천명하고 있는 헌법 전문과 제1조 및 제4조의 해석상 당연한 것이라고 봐야 할 것이다. ……그 외에도 자유민주주의 국가에서 국민주권을 실현하는 핵심이 되는 기본권이라는 점에서 국민주권주의(제1조), 각 개인의 지식의 연마, 인격의 도야에는 가급적 많은 정보에 접할 수 있어야 한다는 의미에서 인간

성 및 그 전달을 바탕으로 하는 건전한 여론 없이는 정상적인 기능이 발휘될 수 없으므로 언론·출판의 자유는 민주주의의 기초를 이루는 핵심적인 정신적 자유권이라 할 것이며 정보를 수집하고 처리할 수 있는 권리를 말하는 알 권리는 언론·출판의 자유의 한 내용으로 마땅히 보장되어야 하는 것이다. 헌재결 1995. 7. 21. 92 헌마 177 등, 판례집 7-2, 125면.
14) 김철수(주 1), 706면 ; 정재황, 법률신문 1992. 6. 22. 정재황 교수는 알권리는 정보에의 접근·수집·처리에 있어서 국가의 방해를 받지 않는다는 소극적인 대국가적 방어권인 자유권적 성질뿐만 아니라 국민의 정보공개를 구할 권리인 적극적인 청구권으로서의 성격도 가지므로, 그 자유권적 측면은 헌법 제21조에서 나오는 것으로 볼 수 있으나 청구권적인 측면은 헌법의 자유권규정의 하나인 헌법 제21조에서 나온다고 보기 힘들다고 하면서 알권리의 청구권적 성격은 기본권보장의 대원칙을 선언하고 있는 인간의 존엄과 가치·행복추구권을 규정한 헌법 제10조에서 찾아야 할 것이라고 한다.
15) 권영성(주 1), 493면.

으로서의 존엄과 가치(제10조) 및 인간다운 생활을 할 권리(제34조 제1항)와 관련이 있다고 할 것이다."16)라고 판시함으로써 알권리의 근거를 매우 넓게 파악하고 있다.

　생각건대 알권리라는 하나의 기본권이 두 가지의 다른 성격을 가진다고 하여 그들에 대한 헌법적 근거가 별도로 존재해야 할 필요성은 없으며, 헌법 제10조가 모든 기본권 보장의 가치지표로서의 의미를 갖는 가치적 핵에 해당하기 때문에 모든 기본권보장의 궁극적인 근거가 된다는 점에 대해서는 인정한다고 하더라도 알권리의 청구권적인 성격을 헌법 제10조에서 찾는 것은 납득하기 어렵고 알권리의 헌법적인 근거는 헌법 제21조의 언론·출판의 자유에서 구해야 한다. 알권리의 자유권적 성격은 헌법 제21조에서 나오는 것으로 보면서 청구권적인 성격은 헌법 제21조에서 나온다고 보기 힘들기 때문에 그 근거를 헌법 제10조에서 찾는 견해는 기본권의 성격을 지나치게 도식적으로 파악하는 것으로서 설득력이 없다. 오늘날 자유권의 생활권화 현상17)이 중요시되고 있고 대부분의 기본권이 자유권·생활권·청구권·참정권 등의 성격이 복합적으로 나타난다는 점18)에 비추어 볼 때에도 헌법 제21조의 언론·출판의 자유를 자유권적인 시각으로만 바라보는 것은 무리가 있다. 물론 알권리가 언론·출판의 자유의 규정으로만 도출된다고 하여 알권리가 인간의 존엄성을 실현하고 행복을 추구하는 전제조건이 되지 않는 것은 아니다.19)

---

16) 헌재결 1989. 9. 4. 88 헌마 22, 판례집 3, 245-247면.
17) 허영(주 7), 207면.
18) 이승우(주 13), 47면.
19) 이승우(주 13), 50면.

2. 알권리의 내용

정보의 접근·수집·처리의 자유인 알권리는 자유권적 성질과 청구권적 성질을 공유[20]하는 것으로, 그 내용을 보면 자유권적 성질은 일반적으로 정보에 접근하고 수집·처리함에 있어서 국가권력의 방해를 받지 아니한다는 것을 말하며, 청구권적 성질은 의사형성이나 여론형성에 필요한 정보를 적극적으로 수집하고 수집을 방해하는 방해제거를 청구할 수 있다는 것을 의미하는 바 이는 정보수집권 또는 정보공개청구권으로 나타난다.[21] 이것이 곧 알권리의 내용[22]이 되는 것이다. 따라서 모든 정보원[23]을 차단하고 봉쇄함으로써 보도기관은 물론 일반국민에게도 일체 정보를 주지 않는 조치는 국민의 알권리를 침해하는 위헌적인 조치임을 면치 못한다.[24] 그리고 알권리의 실현을 위해서는 법률의 제정에 의하여 이를 구체화시키는 것이 충실하고도 바람직하지만 그러한 법률이 제정되어 있지 않다고 하더라도 불가능한 것은 아니고 헌법 제21조에 의해 직접 보장될 수 있는 것이다. 우리 헌법재판소도 군수 관리의 임야조사서·토지조사부에 대한 열람·복사신청에 불응한 부작위에 대한 헌법소원 사건[25]에서 이러한 내용을 확인하고 있다.[26] 위의 헌법소원 사건에

---

20) 권영성(주 1), 493면.
21) 헌재결 1991. 5. 13. 90 헌마 133, 판례집 3, 246면.
22) 성낙인 교수는 알권리의 내용을 소극적인 정보의 수령권과 적극적인 정보의 수집권(정보공개청구권)으로 보고 있다. 성낙인(주 1), 411-412면.
23) 정보의 자유 내지는 알권리는 "일반적으로 접근할 수 있는 정보원"으로부터 자기에게 필요한 사항을 알 수 있는 권리를 뜻하고, 여기서의 "일반적으로 접근할 수 있는 정보원"이라 함은 그 수를 예상할 수 없는 불특정 다수인에게 개방된 정보원을 말하는 것으로 신문·잡지·방송·TV·뉴스영화·기록영화 등이 그 대표적인 것이다. 허영(주 7), 546면.
24) 미결수용자가 자비로 신문을 구독하는 것은 일반적으로 접근할 수 있는 정보에 대한 능동적 접근에 관한 개인의 행동으로서 알권리의 행사이지만 구독하는 신문의 일부기사를 삭제하는 교도소장의 행위는 알권리의 과잉제한이 아니라는 헌법재판소의 결정이 있다. 헌재결 1998. 10. 29. 98 헌마 4.

서 확인된 헌법재판소의 판결에 대하여 헌법이론적 근거도 없이 국민의 구체적인 정보청구권을 인정한 것은 이론적 불비이며 헌법규정이나 헌법원리만을 근거로 하여 직접적이고 구체적인 권리로서의 정보청구권이 도출될 수는 없다고 하는 견해가 있다.[27] 이러한 견해에 의하면 헌법 제21조를 근거로 국가가 알권리에 응하여 바로 공개의무를 부담한다고 이론 구성하기는 곤란하며 정보공개청구권은 헌법상의 권리임에는 틀림없으나 실정법률상의 근거 없이 국민 개개인이 직접 헌법에 근거하여 공개를 청구할만한 구체적인 권리는 나오지 않으며 그것은 그와 같이 하여야 될 입법상의 지침이나 행정의 기준으로서만 기능하는 것이라고 한다.[28] 이러한 견해는 다음과 같은 비판을 면할 수 없다. 즉 오늘날 기본권의 본질과 관련하여 기본권은 직접적 효력을 갖는 주관적 공권으로 이해되고 있으며 주관적 공권성이 실효성이 있으려면 구체화된 실정법이 있어야 함은 말할 필요도 없으나 구체화된 실정법이 없다고 해서 곧 기본권의 주관적 공권성까지 부인되는 것은 아니라는 것이다.[29] 이러한 시각에서 바라볼 때 알권리에 관한 구체적인 법률의 제정이 없는 상황

---

25) 헌재결 1989. 9. 4. 88 헌마 22.

26) 그 뒤의 판결에서도 이러한 내용을 확인함으로써 우리 헌법재판소의 확립된 판례라고 볼 수 있다. 헌재결 1991. 5. 13. 90 헌마 133, 판례집 3, 246면 ; 여기에 대하여는 한병채 재판관과 최광률 재판관의 반대의견이 있다. 한병채 재판관은 "다수 이론이 전개한 헌법해석과 적용은 오히려 헌법질서의 혼란과 타인의 기본권을 침해하는 결과를 초래할 우려마저 가져오게 되는 형식적인 이론구성에 따른 판시"라고 하고 있고(판례집 3, 254면), 최광률 재판관은 "자유권적 기본권인 정보수집의 자유가 아닌 청구권적 기본권인 정보공개청구권에 관하여는 헌법규정을 직접 근거로 한 구체적 권리로 인정하는 것은 무리한 이론구성"이라고 판시하고 있다(판례집 3, 261면).

27) 강경근, "국민의 정보공개청구권", 법률신문 1989. 10. 16. ; 각주 26의 최광률 재판관의 반대의견과 같은 입장이다.

28) 강경근, "정보화 사회와 정보공개청구권", 「고시연구」 1989. 9., 80면.

29) 이승우, "국민의 알권리에 관한 헌법재판소 결정의 평석", 「사법행정」 1990. 4, 65면.

하에서 헌법재판소가 알권리를 구체적으로 인정했다고 하는 것은 하나의 획기적인 사건이었고 매우 훌륭한 결정으로 평가되고 있다.[30] 우리나라에서는 국민의 알권리를 보장하고 국정운영의 투명성을 보장하기 위하여 1996년에 공공기관의 정보공개에 관한 법률을 제정하여 1997년 12월 30일부터 시행하고 있다.[31]

정보의 자유나 알권리가 헌법상 인정되고 그리고 정보공개법 등을 두고 있다고 하여 이것을 근거로 하여 국가기관에 대하여 모든 정보의 공개를 요구하는 것은 허용되지 않는다. 정보의 자유 내지 알권리가 가지는 여러 가지 의의와 기능을 염두에 두고 생각한다고 하더라도 정보의 공개를 불가능하게 하는 불가피한 사유가 있다면 그와 같은 공공이익도 충분히 존중해야 하기 때문에 정보의 자유 내지 알권리와 정부의 부분적인 봉쇄를 불가피하게 하는 공공이익 사이에 규범조화적인 해석(실제적 조화의 원리[32])을 모색해야 한다.[33] 이 문제에 관하여 우리 헌법재판소는 1) 국민이 국가기관이 갖고 있는 정보자료의 공개를 요구한 경우 타인의 사생활이나 공익을 침해하는 사항이 아닌 한 이를 공개하여야 한다고 결정하였고[34],

---

30) 이승우(주 29), 62면, 67면.
31) 정보공개를 위한 독립된 법률을 가진 나라는 구미 각국에서도 미국, 프랑스 등 11개국뿐이다. 미국의 경우 주 단위에서는 1950년대 전반부터 정보공개법이 제정되었고, 1966년에는 연방법으로서 정보자유법(Freedom of Information Act)이 제정되었다. 이 법에 따르면 모든 시민은 연방정부기관에 대해 공문서의 공개를 요구할 권리를 가진다. 다만 예외로서 국방·외교정책상의 이익을 위하여 비밀로 해 두는 것이 대통령령에 의하여 특별히 요구된 것, 오로지 행정내부의 직원에 관한 규칙 및 관행에 관계된 것, 법으로 금지한 사항 등 9개 사항이었다. 이 법은 1975년, 76년, 78년, 86년에 이러한 예외들을 줄이는 방향으로 개정이 이루어졌다. 계희열(주 1), 385면.
32) 계희열(주 1), 386면.
33) 허영(주 7), 546면. 계희열 교수는 비공개사유로 국가의 안전이나 국방 또는 외교관계에 중대한 이익을 해할 우려가 있는 정보, 국민의 생명·신체·재산의 보호에 현저한 지장을 초래할 정보 등을 들고 있다. 계희열(주 1), 386면.

2) 또 형사피고 사건이 확정된 후 형사피고인이었던 자가 자신의 소송기록에 대하여 열람·복사를 요구한다면 특별한 사정이 없는 한 원칙적으로 허용하는 것이 알권리의 보장정신에 맞는다고 한다.35) 3) 그리고 군사기밀보호법(제6조, 제7조, 제10조)에 대한 한정합헌결정에서 군사기밀의 범위는 국민의 표현의 자유와 알권리의 대상영역을 가능한 최대한 넓혀 줄 수 있도록 필요한 최소한도로 한정해서 해석하는 것이 온당하다고 판시했다.36) 4) 또 국보법상의 국가기밀도 합헌적으로 축소·제한 해석해야 한다고 한정합헌결정을 함으로써 국가기밀을 확대해 온 대법원의 확립된 판례에 제동을 걸었다.37) 하지만 정보공개법에서 규정하고 있는 비공개대상정보의 범위가 지나치게 넓어서 문제점이 있다고 지적되기도 한다.38)

Ⅲ. 보도의 자유

보도의 자유는 출판물 또는 전파매체에 의해 "의사"를 표현하고 "사실"을 전달함으로써 여론형성에 참여할 수 있는 자유를 말한다. 이는 언론매체의 자유39) 내지는 언론기관의 자유40)라고도 한다. 보

---

34) 헌재결 1989. 9. 4. 88 헌마 22.
35) 헌재결 1991. 5. 13. 90 헌마 133.
36) 헌재결 1992. 2. 25. 89 헌가 104. 그 후 군사기밀보호법이 전면 개정되어 군사기밀의 범위가 좁아지고 국민도 군사기밀공개요청권(제9조)을 갖게 되었다.
37) 헌재결 1997. 1. 16. 92 헌바 6·26, 93 헌바 34·35·36(병합).
38) 허영(주 7), 546면.
39) 계희열(주 1), 386면 이하.
40) 권영성(주 1), 496면 이하. 권영성 교수는 언론기관의 자유에 "보도(방송) 및 논평의 자유", "취재의 자유", "보급의 자유", "출간시기의 결

도의 자유는 의사표현의 자유와는 달라서 평가적인 의사표현뿐만
아니라 단순한 사실의 전달을 함께 내포하고 있고, 의사표현과 전달
의 수단으로 출판물 또는 전파매체가 이용된다는 점에서 의사표현
의 자유의 특수한 형태라고 볼 수 있다.[41]

1. 출판물에 의한 보도의 자유

출판물에 의한 보도의 자유는 신문·잡지·정기간행물 등 출판물
에 의한 언론의 자유를 말하는데 신문의 자유가 대표적인 것이라고
볼 수 있다. 신문의 자유는 구체적으로 신문발행의 자유, 신문편집·
보도의 자유, 취재의 자유, 신문보급(배포)의 자유 등이 그것이다.

1) 신문발행의 자유

신문발행의 자유에 관해서 현행 정기간행물의 등록 등에 관한 법
률(이하 정간물법)은 일정한 시설을 갖춘 법인이 아니면 신문을 발
행할 수 없게 하고, 누구든지 신문·통신·방송 중 2종 이상을 함께
경영할 수 없게 하는 등 여러 가지 제약을 가하고 있다. 정기간행물
을 발행하고자 하는 자는 대통령령이 정하는 바에 따라 문화관광부
장관에게 등록하여야 한다. 발행을 하지 않거나 중단한 경우에 등록
을 직권취소할 수 있도록 규정하고 있는데, 헌법재판소는 정간물법
은 언론·출판의 자유를 본질적으로 침해하는 검열이나 허가제가
아니므로 합헌이라고 하고 있다.[42] 또한 신문발행의 자유는 신문기

정·편집활동 등 보조 활동의 자유"등을 들고 있다.
41) 허영(주 7), 547면.
42) 헌재결 1992. 6. 26. 90 헌가 23, 판례집 4, 300면 이하. 헌법재판소는 출
판사 및 인쇄소의 등록에 관한 법률의 등록취소규정은 "등록취소로 인

업의 독과점 현상에 의해서도 위협을 받게 되기 때문에 군소신문이 경쟁능력을 유지토록 하는 적절한 제도적인 장치가 반드시 필요하다. 헌법재판소도 언론과 사상의 다양성을 통한 자유경쟁을 강조[43] 하면서 "언론의 자유는 어디까지나 언론·출판의 자유의 내재적 본질적 표현의 방법과 내용을 보장하는 것을 말하는 것이지 그를 객관화하는 수단으로 필요한 객체적인 시설이나 언론기업의 주체인 기업인으로서의 활동까지 포함되는 것으로 볼 수 없다"[44]고 하여 언론의 자유와 언론기업인의 자유를 구별하는 판시를 하고 있다.[45]

2) 편집·보도의 자유

신문편집·보도의 자유는 우선 편집·보도내용에 대해서 국가적 간섭을 배제할 수 있는 것을 그 주된 내용으로 한다. 그 때문에 편집·보도내용에 대한 사전검열제도는 허용될 수 없고 다만 사후검열은 가능하다.[46] 사후검열제도와 관련하여 우리 현행법은 정기간행물의 납본제도를 마련하고 있는데, 헌법재판소는 발행된 정기간행물의 2부를 공보처에 납본하게 하는 것은 사전검열이라고 볼 수 없다고

한 기본권적인 이익의 실질적인 침해는 그다지 크지 않은 반면 음란출판의 금지 및 유통억제의 필요성과 공익은 현저히 크다고 볼 수밖에 없어 과잉금지의 원칙에 위반되지 않는다"고 판시하였다. 그러나 저속한 간행물의 출판을 전면금지 시키고 출판사의 등록을 취소시킬 수 있도록 한 것은 성인의 알권리를 침해하여 위헌이라고 하였다. 헌재결 1998. 4. 30. 95 헌가 16, 판례집 10-1, 327면 이하.

43) 헌재결 1998. 4. 30. 95 헌가 16, 판례집 10-1, 338면. 시민사회 내부에서 서로 대립되는 다양한 사상과 의견들의 경쟁을 통하여 유해한 언론·출판의 해악이 자체적으로 해소될 수 있다면 국가의 개입은 최소한도에 그쳐야 한다. 입헌민주국가에서 언론·출판의 자유를 거론할 때 견해의 다양성과 공개토론이 강조되는 소이가 여기에 있다.

44) 헌재결 1992. 6. 26. 90 헌가 23, 판례집 4, 307면.

45) 허영(주 7), 548면.

46) 헌재결 1992. 6. 26. 90 헌바 26, 판례집 4, 370면 이하.

판단하였다.47) 둘째 편집·보도의 자유는 편집·보도내용이 특정인의 주관적인 의사를 표현하고 그것을 여론화하기 위한 도구로 이용되는 것을 방지하는 효과도 갖는다. 경영권과 편집권의 분리를 비롯한 신문사의 내부조직의 민주화가 요청되는 이유도 그 때문이다.48)

3) 취재의 자유

종래에는 취재의 자유가 보도의 자유에 포함되는지에 관하여 견해의 대립49)이 있었으나 지금은 취재의 자유는 보도의 자유의 불가결한 내용으로 보는 것이 일치된 견해이다. 취재행위의 자유를 보장하여야 하는 것은 언론이 적극적으로 취재행위를 하지 않은 채 다만 소극적인 정보의 전달자로서 안주할 경우에 그것은 언론의 사실보도와 진실보도라는 본질에 적극적으로 부합하지 못하는 결과를 초래할 위험성이 있기 때문이다.50) 다만 취재행위와 관련하여 취재원의 묵비권이 인정되는지에 관하여는 견해가 일치하고 있지 않다.

(1) 취재원의 보호에 관한 법률의 규정과 판례

우리나라에서는 현재 취재원의 보호에 관하여 규정하고 있는 언론관계법령은 존재하지 않고 관련된 판례도 없다. 과거 1980년 12월 31일에 제정된 언론기본법51)에서는 취재원의 보호에 관하여 규정을

---

47) 헌재결 1992. 6. 26. 90 헌바 26, 판례집 4, 370면
48) 허영(주 7), 549면. 정간물법 제6조 제2항에서 "발행인은 종사자의 편집 및 제작활동을 보호하여야 한다"고 규정하고 있다.
49) 장석권, "현행헌법과 보도의 자유", 「단국대학교 법학논집」 제13집, 1985, 13-14면.
50) 성낙인, "취재의 자유와 취재원비닉권", 「고시계」 97. 9, 140면.
51) 언론기본법은 1980년 12월 31에 법률 제3347호로써 제정되었으나 1987년 11월 28일 법률 제3977호로 폐지되었다.

290

가지고 있었다. 당시 언론기본법 제8조는 독일의 바덴뷔르템베르크주의 출판법 제23조의 내용을 수용한 것으로 취재원의 보호를 위한 진술거부권뿐만 아니라 편집공간의 압수·수색 등을 금지하는 규정까지 두고 있었다. 그 규정 내용을 보면 제8조 제1항에서는 "언론인은 공표사항의 필자, 제보자 또는 그 자료의 보유자의 신원이나 공표내용의 기초가 된 사실에 관하여 진술을 거부할 수 있다"고 규정하면서 진술거부권과 진술거부의 예외사유에 관한 규정52)을 마련하고 있었고, 동조 제2항에서는 "진술거부권이 있는 자가 보관하는 자료는 공표사항의 필자, 제보자, 또는 그 자료의 보유자를 수사하거나 공표내용에 기초가 된 사실을 확인·증명 또는 수사할 목적으로 압수 또는 수색할 수 없다"고 규정하고 있었다.

최근에 서울고등법원에서 공익적 목적으로 언론기관에 비리를 폭로한 공무원의 내부고발자를 해임한 것은 부당하다는 판결이 나왔다.53) 이 판결은 국내에서 아직 취재원의 보호에 관하여 뚜렷한 판례가 없는 상황 하에서 실질적인 해고사유가 되었던 언론에 제보한 행위를 보호한 것으로 획기적인 판결로 평가될 수 있다는 점에서는

---

52) 취재원의 보호에 대한 예외사유로써 다음의 세 가지를 규정하고 있다.
　1. 범죄를 구성하는 내용이 공표된 때. 다만, 기자 등 언론인이 그 공표를 이유로 처벌된 때에는 이를 예외로 한다.
　2. 장기 1년 이상의 징역이나 금고에 처하는 범죄로 공표의 기초가 된 자료 또는 정보를 입수한 때.
　3. 필자, 제보자 또는 그 자료의 보유자가 공표내용에 비추어 사회안전법 제2조 각 호가 규정하는 죄를 범하였음이 명백한 때.
53) 2001. 3. 23. 서울고법 2000 누 9337. 서울고법 특별4부는 철도차량의 부실보수를 언론사에 제보한 이유로 노조의 지부장이자 검수원으로 일하던 전 철도청직원을 해임한 사건에 대하여 원심 판결을 깨고 원고승소의 판결을 내리면서, 판결이유에서 "실질적으로 해임사유로 된 것은 두 차례에 걸친 철도차량의 하자보수문제를 언론에 제보한 것인데 이는 철도차량의 안전관리를 위한 공익적 제보이므로 정당하다"고 밝히고 있다. 이 사건은 기업의 비업무용 부동산 조사내용을 폭로한 이문옥 감사관, 군 부재자 부정투표를 폭로한 이지문 중위의 사건에 이어서 내부고발자의 보호를 강조한 것이어서 주목된다(한겨레신문 2001년 3월 24일 19면).

그 의의가 있다. 하지만 아직 법원이나 헌법재판소의 뚜렷한 견해가 제시되지 않고, 취재원이나 편집상의 비밀보호에 관하여 아무런 명문의 규정을 두고 있지 않는 실정에서는 그것과 관련된 규정이나 학설에 의존할 수밖에 없을 것이다. 현재 취재원의 보호의 근거로 논의될 수 있는 규정으로는 언론의 자유를 규정하고 있는 헌법 제21조, 형사상 자기에게 불리한 진술을 강요당하지 아니할 권리를 보장하고 있는 헌법 제12조 제2항, 직무상 비밀과 증언거부권을 규정하고 있는 형사소송법 제149조와 민사소송법 제286조 등을 생각해 볼 수 있을 것이다.

(2) 헌법상의 취재원의 보호의 관련규정과 학설

헌법 제12조 제1항의 형사상 자기에게 불리한 진술거부권과 취재원에 관한 증언거부권의 관계에 관하여 논하고 있는 견해는 찾아보기 어렵고, 양심의 자유에 속하는 침묵의 자유와 취재원의 보호에 관하여는 일반적으로 권리의 성격과 목적을 달리 한다는 인식이 지배적이다.54) 국내의 대부분의 학설은 취재원의 묵비권은 언론·출판의 자유와 관련된 권리로 이해하고 있는 것으로 보인다. 취재원묵비권의 인정여부에 관한 국내학설을 보면 대체로 세 가지로 나누어 볼 수 있다. 첫째 취재원묵비권은 취재의 자유에 속하고 언론의 자유의 본질적 내용이라는 견해55), 둘째 취재원의 비밀 내지 증언거부권은 국내외의 통설이 언론기관의 공공적 기능에도 불구하고 특권으로 인정하지 않고 있다는 견해56), 셋째 취재원묵비권이 언론의 자

---

54) 허영(주 7), 394면 ; 권영성(주 1), 477면 ; 김철수(주 1), 657면 ; 성낙인 교수는 취재원을 밝히지 않을 권리는 법정에서의 증언과 관련하여 양심의 자유에 반하는 증언을 거부할 수 있는 권리와의 관계가 문제된다고 하고 있다. 성낙인(주 50), 154면.
55) 허영(주 7), 549면.
56) 권영성(주 1), 498면.

유와 관련하여 문제가 되고 있다고 설명하고는 있지만 명시적으로 인정여부에 관하여는 침묵하고 있는 입장[57] 등으로 나뉜다.

(3) 증언거부권에 관한 형사소송법과 민사소송법상의 규정과 학설

형사소송법 제149조에서는 직무(업무)상의 비밀과 증언거부권을 그리고 동 법 제112조에서는 직무상의 비밀을 보장하기 위하여 압수를 거부할 수 있는 권리를 규정하고 있고, 민사소송법 제286조에서 직무상의 비밀과 증언거부권에 관하여 규정하고 있다. 양 규정의 차이점은 증언거부권의 주체에 있어서 형사소송법은 동 조에 규정되어 있는 증언거부권자를 열거하고 있으며 동 규정의 해석에 있어서도 예시적인 열거가 아닌 제한적 열거규정[58]으로 보고 있고 본인의 승낙이나 중대한 공익상의 필요가 있는 때에는 증언거부권이 인정되지 않는다고 규정하고 있는 반면, 민사소송법에서는 제286조 제1항 제2호에서 "직업의 비밀에 관한 사항의 신문을 받을 때" 증언을 거부할 수 있다고 규정함으로써 형사소송법보다는 완화된 규정을 두고 있다. 형사소송법에서는 형사사법의 목적으로 인하여 상대적으로 민사소송법보다 증언거부권의 행사에 대하여 엄격한 태도를 취하고 있는 것으로 보인다.

형사소송법 제149조의 해석을 보면 전술한 바와 같이 증언거부권자를 제한적인 열거로 보고 있기 때문에 신문기자나 방송기자 등 언론인의 취재원의 증언거부권에 대하여 소극적으로 해석하고 있으며 다만 입법론으로는 취재원에 관한 언론인의 증언거부권을 인정하는 것이 타당하다고 한다.[59] 민사소송법 제286조의 증언거부권의

---

57) 김철수(주 1), 708면 ; 계희열(주 1), 392면.
58) 이재상, 『형사소송법』 제5판(서울: 박영사, 1999), 424면.
59) 백형구, 『주석소송법(Ⅱ) 형사소송법』(서울: 법원사, 1991), 182면.

해석에 있어서는 취재원의 묵비권은 민사소송법상의 증언거부권에 무조건 포함된다는 견해와 일정한 조건하에서 인정된다는 견해가 대립하고 있다.[60] 일정한 조건하에서 언론인의 증언거부권을 인정하는 견해에 의하면 신문기자(언론인)가 취재원을 공개하게 되면 그 후의 정보의 수집에 지장을 초래하게 되거나 혹은 그것을 공개하지 아니하는 것이 사회적으로 보아 신문기자의 의무라고 보인다면 동조 제1항 제2호의 직업의 비밀에 관한 내용의 일종으로서 증언거부가 가능하다고 보고 있다.[61]

(4) 검　토

신문이나 방송 등 모든 언론기관종사자들의 취재원의 보호를 위한 취재원묵비권이 인정되지 않는다면 정보의 제공자는 자신의 신분이 노출될 경우 예상되는 보복이라든가 일정한 형사상의 불이익 등으로 인하여 정보의 제공을 기피하게 될 것이고 취재원의 묵비권을 무제한으로 인정하게 되는 경우 재판의 공정성확보라는 또 다른 헌법적 가치와 상충될 수 있는 위험이 있다.[62] 민사소송절차에 있어서 취재원묵비권은 미국의 판례에서도 인정하고 있고 우리의 민사소송법의 해석에서도 인정되고 있지만 형사소송절차에 있어서는 공정한 재판과 정의의 실현이라는 형사사법 목적이라는 국가적 이익이 취재원의 보호보다 우선한다는 주장은 충분히 있을 수 있다. 그러나 언론·출판의 자유가 자유민주주의 사회에서 수행하는 기능을 고려할 때 취재원의 보호를 위한 증언거부권은 언론의 자유의 보호영역에 당연히

---

60) 이시윤, 「민사소송법」(서울: 박영사, 1998), 597면.
61) 이재성, 「주석민사소송법(Ⅲ)」(서울: 한국사법행정학회, 1991), 449-450면.
62) 계희열(주 1), 392면. ; 미국의 연방대법원판례가 공정하고 정당한 법의 집행 내지 정의의 실현이라는 국가적 이익과 취재원의 보호 간에 이익형량을 시도하는 것도 이러한 시각에서 바라볼 수 있을 것이다.

포함된다고 보는 것이 타당하다고 보인다. 연방 법률에서 취재원의 보호를 위한 명문의 규정을 두고 있는 독일의 경우에도 취재원묵비권에 관하여 비판적 시각63)이 없는 것은 아니지만 언론의 자유의 내용에 당연히 포함되는 것으로 보는 것이 공공에 대한 정보의 완전하고 자유로운 소통과 자아실현 그리고 궁극적인 정의의 실현에 합치하는 해석이라고 생각된다. 독일 연방헌법재판소64)도 신문종사자의 증언거부권은 개인의 증언에 있어서 보호 이상의 의미를 갖는 것으로, 자유민주주의에 있어서 공적인 의사형성을 위해서는 없어서는 안 될 자유언론제도의 목적조항(Zweckbestimmung)이라고 한다. 다만 취재원에 대한 증언거부권의 행사가 실체적 진실발견을 위한 정당한 재판을 방해하는 역기능적인 방향으로 행사될 경우에는 독일기본법 제5조 제2항의 "일반 법률"이나 미국판례에서 인정된 "필수적이고 압도적인 국가이익"65)에 의한 조심스런 제한의 방법을 생각해 볼 수 있겠다. 그리고 취재원묵비권을 정보제공자와 언론인간의 신뢰보호의 차원에서만 이해하여 언론기관이 스스로 수집한 정보는 취재원 보호의 대상에서 제외하려는 입장도 옳다고 볼 수 없다. 언론의 자유

---

63) R. Herzog(FN 413), RN 122.

64) BVerfGE 36, 193, 204.

65) Branzburg v. Hayes 사건에서 브레넌, 마샬, 스튜어트 판사의 반대의견은 "수정헌법 제1조상의 표현의 자유가 보장하는 언론인의 취재원의 보호권에 대하여 갈등관계에 있게 되는 것은 다름 아닌 공정하고 정당한 법의 집행 내지는 정의의 실현이라는 사회적 이익이다(408 U. S. 665, 737). 법(정의)의 효율적인 집행이라는 공적 이익과 수정헌법 제1조가 보장하는 완전한 정보의 유통과의 사이의 적당한 균형관계를 유지하기 위해서는 언론이라는 것이 민감하고 침해되기 쉽다는 기본적인 명제에서 시작하여야 한다. 그러므로 사회의 기능을 위해 중요한 위치를 차지하고 있는 수정헌법 제1조의 권리는 다른 권리에 비해 특별한 보호가 필요한 것이다(408 U. S. 665, 738). 따라서 수정헌법 제1조에 의하여 헌법적으로 보호되는 자유로운 언론·출판의 권리를 침해하는 것이 정당화되기 위해서는 조사하고자 하는 정보원과 압도적이고 필수적인(overriding and compelling) 국가이익 사이의 실질적인 관련성을 증명하는 것이 필수적인 전제조건이다(408 U. S. 665, 739)."라고 밝히고 있다.

의 보호 목적이 방해 없는 자유로운 정보수집에 있고 그러한 방법 중의 하나의 방법이 정보제공자의 정보를 보호하는 것이며 증언거부권을 규정하고 있는 법률의 목적이 언론인과 정보제공자와의 신뢰관계의 보호에 있는 것이 아니라 언론인이 증언거부권을 행사하는 것이 정당화된다는 증언거부의 정당화사유로 이해하려는 시각이 필요하다.

4) 신문보급(배포)의 자유

신문보급 내지 배포의 자유는 신문이 가지는 공적인 기능을 비로소 가능케 하는 중요한 의미를 가진다. 따라서 신문보급의 자유에 대힌 국기의 간섭은 신문외 자유에 대한 중대한 침해를 뜻하게 된다.[66]

5) 신문에서의 광고부분

신문에 있어서 광고부분도 신문의 자유에 의한 보호를 받는다.[67] 신문의 광고는 오늘날 신문의 재정적 근간으로서 신문기업의 존립을 위해 절대적으로 필요하다.[68] 신문의 자유에 관한 판결은 아니지만 헌법재판소도 "광고물도 사상·지식·정보 등을 불특정 다수인에게 전파하는 것으로서 언론·출판의 자유에 의한 보호를 받는 대상이 됨은 물론이다"[69]라고 판시함으로써 광고가 언론·출판의 자유의 보호영역에 포함된다고 보고 있다.

---

66) 허영(주 7), 549면.
67) 허영(주 7), 550면.
68) 계희열(주 1), 390-391면.
69) 헌재결 1998. 2. 27. 96 헌바 2, 판례집 10-1, 124면.

2. 전파매체에 의한 보도의 자유

전파매체에 의한 보도의 자유는 방송·TV 등 유선·무선의 전파
매체에 의한 언론의 자유, 즉 방송과 방영의 자유를 말한다.

1) 방송의 자유

(1) 방송의 개념

우리나라에 있어서 방송의 개념은 헌법 제21조 제3항의 방송·통
신의 시설기준법정주의로부터 나오고 있지만 헌법 자체가 그에 대
한 정의를 하지 않고 있기 때문에 결국 방송과 통신에 관한 구체적
인 개념정의는 하위법률에 맡기고 있다. 2000년 1월에 방송법의 개
정이 있었다. 개정 이전의 방송법 제2조 제1호에서는 방송을 "정
치·경제·사회·문화·시사 등에 관한 보도·논평 및 여론과 교
양·음악·오락·연예 등을 공중에게 전파함을 목적으로 방송국이
행하는 무선통신의 송신"이라고 정의하고 있었다. 개정 전의 방송법
상의 방송은 무선통신만을 구성요소로 한정함으로써 지상파방송, 종
합유선방송, 그리고 중계유선방송 및 음악유선방송을 포괄하는 상위
개념이 아니라 지상파방송에만 국한되어 있는 개념에 불과하게 되
어 문제점을 가지고 있으며 이러한 문제는 인터넷방송의 등장으로
더욱 심각해졌다는 비판을 받고 있었다.[70] 개정 후의 방송법은 이러
한 점을 반영하고 있다. 개정 방송법 제2조 제1호에서는 "방송이라
함은 방송프로그램을 기획·편성 또는 제작하고 이를 공중에게 전
기통신설비에 의하여 송신하는 것으로 다음 각 목의 것을 말한다"고

---

70) 황성기, "언론매체규제에 관한 헌법학적 연구" 박사학위논문, 서울대학
　　교 대학원, 1999. 8, 194면.

규정하면서 지상파 방송, 종합유선방송, 위성방송을 방송의 개념에 포함시키고 있다. 새로운 방송법의 시행으로 이전의 종합유선방송법과 유선방송관리법은 개정 방송법 부칙 제2조에 의하여 폐지되었다. 이것은 헌법에서 보장하는 언론·출판의 자유의 하나인 방송의 보호영역에는 지상파방송뿐만 아니라 종합유선방송, 인공위성을 통한 위성방송이 모두 포함된다[71]고 하는 학계의 논의를 수용한 것으로 타당한 입법이다.

방송법 제1조에서는 방송의 자유와 독립을 보장하면서 제4조에서 "방송편성의 자유와 독립은 보장된다"고 규정하고 있다. 또 방송법은 방송위원회[72]를 설치하여 방송업무를 전담하게 함으로써 방송편성의 자유와 독립을 보장하면서도 방송의 공적 책임과 공정성 및 공익성을 강조하고 심의위원회가 이를 심의할 수 있게 하고 있다. 신문의 자유에 있어서와 마찬가지로 방송·방영내용에 대한 사전검열은 허용되지 않지만 자체검사는 가능하다고 할 것이다.

(2) 방송과 통신의 구별

방송의 자유와 구별하여야 하는 것으로 통신매체에서의 표현을 들 수 있다. 현대사회의 "디지털 혁명"이라 불리는 정보통신기술의 급격한 발달과 뉴미디어의 등장으로 기존의 언론법제에서 구별되었던 방송과 통신의 개념의 구별이 어려워져 방송의 자유의 보호영역의 한계설정에 관한 문제가 대두되었으며, 특히 인터넷이라는 매체

---

71) 허영(주 7), 550면 ; 김철수(주 1), 709면.
72) 방송위원회는 국회의장이 각 교섭단체와 협의하여 추천하는 3인과 국회 문화관광위원회의 추천의뢰를 받아 국회의장이 추천한 3인을 포함하여 대통령이 임명하는 9인의 위원으로 구성한다. 위원장은 위원회에서 호선하여 대통령이 임명하고 부위원장과 2인의 상임위원은 전문성을 고려하여 위원회에서 호선한다. 위원의 임기는 3년이며 한번의 연임이 가능하다(방송법 제20조-제23조).

는 단순히 멀티미디어 정보전송에 그치는 것이 아니라 커뮤니케이션의 상호작용성 및 가상현실 등을 제공함으로써 "사이버공간" 내지는 "가상공동체"를 구현하게 됨으로써 방송과 통신의 구별을 무의미하게 만들어 버리는 "방송·통신의 융합" 내지는 "매체융합"을 불러일으켜 헌법의 기초자들이 언론과 출판의 자유의 전제로 상정했던 인쇄매체시대와는 질적으로 다른 새로운 패러다임의 사고가 요구된다고 주장되고 있다.[73] 그러나 우리나라의 방송의 자유에 있어서는 비록 방송과 통신의 구별이 어려워졌다고 하여 통신에서의 표현을 방송의 자유의 보호영역에 해당한다고 볼 수는 없다. 우리 헌법 제21조 제3항은 "방송", "통신", "신문"으로 규정하면서 제18조에서는 통신의 비밀을 별도로 규정하여 구별하는 규정형식을 두고 있고, 국내의 학설도 헌법 제18조의 통신의 자유를 개인이 그 의사나 정보를 우편물이나 전기통신 등의 수단에 의하여 전달·교환하는 경우에 그 내용 등이 본인의 의사에 반하여 공개되지 아니할 자유로 보고 있다.[74] 그 근거로 우리 헌법 제18조에서 통신의 비밀의 불가침은 개인의 사생활의 비밀을 보장하며 개인의 인격을 보호하기 위한 규정이고, 표현행위는 제21조에서 언론·출판의 자유를 별도로 규정하고 있기 때문이라고 한다.[75] 방송과 통신에 관하여 별도의 형식을 마련하고 있는 우리 법체계 내에서는 방송과 통신의 융합현상 내지는 매체융합 현상이 나타난다고 하여도 그것은 입법적인 조치에 의하여 해결되어야 하는 문제이지 그러한 현상이 나타난다고 하여 바로 통신이 방송의 자유의 보호영역에 속한다고 볼 수는 없는 것이

---

73) 황성기(주 70), 1-2면 ; 이인호, "방송·통신의 융합과 언론의 자유", 「공법연구」 제28집 제4호 제1권, 2000. 6, 247면.

74) 허영(주 1), 507면.

75) 김철수(주 1), 610면 ; 권영성 교수는 통신은 사생활의 불가침을 보장하려는 것으로 내부적인 대화과정을 보호하려는 것인 반면에 표현행위는 대외적 대화과정을 보호하려고 하는 것이라는 점에서 구별되지만 통신의 비밀을 보장하는 것은 자유로운 의사형성의 전제가 된다는 점에서 표현행위의 기초가 된다고 하고 있다. 권영성(주 1), 464면.

다. 물론 통신에서의 표현도 그것이 의사형성이나 여론형성의 전제가 된다면 언론·출판의 자유의 하나인 의사표현의 자유에 포함된다는 것은 당연하다.[76)]

2) 영화의 자유

우리 헌법에는 영화의 자유에 관하여 독일기본법과 같은 명문의 규정은 두고 있지 않지만 영화를 제작하여 상영하는 것은 헌법상의 언론·출판의 자유에 당연히 포함된다.[77)] 헌법재판소는 "의사표현의 자유는 헌법 제21조 제1항이 규정하는 언론·출판의 자유에 속하고, 여기서 의사표현의 매개체는 어떠한 형태이건 그 제한이 없다고 할 것이다. 영화도 의사표현의 한 수단이므로 영화의 제작 및 상영은 다른 의사표현수단과 마찬가지로 헌법에 의한 보장을 받음은 물론 영화는 학문적 연구결과를 발표하는 수단이 되기도 하고, 예술표현의 수단이 되기도 하므로 그 제작 및 상영은 학문·예술의 자유를 규정하고 있는 헌법 제22조 제1항에 의하여도 보장을 받는다"[78)]라

---

76) 이인호 교수는 헌법 제18조가 보장하는 통신의 비밀은 개인의 사생활을 보장하고자 하는 의미를 넘어 헌법 제21조가 보장하는 언론의 자유의 전제조건으로 파악된다고 하면서 기존의 헌법교과서에서 통신의 비밀을 개인의 사생활보장으로만 보는 태도는 지양되어야 한다고 한다. 대다수의 국내 학설이 통신과 언론을 구별하는 이유가 우리 헌법이 제18조에서 통신의 자유를, 제21조에서 언론·출판의 자유를 규정하고 있는데서 기인한 것이라고 하면서 통신의 자유는 표현의 자유에 포함되어야 한다고 주장하고 있다(이인호(주 73), 249면. ; 황성기(주 70), 37면). 하지만 국내의 대부분의 학설이 구별하고 있는 것은 "통신의 비밀보장"과 "언론·출판의 자유"이지, 통신에서의 표현을 언론·출판의 자유에서 제외하고 있는 것은 아니다. 따라서 통신매체에서의 표현은 당연히 그것이 의사형성이나 여론형성의 전제가 될 경우에는 언론·출판의 자유의 보호영역에 해당한다. 다만 "통신"과 "방송"은 구별되어야 하는 개념이라는 것은 분명하다.
77) 계희열(주 1), 397면.
78) 헌재결 1996. 10. 4. 93 헌가 13 등, 판례집 8-2, 222면.

고 판시하면서 영화의 제작 및 상영을 의사표현의 자유의 보호영역
에 포함되는 것으로 보고 있다.

Ⅳ. 액세스권

액세스권이라 함은 넓은 의미에서 매스미디어에 접근해서 매스미
디어를 이용할 수 있는 보도매체접근이용권을 말한다.79) 액세스권은
매스미디어를 자신의 의사표현을 위해 이용할 수 있는 광의의 액세
스권과 자기와 관계가 있는 보도에 대한 반론 내지 해명의 기회를
요구할 수 있는 반론권 및 해명권으로 나눌 수 있다.80) 광의의 액세

---

79) 허영(주 7), 552면 ; 계희열(주 1), 398면 ; 성낙인(주 1), 387면.

80) 허영(주 7), 552면 ; 계희열(주 1), 398-399면 ; 성낙인(주 1), 389면 ; 이동
훈, "언론자유의 현대적 기능에 관한 연구" 박사학위논문, 성균관대학교
대학원, 1990. 9, 136-137면 ; 권영성 교수는 액세스권과 반론권을 각각
별개의 것으로 구별하고 있고(권영성(주 1), 495면), 김철수 교수는 액세
스권을 일반인이 방송 등의 프로그램편성 등에 참여하고 대중매체의 정
보제공에 대하여 반론을 제기할 수 있는 권리의 필요성으로 인한 대중매
체 등에 대한 접근권이라고 하면서 일반적 액세스권(general right of
access)과 한정적 액세스권(limited right of access)으로 나누고 있다. 일
반적 액세스권이란 공적으로 중요한 논쟁적 쟁점에 관하여 다른 관점을
가지는 대변인이 같은 미디어를 통하여 이와 대조를 이루는 관점을 제시
하고자 이전에 발표되어진 것에 대하여 반론하기 위하여 동일 TV나
radio에 액세스하는 권리라고 하고, 한정적 액세스권이란 대통령이 TV나
radio 시간을 요구하고 이를 사용하여 국민에게 호소하고 거기서 제기된
논쟁적 쟁점에 관하여 이와 대조를 이루는 관점의 야당대변인이 반박하
기 위하여 같은 미디어의 방송시간을 요구하는 것이라고 설명하고 있다
(김철수(주 1), 700면). 성낙인 교수는 한국에서도 대통령이 텔레비전이나
라디오 시간을 이용하여 국민에게 호소하고, 이에 대해 논쟁적인 사항에
대하여 야당이 반박시간을 요구하는 권리인 한정적 액세스권을 받아들이
고 있다고 하면서 최근 한국에서도 김대중 대통령의 방송을 통한 "국민과

스권은 모든 국민에게 민주적 여론형성과정에 참여할 수 있는 기회를 부여한다는데 그 헌법 이론적 근거가 있다. 반론권 및 해명권도 인간의 존엄성을 바탕으로 한 인격권의 보호를 그 이론적 근거로 한다고 볼 수 있는 측면도 있지만 이러한 권리도 그 이론적 근거는 헌법 제21조의 언론·출판의 자유에 있다고 보아야 한다. 그리고 광의의 액세권이든 반론권 및 해명권이든 그것은 국민과 국가의 관계에서 발생하는 문제가 아니고 국민과 보도기관 사이에서 생기는 문제라는 점에서 그 특성이 있다.

광의의 액세스권에는 매스미디어가 광고주에게 개방하고 있는 광고란 내지는 광고시간을 광고주의 주장이나 주의 등의 의견을 광고라는 형식으로 선전하는 의견광고,[81] 독자가 서신을 통하여 자기의 의견·판단·신념 등을 신문 등의 정기간행물에 게재하는 독자투고[82] 등을 들 수 있다. 여기서는 우리 언론관계법에서 규정하고 있는 반론보도청구권 및 추후보도청구권에 의하여 인정되고 있는 반론권 및 해명권을 중심으로 살펴보고자 한다.

우리 정간물법 제16조와 제20조에서는 "반론보도청구권"과 "추후보도청구권"을 규정하고 있다. 또 방송법에서도 반론보도청구권과 추후보도청구권을 인정하여 이에 관한 사항을 규정하고 있는 외에도 정간물법의 반론권규정을 준용하도록 하고 있다.[83] 반론보도청구권이란 정기간행물이나 방송 등에서 공표된 사실적 주장에 의하여 피해를 입은 자가 발행인이나 편집자에 대하여 피해를 입었다는 주장을 게재하여 줄 것을 요구할 수 있는 권리를 말하는 것으로 그 사실보도가 있음을 안 날로부터 1월 이내에 언론사나 방송국에 반

의 대화"에 대하여 야당이 자신의 주장을 펼칠 시간을 요구하여 어느 정도 관철시킨 바 있다고 한다(성낙인(주 1), 390면.)
81) 이동훈(주 80), 175면 ; 성낙인(주 1), 390면 ; 유일상, 「언론법제론」(서울: 박영사, 2000), 325면 이하.
82) 이동훈(주 80), 215면.
83) 공직선거법 제8조의 3 및 제8조의 4에서는 방송 및 정기간행물의 선거보도에 관한 반론보도청구권을 따로 규정하고 있다.

론보도문의 게재 또는 방송을 청구할 수 있다.84) 추후보도청구권이란 정기간행물에 의하여 범죄혐의가 있다거나 형사상의 조치를 받았다고 보도된 자는 그에 대한 형사절차가 무죄판결 또는 이와 동등한 형태로 종결된 때에는 그 날로부터 1월 이내에 서면으로 언론사에 이 사실에 관한 추후보도의 게재를 청구할 수 있고, 추후보도의 내용은 청구인의 명예나 권리회복에 필요한 범위에 국한된다.85) 그리고 이 규정은 방송법 제91조 제8항에 의하여 방송의 경우에도 준용된다. 헌법재판소도 1995년 12월의 개정 전 정간물법에 관한 헌법소원 사건에서 "정정보도청구권은 그 표현의 형식에도 불구하고 그 내용을 보면 언론기관의 사실적 보도에 의한 피해자가 그 보도내용에 대한 반박의 내용을 게재하여 줄 것을 청구할 수 있는 권리로서 이른바 반론권을 입법화한 것이다. 따라서 여기서 말하는 정정보도청구는 그 보도내용의 진실 여부를 따지거나 허위보도의 정정을 청구하기 위한 것이 아니다"86)라고 판시함으로써 반론권에 대한 기초를 제공하고 있다. 그리고 반론보도청구권이나 추후보도청구권에 의한 반론권은 독일의 반론권에 관한 부분에서 살핀바와 같이 당연히 언론·출판의 자유의 보호영역에 속한다고 보아야 한다.

그런데 1991년의 헌법재판소의 결정에서는 반론권으로서의 정정보도청구권이 바로 헌법상 보장된 인격권에 그 바탕을 두고 있는 동시에 공정한 여론의 형성에 참여할 수 있도록 하여 언론보도의 객관성을 향상시켜 제도로서의 언론보장에 그 근거를 두고 있다87)고 하면서, 또 이 판결에서 반론권과 언론의 자유를 상충관계로 보고 있다. 그 내용을 보면 "……반론권은 보도기관이 사실에 대한 보도과정에서 타인의 인격권 및 사생활의 비밀과 자유에 대한 중대한

---

84) 정간물법 제16조 제1항, 방송법 제91조 제1항.
85) 정간물법 제20조.
86) 헌재결 1991. 9. 16. 89 헌마 165, 판례집 3, 526면 ; 헌재결 1996. 4. 25. 95 헌바 25, 판례집 8-1, 427면.
87) 헌재결 1991. 9. 16. 89 헌마 165, 판례집 3, 527면.

침해가 될 직접적 위험을 초래하게 되는 경우 이러한 법익을 보호하기 위한 적극적 요청에 의하여 마련된 제도인 것이지 언론의 자유를 제한하기 위한 소극적 필요에서 마련된 것은 아니기 때문에 이에 따른 보도기관이 누리는 언론의 자유에 대한 제약의 문제는 결국 피해자의 반론권과 서로 충돌하는 관계에 있는 것으로 보아야 할 것이다. 이와 같이 두 기본권이 서로 충돌하는 경우에는 헌법의 통일성을 유지하기 위하여 상충하는 기본권 모두가 최대한으로 그 기능과 효력을 나타낼 수 있도록 하는 조화로운 방법이 모색되어야 할 것이고, 결국은 이 법에 규정한 정정보도청구제도가 과잉금지의 원칙에 따라 그 목적이 정당한 것인가 그러한 목적을 달성하기 위하여 마련된 수단 또한 언론의 자유를 제한하는 정도가 인격권과의 사이에 적정한 비례를 유지하는 것인가의 여부가 문제된다 할 것이다……"88)라고 판시하고 있다. 이 판결의 내용을 분석해보면 헌법재판소는 반론권을 인격권과 언론의 제도보장적 측면에서 도출된다고 하면서도, 또 다른 한편으로는 인격권에 그 근거를 둔 반론권이 언론의 자유를 제약하는 제약원리라고 파악함으로써 다소 모순 된 논리를 전개하고 있는 듯 하다. 이미 앞에서 검토한 바와 같이 반론권은 언론보도의 객관성 향상이라는 객관적 가치질서적인 측면에서 나오는 언론·출판의 자유의 보호영역에 속하는 것으로 보아야 하고, 비록 그것이 인격권에 어느 정도 근거를 두고 있다고 하여도 이를 인격권과 언론의 자유를 상충관계로 하여 해결하려는 논리는 무리가 있다고 보인다.

---

88) 헌재결 1991. 9. 16. 89 헌마 165, 판례집 3, 529면. 또 518면에서는 "현행 정정보도청구권제도는 언론의 자유와는 비록 서로 충돌되는 면이 없지 아니하나 전체적으로 상충되는 기본권 사이에 합리적 조화를 이루고 있으므로 정간물법 제16조 제3항, 제19조 제3항은 결코 평등의 원칙에 반하지 아니하고, 언론의 자유의 본질적 내용을 침해하거나 언론기관의 재판청구권을 부당히 침해하는 것으로 볼 수 없어 헌법에 위반되지 아니한다"라고 판시하고 있다.

제3절 언론·출판의 자유의 헌법적 한계

Ⅰ. 법적 성격

우리 헌법은 제21조 제4항에서 "언론·출판은 타인의 명예나 권리 또는 공중도덕이나 사회윤리를 침해하여서는 아니 된다. 언론·출판이 타인의 명예나 권리를 침해한 때에는 피해자는 이에 대한 피해의 배상을 청구할 수 있다"라고 규정하고 있다. 이 규정의 법적 성격에 관하여 언론·출판의 자유가 자칫 동화적 통합의 분위기를 해치는 일이 없게 하기 위해서 헌법제정권자는 언론·출판의 자유가 넘어설 수 없는 헌법정책적인 결단을 내린 헌법적 한계라고 이해하는 견해[89]가 있는 반면에 이 규정을 언론·출판의 책임[90], 언론·출판의 자유의 내재적 한계[91], 가중적 법률유보[92]라고 보는 견해가 있

---

89) 허영(주 7), 555면.
90) 김철수(주 1), 711면.
91) 권영성(주 1), 500면.
92) 계희열(주 1), 410-411면. 계희열 교수는 이 규정을 헌법유보 내지는 헌법적 한계로 보게 될 경우 언론·출판의 자유는 심각하게 침해될 위험이 있을 뿐만 아니라 구체적 사건에 적용하는데 많은 문제가 따르게 된다고 한다. 즉 타인의 명예나 권리 또는 공중도덕이나 사회윤리라는 막연하고 추상적인 개념을 가지고 직접 언론의 자유를 제한하는 경우 남용의 가능성이 엄청나게 클 뿐만 아니라 이처럼 구체화되지 않은 막연한 개념을 어떻게 구체적 사건에 적용할 것이라는 문제가 제기된다는 것이다. 이런 이유 때문에 이 규정을 개별적인 가중유보로 보고 있다. 즉 제21조 제4항은 언론의 자유에 대한 제한의 요건을 명시한 것이므로

다. 헌법재판소는 "언론·출판의 영역에 있어서 국가의 개입은 원칙적으로 2차적인 것이다. 그러나 모든 표현이 시민사회의 자기교정기능에 의해서 해소될 수 있는 것은 아니다. 일정한 표현은 일단 표출되면 그 해악이 대립되는 사상의 자유경쟁에 의한다 하더라도 아예 처음부터 해소될 수 없는 성질의 것이거나 또는 다른 사상이나 표현을 기다려 해소되기에는 너무나 심대한 해악을 지닌 것이 있다. 바로 이러한 표현에 대하여는 국가의 개입이 1차적인 것으로 용인되고, 헌법상 언론·출판의 자유에 의하여 보호되지 않는데, 위에서 본 헌법 제21조 제4항이 바로 이러한 표현의 자유에 있어서의 한계를 설정한 것이라고 할 것이다"[93]라고 하여 헌법 제21조 제4항의 법적 성격에 관하여 명확한 태도를 취하고 있는 것으로는 보이지 않는다

하지만 언론·출판의 자유에 의해서 명예나 권리 등 재산 이외의 손해를 받은 사람은 민법 제751조에 의한 손해배상의 청구와 형법 제309조에 의한 고소에 의하여 권리구제를 받을 수 있는 길이 보장되고 있음에도 불구하고 헌법에 따로 이에 관한 규정을 둔 것은 언론·출판의 자유의 헌법적 한계를 명백히 밝힘으로써, 언론·출판의 자유가 역기능이 없이 명실공히 동화적 통합의 실질적 원동력으로 기능할 수 있게 하려는 헌법제정권자의 강력한 의지를 밝히려는 데 그 헌법상의 의의를 두고 있는 헌법적 한계에 관한 규정이라고 보아야 한다.

타인의 명예나 권리 또는 공중도덕이나 사회윤리는 언론의 자유에 대한 제한요건이며, 이 요건 하에서만 언론의 자유는 일반성과 명확성을 가진 법률에 의해 제한될 수 있다는 것이다. 이처럼 가중된 조건하에서만 언론의 자유를 법률로써 제한할 수 있도록 할 때 언론의 자유는 보다 강하게 보장될 수 있다고 한다.
93) 헌재결 1998. 4. 30. 95 헌가 16, 판례집 10-1, 340면.

II. 내 용

1. 타인의 명예나 권리

　언론·출판이 헌법적 한계를 넘어 타인의 명예를 훼손한 경우에
는 명예권의 구체적인 내용을 해석할 필요성이 있고 이 때 언론·
출판의 자유가 그 해석의 지침이 되어야 한다.94) 헌법재판소는 국민
의 알권리와 다양한 사상·의견의 교환을 보장하는 언론의 자유는
민주제의 근간이 되는 핵심적인 기본권이고, 명예 보호는 인간의 존
엄과 가치·행복을 추구하는 기초가 되는 권리이므로 이 두 권리를
비교 형량하여 어느 쪽이 우위에 서는지를 가리는 것은 헌법적인
평가 문제에 속하는 것이라고 하면서, 언론의 자유와 명예 보호라는
상반되는 헌법상의 두 권리의 조정과정에 있어서는 (1) 당해 표현으
로 인한 피해자가 공적 인물인지 아니면 사인인지의 여부, (2) 그
표현이 공적인 관심 사안에 관한 것인지 순수한 사적인 영역에 속
하는 사안인지, 피해자가 당해 명예훼손적 표현의 위험을 자초한 것
인지의 여부, (3) 그 표현이 객관적으로 국민이 알아야 할 공공성·

---

94) 허영(주 7), 557면. 허영 교수는 언론·출판의 자유와 언론·출판의 자
　　유의 한계가 된다고 볼 수 있는 여러 가지 헌법상의 보호가치 사이에는
　　일종의 "교차효과적인 관계"가 성립한다고 한다. 즉 헌법이 보호하는
　　여러 가지 가치는 언론·출판의 자유의 헌법적 한계가 되지만 또 그들
　　헌법적 가치를 구체적으로 해석·적용하는 경우에는 언론·출판의 자유
　　가 그 해석지침이 된다는 것이다. 그렇기 때문에 언론·출판에 의한 명
　　예훼손의 경우 명예회복의 효과가 있는 다른 처분(예컨대 명예훼손기사
　　의 취소광고, 민사패소판결문의 신문·잡지 게재)이 있다면 구태여 언
　　론사의 사죄광고를 강제할 것까지는 없다고 한다. 헌재결 1991. 4. 1. 89
　　헌마 160.

사회성을 갖춘 사실(알권리)로서 여론형성이나 공개토론에 기여하는 것인지의 여부 등을 종합적으로 고려하여야 한다고 한다. 그리고 공적 인물과 사인, 공적인 관심 사안과 사적인 영역에 속하는 사안 사이에는 심사기준에 차이를 두어야 하고, 공적 인물이 그의 공적 활동과 관련된 명예훼손적 표현은 그 제한이 더 완화되어야 하는 등 개별사례에서의 이익형량에 따라 그 결론도 달라진다고 하고 있다.95) 헌법재판소는 공적 인물 내지는 공적인 관심사에 관한 표현과 사적 영역에서의 표현에 대한 제한의 정도가 다르다는 점에 주의를 환기시킨 것은 미국의 명예훼손법의 논리를 수용한 것으로 볼 수 있다. 그러나 "현실적 악의"라는 개념은 사용하고 있지 않다.96)

---

95) 헌재결 1999. 6. 24. 97 헌마 265, 판례집 11-1, 777면 ; 헌법재판소는 명예훼손적 표현에 대한 형사법을 해석함에 있어서는 다음과 같은 해석법리를 제시하고 있다. 첫째 그 표현이 진실한 사실이라는 입증이 없어도 행위자가 진실한 것으로 오인하고 행위를 한 경우, 그 오인에 정당한 이유가 있는 때에는 명예훼손죄는 성립되지 않는 것으로 해석하여야 한다. 둘째 "오로지 공공의 이익에 관한 때에"라는 요건은 언론의 자유를 보장한다는 관점에서 그 적용범위를 넓혀야 한다. 국민의 알권리의 배려라는 측면에서 객관적으로 국민이 알아야 할 필요가 있는 사실(알권리)에는 공공성이 인정되어야 하고, 또 사인이라도 그가 관계하는 사회적 활동의 성질과 이로 인하여 사회에 미칠 영향을 헤아려 공공의 이익은 쉽게 수긍할 수 있도록 하여야 한다. 셋째 명예훼손적 표현에서의 "비방할 목적"(형법 제309조)은 그 폭을 좁히는 제한된 해석이 필요하다. 법관은 엄격한 증거로써 입증이 되는 경우에 한하여 행위자의 비방 목적을 인정하여야 한다. 헌재결 1999. 6. 24. 97 헌마 265, 판례집 11-1, 778면.

96) 미국의 명예훼손법에서 확립된 "현실적 악의"의 법리는 우리나라의 명예훼손법에 적용되는 불법행위의 요건으로서의 "고의·과실"과 유사하기는 하지만 그 본질적인 내용에 있어서는 커다란 차이가 있다. 특히 현실적 악의의 요건으로서 "무분별한 무시"라는 것은 우리나라에 있어서 과실의 요건으로서의 부주의와는 차원을 달리하고 있음이 명백하다. 그러므로 미국 명예훼손법에서 인정되는 현실적 악의의 이론은 우리나라의 명예훼손법에 그대로 도입하기에는 무리가 있다고 하겠다. 그러나 현실적 악의의 도입과 적용이 어렵다고 하여 그에 관한 논의가 전부 무용한 것으로 볼 수는 없고, 우리나라의 명예훼손에 있어서 위법성조각 사유로 거론되는 "진실이라고 믿을 상당한 이유"에 대한 판단기준이 될

이 밖에도 언론·출판의 자유에 의하여 침해되어서는 아니 될 타인의 권리로는 사생활의 비밀97)·타인의 저작권·초상권·성명권 등의 일반적 인격권·행복추구권·형사피고인의 무죄추정권 등을 들 수 있을 것이다.98)

2. 공중도덕·사회윤리

언론·출판의 한계로서의 공중도덕이나 사회윤리가 무엇을 의미하는가에 관해서는 한마디로 정의를 내린다는 것은 어렵고 다음과 같은 헌법상의 가치질서와의 상호 관계 하에서 이해해야 한다. (1) 우리들의 자손의 안전과 자유와 행복을 영원히 확보하려는 헌법전문의 정신과의 상호 관계 하에서 청소년의 보호 내지는 청소년의 교육에 역행하는 언론·출판은 허용되지 않는다. 예컨대 폭력을 영웅시하는 보도가 문제될 수 있는 것도 그 때문이다. (2) 또 헌법이 추구하는 전통적인 문화국가의 정신에 어긋나는 언론·출판은 허용되지 않는다. 예컨대 나체문화를 선전하거나 근친혼 등을 선전·장려하는 언론·출판이 지탄을 받아야 하는 이유도 그 때문이다.99)

수 있을 것이다. 이광범, "미국명예훼손과 그 개혁론" 석사학위논문, 서울대학교 대학원, 1999. 12, 99-101면.

97) 허영(주 7), 556면 ; 김철수(주 1), 713면 ; 권영성(주 1), 501면.

98) 김철수(주 1), 714면.

99) 헌법재판소는 "음란"을 인간존엄 내지 인간성을 왜곡하는 노골적이고 적나라한 성 표현으로서 오로지 성적 흥미에만 호소할 뿐 전체적으로 보아 하등의 문학적·예술적·과학적 또는 정치적 가치를 지니지 않는 것으로서, 사회의 건전한 성도덕을 크게 해칠 뿐만 아니라 사상의 경쟁 메커니즘에 의해서도 그 해악이 해소되기 어려운 것이라 보고 이러한 음란표현은 언론·출판의 자유에 의해서도 보호되지 않는다고 하고 있다. 반면 "저속"은 이러한 정도에 이르지 않는 성표현 등을 의미하는 것으로서 헌법적인 보호영역 안에 있는 것으로 판단하고 있다(헌재결 1998. 4. 30. 95 헌가 16, 판례집 10-1, 340-341면). 대법원은 음란성의

(3) 그리고 우리 헌법이 보장하는 남녀동권에 바탕을 둔 혼인·가족 제도에 반하는 언론·출판이 허용되지 않는다. 예컨대 일부다처제를 주장하거나 사생아의 출생을 신성시하는 언론·출판이 용납되지 않는 것은 당연하다.100)

III. 헌법적 한계를 일탈한 언론·출판의 책임

언론·출판이 이상과 같은 헌법적 한계를 일탈한 경우에는 언론·출판의 사유로서 보호될 수 없는 것은 물론이고 그 일달행위가 헌법상의 다른 가치를 실현하고 보호하기 위해서 제정된 실정법질서와 저촉되는 경우에는 오히려 법적인 책임을 추궁 받게 된다. 예컨대 언론·출판이 타인의 인격권이나 사생활의 비밀은 침해한 경우에는 민법 제751조의 손해배상책임과 형법상의 명예훼손책임, 또 반문화국가적 언론·출판은 형법 제243조의 음란문서에 대한 책임, 반민주적 언론·출판은 국가보안법 제7조의 책임 등이 그것이다.

그런데 구체적인 경우 언론·출판이 그 헌법적 한계를 일탈했느냐의 여부를 판단하는데 있어서는 언론·출판의 자유가 가지는 여러 가지 헌법상의 의의와 기능을 충분히 염두에 두고, 또 다른 헌법

개념을 "그 내용이 성욕을 자극 또는 흥분시키고 보통인의 정상적인 성적 수치심을 해하고 선량한 성적 도의관념에 반하는 것을 말한다(대판 1987. 12. 22, 87 도 2331)"고 하고, 음란성의 유무는 "작성자의 주관적 의도가 아니라 객관적으로 판단해야 한다(대판 1991. 9. 10, 91 도 1550)"고 한다.

100) 허영(주 7), 556 ; 대부분의 국내의 교과서에서는 공중도덕과 사회윤리에 관련하여서는 음란성의 문제에 국한하여서 설명하고 있다. 계희열(주 1), 412면 ; 권영성(주 1), 501면 이하 ; 김철수(주 1), 717면 이하 ; 성낙인(주 1), 400-401.

상의 보호가치도 충분히 존중될 수 있도록 이익형량 내지는 규범조
화적인 해석이 필요하다.101) 헌법재판소도 인격권과 언론·출판의
자유의 규범조화적 해석의 필요성을 강조하고 있다.102)

제4절 언론·출판의 자유에 대한 제한과 그 한계

Ⅰ. 언론·출판의 자유에 대한 제한

우리 헌법 제37조 제2항에서는 "국민의 모든 자유와 권리는 국가
안전보장·질서유지 또는 공공복리를 위하여 필요한 경우에 한하여
법률로써 제한할 수 있으며, 제한하는 경우에도 자유와 권리의 본질
적인 내용을 침해할 수 없다"고 규정함으로써 일반적 법률유보조항
을 두고 있다. 언론·출판의 자유에 대한 제한은 이러한 기본권 제
한입법의 한계조항의 범위 내에서만 가능하다. 즉 언론·출판의 자
유가 가지는 헌법상의 의의와 기능을 생각할 때, 언론·출판의 자유
에 대한 제한은 자칫하면 민주적인 헌법질서의 중추신경을 다치게
될 위험성이 따르기 때문에 극히 필요한 최소한의 정도에 그쳐야
한다. 1) 언론·출판의 자유에 대한 제한이 가해지지 않고는 국가안
전보장·질서유지·공공복리가 "명백하고 현존하는 위험"에 봉착하

---

101) 허영(주 7), 557면.
102) 헌재결 1991. 9. 16. 89 헌마 165.

게 되는 경우(제한사유)에만, 2) 명확성의 원칙103)을 충족시킬 수 있는 형식적 의미의 법률에 의해서(제한방법), 3) 과잉금지의 원칙에 따라 "명백하고 현존하는 위험"을 피하기 위해서 필요 불가피한 최소한의 제한(제한정도)만이 허용된다고 할 수 있다.104) 결국 언론·출판의 자유의 제한에 관해서는 "명백하고 현존하는 위험의 원칙", "명확성의 원칙", "과잉금지의 원칙" 등이 중요한 판단기준105)이 된다고 볼 수 있다.106)

하지만 국내의 대부분의 학설은 언론·출판의 자유에 대한 제한사유를 일반적 법률유보조항에 의한 제한에 한정하지 않는다. 1) 사전적 제한·사후적 제한·예외적 제한으로 나누어서 사전적 제한에는 허가제나 검열제의 금지를, 사후적 제한으로 일반적 법률유보조항에 의한 제한을, 그리고 예외적 제한에 긴급사태 하에서의 제한을 설명하는 견해,107) 2) 사전통제와 사후통제로 구별하고 사전통제에는 허가제나 검열제의 금지를, 그리고 사후적 통제에는 일반적 법률유보에 의한 제한과 긴급명령·비상계엄에 의한 제한을 포함시키는 견해,108) 3) 일반적 가중법률유보(일반적 법률유보조항)에 의한 제한·긴급명령과 비상계엄에 의한 제한·특수지역관계(특별권력관계)에 의한 제한으로 나누는 견해109) 등이 있다.

이러한 학설들은 다음의 관점에서 문제점이 있다고 할 것이다.

---

103) 표현의 자유를 규제하는 법률은 그 규제로 인해 보호되는 다른 표현에 대하여 위축적 효과가 미치지 않도록 규제되는 표현의 개념을 세밀하고 명확하게 규정할 것이 헌법적으로 요구된다. 헌재결 1998. 4. 30. 95 헌가 16, 판례집 10-1, 342면.
104) 허영(주 7), 558면.
105) 헌법재판소는 국가보안법 제7조에 대한 위헌심판 사건에서 "명백하고 현존하는 위험의 원칙"과 "명확성의 원칙"을 강조하고 있다. 헌재결 1990. 4. 2. 89 헌가 113.
106) 허영(주 7), 558면.
107) 김철수(주 1), 721면 이하 ; 성낙인(주 1), 395-398면.
108) 권영성(주 1), 506면 이하.
109) 계희열(주 1), 413-414면.

먼저 대부분의 학설이 분류하고 있는 사전적 제한으로서의 허가제나 검열제의 금지를 언론·출판의 자유에 대한 제한으로 볼 수 있는가. 허가라 함은 자연적 자유에 속하는 행위를 법령으로서 일반적으로 제한 또는 금지하고 다만 특정한 경우에 이를 해제함으로써 그 행위를 적법하게 행할 수 있도록 하는 행정처분을 말하고,110) 검열이라 함은 행정권이 주체가 되어 사상이나 의견 등이 발표되기 이전에 예방적 조치로서 그 내용을 심사·선별하여 발표를 사전에 억제하는, 즉 허가 받지 아니한 것의 발표를 금지하는 제도111)를 뜻한다. 이러한 허가제나 검열제는 헌법 제21조 제2항에 의하여 금지되고 있고, 헌법재판소도 "헌법 제21조 제1항이 언론·출판에 대한 검열금지를 규정한 것은 비록 헌법 제37조 제2항이 국민의 자유와 권리를 국가안전보장·질서유지 또는 공공복리를 위하여 필요한 경우에 한하여 법률로써 제한할 수 있도록 규정하고 있다고 할지라도 언론·출판에 대하여는 검열을 수단으로 한 제한만은 법률로써도 허용되지 아니한다는 것을 밝힌 것이다"라고 판시함으로써 검열을 수단으로 한 제한은 금지된다는 것을 밝히고 있다. 따라서 사전적 제한으로서 허가제나 검열제는 바로 언론·출판의 자유에 대한 침해를 의미하는 것이지 그것이 언론·출판의 자유에 대한 제한의 문제를 가져오는 것은 아니다.112) 다만 언론·출판에 있어서 사후적인 검열은 다른

---

110) 성낙인(주 1), 395면.

111) 헌재결 1996. 10. 4. 93 헌가 13 등 병합, 판례집 8-2, 222면.

112) 헌법재판소는 1) 초·중등학교의 교과용 도서는 국정 또는 검·인정한 것에 한하도록 규정한 교육법 제157조는 교과서제도에 관한 것으로서 사전검열금지원칙에 어긋난 것이 아니라고 판시하였고(헌재결 1992. 11. 12. 89 헌마 88), 2) 또 정간물법 제7조 제1항에 따른 정기간행물의 등록제 그 자체는 허가나 검열이 아니기 때문에 합헌이라고 하였다(헌재결 1992. 6. 26 90 헌가 23). 3) 같은 의미에서 음반법 제3조에 따른 음반제작자의 등록제와 음반제작시설 설치등록제도는 허가나 검열이 아니어서 합헌이라고 판시하였다(1993. 5. 13. 91 헌바 17). 4) 그러나 영화와 음반 및 비디오물에 대한 공륜과 공진협의 사전심사제도는 위헌이라고 하였다(헌재결 1996. 10. 4. 93 헌가 13, 91 헌바 10(병합); 헌재결

헌법적 가치에 의한 언론·출판의 자유에 대한 제한이므로 일반적 법률유보조항에 의한 제한에 포섭될 수 있고, 또한 등록113)이나 신고는 사전 허가나 검열이 아니므로 허용된다고 보아야 한다.

다음으로 예외적인 사후적 제한으로 설명하고 있는 특별권력관계에서의 제한과 긴급사태에서의 제한의 문제의 경우를 검토해 보면, 특별권력관계를 법률에 의한 기본권 제한의 원칙이 적용되지 않는 예외적인 경우라고 설명하는 것은 시대착오적인 것이라는 점114)에서 일반적 법률유보조항에 의한 기본권의 제한에 포섭될 수 있고, 국가긴급권에 의한 기본권의 제한은 국가긴급권 그 자체가 정당하게 발동된 경우에는 단순한 기본권의 차원이 아닌 헌법질서의 존립의 차원에서 평가되어야 할 일종의 "긴급헌법"적인 성질의 것이기 때문에 정상적인 허법질서를 전제로 하는 기본권의 제한과는 그 성질이 전혀 다르고 오히려 기본권보호의 수단일 수 있다는 의미를 갖는다115)고 볼 수 있다. 따라서 국내의 대부분의 학설이 분류하고 있는 언론·출판의 자유에 대한 제한의 문제는 타당하다고 볼 수 없고 오히려 일반적 법률유보조항에 의한 언론·출판의 문제로 한정해서 논의되어야 할 것으로 보인다.

1996. 10. 31. 94 헌가 6; 헌재결 1998. 12. 24. 96 헌가 23; 헌재결 1999. 9. 16. 99 헌가 1; 2000. 2. 24. 99 헌가 17). ; 이처럼 사전검열에 해당할 경우 그것은 언론·출판의 자유의 침해가 되는 것이지 기본권의 제한의 문제는 아니다.

113) 헌법재판소는 정간물법 제7조 제1항 등에 대한 위헌소원 사건에서 등록규정이 정한 등록사항이 정기간행물의 제호, 종별 및 간별, 발행인의 성명 등 정간물의 외형적이고 객관적인 사항에 한정되어 있으므로 정간물의 내용을 심사·선별하여 사전에 통제하기 위한 규정이 아니므로 허가나 검열이 아니고, 그 처벌도 입법재량사항이고 무등록 발행자는 정간물 발행 질서를 교란한 자로서 사회적 비난을 먼키 어려우므로 형벌부과가 과잉제한이 아니라고 보고 합헌으로 결정하였다. 헌재결 1997. 8. 21. 93 헌바 51, 판례집 9-2, 177면.

114) 허영(주 7), 292면.

115) 허영(주 7), 294면.

II. 제한의 한계

　언론·출판의 자유를 제한하는 경우에도 본질적 내용은 침해할 수 없다.116) 언론·출판의 자유의 본질적 내용은 언론·출판의 자유가 가지는 민주주의 창설적 기능과의 상호관계 하에서 이해해야 한다. 따라서 민주주의 창설적 기능을 전혀 나타낼 수 없도록 하는 여러 조치는 본질적 내용의 침해금지의 관점에서 문제가 있다고 할 것이다. 예컨대 1) 언론·출판의 허가제와 사전검열제를 도입하는 입법조치, 2) 실질적으로 허가제나 사전검열제와 동일 내지 유사한 법적 효과가 있게 하는 언론·출판의 신고제와 등록제를 도입하는 입법조치117), 3) 모든 정보원을 국유화 내지 공영화하기 위해서 국영 내지 공영보도기관만을 허용하는 입법조치, 4) 보도기관의 등록취소요건을 너무 완화함으로써 행정기관의 임의적인 등록취소를 가능케 하는 입법조치 등이 이에 해당한다고 볼 수 있다.118)

---

116) 계희열(주 1), 414면 ; 김철수(주 1), 727면 ; 성낙인(주 1), 398면.
117) 정간물법에서 정하는 정기간행물의 등록요건 가운데 윤전기 등에 필요한 인쇄시설의 경우 해당시설을 반드시 자기소유여야 하는 것으로 해석하는 한 헌법에 위반된다는 한정위헌결정이 있다. 헌재결 1992. 6. 26. 90 헌가 23. ; 헌재결 1993. 5. 13. 91 헌바 17.
118) 허영(주 7), 559면.

제 4 장
결 론

결 론

이상의 논의에 있어서 가장 중요한 개념은 기본권의 "보호영역"이다. 기본권을 국가권력이나 기타 제세력으로부터의 침해를 방어하기 위하여 일정한 테두리의 설정이 필요한데 그것이 이른바 보호영역의 확정의 문제이다. 따라서 보호영역의 확정의 문제는 기본권이론에 있어서 가장 우선적으로 논의되어야 한다. 독일에서는 일반적으로 기본권의 구조를 보호영역의 확정에서부터 시작한다. 보호영역을 확정한 다음 보호영역내의 기본권행사에 대한 제한의 문제는 그 다음에 등장하는 개념이다. 하지만 미국에서는 "보호영역"이라는 개념을 사용하고 있지 않다. 표현의 자유에 있어서 미국의 논의의 쟁점은 일정한 표현이 수정헌법 제1조에 의하여 보호되는지의 여부이다. 여기서 "수정헌법 제1조에 의하여 보호된다"고 하는 것으로 분류되는 표현은 보호영역에 속하는 표현으로 볼 수 있을 것이다. 그러나 "수정헌법 제1조에 의하여 보호되지 않는다"는 것으로 분류되는 표현은 그것을 보호영역에 포함되는 것으로 볼 것인지 아니면 보호영역에는 속하는 표현이지만 제한되는 것으로 볼 것인지에 관하여는 아직 논의가 없다. 이 책에서 기본권의 최대한의 보장을 실현하기 위하여 보호영역의 범위를 가능한 넓게 보려는 논의에 비추어 볼 때 그러한 표현은 보호영역에 속하는 표현으로 보고 다만 제한이 이루어지는 것으로 이론구성을 해야 한다. 미국에서 표현의 자유에 관한 논의의 대부분을 표현의 자유에 대한 제한이론이라고 하는 것도 그러한 이유일 것이다.

보호영역이라고 하는 것은 원칙적으로 제한의 가능성을 전제로 하는 개념이다. 하지만 이러한 이론구성이 미국의 표현의 자유의 논의에 있어서 그대로 적용되는 것은 아니다. 앞서 언급한 바와 같이 수정헌법 제1조에 의하여 보호되는지 아니면 보호되지 않는지에 관한 연구가 주된 관심사인 미국에 있어서 먼저 보호영역을 확정하고 제한을 검토한다는 사고는 그렇게 지배적이지 않기 때문이다. 1960년대의 절대주의 이론이 일정한 표현은 절대적으로 보호되는 것으로서 제한이 불가능한 영역을 설정하려고 하였던 것도 그러한 이유일 것이다. 다만 이 책에서 편의상 미국의 이론을 보호영역이론과 제한이론으로 분류한 것은 다음과 같은 이유에서이다. 첫째 수정헌법 제1조의 규정형식을 제한이 불가능한 절대적 기본권을 규정한 것으로 보지 않고, 그것을 "표현의 자유는 박탈할 수 없지만 제한이 가능하다"는 것으로 그 규범적 의미를 이해하는 것에서부터 시작한다. 둘째 미국에서 표현행위 하나에만 중점을 두면서 기타 정부의 이익이나 다른 사회적 가치는 고려하지 않고 논의되는, "수정헌법 제1조에 의하여 보호되는 표현"은 보호영역에 속하는 것으로 보고 그러한 유형의 표현을 찾는 것을 주된 연구대상으로 하는 이론을 이 책에서는 보호영역이론이라고 한다. 셋째 "수정헌법 제1조에 의하여 보호되지 않는 표현"에 논의의 중심을 두는 이론은 그것이 표현행위와 다른 제가치를 이익형량의 방법에 의하여 표현에 대한 제한을 주된 연구대상으로 하고 있으므로 여기서는 그러한 이론을 제한이론으로 본다. 이렇게 미국에서의 논의를 보호영역이론과 제한이론으로 구별한다고 해도 기본권에 있어서 기본적인 구조, 즉 보호영역－보호영역에 대한 제한－제한의 정당성의 기본권심사의 단계구조를 설명하기는 어렵다.

미국과 독일의 언론·출판에 관한 규정형식이 결국 보호영역에 관한 이론구성의 차이를 가져오게 되었고, 이들 두 나라의 보호영역에 관한 이론구성 중에서도 오늘날 우리나라에 있어서 언론·출판의 자유라는 기본권을 이해하는데 있어서 기본적인 이론구성은 독일의 영향을 강하게 받고 있다. 우리 헌법 제21조의 규정형식도 독일기본법 제5조와 유사하고 국내의 학설도 기본권을 보호영역에서부터 시작하여 제한의 문제를 단계적으로 검토해 나가는 것이 통설적인 입장이다. 그러므로 이 책에서는 기본권을 바라보는 시각은 독일에서 논의되는 단계적인 구조를 기본적인 입장으로 하고 있고, 그 첫 번째 단계인 기본권의 보호영역에 관한 연구가 이 책의 중심테마이다.

언론·출판의 자유의 보호영역은 구체적으로 크게 의사표현과 전달의 자유, 정보의 자유 내지 알권리, 보도의 자유(출판물에 의한 보도의 자유와 전파매체에 의한 보도의 자유), 액세스권 등을 들 수 있다.

의사를 표현하고 전달하는 것은 언론·출판의 자유의 보호영역에 속한다. 다만 그것이 명예훼손적 표현, 음란적 표현, 상업적 언론, 폭언적인 언사일 경우 일정한 제한을 받게 된다.

명예훼손적인 표현은 미국의 경우 처음에는 수정헌법 제1조에 의하여 보호되지 않는 영역으로 간주되었으나 지금은 그것이 공적인 토론의 보장에 기여하므로 수정헌법 제1조에 의하여 보호되지만 그 입증책임이 문제가 된다. 즉 미국에서도 명예훼손적 표현은 언론·출판의 자유의 보호영역에 속하지만 제한이 가능한 것으로 이론 구성할 수 있다. 독일의 경우 명예훼손적 표현은 당연히 언론·출판의 자유의 보호영역에 속하지만 기본법 제5조 제2항에 의한 헌법적 한계에 의하여 제한을 받는다. 독일기본법 제5조 제2항의 개인의 명예권이 직접적인 제한사유로 적용되기도 하고, 민법이나 형법상의 명예보호규정이 적용된다. 우리나라에서는 언론·출판의 자유와 명예보호라는 헌법상의 권리의 조정과정에 있어서는 미국의 명예훼손법리를 받아들여 공적 인물과 사인, 공적인 관심사와 사적인 영역에 속하는 사안 사이의 심사기준에 차이를 두고 있다. 공적 인물이나 공적인 관심사에 관한 표현이 명예를 훼손한 경우 국민의 알권리와

도 관련되기 때문에 보다 완화된 심사기준이 적용된다.

음란적 표현은 현재 미국에서 보호받지 못하는 음란한 표현과 헌법적으로 보호는 받지만 성적인 자극에서 나오는 표현을 분리해서 판단하는 노력이 행하여지고 있다는 점에서 음란성의 정도에 따라서 제한을 받는 표현이라고 보아야 한다. 독일의 경우에도 기본법 제5조 제2항의 청소년보호규정에 의한 제한이 가능한 표현이다. 구체적으로는 청소년의 유해도서배포에 관한 법률이나 형법 제184조가 적용될 것이다. 우리 헌법재판소는 음란한 표현과 저속한 표현을 구별하여 음란한 표현은 언론·출판의 자유의 보호영역에 포함되지 않는 것으로 보는 반면에 음란한 정도에 이르지 않는 저속한 표현은 성인의 알권리와 관련하여 헌법적인 보호영역 안에 있다고 판단하고 있다.

상업적 언론의 경우 미국에서는 처음에 순수한 상업적인 광고는 수정헌법 제1조의 보호영역에 포함되지 않는 것으로 보았으나 지금은 상업적인 언론도 표현의 자유에 의하여 보호 받는 것으로 보고 있다. 다만 정부가 추구하는 이익에 의하여 제한이 가능하다고 한다. 독일의 경우 광고는 당연히 자유로운 정보교환에 기여하고, 의사를 포함하고 있기 때문에 단지 그 의사가 경제적인 상품광고나 이익을 목적으로 하고 있다고 하여 의사로서의 성격이 달라지는 것이 아니므로 언론·출판의 자유의 보호영역에 속한다고 보고 있다. 우리 헌법재판소도 광고물이 사상·지식·정보 등을 불특정 다수인에게 전파하는 것으로서 언론·출판의 자유의 보호대상이 된다고 보고 있다.

폭언적 언사나 투쟁적 언사의 경우 미국이나 독일에서 언론·출판의 자유의 보호영역에 속한다고 본다. 표현의 내용이나 형식이 어떤 특정한 일부에게 공격적인 것이 될 수 있다는 이유만으로 그러한 표현이 보호대상이 되지 않는 것은 아니다. 그러한 표현에 대하여 제한이 가능한 것을 물론이다. 즉 폭언적인 언사가 타인에게 상처를 줄 수 있는 말이거나 즉각적으로 평화를 파괴하는 행위를 수반하는 경우에는 제한될 것이다. 독일의 경우 기본법 제5조의 일반법률이나 청소년의 보호규정이 그 제한의 근거가 된다.

정보의 자유 내지 알권리는 의사의 표현이나 전달을 위한 의사형성의 단계에서부터 그 의미를 갖기 때문에 모든 정보원으로부터 정보를 제공받는 것이 제약된다면 당연히 의사형성도 그 한계를 가질 수밖에 없게 된다. 따라서 정보의 자유는 의사표현이나 전달을 위한 필수적인 전제가 되므로 당연히 언론·출판의 자유의 보호영역에 속한다고 보아야 한다.

언론기관의 보도의 자유에 있어서는 의사의 표현이나 전달뿐만 아니라 사실의 보도도 보호영역에 포함되고 그러한 의사전달이나 사실보도를 위한 정보습득·취재행위의 자유와 그리고 공정한 보도와 올바른 여론형성을 위한 언론기관 내부의 자유도 그 보호영역의 내용으로 된다. 다만 신문이나 방송이 담당하는 공적이 기능에 비추어 제한의 정도가 강하고 특히 방송의 경우는 전파의 신속성이나 강한 호소력으로 인하여 보다 엄격한 기준에 의하여 제한이 가해질 수 있다. 언론기관의 보도의 자유의 보호영역과 관련하여 기자들의 특권 이른바 취재원묵비권이 그 보호영역에 해당하는지에 관하여는 견해가 대립된다. 독일의 경우에는 학설이나 판례에서 일반적으로 긍정하는 반면에 미국의 경우에는 부정적으로 보는 것이 지배적이다. 의사표현이나 사실의 보도를 위한 정보의 유통을 보장하고 정보제공자의 신뢰보호를 생각한다면 취재원묵비권도 언론·출판의 자유의 보호영역에 속한다고 보아야 한다. 취재원묵비권이 보호영역에 속한다고 해도 국가의 형사사법목적에 의하여 제한이 가능한 것은 물론이다. 또 방송의 자유와 관련하여서 미국에서는 통신과의 구별의 필요성이 생기지 않지만, 독일이나 우리의 경우에는 방송과 통신을 구별하는 입법체계를 가지므로 방송에 포함되지 않는 통신매체에서의 표현은 의사표현의 자유로 보아야 할 것이다.

　액세스권 내지 보도매체접근이용권에 있어서 반론권이 언론·출판의 자유의 보호영역에 해당하는지 아니면 그것이 언론기관의 보도의 자유를 제한하는 제한원리인지가 다투어진다. 언론·출판이 갖는 객관적 규범질서적인 측면을 고려한다면 보도매체를 이용하여 자신에 관하여 잘못 보도된 사실에 대한 반론의 기회를 보장하는 것은 언론의 공정한 보도를 위한 전제이므로, 보도와 반론이라는 통로를 확보하는 것은 언론의 자유의 보호영역에 속한다고 보는 것이 타당하다.

참고문헌

국내단행본

계희열, 「헌법학(중)」, 서울: 박영사, 2000.

권영성, 「헌법학원론」 보정판, 서울: 법문사, 2005.

김계환, 「헌법학정해」, 서울: 박영사, 1998.

김철수, 「헌법학개론」 제16전정신판, 서울: 박영사, 2004.

박용상, 「언론의 자유와 공적과업」, 서울: 교보문고, 1982.

백형구, 「주석소송법(Ⅱ) 형사소송법」, 서울: 법원사, 1991.

서정갑, 「부조화의 정치: 미국의 경험」, 서울: 법문사, 1989.

성낙인, 「헌법학」, 서울: 법문사, 2001.

앙드레모로아/신용석 역, 「미국사」, 서울: 기린원, 1991.

이시윤, 「민사소송법」 3판, 서울: 박영사, 1998.

이재상, 「형사소송법」 제5판, 서울: 박영사, 1999.

이재성, 「주석민사소송법(Ⅲ)」, 한국사법행정학회, 1991.

허 영, 「한국헌법론」 신판, 서울: 박영사, 2005.

허 영, 「헌법이론과 헌법」 신정6판, 서울: 박영사, 2001.

표성수, 「언론과 명예훼손」, 서울: 육법사, 1997.

국내논문

강경근, "정보화 사회와 정보공개청구권", 「고시연구」 1989. 9.

강경근, "표현의 자유와 명백·현존위험원칙", 「미국헌법연구」 제8호, 1997.

강경근, "명백·현존의 위험원칙", 「고시연구」 1999. 10.

강태수, "기본권의 보호영역, 제한 및 제한의 한계" 「한국에서의 기본권이론의 형성과 발전(정천 허영박사화갑기념논문집)」, 서울: 박영사, 1997.

구병삭, "표현의 자유와 알권리", 「사법행정」 제15권 제1호, 1974. 1.

곽상진, "방송의 자유와 방송제도" 「공법연구」 제28집 제4호 제1권, 2000. 6.

권영설, "위성방송과 방송의 자유 및 규제", 「고시연구」, 1997. 3.

권영성, "언론·출판의 자유의 법리", 「서울대 법학」 제19권 제2호, 서울대학교 법학연구소, 1979. 2.

권영성, "자유언론과 책임언론을 위한 언론법제: 신문의 경우를 중심으로", 「헌법논총」 제8집, 1997. 12.

권영성, "헌법과 방송위원회의 위상", 「고시연구」, 1998. 5.

권영호, "헌법 제21조 언론·출판의 자유의 해석에 관한 연구", 「법과 정책」 제3호, 제주대학교 법과 정책연구소, 1997. 8. 10.

권영호, "독일기본법상의 표현의 자유에 관한 이론", 「단국법학」 제2집, 1991. 12.

권형준, "알권리", 「한양대 법학논총」 제12집, 1995. 10.

김기영, "미국법상의 표현의 자유의 제한과 사법심사", 「인권과 정의」 제276호, 1999. 8.

김동철, "표현의 자유와 음란성", 「언론중재」, 제5권 제4호, 1985. 12.

김배원, "미국에 있어서 상업적 언론의 원칙과 표현의 자유", 「미국헌법연구」 제6호, 미국헌법학회, 1995.

김배원, "헌법판례의 회고와 전망: 표현의 자유의 제한입법으로서의 국가보안법에 대한 판례를 중심으로", 「부산대 법학연구」 제39권 제1호, 1998. 12.

김배원, "미국의 정보자유법", 「미국헌법연구」 제10호. 1999.

김수철, "방송의 자유와 민간방송의 참입", 「사법행정」 470호, 2000. 2.

김용화, "언론·출판의 자유의 제한기준", 「고시연구」, 1999. 9.

김윤홍, "명백하고 현존하는 위험의 원칙에 관한 헌법적 고찰" 석사학위논문, 서울대학교 대학원, 1988. 2.

김재숙, "취재원의 비밀보호에 관한 고찰" 석사학위논문, 이화여자대학교 대학원, 1983. 5.

김창룡, "언론과 명예훼손", 「시민과 변호사」 제69호, 1999. 10.

김철수, "표현의 자유에 관한 한국 판례의 경향", 「고시계」 제14권 제11호, 1969. 11.

김철수, "표현의 자유", 「고시계」 제29권 제1호, 1984. 1.

김한성, "정보의 자유와 국가기밀", 「연세대 법학논총」 제6권, 1984.

김한성, "언론·출판의 자유의 절차법적 보장: 미국헌법 수정 제1조를 중심으로", 「미국헌법연구」 제5호, 1994.

김한성, "언론·출판의 자유의 현대적 기능과 법적통제에 관한 연구" 박사학위논문 연세대학교 대학원, 1987. 2.

김한성, "언론·출판의 자유", 「한국에서의 기본권이론의 형성과 발전(정천 허영박사화갑기념논문집)」, 서울: 박영사, 1997.

박경철, "신문사내의 편집권 독립에 관한 연구" 석사학위논문, 연세대학교 대학원, 1989. 6.

326

박균성, "미국의 정보자유법상의 수사기록의 비공개범위", 「미국헌법
　　　연구」 제5호, 1994.

박선영, "언론에 의한 명예훼손에의 공익성과 진실성 및 현실적 악
　　　의: 우리나라와 미국의 판례를 중심으로", 「언론중재」 제18권
　　　제4호, 1998. 12. 겨울.

박용상, "출판의 자유에 관한 독일의 학설과 판례" 「법조」 제27권
　　　제6호, 1978. 6.

박용상, "출판의 자유에 관한 독일의 학설과 판례" 「법조」 제27권
　　　제7호, 1978. 7.

박용상, "출판의 자유에 관한 독일의 학설과 판례" 「법조」 제27권
　　　제10호, 1978. 10.

박운희, "독일의 반론권(상)", 「언론중재」 15권 2호, 1995 여름.

박운희, "독일의 반론권(하)", 「언론중재」 15권 제3호, 1995. 가을.

방석호, "사생활 침해와 알권리의 한계", 「시민과 변호사」 제46호,
　　　1997. 11.

배금자, "보도와 명예훼손, 대안적 검토", 「언론중재」 제19권 제3호,
　　　1999. 9. 가을.

변재옥, "표현의 자유와 명예훼손", 영남대학교 사회과학논총 제7집
　　　제1권, 1987. 6.

서정우, "중재 사례를 통해 본 보도윤리: 명예훼손과 프라이버시 침
　　　해를 중심으로", 「언론중재」 제3권 제4호, 1983. 12.

성낙인, "표현의 자유", 「헌법재판연구(Ⅰ)」 제6권, 헌법재판연구회,
　　　1995.

성낙인, "음반의 사전심의·납본제도와 표현의 자유", 「고시계」, 1996. 1.

성낙인, "취재의 자유와 취재원비닉권", 「고시계」 97. 9.

성낙인, "알권리", 「헌법논총」 제9집, 1998. 12.

성낙인, “공적기록의 보도와 사생활의 보호”, 「언론중재」 제19권 제2
　　　호, 1999. 7. 여름.

송길웅, “미국헌법상 표현의 자유의 제한기준에 관한 연구” 박사학
　　　위논문, 경남대학교 대학원, 1988. 8.

송길웅, “헌법상 표현의 자유에 대한 고찰”, 「부경대학교 논문집」 제
　　　2권 제1호.

양　건, “미국 판례법상의 표현의 자유와 과도한 광범성의 원칙”, 「서
　　　울대법학」 제23권 제1호, 서울대학교 법학연구소, 1982. 5.

양　건, “표현의 자유의 제한에 관한 기본원리”, 「한양대 법학논총」
　　　제4집, 1987. 2.

양　건, “표현의 자유에 관한 법과 현실의 변화”, 「한양대 법학논총」
　　　제12집, 1995. 10.

염동호, “취재의 자유와 증언거부권”, 「법조」 제8권 제5호, 1959. 5.

유일상, “의견광고와 명예훼손 및 그 대책”, 「언론중재」 제17권 제2
　　　호, 1997. 6. 여름.

윤준학, “언론·출판의 자유와 명예훼손” 석사학위논문, 성균관대학
　　　교 대학원, 1987. 11.

이관희, “미국에 있어서 형사사법과 보도의 자유”, 「미국헌법연구」
　　　제4호, 1993.

이광범, “국가보안법 제7조 제5항·제1항의 해석기준에 관한 대법원
　　　판례의 동향”, 「형사재판의 제문제」 2권, 서울: 박영사, 1998.

이광범, “미국 명예훼손법과 그 개혁론” 석사학위논문, 서울대학교
　　　대학원, 1999. 12

이동훈, “언론자유의 현대적 기능에 관한 연구” 박사학위논문, 성균
　　　관대학교 대학원, 1990. 9.

이동훈, “정보화 사회와 언론의 자유”, 「성균관법학」 제10호, 성균관

대학교 법학연구소, 1999. 2.

이승우, "국민의 알권리에 관한 헌법재판소 결정의 평석", 「사법행정」 1990. 4.

이승우, "군사기밀보호법 제6조 등에 대한 헌재결정의 평석", 「사법 행정」 1992. 12.

이인호, "표현의 자유와 검열금지의 원칙: 헌법 제21조 제2항의 새로 운 해석론", 「법과 사회」 제15호, 1997. 12.

이인호, "뉴미디어의 발전과 언론자유법의 새로운 전개", 「헌법논총」 제8집, 1997. 12.

이인호, "방송·통신의 융합과 언론의 자유", 「공법연구」 제28집 제4 호 제1권, 2000. 6.

이종상, "헌법상 기본권보장을 위한 정보공개와 사생활비밀보호제 도", 「경남법학」 경남대학교 법학연구소, 제11집, 1996. 2.

임종훈, "미국헌법에 있어서 언론의 자유에 대한 접근방법", 「미국헌 법연구」 제10호, 1999.

장석권, "현행헌법과 보도의 자유", 「단국대학교 법학논집」 제13집 (1985)

전정환, "헌법상 방송의 개념—독일기본법 제5조 제1항 2문의 내용 을 중심으로", 「공법연구」 제25집 제4호, 1997. 6.

정연주, "출판의 자유", 「법치국가의 기초이론(Peter Lerche 논문선 집/허영 편역)」, 서울: 박영사, 1996.

조소영, "표현의 자유의 제한방법론에 관한 연구" 박사학위논문, 연 세대학교 대학원, 2000. 12.

조진형, "보도매체 이용권과 쌍방향적 미디어에의 접근", 「중앙대 법 정논총」 제29권, 1994. 12.

한상범, "표현의 자유와 알권리", 「법조」 제19권 제12호, 1970. 12.

한상범, "표현의 자유와 공중도덕 사회윤리", 「사법행정」 제12권 제3호, 1971. 3.

한상석, "표현의 자유의 제한기준에 관한 연구" 석사학위논문, 부산대학교 대학원, 1989. 2.

황도수, "언론출판의 자유에 관한 독일연방헌법재판소판례" 형사정책 제8집(한국형사정책학회, 1997. 12.)

황도수, "현대미국에 있어서 표현자유 제한이론에 관한 연구" 석사학위논문, 서울대학교 대학원, 1985.

황상재, "언론환경변화에 따른 언론개념의 재정립", 「언론중재」 제17권 제1호, 1997. 3. 봄.

황성기, "언론매체규제에 관한 헌법학적 연구" 박사학위논문, 서울대학교 대학원, 1999. 8.

허　경, "언론자유의 본질에 관한 비판적 분석: 서독의 언론자유를 중심으로", 「언론중재」 제2권 제3호, 1982. 9.

외국단행본

Baker, C. Edwin, Human liberty and freedom of speech, Oxford University Press, 1989.

Chafee, Z., Free speech in the United States, Harvard University Press, 1941.

Dreier H., Grundgesetz Kommentar, Bd. I, Mohr Siebeck, 1996.

Emerson Thomas I., Toward a General Theory of the First Amendment, New York: Random House, 1966.

Emerson Thomas I., The System of Freedom of Expression, New York: Uintage Books, 1970.

Herrmann G,, Fernsehen und Hörfunk in der Verfassung der Bundesrepublik Deutschland, Tübingen 1975.

Herzog R., in: Maunz/Dürig/Herzog/Scholz, GG-Kommentar, C. H. Beck.., 2000.

Hesse K, Grundzüge des Verfassungsrechts der Bundesrepublik Deutschland, C. F. Müller, Aufl. 16, 1988.

Jarass/Pieroth, Grundgesetz für die Bundesrepublik Deutschland, C. H. BECK., Aufl. 5, 2000.

Jarass Hans D., Die Freiheit der Massenmedien, Baden-Baden 1978.

Martin Löffler/Reinhart Ricker, Handbuch des Presserechts, C. H. BECK., 1994.

Meiklejohn, Alexander, Political freedom, New York: Oxford Univer- sity Press, 1965.

Ridder H., Meinungsfreiheit, in: Neumann/Nipperdey/Scheuner (Hrsg.), Die Grundrechte, Bd. II, 1954.

Ronald D. Rotunda/John E. Nowak, Treatise on Constitutional law(WEST PUBLISHING CO.), 5th ed., 1992.

Scanlon, "A Theory of Freedom of Expression", PHILOS & PUB. AFF., 1972.

Starck C., in: Mangoldt/Klein, Das Bonner Grundgesetz: Kom- mentar. Bd. 1, C. H. BECK., 1999.

Tribe Laurence H., American Constitutional Law, THE FOUNDA- TION PRESS, 2nd ed., 1988.

외국논문

Arndt, Adolf, Zur Güterabwägung bei Grundrechten(Art. 5 GG), NJW 66, 869.

Baker, C. Edwin, Commercial Speech, 62 IOWA L. REV. 1, 1976.

Baker, C. Edwin, Scope of the first amendment freedom of speech, 25 U. C. L. A. L. REV. 964, 1978.

Bettermann, Karl August, Rundfunkfreiheit und Rundfunkorganisation, DVBI. 63, 41.

Black, Hugo L., The bill of rights, 35 N.Y.U. L. REV. 865, 1960.

Chafee, Zechariah Jr., Book Review, 62 Harv. L. REV. 891, 1949

Degenhart, Christoph, Veranstaltung von Rundfunksendungen durch Private, DÖV 81, 960.

Ely, John Hart, Flag desecration: A case study in the roles of categorization and balancing in first amendment analysis, 88 HARV. L. REV. 1482, 1975.

Emerson, Thomas I., The first amendment, 74 COLUM. L. REV. 352, 1974.

Emerson, Thomas I., First amendment doctrine and the Burger court, 68 CALIF. L. REV. 422, 1980.

Emerson, Thomas I., Toward a general theory of the first amendment, 72 YALE L. J. 877, 1963.

Häntzschel, Kurt: Das Recht der freien Meinungsäußerung, in: HDStR Bd. 2, S. 651.

Isensee, J., Das Grundrecht als Abwehrrecht und Staatliche

Schutzp- flicht, in: Isensee/Kirchhof(hrsg) Handbuch des Staat- srechts, Bd. V, §111, C. F. Müller, S. 166ff., 1992.

Kalven H., The Concept of the Public Forum: Cox v. Lousiana, 1965 Sup. Ct. Rev. 1.

Kalven H., The New Times Case: A Note on 'The Central Meaning of the First Amendment', 1964 Sup. Ct. Rev. 191.

Levy, Leonard W., The legacy reexamined, 37 STAN. L. REV. 767, 1985.

Löffler. Martin, Darf die Verwaltung in das Grundrecht der Pressefreiheit eingreifen?, DÖV 57, 897.

Mangoldt, Hermann, Grundrechte und Grundsatzfragen des Bonner Grundgesetzes, AöR 75, 273.

Meiklejohn, Alexander, The first amendment is an absolute, 1961 Sup. Ct. Rev. 245.

Mendelson, W., On the Meaning of the First Amendment: Absolutes in the Balance, 50 CAL. L. REV. 479, 1964.

Nimmer, Melville B., The meaning of symbolic speech under the first amendment, 21 U. C. L. A. L. REV. 29, 1973.

Nimmer, Melville B., The right to speak from times to time: first amendment theory applied to libel and misapplied to privacy, 56 CALIF. L. REV. 935, 1968.

Nipperdey, Hans Carl,: Boykott und freie Meinungsäußerung, DVBI. 58, 445.

Rodulf, Walter, "Öffentlich-rechtliche Aufgaben eines Rundfunk- gesetzes im demokratischen Verfassungsstaat", Public Law vol. 28-4-1, S. 211., 2000.

Rothenbücher, Karl, Das Recht der freien Meinungsäußerung, VeröffVDStRL Heft 4, S. 6.

Smolla, Rodney A., The Rejubenation of the american law of libel, 132 U. PA. L. REV. 1, 1984.

Stern K., Idee und Elemente eines Systems der Grundrechte, in: Isensee/Kirchhof(hrsg) Handbuch des Staatsrechts, Bd. V, §109, C. F. Müller, S. 78ff., 1992.

Weber, Werner, Allgemeines Gesetz und für alle geltendes Gesetz, in: Festschr. für E. R. Huber, 1973, S. 181.

Zeidler, Karl: Gedanken zum Fernseh-Urteil des BVerfG, AöR 86, 361.

◉ **저자** ◉

● 조재현(趙在炫)

약 력

연세대학교 법과대학 법학과 졸업
연세대학교 대학원 법학석사
연세대학교 대학원 법학박사
독일 쾰른대학교 국가철학 및 법정책연구소 초청연구원
천안대학교 법정학부 교수

주요 논저

「언론개혁의 방향」, 「자유선거의 원칙」
「헌법상의 취재원보호에 관한 미국, 독일과 우리나라의
  이론과 판례」, 「동성애에 관한 법적 고찰」
「책임총리제 실현을 위한 개헌 및 선거법 개정」
「여성할당제의 위헌성」
「동점자 처리기준으로서의 '연장자 순'의 위험성」
「헌법상 연령차별의 문제와 극복방안」
『법학입문』(공저)
  외 다수

본 도서는 한국학술정보(주)와 저작자 간에 출판권 및 전송권 계약이 체결된 도서로
서, 당사와의 계약에 의해 이 도서를 구매한 도서관은 대학(동일 캠퍼스) 내에서 정
당한 이용권자(재적학생 및 교직원)에게 전송할 수 있는 권리를 보유하게 됩니다.
그러나 타 지역으로의 전송과 정당한 이용권자 이외의 이용은 금지되어 있습니다.

언론의 자유의 보호와 제한

● 초판 인쇄	2005년 3월 21일
● 초판 발행	2005년 3월 22일
● 지 은 이	조재현
● 펴 낸 이	채종준
● 펴 낸 곳	한국학술정보㈜
	경기도 파주시 교하읍 문발리
	파주출판문화정보산업단지 526-2
	전화 031) 908-3181(대표)·팩스 031) 908-3189
	홈페이지 http://www.kstudy.com
	e-mail(e-Book사업부) ebook@kstudy.com
● 등　　록	제일산-115호(2000. 6. 19)
● 가　　격	19,000원

ISBN 89-534-2317-1 93360 (paper book)
　　　 89-534-2318-X 98360 (e-book)